Jaime A. Restrepo

Computadoras para todos

Jaime A. Restrepo es un reconocido experto en computadoras. Ha publicado varios libros acerca de las computadoras y sus múltiples usos. El señor Restrepo y su familia viven en Nueva York.

También de Jaime A. Restrepo

Internet para todos, segunda edición

Windows 98/Me para todos

Windows XP for Everyone

Computadoras para todos

Computadoras para todos

Quinta edición, revisada y actualizada

Jaime A. Restrepo

VINTAGE ESPAÑOL
UNA DIVISIÓN DE PENGUIN RANDOM HOUSE LLC
NUEVA YORK

QUINTA EDICIÓN VINTAGE ESPAÑOL, SEPTIEMBRE 2017

Información de catalogación de publicaciones disponible en la Biblioteca del Congreso de los Estados Unidos.

Vintage Español ISBN en tapa blanda: 978–1-101–97073–7
eBook ISBN: 978–1-101–97091–1

www.vintageespanol.com

Impreso en los Estados Unidos de América

10   9   8   7   6   5   4   3   2   1

Dedicatoria

Este libro está dedicado a todos los inmigrantes latinos que llegan a los Estados Unidos o Canadá en busca de una vida mejor, con la esperanza de que les sirva para superar la brecha de tecnología, mientras aprenden inglés, y en especial a aquellas personas que fueron traídas a los Estados Unidos cuando eran aún niños, y ahora están haciéndose camino en muchos ámbitos de nuestro país. Estas personas también son denominadas DREAMers, como lo es Sarahi Espinoza Salamanca, que ahora lidera una compañía DREAMers Roadmap que ayuda a encontrar becas para estas personas.

También quiero dedicar este libro a mi amigo, el futurista Federico Lara, creador de varias compañías de tecnología, y ahora director de FedEx Trade Networks, y a su socia Diana Salazar, que a su vez es la co-creadora de una comunidad llamada Geek Girls LatAm, que busca cerrar la brecha que hay entre la cantidad de hombres y mujeres en posiciones dentro del mundo de la tecnología.

Tabla de contenido

Capítulo cuatro: Funciones comunes en todas las versiones de Windows

Capítulo siete: Cómo copiar, cortar y pegar

Capítulo ocho: Cómo guardar y abrir archivos

Capítulo trece: El programa de crear presentaciones Microsoft PowerPoint

Capítulo catorce: El cliente de correo electrónico Microsoft Outlook

Capítulo quince: La función de imprimir

Capítulo dieciséis: Guía para usar cámaras y escáneres en Windows

**Capítulo diecisiete: Guía al mundo de multimedios
en Windows**

Prólogo del autor

En 1996 salió al mercado mi primer libro, *De DOS a Windows,* y desde entonces el mundo de las computadoras (u *ordenadores,* como también suelen llamarlas), especialmente el Internet, ha cambiado para siempre el panorama cultural y político de nuestra sociedad. Es decir, sin importar dónde viva o dónde trabaje, las computadoras asumen papeles en partes en donde nunca ni siquiera pensábamos que fueran necesarias.

Ahora la carrera de las diferentes compañías por sacar procesadores más rápidos deja sin descanso a los ingenieros que trabajan para ellas, y somos nosotros los que nos beneficiamos del tiempo adicional que tenemos para hacer nuestro trabajo y de la baja en precios que estos adelantos nos traen.

Aunque en este libro nos dedicaremos a hablar del mundo de las computadoras personales de tipo IBM PC compatible, debido a que éstas representan casi el 95% del mercado de las computadoras personales a la venta alrededor del mundo, para beneficio de aquellas personas que usan computadoras fabricadas por la compañía Apple, esta vez añadimos un capítulo sobre su uso.

Hoy como siempre la compañía Microsoft está por delante en el mundo del *software;* sin esto una computadora no podría realizar tareas tan sencillas como sumar dos más dos. O sea, todavía en el mundo de las computadoras compatibles de tipo IBM PC no hay una alternativa buena al sistema operativo fabricado por Microsoft. Sólo el sistema operativo Linux parece estar ganando un poco de terreno en el campo de los servidores Web y en las computadoras que ofrecen aplicaciones científicas.

En este libro aprenderá mucho acerca de los diferentes sistemas operativos de Microsoft y de las ventajas de usar cada uno. Por favor piénselo muy bien antes de actualizar una computadora que esté funcionando bien a una nueva versión de Windows. A menos que su computadora sea muy rápida o tenga mucha memoria RAM, este cambio le puede decepcionar debido a que algunos de sus programas tal vez no funcionen.

También recuerde que si alguna vez tiene un problema con una computadora que le parece serio, y la computadora está protegida por una garantía de servicio, es importante que primero trate de solucionar el problema con la ayuda de los técnicos de la compañía que se la vendió antes de llamar a un familiar o un amigo, ya que en la mayoría de los casos, las compañías le pueden ayudar de manera más rápida.

Es muy importante recalcar que hoy en día cerca del 68% de los hogares de habla hispana poseen una computadora personal. Esto es una manifestación increíble del deseo de nuestra comunidad de mantenerse al día usando las nuevas tecnologías como el Internet.

Finalmente, muchas gracias por comprar el libro, que ha sido un gran esfuerzo para llevar un poco de este mundo de las computadoras personales a aquellas personas que prefieren aprender en su propia lengua. Por favor escríbame, si le interesara discutir la posibilidad de organizar una charla o clase de computadoras, basada en el material que encontrara en este libro; mi dirección de correo electrónico es Jaime.Alberto.Restrepo@gmail.com.

—**Jaime A. Restrepo**

Introducción a las computadoras personales

Introducción

La compañía IBM introdujo al mercado la primera computadora personal el 12 de agosto de 1981. Pero debido a su alto costo, al principio comprar una computadora personal era sólo un sueño para la mayoría de los hogares en los Estados Unidos.

Una computadora personal es un conjunto de piezas electrónicas, o *hardware*, que, combinadas con programas, o *software*, hacen de ésta una de las herramientas de conocimiento más útiles creadas por el hombre. Estas piezas son ensambladas, en el caso de las computadoras personales IBM PC compatibles, por centenares de compañías alrededor del mundo.

La computadora en la siguiente gráfica es una HP All-in-One 22-3110 (foto cortesía de HP), equipada con un Windows 10 Home 64 y un procesador AMD Dual-Core E-Series.

Hoy en día es posible comprar una computadora personal como esta del tipo IBM PC compatible por menos de 500 dólares, con la ventaja adicional de ser mucho más rápida que una computadora que pudo haber comprado por más del doble el año anterior.

Las diferencias entre una computadora del tipo IBM PC compatible y una del tipo Macintosh

Los dos tipos de computadoras personales más usados son las IBM PC compatible y las Macintosh. En este libro hablaremos de las computadoras de tipo IBM PC compatible por el hecho de que éstas representan casi el 90% del mercado de computadoras personales, y para beneficio de aquellas personas que usan computadoras fabricadas por la compañía Apple, esta vez añadimos un capítulo sobre su uso.

También es importante subrayar que aunque las Macintosh son sólo fabricadas por Apple, las IBM PC compatible son fabricadas por un sinnúmero de compañías diferentes alrededor del mundo.

Las computadoras IBM PC compatibles y las Macintosh son muy fáciles de diferenciar. Las diferencias principales son:

- Las computadoras del tipo IBM PC compatible usan sistemas operativos como Windows y Linux.
- Las computadoras personales fabricadas por Apple llevan un procesador fabricado por Intel.
- Las computadoras personales del tipo Macintosh usan un sistema operativo gráfico, diseñado por Apple, llamado por ejemplo, Mac OS 10.9 Mavericks o OS 10.10 Yosemite.
- Las computadoras personales del tipo Macintosh también se distinguen por usar un ratón con un solo botón.

Las computadoras del tipo IBM PC compatible

Este es el tipo de computadora que sigue los mismos protocolos de la primera computadora fabricada por IBM pero con todos los adelantos modernos.

Hoy en día muchas compañías fabrican computadoras del tipo IBM PC compatible, como Dell o HP, y también es posible ensamblar una computadora usando piezas de diferentes compañías.

La gráfica en la siguiente página representa una computadora personal del tipo IBM PC compatible.

Como puede ver en esa gráfica, una computadora personal tiene que ser complementada con algo llamado un sistema operativo, como por ejemplo Windows.

La gran mayoría de computadoras personales de tipo IBM utilizan procesadores fabricados por dos compañías. Estos a su vez vienen en diferentes velocidades de reloj, o MHz:

- *Intel:* sin lugar a dudas esta es la compañía que vende la mayoría de los procesadores para computadoras de tipo IBM PC compatible.
- *AMD:* los procesadores de esta compañía se pueden encontrar en algunas computadoras de la marca Compaq.

Las computadoras del tipo Macintosh

Este tipo de computadora ha sido fabricado por la compañía Apple desde 1985. Sobre todo, su enfoque empresarial se centra en surtir sistemas escolares de computadoras buenas.

Esta compañía siempre ha tratado de estar en la vanguardia de todas las nuevas tecnologías y esto les ha permitido sobrevivir en este ambiente de mucha competencia.

Las Macintosh usan un ratón con un solo botón y un procesador que, al igual que las computadoras del tipo IBM PC compatibles,

también usan procesadores fabricados por Intel. El sistema operativo más reciente para este tipo de computadora personal es el Mac OS X 10.12 Sierra.

En la gráfica anterior puede ver un MacBook Air de solamente 3 libras de peso. Esta computadora portátil, o laptop, cuenta con una pantalla de 13,3 pulgadas, una base de 4 gigas de RAM y un procesador 1.6GHz dual-Core Intel Core i5 (Turbo Boost up to 2.7 GHz).

Mi recomendación a la hora de comprar una computadora personal del tipo IBM PC compatible se basa en el hecho histórico de que éstas abarcan cerca del 95% del mercado de computadoras personales. Esto significa que hay una gran cantidad de compañías compitiendo por su dinero, lo que a su vez le dará la oportunidad de conseguir más equipo por un precio más bajo.

Los monitores son los componentes que menos desgaste sufren y los que más pueden afectar su capacidad de ser productivo. Por este motivo consiga siempre el monitor más grande que pueda comprar. Hoy en día se puede conseguir monitores de 19 pulgadas por menos de 200 dólares.

Los componentes principales de una computadora personal

Una computadora personal está compuesta de muchas partes diferentes cuyos nombres usted podría haber escuchado antes: por ejemplo, la unidad de disco duro, que le permite almacenar su trabajo de una manera permanente.

En este capítulo usted aprenderá a reconocer algunos de los componentes más importantes de una PC.

Éstos son los dos grupos principales de componentes encontrados en una computadora personal:

- *Hardware:* un componente que usted puede tocar con sus manos, como por ejemplo, el teclado o el ratón.
- *Software:* un componente que funciona virtualmente dentro de su PC, haciéndolo comprender sus órdenes: por ejemplo, el procesador de palabras Word de Microsoft.

Los componentes principales del *hardware* que usted debería aprender a reconocer son:

- El chasis de la computadora o CPU
- El monitor
- El teclado
- El ratón

Los componentes principales del *software* son el sistema operativo (por ejemplo, Windows) y la aplicación o programas de computadora (como 2013 Home & Student Edition).

Aunque la idea básica de una PC no ha cambiado mucho a través de los años, las PCs son mucho más rápidas, y su capacidad de almacenamiento es centenares de veces mayor que sistemas anteriores. También ha habido otros cambios más sutiles. Por ejemplo, al principio de la era de las PCs, la forma preferida para compartir datos era usando discos removibles de plástico o "Floppies". Ahora, sin embargo, muchos fabricantes de la computadora han dejado de ofrecer estas unidades, y en lugar de eso los usuarios hoy en día hacen respaldos de su trabajo a unidades removibles (que casi siempre se conectan a un puerto USB) del tipo "Flash".

Ahora me gustaría explicar por qué es importante que usted se familiarice un poco con las diferentes partes que componen su PC. Por ejemplo, usted ha estado trabajando en una compañía por un número de días, y en el segundo día la computadora que ha estado usando falla. Si la compañía para la que usted trabaja es pequeña, digamos de sólo 4 personas, capaz que usted tenga que llamar a la tienda de donde compraron la computadora. Si le aconsejan que lleve sólo el CPU pero usted no sabe qué es un CPU, usted puede pensar que tiene que llevar todas las partes a la tienda en lugar de simplemente llevar el chasis de la computadora.

El chasis de la computadora o "CPU"

El **CPU** de la computadora es el compartimiento o chasis donde las partes principales de una PC residen, y al cual usted conecta los componentes periféricos que le dejan usar la computadora, como el teclado y el ratón. El chasis de la computadora es también donde el CPU o la unidad central de proceso (este es el chip que le da a la computadora personal su habilidad para solucionar problemas) reside fijado o soldado permanentemente encima de una tarjeta de circuitos llamada la tarjeta madre o "Motherboard".

En la "Motherboard", también hay muchas otras partes, algunas conectadas por cables, y otras simplemente fijadas dentro de ranuras internas de expansión. Algunas de estas partes podrían incluir, por ejemplo, una tarjeta de red inalámbrica que le permite conectarse al Internet.

La siguiente gráfica le muestra el CPU de un modelo de computadora personal en una configuración tipo torre. La ventaja principal de este tipo de PC es que es más conveniente para poner en el suelo en lugar de sobre su escritorio.

Generalmente, este tipo de computadora, cuando se usa en casa, es también llamada una computadora de escritorio, como es el caso de esta ENVY Phoenix 810st Desktop. Está primordialmente supuesta a realizar trabajo para individuos. Para comparación, las computadoras que almacenan cantidades grandes de información para compañías y aceptan entradas en el sistema de usuarios en una red de computadoras son llamadas computadoras servidoras o "Servers".

El monitor

El monitor de una computadora personal es muy similar al monitor de una televisión, y su propósito principal es mostrarle la información que usted necesita ver para poder comunicarse con su computadora.

Los monitores para computadora están disponibles en dos tipos principales:

- CRT (de tubo de rayos catódicos).
- LCD (de cristal líquido, que puede ser no más grueso que dos barajas de naipes. La ventaja principal de este tipo de pantalla es que le es posible, si tiene un escritorio con poco espacio, colocar su computadora y el monitor ahí).

Las pantallas LCD hace un par de años solían costar más de 1.000 dólares para una de 17", pero hoy en día usted puede obtener una de 19" por menos de 200 dólares.

Esta es una foto de una pantalla LCD. En este caso, un HP Pavilion 27c 27-inch Curved Display Monitor. (Foto cortesía de HP). Note el perfil delgado de esta pantalla LCD, lo cual lo hace ideal para usarla en lugares donde usted no tenga el espacio para una grande de CRT.

Otra diferencia muy importante en pantallas para computadoras es algo designado el punto de separación o "dot pitch". Esto se refiere a la distancia entre los puntos diminutos que componen la imagen en una pantalla para computadoras. Cuanto más separados estén los puntos más fáciles son de notar y hacen la imagen verse granulada. Así que mientras más pequeño el tono del punto, más detallada será la imagen. Si usted está buscando un monitor, escoja uno con un dot pitch de .25mm o más pequeño.

El teclado

El teclado le permite comunicarse con su PC. Supongamos, por ejemplo, que usted quiere escribir una carta. Después de abrir un procesador de palabras, usted usa el teclado para escribir la carta y también para escribir su nombre para guardarla en su computadora.

Los teclados típicos de la computadora tienen cuatro tipos de teclas:

- *El teclado de mecanografía:* estas teclas son similares a las de máquinas de escribir estándares.
- *El teclado de tipo numérico:* éste es un conjunto de teclas numéricas que pueden funcionar como una calculadora de 10 dígitos.
- *Teclas de funciones o "Function Keys":* éstas (del F1 hasta el F12) están localizadas, en fila, en la parte superior del teclado. Algunas de estas teclas han sido asignadas, en casi todos los casos, un valor predeterminado por la mayoría de los programas para Windows, y las otras se pueden programar.
- *Teclas de control o "Control Keys":* éstas proveen control del cursor y de la pantalla, dejándole mover el cursor a lugares diferentes en una página simplemente presionando una tecla.

La siguiente gráfica muestra un teclado para una computadora personal.

Este es un teclado inalámbrico modelo K350, manufacturado por Logitech que le permite usar su PC desde varios pies de distancia. (Foto cortesía de Logitech).

Por favor note que el uso de estas gráficas/fotos de los productos de hardware de las compañías en este capítulo no constituyen una recomendación de los excelentes productos que una compañía particular tiene para la venta, sino más bien para ilustrarle las muchas alternativas que le están disponibles a usted como un usuario de computadoras.

A continuación encontrará una descripción más detallada de algunas de las teclas especializadas en un teclado para PC, y su propósito:

- *Las teclas de función programables:* se encuentran en la parte superior del teclado y están numeradas del F1 al F12. Cuando usted las presiona, la computadora recibe una orden para abrir un menú o realizar una función específica.

- *INSERT:* tecla de insertar que le ayuda a reemplazar palabras con el texto nuevo que usted escribe. Para usarla, presiónela y haga un clic sobre el principio de la palabra(s), que usted desea reemplazar. Ahora, cuando usted mecanografía, el texto nuevo reemplaza, cada vez que usted escribe una letra, las letras que están a la derecha del cursor. Para dejar de insertar texto, presione la tecla de "Insert" de nuevo.

- *DELETE:* tecla de borrar que le permite suprimir archivos en carpetas usando programas como el Windows Explorer. También puede suprimir texto o gráficas en programas que aceptan texto o gráficas o ambos.

- *Las teclas de comienzo (HOME), final (END), subir una página (PAGE UP), bajar una página (PAGE DOWN):* si usted, por ejemplo, está trabajando en un documento de Word que tiene varias páginas y usted presiona la tecla PAGE DOWN, la pantalla le mostrará la siguiente página en su documento.

- *Las teclas con flechitas:* le dejan mover el cursor o barrita a una posición deseable dentro de un documento con el que esté trabajando en un procesador de palabras o en cualquier otro programa que acepte texto, con la ventaja de no cambiarlo.

- *El teclado pequeño numérico (en la mano derecha del teclado):* imita a una calculadora de 10 dígitos. Estas teclas son muy útiles para entrar información en bancos de datos o en la página de una hoja de cálculo. Para habilitar el teclado pequeño numérico, presione la tecla NumLock.

- *ESC:* tecla de "escapar" que le permite librarse de lo que usted está haciendo por el momento. Suponga que mientras está usando un programa, oprime la tecla F7 sin querer, pero no desea usar el corrector de palabras que ésta abrirá. Para cerrarlo rápidamente sólo tiene que oprimir la tecla ESC.

- *CTRL (para usarla manténgala oprimida):* se usa en combinación con otras teclas. Le deja realizar funciones como copiar y pegar una selección.

- *ALT (para usarla manténgala oprimida):* también se usa en combinación con otras teclas para realizar funciones como guardar, abrir archivos, apagar y prender la computadora (CTRL + ALT + DEL en Windows, por ejemplo).

El teclado de las computadoras portátiles (debido a las restricciones del espacio) es ligeramente diferente al que encontrará en una computadora regular, aunque usando la tecla de funciones o la llave FN usted todavía puede lograr un buen nivel de funcionamiento. Por ejemplo, usted puede usar la característica del teclado pequeño numérico de esta manera: presione la tecla FN y después la tecla NUMLK. Ahora mire el teclado de la computadora portátil y lea los números que comparten espacio con las letras regulares en este teclado. Por ejemplo, en el teclado de mi computadora portátil, cuando presiono FN + NUMLK, y la letra *k,* esto produce el número 2 en mi página.

 NOTA Si desea practicar usar el teclado de una computadora, lo puede hacer visitando el sitio web: http://www.powertyping.com/dvorak/typing.html

Cómo crear los acentos del español usando combinaciones de teclas

Si vive en los Estados Unidos y sólo tiene acceso a un teclado sin los acentos en español, puede usar la información en esta página para hacerlos usando combinaciones de teclas. Esto le será muy útil saber cuando esté enviando correos electrónicos o escribiendo sus cartas personales.

En general, este proceso consiste en sostener la tecla ALT mientras se escribe una combinación de números.

Los acentos de más uso son:

ALT + 160 = á

ALT + 130 = é

ALT + 161 = í

ALT + 162 = ó

ALT + 163 = ú

ALT + 164 = ñ

ALT + 165 = —

ALT + 129 = ü

ALT + 154 = Ü

ALT + CTRL + SHIFT? = ¿ (o ALT + 0191)

ALT + CTRL + SHIFT! = ¡ (o ALT + 0161)

Hacer los acentos —usando estas combinaciones de letras— sólo funciona cuando las realiza usando un teclado de tamaño normal, y por lo general nunca funcionan si las trata de hacer en una computadora portátil o *laptop*. En una *laptop*, por ejemplo, si está escribiendo usando Word, puede agregar los acentos de la siguiente manera: 1) haga clic en el sitio en su documento donde desea añadir el símbolo; 2) haga clic sobre la pestaña de "Insert"; 3) haga clic sobre "Symbol" (en las últimas versiones de Word, búsquelo al extremo derecho de esta cinta o "Ribbon"); y 4) por último busque el símbolo que desea añadir a la página y hágale clic para añadirlo. Ahora, si el símbolo que desea usar no aparece inmediatamente después de hacer clic sobre "Symbol", entonces haga clic sobre más símbolos ("More Symbols"), búsquelo y haga doble clic para añadirlo a su documento. Finalmente haga clic sobre "Close", para cerrar esta ventana de diálogo.

El ratón

El ratón o "mouse" que se conecta a una computadora personal es un dispositivo electrónico que se usa con la mano, tiene dos o tres botones y es el componente más importante para ayudarle a usar una computadora personal.

Usando un ratón, usted puede completar la mayoría de las funciones necesarias para usar una PC, como por ejemplo imprimir un documento o abrir un archivo.

Algunos ratones también tienen una rueda en el medio. Esta rueda es muy apropiada para navegar páginas en el Internet o para trabajar entre las páginas en un documento que haya creado usando un procesador de palabras.

La siguiente gráfica muestra un ratón típico para uso con una PC.

Microsoft fabrica el ratón que usted ve en esta foto. (Foto cortesía de Microsoft). Hoy en día hay muchas otras marcas de ratones en el mercado. Estas son algunas de las funciones que usted puede hacer usando el ratón:

- abrir y cerrar programas
- mover ventanas
- copiar archivos
- trabajar con menús

Los ratones para computadoras son vendidos en dos tipos principales, PS2 (puerto redondo) y USB (puerto rectangular), y usted debe conseguir uno según el tipo de puerto disponible en su computadora. Si su computadora no tiene un puerto tipo PS2, entonces tiene que usar un ratón del tipo USB. Pero si su sistema tiene ambos puertos, usted puede usar un ratón de cualquiera de estos dos tipos.

Cómo usar el ratón en Windows

Windows se basa en lo que en el mundo de las computadoras se conoce como una Interfaz Gráfica del Usuario, o GUI. Y el usuario de una computadora, para aprovechar de esta interfaz gráfica, necesita usar un ratón.

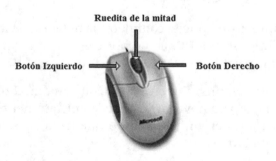

Ruedita de la mitad

Botón Izquierdo   Botón Derecho

Esta gráfica muestra las partes más importantes de un ratón para computadoras personales (en este caso, uno hecho por Microsoft):

- El botón izquierdo se usa para abrir programas de computadora o hacer selecciones. A todo lo largo de este libro, la instrucción "hacer clic" quiere decir que presione el botón izquierdo del ratón una vez. Cuando usted lee la instrucción para hacer doble clic, presiónelo dos veces (sin hacer una pausa).

- El botón derecho se usa para abrir menús desplegables, como el menú de Propiedades o "Properties" que se abre cuando hace clic con el botón derecho sobre "My Computer", y después clic con el botón izquierdo sobre "Properties".

- La rueda intermedia, presente en la mayoría de los ratones vendidos hoy, puede usarse en lugar de la barra de desplazamiento en la ventana en la que usted está trabajando para acercarse de modo amenazador a un documento (ruédelo hacia usted) o regresar a la página previa (ruédelo fuera de usted). Es su elección. Algunos programas aún le dejan usar la rueda del ratón como un tercer botón del ratón.

El indicador, con forma de una flecha, que se mueve por la pantalla cada vez que usted mueve el ratón, representa la posición de éste en el monitor de la computadora. Si usted sube el ratón, el indicador se mueve hacia arriba en la pantalla. Si usted baja el ratón, el indicador se mueve hacia abajo en la pantalla.

Las diferentes formas que toma el indicador del ratón en la pantalla de su computadora

Es importante reconocer las diferentes formas que toma el indicador del ratón cuando usted lo mueve alrededor de la pantalla. Por ejemplo, si usted mueve el indicador del ratón sobre:

- cualquier parte en el escritorio virtual o "Desktop", el menú de comienzo o "Start" o los menús de cualquier programa, éste retendrá la forma de una flecha;

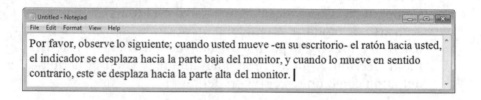

- el área de trabajo de un documento de procesamiento de texto, retiene la forma de una "I" (llamada la herramienta de seleccionar texto);

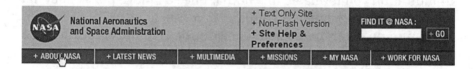

- un enlace en una página web, cambia a una mano pequeña.

Por ejemplo, si usted presiona el botón izquierdo del ratón mientras el indicador del ratón se encuentra sobre el "Desktop" sin iconos, nada ocurrirá. Pero si usted presiona el botón derecho del ratón sobre el "Desktop" sin iconos, un menú desplegable se abrirá ofreciéndole una lista de nombres, de la cual puede hacer una selección.

Los diferentes tipos de memoria

La idea principal de usar una computadora es crear algún tipo de documento, como una carta a su hermano o un currículum vitae para buscar trabajo. Una vez que usted termina de redactar tal documento, usted puede o guardarlo o cerrarlo sin guardarlo.

Estos son los dos tipos principales de memoria que encontrará en una computadora personal:

- La memoria temporal
- La memoria permanente

La memoria temporal (como puede ver en la siguiente gráfica) o **RAM**, es usada por sus programas para almacenar su trabajo mientras la computadora está prendida. Cuando la computadora está apagada, esta información es borrada de esta barra de memoria y sólo la información que usted ha guardado a un dispositivo de almacenamiento permanente es conservada.

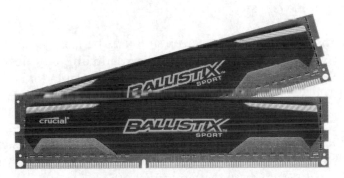

Este es un juego o "kit" de 2 módulos de memoria Ballistix Sport 8GB Kit (4GBx2), fabricado por la compañía Crucial.

Generalmente, RAM es el tipo de memoria que hará la mayor diferencia cuando usted necesita tener muchos programas diferentes abiertos al mismo tiempo para completar su trabajo. Por ejemplo, si usted tiene una computadora con cuatro gigabytes de RAM y a veces le parece lenta (cuando usted tiene varios programas abiertos al mismo tiempo), y si todo lo demás está funcionando bien (también teniendo en cuenta que su unidad de disco duro no está lleno hasta casi su máxima capacidad), el comprar más RAM (como por ejemplo cuatro gigabytes) mejorará mucho el rendimiento de su computadora.

NOTA En el capítulo nueve aprenderá a guardar su trabajo a una unidad de memoria no volátil (como lo es la unidad de disco duro), a fin de que no lo pierda cuando apague la computadora.

Hoy en día hay dos tipos de dispositivos ampliamente usados en PCs para almacenar datos permanentemente:

- La unidad de disco duro: éste es el dispositivo de mayor uso para almacenar datos en una PC.
- Las unidades de memoria "Flash": estos son dispositivos electrónicos sin partes movibles. Se usan para transferir datos entre computadoras y también para guardar las fotos que usted toma con su cámara digital.

Ambos tipos de memoria le permiten a usted encontrar la información (en forma de archivos) que ha guardado ahí, aun después de mucho tiempo, inclusive después de que la computadora y/o la cámara (que también usa memoria del tipo "Flash") haya estado apagada por mucho tiempo.

Las siguientes dos fotos muestran los dos dispositivos más ampliamente usados que están disponibles para guardar el trabajo que crea con su computadora de manera permanente.

En la foto de la izquierda puede ver una unidad de disco duro 2 TB Sata fabricado por Western Digital.

La otra foto es una unidad de memoria removible SanDisk Cruzer®️ 32GB del tipo "Flash".

La ventaja principal de usar la memoria "Flash", sobre el disco duro es que estas memorias no tienen partes movibles, así que buscar el trabajo que usted guardó es bastante rápido. Su inconveniente principal es que, debido a su portabilidad, si usted guarda trabajo importante sólo a esta unidad de memoria y usted la extravía, no le quedará ningún otro recurso que volver a hacer el trabajo que perdió.

¿Qué es un sistema operativo?

Un sistema operativo es como un policía de tráfico virtual dentro de la computadora. Realiza tareas básicas como reconocer los comandos que usted le da a la computadora usando el teclado, y también enviar la información al monitor para permitirle ver el trabajo que usted está creando y guardando en su computadora. Además controla dispositivos periféricos como las impresoras. Sin un sistema operativo, nada ocurriría dentro de la computadora personal. Con él, la orden y la productividad son posibles.

El sistema operativo de más uso en el mundo es el de Windows, producido por Microsoft.

Ahora, la mayoría de las computadoras vendidas tienen alguna versión del sistema operativo de Windows. Algunas computadoras todavía pueden tener versiones anteriores. De hecho, usted puede aprovecharse de la mayoría de las instrucciones en este libro aunque la computadora que usa tenga Windows XP instalado.

Siga estos pasos para averiguar qué versión de Windows está instalada en su computadora:

1. Primero vaya al "Desktop" y haga clic con el botón derecho del ratón sobre el icono "My Computer".
2. Ahora dé un clic sobre "Properties".

En el "General Tab", usted podrá ver claramente el nombre del sistema operativo que está instalado en su computadora.

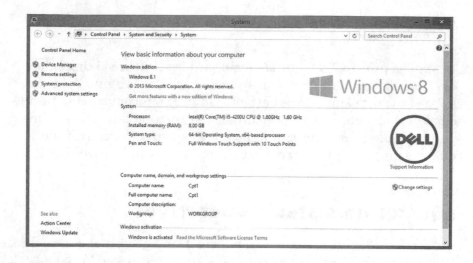

En la gráfica de arriba, por ejemplo, puede ver la ventana de propiedades del sistema o "System Properties" de una computadora Dell. Debajo de la sección de información del Sistema, puede ver la información completa acerca de la versión del sistema operativo Windows que esta computadora tiene, y a qué nivel.

Guía para aquellas personas que quieran comprar una computadora personal

Hoy en día es casi seguro afirmar que cualquier computadora que compre, si gasta al menos $750, tendrá suficiente memoria y la cantidad adecuada de dispositivos necesarios para cubrir las necesidades computacionales que pudieran tener la mayoría de los usuarios para la casa, los cuales sólo necesitan usar el Internet, el correo electrónico, un procesador de palabras o guardar e imprimir las fotos que sacan con una cámara digital.

A continuación verá una lista de los elementos que debe tener en cuenta si está en el mercado para comprar una computadora personal, en orden de importancia:

- El tipo de procesador y la velocidad de éste
- Cantidad de memoria RAM
- Espacio en el disco duro

- Tamaño del monitor
- Unidad de crear CDs ("CD Writer") o DVDs ("DVD writer")

Para darle un poco más idea de las ventajas de tener más o menos de algunos de estos componentes, vea la siguiente tabla:

CATEGORÍA	CONCEPTO	SUGERENCIA
El Procesador o CPU	Éste es el cerebro de la computadora, y junto con el sistema operativo de Windows, hace que la computadora sea una herramienta de trabajo útil	Mi recomendación es que si tiene la opción de conseguir más RAM o un procesar mucho más rápido, consiga más RAM
Memoria RAM	Este es el tipo de memoria que le permite usar programas mientras la computadora está prendida	Para una computadora con Windows 10, debe conseguir al menos 8 gigas de RAM
Los dispositivos de memoria permanentes, como lo son el disco duro o las unidades removibles de USB Flash	Este es el tipo de memoria que le permite guardar su trabajo, inclusive después de que la computadora haya estado apagada por mucho tiempo	Hoy en día cualquier computadora que consiga con un disco duro de al menos 250 gigas debe ser suficiente para la mayoría de los usuarios

Unidades de medida pertinentes en el mundo de las computadoras:

1 Megabite = 1024 kilobites. Por ejemplo, piense que 1 megabite es suficiente para guardar cerca de 4 cartas en Microsoft Word (sin gráficas). 1 gigabite o giga = 1.000 megabites. 1 giga es suficiente para guardar cerca de una hora de vídeo digital.

¿Qué marca de computadora personal le conviene comprar?

Esta pregunta fue resuelta hace años, cuando la mayoría de las compañías que manufacturaban computadoras personales se fueron a la quiebra, dejando el mercado a las compañías más grandes, como: Dell, Hewlett-Packard, IBM y unas cuantas más. Y aunque no le puedo recomendar una en particular, fui al Internet para comparar precios. Tal vez hayan cambiado un poco cuando este libro salga al mercado, pero por lo general todos los precios que vi me parecieron favorables.

Por ejemplo, mientras escribía este libro, encontré en el Internet dos paquetes de computadoras del tipo IBM PC compatible de Dell y HP. A continuación verá sus detalles. La primera es para una computadora HP ENVY Recline 23-K310 Touch All-in-One PCM y la segunda es para una Dell Inspiron 23 5000 Series.

	HP ENVY Recline - 23-k310 Touch All-in-One	DELL Inspiron 23 5000 Series
Monitor	23" diagonal FHD IPS multitouch-enabled LED-backlit (1920 x 1080)	23 inch LED Backlit Touch Display with FHD resolution (1920 x 1080)
Procesador	Intel® Core™ i3-4130T with Intel HD Graphics 4400 (2.9 GHz, 3 MB cache, 2 cores)	4th Generation Intel® Core™ i3-4160 Processor (3M Cache, 3.60 GHz)
Memoria	8 GB 1600 MHz DDR3L (1 x 8 GB)	8GB Dual Channel DDR3 1600MHz (4GBx2)
Disco Duro	1TB 7200 RPM SATA Hard Drive	1TB 5400 RPM SATA Hard Drive
DVD	SuperMulti DVD Burner	Tray load DVD Drive (Reads and Writes to DVD/CD)

En la gráfica anterior puede ver una tabla comparando las diferentes especificaciones más importantes de cada uno de estos dos paquetes.

Como puede ver, son muy similares, aunque la Dell tiene más memoria RAM, 12 GB. Ahora el procesador de la Dell es algo más rápido, 3.5 GHz vs 2.9 GHz. Y los precios son muy similares —casi $1,000 por la Dell y $849 por la HP. O sea, cualquiera de estos dos paquetes es muy bueno, y le corresponde a usted elegir en cuál de estas dos compañías usted confía más. Si lo que necesita es una laptop, estas compañías también las fabrican, o busque otras marcas, como por ejemplo Toshiba o ACER.

Recuerde que cuando esté comprando una computadora en línea, a contraste de los paquetes cerrados que pueda encontrar en una tienda en su ciudad, usted puede añadir o quitar componentes a un paquete, como por ejemplo memoria extra, o escoger un disco duro de más capacidad. Por ejemplo, en ambos paquetes, es muy fácil quitarles o añadirles ciertos componentes con sólo hacer clic sobre "Customize" para crear paquetes a la medida.

También es importante considerar las recomendaciones de amigos o familiares. Si ellos le recomiendan que compre una computadora marca IBM porque ellos han tenido una buena experiencia con las computadoras que han comprado de esta excelente compañía, entonces puede que éste sea el mejor camino a tomar.

Ventajas de usar una computadora personal

Algo indiscutible es que el uso de las computadoras personales ha cambiado por completo la sociedad en que vivimos. Es decir, tendríamos que viajar muy lejos para encontrar un sitio que no haya sido afectado por esta revolución, que en la mayoría de los aspectos ha sido muy positiva.

Las siguientes son algunas de las ventajas de usar una computadora personal:

- La de permitirle crear documentos y guardarlos por mucho tiempo. En la mayoría de los casos los archivos que usted prepare en una computadora personal estarán disponibles hasta el día en que los borre de una manera permanente.

- La rapidez con la cual puede encontrar información. Es decir, si tuviera que buscar una carta en un archivo de 50.000 cartas, tardaría tiempo en encontrarla, mientras que con una computadora este proceso no toma más de varios segundos.

- La de poder comunicarse con parientes y amigos con el correo electrónico casi instantáneamente.

- La de poder terminar las tareas escolares en menos de la mitad de tiempo que tomaba antes, gracias a las enciclopedias en línea.

NOTA Si vive en los Estados Unidos, se ha podido dar cuenta que la mayoría de la gente está usando computadoras personales en sus trabajos, y este uso aumenta cada día. Esto se debe al hecho de que el precio de una computadora personal ha bajado tanto a través de los años.

Los dispositivos inteligentes o "Smart devices"

Un dispositivo inteligente es un dispositivo electrónico que se puede conectar a otros dispositivos o redes usando protocolos inalámbricos como los siguientes: Wi-Fi, 3G, Bluetooth, NFC, etc., y, más importante, que tienen la capacidad de operar —hasta cierto punto— de forma autónoma e interactiva. En un futuro no muy lejano estos dispositivos van a ser mucho más numerosos que las computadoras personales, y esto se está viendo en el concepto de Internet de las cosas, o "Internet of things", o sea que dispositivos que hoy en día no están conectados de ninguna manera se empiecen a conectar al Internet para formar parte de una red que les permitirá enviar y recibir información.

Estos son algunos de los dispositivos más conocidos en esta categoría de los dispositivos inteligentes o "Smart devices":

- Los teléfonos inteligentes o "Smartphones"
- Las tabletas o "Tablets"
- Los relojes inteligentes o los "Smartwatches"

Hoy en día también hay aparatos para la casa, como los termostatos inteligentes, que pueden aprender sus hábitos, como por ejemplo darse cuenta (con sensores) cuándo entra a la casa y cuándo sale, para así mantener su casa a la temperatura ideal cuando usted esté dentro de ella y ahorrar energía cuando sale (ajustando la temperatura).

En este libro aprenderá acerca de los dos tipos de dispositivos inteligentes más comunes en el mercado:

- Los teléfonos inteligentes o "Smartphones", como el iPhone y los que corren versiones de Android, como con el teléfono Samsung Galaxy S6.
- Las tabletas o "Tablets", como el Apple iPad y el iPad Mini.

La última versión del Apple iPhone es la versión 8, que es la décima versión de este tipo de teléfonos inteligentes o "Smartphones" que ha sacado la compañía Apple.

Este teléfono, el iPhone 6 Plus, salió a la venta el 7 de septiembre de 2016, y es el iPhone con la pantalla más grande que ha salido hasta ahora (mide 5,5 pulgadas).

Esta es la tableta Apple iPad, de la cual la compañía Apple ha vendido más de 200 millones de unidades a través del mundo.

También es importante que tenga en cuenta que estos dispositivos, como ocurre con las computadoras personales, cuentan mucho de lo que es el software, en la forma de un sistema operativo, para que haya orden y estos dispositivos sean realmente útiles e inteligentes. Y en la mayoría de los casos, este software se puede actualizar, de manera gratuita, cada vez que la compañía que lo creó encuentra una vulnerabilidad en este. O inclusive para añadir funciones nuevas a estos dispositivos inteligentes.

Y estos son los dos sistemas operativos de más uso en el mundo para dispositivos inteligentes o "Smart devices":

- El sistema para dispositivos inteligentes móviles Android, creado por la compañía Google, y que salió al mercado en el año 2007.
- El iOS creado por la compañía Apple, que se usa en el iPhone, iPad y iPad Mini.

El Android es el sistema operativo para dispositivos inteligentes móviles (aunque también se puede usar con algunas PCs) con más usuarios alrededor del mundo. Esto se debe más que todo a que Android es de la categoría de software que es fuente abierta u "Open Source", o sea que puede ser modificada por cualquier persona, en este caso compañías que sacan al mercado sus dispositivos móviles. Por este motivo también es posible que cuando cambie de un teléfono que use una versión de Android como su sistema operativo a otro, usted encuentre más iconos o más funciones en el teléfono nuevo.

NOTA Debido a la cantidad de aplicaciones disponibles para estos dispositivos móviles (como por ejemplo Microsoft Office móvil), cada día mucha más gente los está encontrado lo suficientemente poderosos como para reemplazar la necesidad que tenían de usar una computadora personal.

Cómo escoger un lugar apropiado para usar la computadora

Esto a veces puede que no sea una decisión fácil de tomar, ya que a veces una casa o apartamento sólo tiene determinado espacio libre en el cual se puede instalar una computadora personal. Otro elemento importante es el escritorio que usará, ya que idealmente éste debe tener una bandeja para el teclado y el ratón.

En la siguiente gráfica se puede ver claramente cómo el escritorio tiene una bandeja para el teclado y el ratón. La bandeja es muy útil si le permite mantener los codos a un ángulo de 90 grados; de lo contrario, puede tener problemas de salud.

Las siguientes son mis recomendaciones para escoger un área de trabajo:

- El área de trabajo debe estar bien iluminada. Es decir, el monitor no debe ser la fuente más grande de luz en la habitación donde la usa.
- Evite colocar la computadora cerca de calentadores o de entradas de aire.
- Coloque la computadora en un salón donde la luz del día no pegue directamente en la pantalla.

Cómo proteger las muñecas cuando usa una computadora personal

Una computadora personal puede ayudarle en muchos aspectos, pero su uso frecuente también le puede causar problemas en diferentes partes del cuerpo debido a una posición incorrecta que toma mientras la esté usando.

En la siguiente gráfica puede ver la posición **incorrecta** de mantener los codos mientras usa una computadora personal.

Posición incorrecta

Si las muñecas le comienzan a molestar después de usar la computadora por largos ratos, puede que se deba a uno de los siguientes motivos:

1. El teclado está a un nivel muy alto y le es preciso doblar las muñecas para escribir con él.

2. Su asiento está muy bajo, y por eso tiene que doblar los codos para alcanzar el teclado.

 Si siente dolor, entumecimiento, debilidad de manos, hinchazón, tiesura en las manos o en cualquier parte del cuerpo, como por ejemplo la espalda, entonces debe consultar con un profesional calificado de salud. Este es el único que le puede decir con certeza cuál es el problema que usted tiene y recomendarle los pasos a tomar para que se mejore.

Es muy importante que SIEMPRE asuma una posición correcta para protegerse las muñecas, ya que éstas son muy propuestas a enfermedades que le puede hacer muy doloroso efectuar cualquier movimiento con las manos.

En la siguiente gráfica puede ver la posición **correcta** para usar el teclado. Es decir, los codos deben estar en un ángulo de **90 grados**.

Posición correcta

Para evitar problemas con las muñecas si le es preciso usar la computadora por un rato largo, debe hacer lo siguiente:

1. Sólo use un teclado cuya posición no le requiera doblar la muñeca. Fíjese en la gráfica anterior y vea cómo los codos

están en un ángulo de 90 grados y el resto del antebrazo forma una línea casi recta.

2. Si su asiento está muy bajo, consiga con el cual no tenga que doblar los codos para usar el teclado.

3. Tome descansos frecuentes. Por lo general, nunca debe trabajar más de una hora sin tomar un descanso.

Si tiene alguna duda acerca de un dolor en el cuerpo, no espere ni un día y consulte a un doctor inmediatamente. Si desea más información acerca de la postura correcta para usar una computadora personal, visite este sitio web: http://ergo.human.cornell.edu/AHTutorials/typingposture.html.

Las impresoras personales

Una impresora es un dispositivo electrónico que copia lo que se ve en la pantalla al papel. Así se puede hacer cincuenta copias de una carta sin tener que hacer fotocopias. Las impresoras personales vienen en muchos tamaños, calidades y hasta en colores diferentes. Los siguientes son los dos tipos principales:

Las impresoras de tinta

Una impresora de tinta, como su nombre indica, funciona inyectando tinta al papel. En casi todos los casos, este tipo de impresora puede imprimir a color. Lo hace al mezclar sus tintas para formar miles de colores.

El costo inicial de estas impresoras es más bajo comparado con el costo de las impresoras láser, pero si usted añade el costo de los cartuchos de tinta, a largo plazo las impresoras de tinta pueden resultar más costosas que las láser.

En la foto de abajo, puede ver una de las mejores impresores de tinta disponibles hoy en día, la EPSON Artisan 50. (Foto cortesía de Epson). Esta impresora puede imprimir en diferentes tipos de papel. Por ejemplo, pueden imprimir copias fieles de fotos tomadas por cámaras digitales en papel de fotografía.

| NOTA | En una impresora de tinta lo que más cuesta son los cartuchos de tinta. Estos dan unas 600 páginas de texto y 420 páginas de gráficas. Los cartuchos de color sólo dan unas 300 páginas, y cuestan casi lo mismo que los de blanco y negro. |

Las impresoras láser

Las impresoras láser funcionan de manera semejante a las copiadoras Xerox. Es decir, tienen un rodillo que es magnetizado por un láser, y éste a su vez recoge partículas de plástico que son fundidas al papel usando un elemento que calienta el papel. Este proceso es bastante rápido y muy eficiente.

Por lo general, las impresoras láser son mucho más costosas al principio que las de tinta, pero a largo plazo pueden ser más rentables, ya que los cartuchos duran mucho más. Pero su mayor desventaja es que la mayoría de estas impresoras sólo pueden imprimir en blanco y negro. Existen impresoras láser a color, pero son hasta más costosas. La siguiente gráfica muestra una impresora láser modelo LaserJet P1006, fabricada por HP.

Esta impresora tiene la ventaja de ser un poco más rápida que las impresoras de tinta y también usa cartuchos que duran más.

NOTA

Las impresoras láser tienen muchas funciones opcionales, como por ejemplo, imprimir en ambos lados del papel. Esta opción se llama "Duplex printing", y le ayuda a ahorrar papel. Vea la pág. 347 para más detalles acerca de cómo usar una impresora personal para reproducir su trabajo.

La importancia de usar un buen protector de voltaje

Las computadoras personales contienen miles de piezas electrónicas muy delicadas que se desgastan más rápidamente en la presencia de corrientes de voltajes altas. En algunos casos, como durante las tormentas eléctricas, los truenos pueden dañar permanentemente las piezas internas de la computadora.

En la mayoría de los casos, estos daños no están cubiertos por su garantía de servicio, y por este motivo siempre es muy importante que use un protector de voltaje. Será la mejor inversión para proteger su computadora las 24 horas del día de los cambios del voltaje.

En la siguiente gráfica puede ver un protector de voltaje SurgeMaster II, de ocho enchufes de corriente, fabricado por Belkin.

Este protector de voltaje cuenta inclusive con una entrada para proteger la línea de entrada al módem, ya que a veces ésta también puede recibir una sobrecarga de corriente.

Para recordar

- Los dos tipos más usados de computadoras personales son las IBM PC compatible y las Macintosh.

- Una computadora personal necesita un sistema operativo, como por ejemplo Windows.

- Una computadora personal está compuesta de componentes de *hardware* y *software.*

- El procesador o CPU es el componente más importante de una computadora personal.

- El disco duro es la unidad de almacenamiento permanente de más uso en las computadoras personales.

- La memoria RAM es miles de veces más rápida que el disco duro.

- Los acentos del español se pueden hacer usando combinaciones de teclas.

- Hoy en día se puede comprar un sistema IBM PC compatible completo (CPU y monitor) de muy buena calidad por menos de 500 dólares.

- Evite colocar su computadora cerca de calentadores o de entradas de aire.

- Un protector de voltaje bueno puede proteger a su computadora las 24 horas del día de los cambios de voltaje de la corriente.

Introducción a Microsoft Windows

2

¿Qué es un sistema operativo?

Un sistema operativo es como un supervisor que permite que los programas funcionen dentro de la computadora. Una computadora sin un sistema operativo es sólo un conjunto de componentes electrónicos incapaces de realizar tareas tan fáciles como hacer una suma.

Los sistemas operativos actuales han mejorado en comparación con versiones anteriores. También han aumentado en su complejidad y capacidad de controlar más dispositivos nuevos que se pueden adaptar a las computadoras.

Hoy en día, la mayoría de las computadoras personales usan uno de los siguientes sistemas operativos:

- *Windows:* un producto de Microsoft.
- *Macintosh System OS 10.X:* el sistema operativo que usan las computadoras de marca Apple.
- *UNIX:* un sistema operativo muy robusto que se usa más que todo en computadoras que son usadas para programación y para servidores que administran los portales cibernéticos.
- *Linux:* una versión de UNIX.

NOTA En este libro aprenderá acerca del sistema operativo Windows de Microsoft, ya que tiene el mayor número de usuarios en todo el mundo.

El sistema operativo Windows

Este sistema operativo está basado en lo que se llama un *interface* gráfico para usuarios (GUI, por sus siglas en inglés) y que consiste en una serie de ventanas. Cada una de estas ventanas representan un programa, y éstas, a su vez, comparten todos los recursos en una computadora.

Windows salió a la venta por primera vez en el año 1995. La última versión de éste ha cambiado mucho en comparación con la versión original.

El éxito de este sistema operativo se debe a muchos factores, pero se puede decir que el más importante es lo económico que ahora son las computadoras personales de tipo IBM PC compatible.

Algunos de los beneficios de usar Windows son:

- Una base instalada de billones de usuarios alrededor del mundo. Esto significa que hay una gran disponibilidad de programas y dispositivos para esta plataforma de trabajo.
- En Windows, una vez que aprenda a usar un programa, le será muy fácil no sólo usar casi todas las funciones básicas de todos los demás programas hechos para Windows, sino también guardar y abrir archivos.
- Otra ventaja de Windows es la capacidad, dependiendo de la cantidad de memoria instalada en la computadora, de poder trabajar con varios programas al mismo tiempo.
- Poder realizar casi todas las funciones necesarias para usar este sistema operativo llevando el ratón a las ventanas y haciendo clic sobre ellas.

Las diferentes versiones de Windows

Microsoft divide sus sistemas operativos de dos maneras: los diseñados para ser usados en la casa, y los diseñados para ser usados en oficinas. Esto se debe a la necesidad de distinguir claramente la clase de soporte que deben incluir en los dos tipos de sistema.

Por ejemplo, al principio el sistema operativo Windows NT 4.0 (diseñado para ser usado en una red), ni siquiera ofrecía soporte para dispositivos USB. Pero constaba del soporte nativo para proteger archivos en redes locales (LAN, por sus siglas en inglés), si usan el tipo de partición NTFS.

Las versiones de Windows para uso en la casa más usados hoy en día son:

- Windows 10
- Windows 8
- Windows 7
- Windows Vista

Las versiones de Windows para uso en redes locales, o LAN, son:

- Windows 10
- Windows 8.1 Enterprise
- Windows 7 Pro

Windows 10 y Windows 8

Estos son los sistemas operativos de más uso para el hogar, y proveen la mayor cantidad de soporte para usar diferentes tipos de dispositivos de todos los sistemas operativos (para computadoras personales) en el mercado.

La siguiente gráfica representa el área de trabajo de Windows 10.

Ventajas de las diferentes versiones de Windows

Dado que son tan parecidos, no es evidente que uno de estos sistemas operativos tenga ventajas sobre otro, pero en realidad existen diferencias que son bastante marcadas entre ellos. Las diferentes versiones de Windows ofrecen ventajas para diferentes tipos de usuarios.

Las ventajas de cada uno de los sistemas operativos para la casa son:

- Menor costo de mantenimiento
- La facilidad de usar estos sistemas en computadoras con procesadores de menos poder sin que se note mucha diferencia en su rendimiento.

Las ventajas de cada uno de los sistemas operativos diseñados para uso en redes locales son:

- Mejor protección de los archivos para discos duros que usan el tipo de partición NTFS, ya que ésta protege sus archivos con un nivel de seguridad adicional.
- La posibilidad de asegurar archivos. En estos sistemas operativos se puede asignar derechos a un archivo para que sólo determinados usuarios los puedan usar.
- La capacidad de usar dos procesadores. Esta es una función muy útil para compañías que usan bases de datos.
- La posibilidad de compartir archivos e impresoras. En computadoras personales conectadas a una red, el compartir recursos es una de las funciones más fáciles de realizar.

Para recordar

- Microsoft Windows es el sistema operativo para computadoras personales de más uso en todo el mundo.
- Casi todas las funciones necesarias para usar este sistema operativo se pueden realizar llevando el ratón sobre una serie de ventanas y haciendo clic sobre ellas.
- Windows 10 es uno de los sistemas operativos más avanzados para uso en la casa.
- Windows 10 y Windows 8 son las versiones de Windows con el mayor número de usuarios en todo el mundo.

Usando ventanas en Microsoft Windows

Introducción

Una ventana en Windows es un espacio cuadrado o rectangular con bordes bien definidos que usted ve en la pantalla de su computadora. A medida que trabaja en Windows con diferentes programas, podrá ver que ventanas de diferentes tamaños (dependiendo de su propósito) se abrirán en la pantalla de su computadora.

Cada ventana que usted ve en su pantalla representa un programa o proceso; por ejemplo, si había estado trabajando con su cuenta de cheques en línea y no ha movido el teclado o el ratón en esa pantalla, entonces una ventanita puede abrirse, recordándole que debe hacer algo en este sitio web o la sesión se terminará.

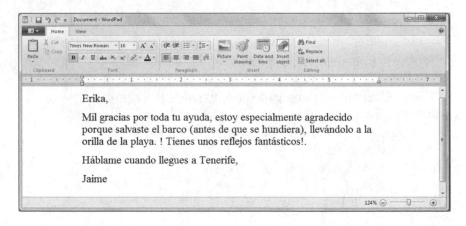

Por ejemplo, una ventana como la que ve en la gráfica de una pantalla que capturé en mi propia computadora se abrirá en la pantalla de la computadora cuando usted elige abrir el procesador de palabras Wordpad, el cual está incluido en todas las versiones diferentes de Windows.

Una computadora personal del tipo IBM PC compatible, usando una versión de Windows y dependiendo de la cantidad de memoria RAM que tenga instalada, puede tener varios programas o procesos corriendo al mismo tiempo. Y en la mayoría de los casos, cada uno de estos programas o procesos recibirá su propia ventana.

Por favor tenga presente que cuando usted toma la acción de escribir en su teclado, esta acción sólo se aplica a la ventana activa, o sea, la más prominente en la pantalla de la computadora. Ésta tiene la barra de título, donde ve el nombre del programa y del archivo con el cual está trabajando, de color azul oscuro.

El concepto de un programa o proceso por ventana

Windows consiste en una serie de ventanas, y cada una de éstas representa un programa o el menú de un programa.

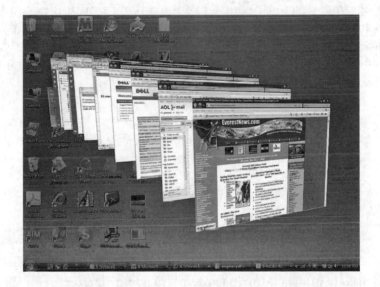

En la gráfica de arriba de Windows Vista puede ver una serie de ventanas, como flotando, y en cada una de ellas puede ver algunos detalles acerca del programa que contienen.

Por ejemplo, en Windows puede tener abierto, para darle una idea:

- Un procesador de palabras
- Un navegador
- Una hoja de cálculo
- Una calculadora electrónica

Y muchos otros programas más, ya que esto es sólo limitado por la cantidad de memoria RAM instalada en su computadora. Mientras más RAM tenga, por ejemplo 6 gigabytes en vez de 3, más fácil le será trabajar con muchos programas al mismo tiempo.

Las partes principales de una ventana típica en Windows

La ventaja principal de usar una computadora personal con cualquier versión de Windows es que, una vez que usted aprenda a usar un programa, descubrirá que su ventana tiene similitudes con la de otros programas, aun si estos programas fueron escritos por compañías diferentes. Esto se debe a que las partes principales de una ventana típica en Windows son muy parecidas de programa a programa.

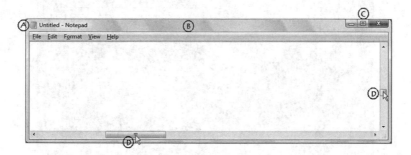

Siguiendo la gráfica de arriba aprenderá a familiarizarse con las partes principales de una ventana típica de Windows:

Ⓐ **La caja de control o "Control Box": Cuando usted le hace clic sobre la esquina izquierda superior de una ventana, un menú desplegable le ofrece las siguientes selecciones: restaurar, mover, cambiar de tamaño, minimizar, maximizar o cerrar la ventana. Para trabajar con ellas, simplemente haga clic sobre la que desea usar.**

Ⓑ *La barra de títulos es la barra fija en la parte alta de una ventana. Si usted tiene varias ventanas abiertas al mismo tiempo, la barra de títulos de la ventana activa será de un color azul oscuro; las barras de títulos de las ventanas inactivas serán de color azul claro.*

C En la esquina derecha superior podrá ver tres símbolos:

- Si usted hace clic sobre el signo de menos ("Minimize"), la ventana es minimizada. Esto quiere decir que la ventana está temporalmente escondida de vista, y todo lo que usted verá es su icono en la barra de tareas. Para restaurarla, sólo es necesario hacerle clic en su icono en la barra de tareas.

- En la mitad de estos símbolos, verá uno o dos cuadrados ("Restore Down"): si ve un cuadrado y hace clic sobre él, hará que la ventana ocupe toda la pantalla. Si ve dos cuadrados y hace clic sobre ellos la ventana tomará menos espacio en su pantalla.

- Si usted hace clic sobre el signo de la *X* ("Close"), la ventana se cerrará.

D Para trabajar con el contenido que está fuera de vista, por ejemplo con una carta en la cual esté trabajando, haga clic sobre la guía en las barras de desplazamiento o "Scroll Bars" (ya sea la horizontal o la vertical), sostenga el botón izquierdo del ratón y muévala hacia arriba o abajo o hacia la izquierda o la derecha para ver el contenido escondido. También puede hacer clic sobre las flechitas que están a cada uno de los extremos de las "Scroll Bars".

El área de trabajo en una ventana

El área de trabajo de una ventana es el espacio que le permite escribir información en el programa, como por ejemplo: el espacio en blanco en donde usted escribe una carta usando Word para Windows, o las casillas que ve en un sitio web cuando está llenando una forma en línea usando Internet Explorer. Más adelante aprenderá a reconocer cuándo un programa está listo, buscando el cursor destellante en su área de trabajo, para que usted escriba en él.

También es importante que recuerde que el área de trabajo de los programas instalados en su computadora puede ser ligeramente diferente de programa a programa. Pero en la mayoría de los programas que usará, su área de trabajo será muy similar, como lo son por ejemplo los procesadores de palabras, que le permiten escribir su carta inmediatamente después de que el programa se abre. Ahora, en algunos programas gráficos, usted debe tomar pasos adicionales antes de poder empezar a trabajar en ellos.

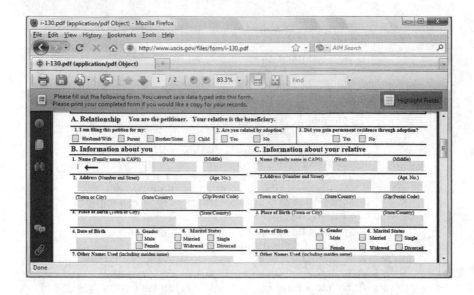

Por ejemplo, en la gráfica de arriba, usted puede ver un formulario del Servicio de Ciudadanía e Inmigración de Estados Unidos (USCIS, por sus siglas en inglés). Este formulario, el cual fue creado con una versión especial del programa Adobe Acrobat, es muy particular porque le deja escribir su información directamente antes de imprimirlo y se puede encontrar en el Internet.

Los diferentes tipos de ventanas

En una computadora con cualquiera de las diferentes versiones de Windows, notará que cada vez que usted hace clic o doble clic sobre un icono o una etiqueta en un menú desplegable, una ventana se abrirá. Ahora, algunas de estas ventanas llenan toda la pantalla de su computadora y otras sólo una parte; algunas pueden ser ajustadas de tamaño mientras que otras no.

Estos son los tres tipos más comunes de ventanas que usted verá mientras esté trabajando en cualquiera de las diferentes versiones del sistema operativo Windows:

- La ventana de programa o "Program Window" representa un programa en la pantalla de la computadora. Generalmente, éste es el único tipo de ventana que puede ser cambiada de tamaño.

- La ventana de diálogo o "Dialog Box Window" es el tipo de ventana secundaria que se abre dentro de la ventana de un programa. Por ejemplo, cuando usted elige imprimir haciendo clic sobre "File" y después sobre "Print", una ventana pequeña se abrirá en la pantalla y le ayudará a seleccionar la parte del documento que usted desea imprimir. Las ventanas de diálogo se cierran una vez que usted haga una selección en ellas y elija hacer clic sobre OK para confirmarla, o cuando oprima la tecla ESC. Este tipo de ventanas, por lo general, pueden ser movidas de un área a otra de su pantalla, pero no pueden ser cambiadas de tamaño.

- Las ventanas que aparecen automáticamente o *pop-up windows* también se consideran ventanas de tipo secundario, y se abren automáticamente cuando usted está haciendo algo tan simple como visitar un sitio web. Este tipo de ventana, generalmente, tampoco se puede cambiar de tamaño, pero es posible moverla a otro sitio en su pantalla. Y, por favor, recuerde que si usted está visitando un sitio web y usted tiene Windows 10 o Windows 8 y está usando el navegador Internet Explorer, éste bloquea algunas de estas ventanas. Sólo tiene que presionar y sujetar la tecla CTRL mientras la página carga para temporalmente permitir que estas ventanas le muestren la información pertinente. Y siempre tenga en cuenta que hacer clic sobre una ventana tipo *pop-up* automática que se abre después de visitar algunos sitios web puede hacer estropear su copia de Windows o sus archivos personales.

Por favor tenga presente que cuando usted escribe en su teclado, esta acción sólo se aplica a la ventana activa, o sea, la más prominente en la pantalla de la computadora.

Cómo trabajar con los diferentes tipos de ventanas en Windows

Los ejemplos a continuación le ayudarán a reconocer y trabajar con los tres tipos principales de ventanas que usted verá mientras está usando el sistema operativo Microsoft Windows.

■ La ventana de un programa

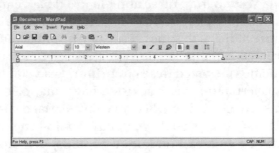

Este es el tipo de ventana que usted verá cuando abre un programa de Windows. Por ejemplo, en la gráfica de arriba usted puede ver la ventana que se abre cuando le haga clic al icono de WordPad.

Si su computadora tiene suficiente memoria RAM (como por ejemplo, 6 gigas), usted podrá mantener diferentes programas abiertos al mismo tiempo; inclusive le será posible tener varias instancias del mismo programa, y sobre todo podrá cambiar del uno al otro con sólo hacerle clic a su icono en la barra de tareas. El poder cambiar de un programa que haya abierto a otro es una función de Windows, y no es afectada por la cantidad de memoria que tiene su computadora.

Por ejemplo, si está redactando una carta (usando el procesador de palabras WordPad) y desea empezar a redactar una segunda carta manteniendo el documento que abrió previamente y en el cual todavía está trabajando, haga clic sobre el icono de WordPad de nuevo para abrir una nueva instancia de WordPad en una ventana diferente.

NOTA

Recuerde que si abre un programa y su ventana es muy pequeña puede ajustar el tamaño hasta que ésta llene toda la pantalla de la computadora siguiendo los pasos que verá al final de este capítulo.

■ La ventana de diálogo

Esta es la ventana secundaria que se abre dentro del programa en el cual está trabajando cuando usted le pide a este programa que realice ciertas tareas (como, por ejemplo, que abra un documento o imprima el trabajo que ahora tiene en la pantalla).

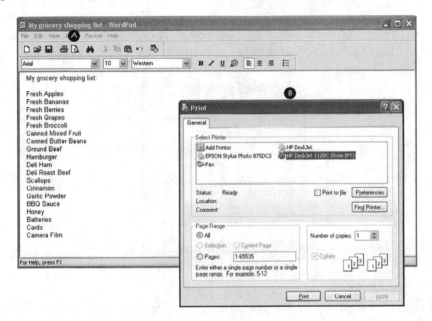

Para aprender a trabajar con las diferentes opciones que verá en este tipo de ventana, abra el procesador de palabras WordPad:

Ⓐ Por favor note en la barra de títulos de la ventana del programa el nombre de archivo (si usted ya ha elegido guardarlo) y el nombre del programa al cual pertenece esta ventana.

Ⓑ Por ejemplo, para abrir una ventana de diálogo típica, haga clic sobre la opción de archivo "FIle" y después hágale clic a la opción de imprimir o "Print"; ahora podrá ver la ventada de diálogo de "Print" que debe abrir para imprimir su trabajo.

Una ventana de diálogo tiene que estar cerrada antes de que usted pueda regresar a trabajar en el programa desde el cual fue abierta, lo que se puede hacer o escribiendo la información que le pide y después haciendo clic sobre "Close" o "OK", o haciendo clic sobre la *X* en la esquina superior derecha de la ventana.

Es también muy importante que usted aprenda a trabajar con las diferentes opciones que usted verá en estas ventanas de diálogo, y que usted usará para hacer cambios a la configuración de un programa.

Estas son algunas de las opciones que usted verá en una ventana típica de diálogo:

Ⓐ *Pestañas o "Tabs":* éstas están disponibles para trabajar en ventanas de diálogo que tienen varias páginas de opciones. Para cambiar a una página diferente, sólo es necesario hacer clic en la pestaña o "Tab" que corresponde a la página con la cual desea trabajar. Alternativamente, oprima y sostenga la tecla CTRL y después presione la tecla TAB para cambiar entre las diferentes páginas que están disponibles en una de estas ventanas de diálogo.

Ⓑ *Menús de despliegue vertical o "Pull Down Menus":* por ejemplo, si ve un nombre con una flechita al lado, haga clic sobre ella para ver una lista de las opciones disponibles en este menú desplegable. Una vez que el menú desplegable se abra, usted puede usar las teclas de las flechitas (la que apunta hacia arriba y la que apunta hacia abajo), para hacer una selección. Cuando ésta esté señalada, oprima la tecla de confirmar o ENTER. O, en esta lista, haga clic a la opción con la cual desea trabajar.

C *Cajitas de seleccionar o "Check Boxes":* éstas le dejan seleccionar opciones en una ventana de diálogo. Para escoger una opción, simplemente hága clic sobre la casilla de verificación. Ahora verá una *X* o una marquita afirmativa que le indica que esta opción está seleccionada. Para deseleccionarla, simplemente hágale clic de nuevo.

D *Rueda de opciones o "Spinner":* ésta es una cajita con la cual usted —en la mayoría de los casos— puede trabajar de dos maneras: a) haciendo clic sobre el valor que muestra, escribiendo directamente el valor que desea usar y oprimiendo la tecla ENTER, o b) haciendo clic sobre las flechitas para reducirlo o aumentarlo. Por ejemplo, hága clic sobre la flecha que apunta hacia arriba para aumentar un valor y en la que apunta hacia abajo para disminuirlo.

Si usted quiere ensayar usar algunas de las diferentes opciones disponibles en una de estas ventanas de diálogo, abra cualquier procesador de palabras, como por ejemplo el de Word 2010 para Windows, haga clic sobre herramientas o "Tools", y después sobre opciones o "Options". Ahora por ejemplo usted puede hacer clic en cualquiera de las Tabs (para trabajar en las diferentes páginas de opciones), o también puede abrir los menús desplegables. En las nuevas versiones de Office, verá menos de este tipo de opción. O sea, todo está muy integrado en lo que se llama el "Ribbon", o la cinta, de Office.

En la siguiente gráfica puede ver la ventana de diálogo que verá cuando haga clic sobre "File" y después sobre "Print".

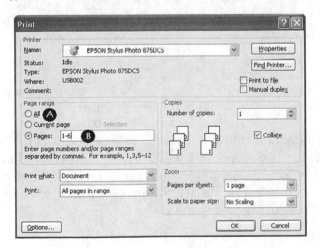

Esta es la forma de trabajar con algunas de las opciones que usted verá en algunas ventanas de diálogo:

A *Botones de radio o "Radio Buttons"*: **ésta es una lista de opciones mutuamente exclusivas. Si usted ve un punto junto al nombre de una opción, esto quiere decir que la opción ya ha sido seleccionada. Usted sólo puede escoger una opción en una de estas listas, haciendo clic sobre ella.**

B *Celdas de escribir valores o "Text Field"*: **éstas le permiten escribir valores que le ayudan a un programa a ejecutar su petición. Para comenzar a trabajar con él, haga clic en el espacio en blanco.**

Por ejemplo, en esta ventana de diálogo, usted puede escribir el número de la primera y de la última página que usted desea imprimir y hacer clic sobre "Print" para, de esta manera, si está trabajando con un documento muy voluminoso, imprimir sólo las páginas con las cuales quiere trabajar.

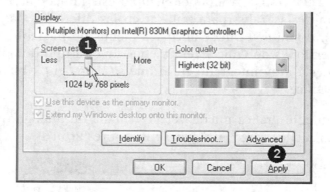

La guía movible o "Slider" se usa para aumentar o disminuir un valor (por ejemplo, la resolución de su monitor).

1. Para aumentar un valor, coloque el indicador del ratón encima de esta guía y, mientras usted presiona y sostiene el botón izquierdo del ratón, muévala hacia la derecha. Si mueve la guía hacia la izquierda disminuirá el valor del ajuste que usted está tratando de cambiar.

2. Para confirmar su selección, haga clic sobre aplicar o "Apply".

- La ventana tipo *pop-up*

   Este es un tipo diferente de ventana secundaria que es usada
   en su mayor parte por compañías para enviarle anuncios comerciales a su computadora. Estas ventanas, por lo general,
   se abren automáticamente cuando usted visita un sitio web.
   Ahora, en la mayoría de los casos, si hace clic sobre la información que ve en una de estas ventanas, su navegador abrirá
   una página nueva mostrándole información acerca de un servicio o producto que ellos le quieren vender. Usted no tiene
   que cerrar estas ventanas para regresar al trabajo que estaba
   haciendo antes de que apareciera; si usted desea la puede
   mover a otra parte de la pantalla, o cerrarla haciendo clic sobre
   la *X* en la parte superior derecha de la ventana.

En la gráfica de arriba puede ver una ventana típica tipo *pop up*. Para
contestar a la oferta, simplemente haga clic sobre ella.

Cómo ajustar el tamaño de la ventana de un programa usando el ratón

La ventana de un programa que no cubre toda la pantalla puede ser
ajustada de tamaño. Si la ventana cubre toda la pantalla, sólo puede
hacer clic sobre el cuadrado de Minimizar o Maximizar localizado
en la esquina superior derecha para reducirla de tamaño. Una vez
que la ventana no esté tomando toda la pantalla, usted puede ajus-
tarle el tamaño manualmente o cambiarla de posición en la pantalla.
Haciéndole clic dos veces a la barra de títulos (donde ve el nombre

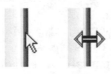

del archivo y del programa), de una ventana que está tomando toda la pantalla también hará que ésta ocupe menos de la pantalla completa. Para restaurarla a que ocupe la pantalla, hága doble clic de nuevo sobre su barra de títulos.

Antes de manualmente ajustar el tamaño de una ventana que no esté tomando toda la pantalla, coloque el indicador del ratón sobre cualquiera de sus lados, e inclusive una de sus esquinas, y espere a que éste cambie de forma a una flecha doble.

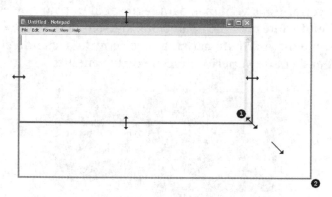

Estos son los pasos para ajustar el tamaño de una ventana en Windows que no está ocupando toda la pantalla:

1. Para comenzar, lleve el indicador del ratón sobre cualquiera de las esquinas o uno de los cuatro lados de cualquier ventana de programa que desee cambiar de tamaño. Después de que el indicador del ratón se haya convertido en una flecha doble, oprima y sostenga el botón izquierdo del ratón y después arrastre la esquina o el lado con el que desea trabajar hasta que esté del tamaño deseado.

2. Para terminar, retire sus dedos de los botones del ratón y podrá ver la ventana con el tamaño nuevo. En la mayoría de los casos, si usted cierra la ventana de un programa después de ajustar el tamaño y la abre de nuevo, debería ocupar el mismo espacio que ocupó en la pantalla de la computadora en el momento que usted la cerró.

Recuerde que usted no puede ajustar el tamaño de ventanas de diálogo ni de *pop-up*, y que estos tipos de ventanas sólo pueden ser cambiadas de lugar en la pantalla o cerradas.

Cómo mover una ventana de un lugar a otro en su pantalla usando el ratón

A medida que usted usa su computadora con Windows, notará que a veces la pantalla se puede ver un poco desordenada con las diferentes ventanas que ha abierto, y por este hecho a veces la ventana con la cual usted desea trabajar puede estar tapada por otra ventana que usted abrió previamente. Por este motivo, a veces le puede ser necesario saber cómo mover una ventana que no está ocupando toda la pantalla de la computadora a un lugar diferente en la pantalla.

Siguiendo la próxima gráfica, usted aprenderá a mover la ventana de un programa —en este ejemplo usé la calculadora electrónica— a otro lugar en la pantalla para poder trabajar mejor con un programa que abrió previamente.

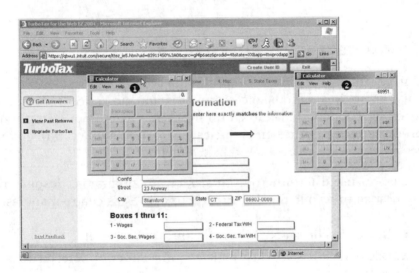

Estos son los pasos, como usted puede ver en esta captura de la pantalla, para mover un programa en la pantalla con el fin de que no cubra la información con la cual usted desea trabajar:

1. Por favor note que cuando usted abre un programa para Windows, su ventana se abrirá encima de cualquier otra ventana que estaba ya abierta. Por ejemplo, si abre la calculadora electrónica y ésta se abre encima de la ventana de

un programa en el cual necesita escribir números, cámbiela de lugar de la siguiente manera: 1) haga clic en su barra de títulos y 2) después oprima y sujete el botón izquierdo del ratón. Ahora puede moverla a otro lugar en la pantalla de la computadora. Cuando esté en el lugar apropiado, retire su mano del ratón.

2. Ahora puede ver que esta ventana ocupa una posición nueva en la pantalla de la computadora, fuera del área de trabajo de la ventana con la cual desea trabajar.

Usted aun puede mover una ventana hasta la parte extrema derecha de la pantalla, escondiendo la mayor parte de su contenido. En el ejemplo que ve arriba, usted todavía podrá leer los totales en la calculadora electrónica. Usted también puede regresar a trabajar con sus programas, si estos están minimizados, haciéndoles clic a sus iconos en la barra de tareas o "Taskbar".

Cómo cerrar una ventana

Una vez que la ventana de un programa se abra, le será posible trabajar en su área de trabajo casi inmediatamente. Y recuerde que si usted ha estado trabajando en un programa (como por ejemplo un procesador de palabras en el que esté redactando una carta), entonces asegúrese de guardar su trabajo a menudo.

Y cuando usted termine de trabajar en un programa, después de guardar su trabajo lo puede cerrar de una de estas cuatro maneras:

- Haciendo clic sobre "File" y después sobre "Exit".
- Haciendo clic sobre la *X* en la esquina superior derecha de la ventana.
- Haciendo clic sobre la esquina izquierda superior de la ventana y escogiendo "Close".
- Presionando y sujetando las teclas ALT y F4.

La siguiente ventana de diálogo aparece cuando trata de cerrar una ventana sin haber guardado previamente el trabajo que estaba haciendo.

Esta es la manera de trabajar con esta ventana:

- Para guardar su trabajo como un archivo en la computadora, haga clic sobre "Save". (Si ésta es la primera vez que guarda su documento, otra ventana se abrirá para ayudarle a guardarlo, es decir, darle el nombre que desea usar para el documento nuevo y también para ayudarle a escoger dónde lo quiere guardar).
- Para cerrar el programa sin guardar su trabajo, haga clic sobre "Don't Save". De esta manera usted perderá el trabajo que ha hecho desde que guardó el documento por última vez. (Si nunca lo ha guardado lo perderá completamente).
- En algunos programas como Word 2013, aun si elige no guardar un documento, este permanecerá disponible, temporalmente, para que usted lo pueda usar.
- Para regresar a trabajar en su documento, haga clic sobre cancelar o "Cancel".

Esta ventana de diálogo también aparecerá si usted inicia el proceso de apagar su computadora haciendo clic sobre el botón de "Start", deseleccionando apagar ("Shut Down") y todavía tiene documentos con los cuales ha estado trabajando y no ha guardado todavía.

NOTA

En el capítulo nueve, usted aprenderá los pasos necesarios para guardar su trabajo a un dispositivo de almacenamiento permanente (como lo es la unidad de disco duro) y también cómo recuperarlo más tarde.

Para recordar

- Una ventana en Windows es un espacio cuadrado que usted ve en la pantalla de su computadora.

- Cada ventana que usted ve en su pantalla representa un programa o proceso que usted le pidió a la computadora que hiciera.

- Un icono en Windows es una gráfica asociada con un programa, una carpeta o inclusive uno de sus archivos.

- El área de trabajo de una ventana es el espacio que le permite escribir información en el programa.

Funciones comunes en todas las versiones de Windows

4

La pantalla de comienzo o "Start" en Windows 10

En esta nueva versión de Windows, el menú de comienzo o "Start" es similar al menú de comienzo o "Start" en versiones anteriores de Windows, como por ejemplo Windows 7. Esto se debe en parte a las sugerencias de los usuarios que vieron un cambio muy grande en el menú de comienzo o "Start" en Windows 8, con las tejas o "Tiles" que aparecen prominentemente en la pantalla de inicio, después de prender una computadora con Windows 8 o Windows 8.1.

Esta es la manera de trabajar con el menú de comienzo o "Start" en Windows 10:

A   Para ver sus programas, haga clic sobre el botón de comienzo o "Start", que casi siempre está en la parte inferior izquierda de la barra de tareas o "Taskbar".

B.   Para hacer que este menú, que al principio solo toma una parte de la pantalla, tome toda la pantalla haga clic sobre esta guía, con doble flecha.

Si más adelante quiere que este menú regrese al tamaño regular, o sea que ocupe menos de toda la pantalla, hágale clic de nuevo a esta guía doble (que ahora estará en la esquina derecha de la pantalla). Este cambio, a ocupar toda la pantalla, no es permanente y se resetea cada vez que usted prende la computadora.

La pantalla de comienzo o "Start" en Windows 8.1

Esta es la primera pantalla que verá si su computadora usa Windows 8 o Windows 8.1. Esta le presentara la mayoría de los programas instalados en su computadora. Los que no aparecen en esta lista pueden ser añadidos a esta con los pasos que aprenderá más adelante en este libro.

Inclusive, si así lo desea, también puede quitar el icono de un programa que no desea usar, lo que no removerá el programa de su computadora, solo su icono de esta pantalla de comienzo o "Start". Esto se consigue haciendo clic con el botón derecho del ratón sobre el icono que desea remover de esta lista y seleccionando "remover de la pantalla de comienzo" o "Unpin from Start".

Para usar uno de estos programas es suficiente hacer clic una vez sobre su icono, y este abrirá. Ahora este menú de comienzo o "Start" se esconde temporalmente. Para regresar a ver el menú de comienzo o "Start" (por ejemplo para abrir un programa diferente), use la combinación de teclas CTRL + ESC.

Ahora, usted puede hacer un cambio a la configuración para que la computadora vaya directamente al escritorio virtual o "Desktop". Más adelante aprenderá cómo hacer esto.

El escritorio virtual ("Desktop") de Windows 7 y Windows Vista

El escritorio virtual o "Desktop" de una PC que usa una de estas diferentes versiones de Windows es la primera pantalla que verá después de prender su computadora, a menos que una computadora haya sido configurada para abrir automáticamente un programa en particular cuando usted la prende.

¿Por qué es importante saber esto? Porque en el escritorio virtual encontrará muchos iconos, que después de que usted les haga clic dos veces, abrirán sus programas, carpetas o archivos.

Si el "Desktop" de Windows no es visible porque está escondido detrás de una de las ventanas que ha abierto, entonces usted lo puede ver de esta manera:

a) minimizando o escondiendo las ventanas que están en frente del "Desktop" como pudo ver anteriormente en el capítulo de trabajar con ventanas, haciendo clic sobre el símbolo de menos en la esquina superior derecha de las ventanas de los programas que están abiertos en el momento, o b) haciendo clic (como puede ver en la gráfica anterior) sobre el botón de "Show Desktop", en la barra de herramientas rápida ("Quick Launch"), que a su vez está en la barra de tareas.

Si no puede ver el botón de "Show Desktop", lo puede habilitar haciendo clic con el botón derecho del ratón sobre cualquier parte libre de iconos en la barra de tareas, llevando el indicador sobre "Toolbars" y hacia la derecha o izquierda (depende de qué lado este menú abra), hacia abajo y finalmente haciendo clic sobre "Quick Launch".

➊ Office 2010	➊ Office 2007

En Windows 7, esta opción de mostrar el "Desktop" está en el extremo de la parte derecha de la barra de tareas. Para usarla sólo hágale clic (como una pestaña).

Los iconos en Windows

Un icono en Windows es una gráfica asociada con un programa, una carpeta o inclusive uno de sus archivos. Haciendo clic sobre un icono, usted puede abrir el programa, carpeta o archivo asociado con éste. Los iconos de programas en Windows se reconocen por tener una etiqueta con el nombre del programa al que pertenece. En Windows los iconos de sus archivos casi siempre pueden ser reconocidos porque el programa que usted usó para crearlos los personaliza. Por ejemplo, los iconos que son generados cuando usted crea un archivo usando el programa Microsoft Excel tienen una pequeña *X* en la esquina izquierda.

Por ejemplo, en esta captura de pantalla del "Desktop" de una computadora con Windows 8 note en medio de estos iconos el icono que representa el programa Publisher 2013 (junto a la flecha).

En Windows, para encontrar más información acerca de un icono particular, lleve el indicador del ratón sobre él y déjelo allí por unos segundos. En el siguiente ejemplo, puede leer el nombre del programa que creó este archivo: "Tipo: Microsoft Excel Worksheet", una hoja de cálculo hecha con el programa Microsoft Excel.

Cómo trabajar con un icono en Windows

En una computadora personal con el sistema operativo Windows, usted trabajará con los iconos que ve en su pantalla llevando el indicador del ratón sobre ellos y después haciendo uno o dos clics con uno de los dos botones del ratón. Usted también puede trabajar con iconos usando el teclado, presionando la tecla ENTER una vez que el icono esté resaltado, pero esto es más difícil de hacer.

Qué es un programa para Windows

Un programa para computadoras es un conjunto de instrucciones con un propósito común. Hoy en día un programa para Windows puede contar con miles de archivos, que pueden estar guardados a través de muchas carpetas en el disco duro de su computadora. Por ejemplo la hoja de cálculo, Microsoft Excel, que le puede ayudar a calcular los costos de un negocio, como por ejemplo un negocio de venta de tiquetes aéreos, es lo que constituye un programa para computadoras personales.

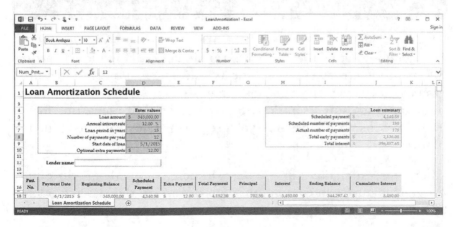

En el ejemplo anterior, usted puede ver el programa Excel 2013, y en su "área de trabajo", o sea el área donde usted crea la hoja de cálculo, puede ver una hoja de amortización de una hipoteca. Microsoft Excel 2013 es un programa que viene incluido con el grupo de programas de la Oficina o Office de Windows.

Ahora, en el momento en que la compró, su computadora venía con un gran número de programas que fueron añadidos en la factoría, con el sistema operativo de Windows. Esto es cierto inclusive si usted compra su computadora de segunda mano, ya que por lo general los usuarios no borran los programas que vienen con una computadora personal, a menos que se les esté acabando el espacio en el disco duro de la computadora, lo que es bastante raro en computadoras que salieron después del 2012.

Por ejemplo, para darle una idea, puede ver en la gráfica de arriba del menú de entrada o "Start" de Windows 8, algunos de los programas que ya venían incluidos con el sistema operativo en la computadora que estoy usando para escribir este libro (con un círculo blanco), y los programas que yo agregué después (con un recuadro blanco).

Ahora, más adelante —si usted así lo desea— puede añadirle más programas que sean compatibles con la versión del sistema operativo que tiene su computadora. Y esta es la clave, que sean "compatibles", o sea que funcionen con la versión de Windows instalada en su computadora personal. Por eso para evitar problemas, antes de buscar un programa para ella, es mejor averiguar bien qué versión de Windows usa su computadora.

Esta es la manera de ver exactamente qué versión de Windows está instalado en su computadora:

■ Si su computadora tiene Windows 10 o Windows 7/ Vista, busque en el escritorio virtual o Desktop, el icono de "This PC" (Windows 10) o "My Computer" (Windows 7/Vista), y después hágale clic con el botón derecho del ratón y elija propiedades o "Properties".

■ Si su computadora tiene Windows 8, y en este momento está viendo el menú de comienzo o "Start", use la combinación de teclas ▦ + "D", para salir de este y ver el escritorio virtual o "Dcsktop". Ahora busque el icono de esta computadora o "This pc", y después hágale clic con el botón derecho del ratón y elija propiedades o "Properties".

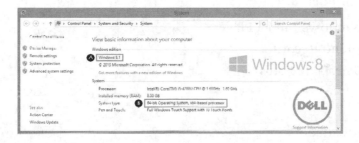

Esta es la información que debe tener, antes de instalar un programa para Windows, en su computadora personal:

A. La versión de Windows instalada en ese computador, en este caso se trata de Microsoft Windows 8.1

B. Y el nivel de la versión, en este caso 64 bits (la otra opción es 32 bits)

El segundo dato es también muy importante, y se refiere al ancho de la autopista de información de la computadora. Las dos opciones son: 32 y 64 bits. Y esto se refiere al hecho de que algunas computadoras son de 32 bits (sobre todo las computadoras que no son muy recientes) y otras son de 64 bits. Ahora, una computadora de 64 bits puede aceptar programas de 64 bits y de 32 bits. Pero una computadora de 32 bits solo puede correr programas de 32 bits.

Cómo añadir o quitar programas en Microsoft Windows

Todas las versiones del sistema operativo Microsoft Windows, fuera de darle la plataforma del sistema operativo, también vienen incluidas con un sinnúmero de diferentes programas (básicos), en varias categorías, para que usted pueda usar su computadora casi desde el momento en que la desempaca sin tener que salir a comprar software o programas adicionales.

Estas son algunas de las categorías de programas para Windows y los programas de esa categoría que vienen incluidos gratis con su versión del sistema operativo:

Entretenimiento:

- Windows Media Player
- Sound Recorder
- Galeria de Fotos

Productividad:

- Calculadora
- Notepad
- WordPad
- Explorador de Archivos

Seguridad:

- Windows Defender
- Windows Firewall

Utilidades:

- Defrag
- File cleaner

Estos programas que vienen incluidos con Windows son bastante básicos, o sea un procesador como WordPad, que viene incluido con Windows, no es tan avanzado como el Microsoft Word, pero sirve para hacer algunas tareas básicas como escribir una carta simple. Ahora, si más adelante desea añadir programas a su copia de Windows, existen dos categorías importantes:

- Programas gratis.
- Programas regulares (con diferentes costos) que varían dependiendo su utilidad.

Las siguientes son las dos maneras más comunes de obtener un programa para una computadora personal que tenga el sistema operativo Microsoft Windows:

- Consiguiéndolo en una tienda, en cuyo caso puede que venga con un DVD para instalarlo.
- Bajándolo del Internet. Por ejemplo hoy en día usted puede comprar la última versión de Microsoft Office, e instalarla en su computadora personal, sin necesidad de visitar una tienda de tecnología.

Y esta es la manera más común de instalar el programa cuando viene en un DVD o CD:

1. Introduzca el DVD o el CD en su unidad de leer DVD o CD.

2. Ahora siga los instrucciones, que por lo general consisten en hacer clic sobre continuar o "Continue" o "Next", y en algunos casos después de hacer clic sobre "estoy de acuerdo" o "I accept" en el contrato para usar el software, hasta que el

programa este instalado en su computadora. Para usarlo solo localice su Icono en la lista de iconos de programas instalados en su computadora y hágale clic para abrirlo.

Hoy en día también encontrará un sinnúmero de programas en el Internet. Para usarlos solo tiene que descargarlos a su computadora personal y hacerle clic al archivo que descargó, para empezar el proceso de instalarlos en su computadora personal.

Por ejemplo, siga estos pasos para bajar el programa de Antivirus Avast desde su sitio web avast.com:

1. Para comenzar, abra uno de los Navegadores de Internet que tenga instalados, como corresponda de acuerdo a la versión del sistema operativo Windows que tiene en su computadora. Un ejemplo es Internet Explorer.

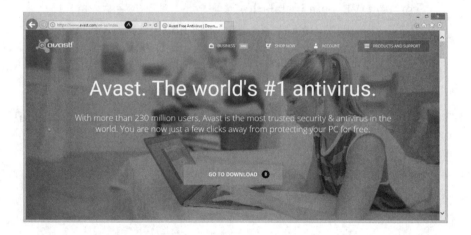

A. Cuando el Navegador de Internet abra, escriba la dirección virtual del sitio web que desea visitar en la barra de direcciones. En este caso escribí Avast.com.

B. Una vez que el navegador abra, cuando esté buscando un programa para bajar del Internet, busque el nombre de este y hágale clic. En este caso hice clic sobre "Ir a descargas" o "Go to download".

2. Ahora el programa comenzará a ser descargado al disco duro.

3. Una vez que el navegador termine de bajar este programa, hágale clic al archivo que bajó (en este ejemplo instalar o "Run"), e instálelo siguiendo los pasos que vio anteriormente para instalar programas desde DVD o CDs.

En el caso de este programa de Antivirus, solo es necesario registrar el programa usando su dirección de correo electrónico y esta registración le dará derecho a usar el programa totalmente gratis por un año. Ahora, antes de terminarse el año, este programa le va a mostrar mensajes recordándole que tiene que renovarlo (lo que consiste en darles de nuevo su dirección de correo electrónico).

Un virus para computadora —en la mayoria de los casos— entra a su computadora con su ayuda, es decir infecta el software de esta después de que usted le hace clic a un enlace, hasta puede ser un chiste o vídeo que alguien puso en Facebook. Y a veces los programas de Antivirus no detienen estos ataques a su software. Para evitar esto, y proteger su software, no haga clic en los enlaces que no parecen fiables.

Una vez que instale un programa, este permanecerá guardado en la computadora en la que lo instaló, hasta que lo quite manualmente. Inclusive los programas que dejan de funcionar, porque usted ya no tiene licencia para usarlos, no se borran de su computadora por si solos. Eso lo tiene que hacer la persona encargada de la computadora, visitando primero el panel de control de Windows o "Control Panel", y escogiendo añadir o remover programas o "Add and Remove Programs".

Estos son los pasos a seguir para empezar el proceso de quitar un programa, es decir para abrir el panel de control de Windows o "Control Panel", o inclusive directamente usando el asistente para añadir o quitar programas, lo que se hace de manera diferente dependiendo de la versión del sistema operativo Windows que tenga:

En Windows 10:

1. Comience haciendo clic en la casilla de búsqueda de Windows 10, que está en la barra de tareas o "Taskbar" (y en la cual puede leer "Type here to search"), y escriba "Add or remove programs".

2. Ahora, en la lista que aparece en este panel, haga clic sobre "Add or remove programs", para comenzar el proceso de abrir este asistente y quitar un programa que ya no necesita.

En Windows 8:

1. Oprima la combinación de teclas ⊞ + S y en la casilla de búsqueda escriba "Add or remove programs".

2. Ahora, en la lista que aparece en este panel, haga clic sobre "Change or remove a program", para comenzar el proceso de abrir este asistente y quitar un programa que ya no necesita.

En Windows 7/Vista:

1. Comience haciendo clic sobre el botón de comienzo de Windows, que en la mayoría de los casos está en la parte izquierda inferior de la pantalla. Ahora hale el indicador hacia arriba y después a la derecha y haga clic sobre el panel de control o "Control Panel", para abrirlo.

2. Ahora busque el icono de programas o "Programs", y hágale clic para abrirlo.

Cuando el panel de controles o "Control panel" abra, puede empezar a quitar el programa que desee, lo que liberará el espacio que este está tomando en el disco duro de su computadora. Busque el icono de "Programs" para abrir el panel de quitar programas. Esto es posible porque cada vez que instala un programa para Windows, con ciertas excepciones, este es registrado por Windows para que, si más adelante lo desea quitar, lo pueda hacer muy fácilmente. También es importante tener en cuenta que en la mayoría de los casos, cuando usted quita un programa, al cual tiene derecho por haber comprado una licencia para usarlo, lo puede volver a instalar en su computadora si más tarde tiene la necesidad de usarlo de nuevo.

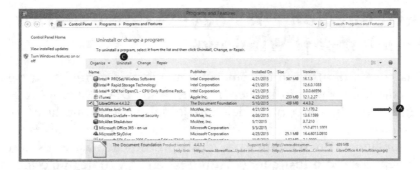

Esta es la manera de desinstalar un programa para Microsoft Windows que haya sido instalado en una computadora previamente:

A. Use la barra de desplazamiento lateral, para buscar —si este no es visible a primera vista— el programa que desea desinstalar.

B. Cuando haya encontrado el programa que desee desinstalar, hágale clic.

C. Por último, haga clic sobre desinstalar o "Uninstall", para comenzar el proceso de quitar el programa que quiere remover de su computadora.

Por lo general solo es suficiente hacer clic sobre continuar o "Next", para terminar de desinstalar el programa que desea quitar de su computadora. Por favor tenga en cuenta que en este capítulo es difícil cubrir todo lo que puede ocurrir mientras está desinstalando un programa en particular, debido a que debe haber millones de programas para Windows. Por ejemplo, algunos programas le pueden pedir que cierre todos los navegadores de Internet antes de permitirle quitarlos de su computadora. Pero estas instrucciones le servirán para quitar de su computadora los programas más conocidos.

NOTA Por favor tenga en cuenta que cuando usted remueva o quite un programa para computadoras, como lo es por ejemplo Microsoft Word, los archivos que creó usando este programa no serán afectados y estos todavía permanecerán en su computadora hasta que los borre.

Introducción a las cuentas de usuarios en Microsoft Windows

Una cuenta de usuario es como una membresía virtual a su computadora, por ejemplo la cuenta de usuario "DianaSalazar", y esta tiene como fin aislar parte del trabajo del usuario que la usa del trabajo que hacen los otros usuarios que también tienen acceso a la computadora. En Windows hay dos tipos de cuentas de usuarios: a) cuentas de administrador o "Administrator", y b) de tipo estándar o "Standard".

Por lo general estos son los parámetros que debe tener en cuenta cuando trabaje con cuentas de usuarios en Windows:

- Si tiene una cuenta de administrador o "Administrator" de la computadora, le será posible añadir cuentas de usuarios adicionales (para darle acceso a otras personas) al igual que hacerles mantenimiento a estas cuentas (como por ejemplo cambiarles o quitarles las contraseñas). También podrá hacer cambios en la computadora, como por ejemplo remover programas que ya no necesite.
- Si tiene una cuenta del tipo estándar o "Standard", entonces solo le será posible añadir y cambiar su propia contraseña y hacer algunos cambios en la computadora.

A continuación puede ver tres ejemplos de algunas de las situaciones en las cuales usted podría necesitar usar este programa de añadir o cambiar cuentas de usuarios locales en Windows:

- Su hermana acaba de llegar de Colombia a vivir con usted, y desea abrirle una cuenta de usuario para permitirle que use la computadora. En este caso puede entrar a la computadora y seguir los pasos a continuación para crear la cuenta. Usted le puede asignar a esta cuenta derechos de administrador de la computadora o derechos estándar, los cuales le permitirán a su hermana trabajar con los programas instalados en la computadora pero le darán menos flexibilidad en cuanto a la configuración de la computadora.

- Si desea añadir una contraseña a su propia cuenta, abra el programa de añadir y cambiar usuarios para añadirle una contraseña. En este caso no tiene que preocuparse por si su cuenta es estándar o de administrador, porque es su propia cuenta.

- Su madre olvidó su propia contraseña y ahora necesita entrar urgentemente a la computadora. En este caso, si su cuenta es de administrador de la computadora, le será posible entrar usando el programa de trabajar con cuentas de usuarios, escoger la cuenta de su madre y cambiarle la contraseña por una nueva, que ella podrá usar casi inmediatamente.

Por ejemplo en la gráfica anterior puede ver el panel de elegir usuarios en la computadora en la que escribí este libro, y en este puede ver 5 usuarios, y los atributos que tiene cada uno de ellos. Por ejemplo, puede ver que el usuario Jaime tiene una cuenta local, que es un administrador de la computadora, y que su cuenta de usuario está protegida con una contraseña.

Cómo abrir programas usando el ratón

Si el icono de un programa está ubicado en el menú de comienzo o "Start" (Windows 10/7/Vista) o puede ver su teja o "Tile" (Windows 8), haga clic una vez sobre él para abrirlo. Ahora, si este se encuentra en el escritorio virtual o "Desktop", haga clic dos veces sobre él. Esta acción abrirá el programa, la carpeta o el archivo que el icono representa.

Por favor note que cuando usted hace clic con el botón derecho del ratón sobre uno de sus iconos, se abrirá otro menú ofreciéndole una cantidad de opciones que puede elegir con sólo hacer clic sobre el nombre de la opción.

Por ejemplo, en Windows 8.1, en la mayoría de los casos después de prender el computador verá una pantalla llena de programas organizados como tejas o "Tiles". Para abrir uno de estos programas solo es suficiente hacerle clic una vez y el programa abrirá.

Cómo utilizar la barra de tareas o "Taskbar" para usar otro programa que está abierto

Esta es la barra que usted verá a lo largo de cualquiera de los lados (ya que usted la puede mover a cualquiera de los cuatro lados de la pantalla) de la pantalla de una computadora personal que tenga una de las diferentes versiones de Windows. Cada vez que usted abre un programa, el nombre de éste dejará un icono en esta barra de tareas, como una huella virtual, para recordarle que el programa está abierto.

La barra de tareas o "Taskbar" en Windows 10

En la nueva versión del sistema operativo Windows, Windows 10, la barra de tareas o "Taskbar" incluye un área de búsqueda que puede usar para buscar información acerca de archivos o programas en su computadora. Inclusive puede comenzar a buscar información en el Internet escribiendo lo que desea buscar en esta casilla de búsqueda. Para comenzar a buscar archivos o programas haga clic sobre la casilla donde dice "Search . . .".

Como puede ver en la gráfica siguiente, en mi propia computadora escribí mi nombre y el sistema operativo me presentó varios do-

cumentos en los cuales aparece mi nombre. Para abrirlos es suficiente hacer clic una vez sobre el nombre del documento que desea abrir.

La barra de tareas o "Taskbar" en Windows 8.1

Esta es bastante similar, si recuerda haber usado Windows 7, a la barra de tareas o "Taskbar" en ese sistema operativo. Es decir cada programa que usted abre es representado en esta barra de tareas o "Taskbar" por un icono. Si abre más de una instancia del mismo programa, por ejemplo si decide trabajar con dos cartas usando Microsoft Word, verá sus iconos en esta barra de tarea o "Taskbar".

Por ejemplo, esta es la manera de regresar a los documentos que haya creado en Word y ahora tiene abiertos:

A. Lleve el indicador del ratón sobre el icono de Microsoft Word. Ahora hale el indicador del ratón hacia arriba y después haga clic sobre el documento con el que desea regresar a trabajar, para abrirlo. Esto quiere decir que puede trabajar con un documento, hacer cambios a este, y después regresar a trabajar con cualquier otro documento que tenga abierto, sin tener que cerrar primero el documento que acaba de actualizar.

B. Al igual que en versiones anteriores de Microsoft Windows, como por ejemplo Windows 7, si tiene muchos programas abiertos, es posible que los iconos de los últimos programas que haya abierto estén representados en la segunda página de la barra de tareas o "Taskbar". En ese caso, para regresar a trabajar con ellos, haga clic sobre la flechita (al extremo derecho de la barra de tareas o "Taskbar") que indica hacia abajo y ahora podrá ver la segunda página de la barra de tareas o "Taskbar".

Ahora puede regresar a trabajar con los programas que tiene abiertos en el momento. Tenga en cuenta que si tiene muchas instancias del mismo programa, estas pueden —cuando les hace clic para regresar a una de ellas— tomar la forma de una larga lista que se proyecta hacia arriba de su pantalla.

La barra de tareas o "Taskbar" en Windows 7 y Windows Vista

En la gráfica de arriba, verá en la parte izquierda de la barra de tareas el botón "Start" (en Windows 7/Vista este botón es redondo y en Windows XP es rectangular), y en la mitad de esta barra verá los perfiles de los programas que están abiertos. En esta barra de tareas también puede ver otra información adicional, en la extrema derecha (si la barra de tareas está alineada horizontalmente con la parte baja del monitor), como la hora, en un área llamada área de notificación o "Systray". En esta parte de la barra de tareas también podrá ver algunos iconos que representan programas que se abren automáticamente casi todas las veces que prende la computadora.

Siguiendo la siguiente gráfica aprenderá a regresar a trabajar con los programas cuyos iconos o huellas vea ahí. Esto se hace así:

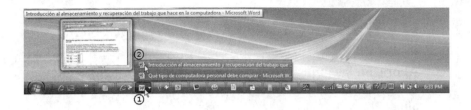

1. Primero busque el nombre del programa con el cual desea regresar a trabajar. Por ejemplo, si estaba escribiendo una carta usando Microsoft Word, haga clic sobre el icono con la *W* para abrir ese programa.

2. Ahora, entre los documentos de Word que tiene abiertos, que están agrupados verticalmente, busque el archivo con el que estaba trabajando. Por favor, note que, en Windows Vista, conforme lleva el ratón sobre los iconos en este grupo otra ventana se abre mostrándole una vista preliminar de cada uno de estos archivos. Cuando encuentre el que desea, hágale clic.

Como pudo ver anteriormente, la función principal de la barra de tareas en Windows es la de darle información acerca de los programas que actualmente están abiertos en la computadora y ayudarle a regresar a trabajar con los que puedan estar temporalmente escondidos detrás de otras ventanas porque si tiene muchos programas abiertos todas sus huellas no caben en esta barra de tareas, y entonces éstas son distribuidas a través de diferentes páginas. De esta manera, si no puede ver la huella de un programa que usted abrió previamente en la primera página de la barra de tareas, búsquela en la siguiente página.

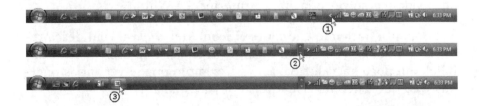

Siguiendo la gráfica de arriba aprenderá a regresar a trabajar con los programas cuyas huellas no vea en la barra de tareas. Se hace de esta manera:

1. Para ver la segunda página de programas que ha abierto, hágale clic a "<".

2. Ahora, en las guías señaladas por el indicador, hágale clic a la guía que apunta hacia abajo para ver los iconos que están ahí.

3. Inmediatamente, en la segunda página, hágale clic al icono del programa al cual desea regresar a trabajar. Si espera mucho, la vista de la página adicional se cierra, y sólo verá la primera página de la barra de tareas.

Otra de las maneras que también puede usar para regresar a un programa que ha abierto pero que está escondido detrás de la ventana de otro programa es moviendo un poco la ventana del programa que lo está cubriendo parcialmente y después haciendo clic sobre la barra de título —es decir, en la cual usted ve el nombre del programa— de la ventana del programa que desea usar, para hacer que ésta avance hasta el frente de todas las otras ventanas.

En Windows 7, cuando tiene más de una instancia del mismo programa abierto, y quiere regresar a trabajar con una de las otras instancias, éstas son agrupadas de una manera diferente que en versiones anteriores de Windows.

Esta es la manera de regresar a trabajar con un programa que esté agrupado (como ve en la gráfica anterior) en Windows 7:

1. Comience haciendo clic sobre el icono del *grupo* al cual desea regresar a trabajar (Como por ejemplo Internet Explorer), y después hálelo un poco hacia arriba. En este ejemplo puede ver varias páginas web que usted ha visitado y todavía están abiertas.

2. Ahora note como cada una de las páginas web que ha visitado tiene una presentación previa. Finalmente, lleve el indicador sobre la página web a la cual desea regresar y después hágale clic para que ésta suba al frente de su pantalla.

NOTA

Recuerde, por favor, que sólo practicando aprenderá a usar bien el sistema operativo de Windows, y regresar a usar sus programas usando esta barra de tareas es una de las cosas que todas las personas que desean aprender a usar Windows deben saber.

El cursor destellante

Esta es la barrita "I" que usted verá destellar o parpadear (por esto recibe el nombre de cursor destellante) en el área de trabajo de cualquier programa que le permita escribir texto, como por ejemplo, el cursor destellante que verá en el área de trabajo de un procesador de palabras que usted use para escribir cartas. Este cursor destellante también es visible en cualquier casilla en la cual usted pueda estar trabajando, en una página web, en el sitio web de una compañía que le está ofreciendo una tarjeta de crédito. También verá el cursor destellante en el momento de darle un nombre a un archivo (en frente de "File Name") en la ventana que se abre cuando usted elija guardarlo. Su propósito principal es indicarle el punto exacto en el cual, por ejemplo, si usted oprimiera la tecla *A*, esta letra aparecería en el documento con el cual está trabajando.

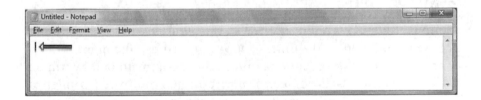

Si quiere practicar seguir el cursor destellante, abra el programa de Windows WordPad, de la siguiente manera: Si tiene Windows 10 o Windows 8, use la combinación de teclas ⊞ + R, e inmediatamente escriba "WordPad". Después oprima la tecla de confirmar o "Enter" para abrirlo. Ahora si tiene Windows 7/Vista, haga clic sobre el botón "Start" e inmediatamente escriba "WordPad" y después oprima la tecla ENTER. Alternativamente, *si su computadora tiene*

Windows XP, haga clic sobre el botón "Start", ahora suba el indicador del ratón hacia arriba y después hacia la derecha sobre "Run", escriba la palabra "WordPad" y después oprima la tecla ENTER. Ahora fíjese que inmediatamente este programa se abre presentándole una pantalla limpia en la cual puede crear un nuevo documento. Ahora note que el cursor "|" aparece destellando en la esquina superior izquierda de este programa.

Por ejemplo, escriba la siguiente frase: "El camión salió para Buga a las 12 de la mañana". Ahora fíjese que a medida que usted escribe, el cursor destellante queda siempre a la derecha de la última letra que acaba de escribir. Ahora presione la tecla ENTER dos veces para bajar el cursor destellante dos líneas. Por favor note que el cursor destellante está de nuevo a la izquierda de la página (directamente debajo de la primera letra de la primera línea).

NOTA   La única vez que usted no verá el cursor destellante en una de estas situaciones es cuando usted ha hecho una selección de texto, o después de seleccionar una gráfica.

Cómo cambiar la posición del cursor destellante

Como vimos en la sección anterior, la posición del cursor destellante decidirá dónde en su documento lo que usted escribe aparecerá en el área de trabajo del programa que está usando. Esto la mayoría de las veces es muy fácil de determinar: por ejemplo, usted comienza a trabajar en una carta usando un procesador de palabras o en un nuevo mensaje de correo electrónico, lo cual de inmediato coloca el cursor destellante en la esquina superior izquierda de la página, y ahora usted puede empezar a trabajar. Estas son teclas que usted puede usar para mover la posición del cursor destellante:

- *La tecla* TAB: mueve el cursor incrementalmente (cada vez que usted la presiona) a una posición preprogramada en su documento. Recuerde que si el cursor destellante está a la izquierda de una palabra o línea de texto y usted presiona la tecla TAB, esa palabra o línea de texto también se trasladará a la derecha. Esta tecla también es ideal para trasladar el cursor a otro cuadrito de entrar texto en un sitio web.

■ *La tecla* espaciadora *o* "Space Bar": cuando usted la oprime una vez, crea un espacio a la derecha del cursor destellante. Por ejemplo, después de escribir una palabra, presione esta tecla para dejar un espacio entre la palabra que usted acaba de escribir y la nueva palabra que usted está a punto de escribir. Si el cursor destellante está a la izquierda de una palabra o frase y usted presiona la tecla espaciadora una vez, esto hará que éstos también se muevan hacia la derecha.

■ *Las cuatro flechas en la parte derecha de su teclado:* sirven para navegar entre el texto **que usted ha escrito** sin estropearlo. Por ejemplo, si usted acaba de escribir una carta y olvidó escribir una palabra o una letra en una palabra, usted puede usar la flecha derecha o la izquierda para situar el cursor destellante delante del punto exacto donde necesita añadir algo. Ahora escríbala, y se hará a la derecha de la palabra que elija. Por favor recuerde que estas teclas con las flechitas no pueden mover la posición del cursor destellante a un lugar en la página donde usted no haya escrito nada, o al menos haya presionado la tecla espaciadora anteriormente.

Alternativamente, usted también puede usar el ratón para mover el indicador (sobre una parte del documento donde puede añadir texto, usando la herramienta de seleccionar texto o "Text Select Tool", que es parecido a un cursor flotante) sobre el documento en el cual usted está trabajando, haciendo clic exactamente adelante de la palabra donde usted quiere comenzar a escribir (el texto nuevo). Por ejemplo, usted puede hacer clic al principio de una carta que desea cambiar *mientras* (antes de que usted le haga clic a enviar o "Submit") pueda ver el cursor destellante en la casilla de añadir texto.

O use las siguientes teclas: HOME, END, PAGE DOWN y PAGE UP (vea la pág. 11).

Las teclas INSERT, BACKSPACE y DELETE

Cómo usar estas teclas cuando esté trabajando con programas que aceptan texto es una de las cosas más importantes que debe aprender para trabajar mejor dentro de programas que aceptan la entrada manual de texto. Estas son estas teclas, y cómo usarlas:

- *La tecla de añadir o* INSERT: esta es una tecla que usted puede usar para sobrescribir/reemplazar texto con el nuevo texto que usted escriba. Para usarla, presiónela una vez. Por ejemplo, si usted necesita reemplazar la palabra "Nueva York" con la palabra "Manhattan", hágalo de la siguiente manera: 1) coloque el cursor destellante antes de la *N* en "Nueva York", y 2) presione la tecla INSERT. Ahora escribra la palabra "Manhattan". Después presione INSERT de nuevo para dejar de reemplazar texto. Si no lo hace, usted se arriesga a sobrescribir otra letra en la palabra siguiente. Hay dos maneras de saber si la tecla INSERT está habilitada: 1) si cuando está trabajando con un procesador de palabras, como lo es Word y ve en la barra de información inferior las siglas OVR en letras oscuras, o 2) si el cursor destellante está a la izquierda de una palabra y a medida que escribe nuevas palabras el texto original es reemplazado. Esto quiere decir que la función de insertar todavía está habilitada. Para desactivarla, presione esta tecla de nuevo. En un teclado para computadoras portátiles está tecla tiene el nombre INS.

- *La tecla de retroceso o* BACKSPACE: ésta es una tecla que cuando es presionada mueve el cursor destellante un espacio hacia la izquierda. Si hay texto a la izquierda del cursor destellante, esta tecla le ayuda a quitar letra por letra cada vez que la presiona. Por ejemplo, si el cursor está destellando a la derecha de la palabra "Triángulo" y oprime BACKSPACE, nueve veces, ésta será borrada.

- *La tecla de borrar o* DELETE: ésta hace exactamente lo que su nombre indica, ayudarle a borrar palabras, gráficas e inclusive archivos o carpetas (una vez que estén seleccionados). Por ejemplo, si el cursor está destellando a la izquierda de la palabra "Casa" y oprime la tecla DELETE cuatro veces, ésta será borrada. Para usar esta tecla simplemente presiónela. En una computadora portátil esta tecla tiene el nombre DEL.

Recuerde que la tecla ENTER o confirmar también es bastante crucial, y cuando usted la oprime mientras está trabajando, por ejemplo, en una carta que está redactando con un procesador de palabras, esta acción mueve el cursor a la siguiente línea. Si usted presiona y sostiene la tecla CTRL y después la tecla ENTER una nueva página es creada, y si antes este documento tenía una sola página, ahora tendrá dos. Presionar esta tecla también le ayudará a trabajar con las ventanas de diálogo para contestar afirmativamente a la pregunta que le hace; por ejemplo, si la pregunta en la ventana es si desea proseguir y ve que una de las opciones es "OK" y oprime la tecla ENTER, esto funcionará de la misma manera que hacer clic sobre "OK".

Cómo cambiar de un programa que está usando a otro mediante el teclado

En Windows es posible cambiar muy fácilmente de un programa que tenga abierto a otro usando la combinación de teclas ALT + TAB. En la siguiente gráfica se puede ver en el centro del recuadro lo que verá cuando usa esta combinación de teclas.

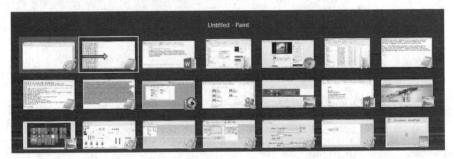

Para cambiar de un programa que esté usando a otro, oprima y sostenga la tecla ALT y después use la tecla TAB como un interruptor virtual, oprimiéndola una vez por cada programa que tenga abierto. Cuando encuentre el que desea usar, retire la mano del teclado.

Cómo usar los menús desplegables en Windows

En la siguiente gráfica se puede ver una representación de estos nuevos menús que se abren cuando usted elige un comando en algunos programas para Windows. Cuando llegue a un icono de dos flechitas, coloque el indicador sobre éste y espere hasta que se pueda ver el resto del menú.

La siguiente gráfica representa el nuevo tipo de menú desplegable en Windows. Para trabajar con este tipo de menú, hágalo de la siguiente manera:

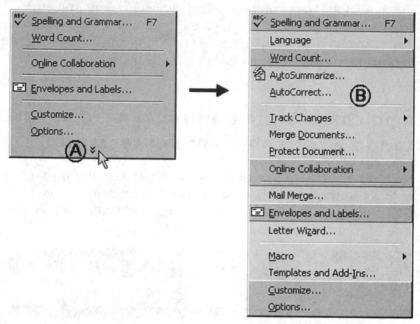

A Cuando elija "Tools" verá el primer menú. Si la función con la cual desea trabajar no se ve, coloque el indicador sobre las dos flechitas que apuntan hacia abajo y manténgalo en esta posición.

B Ahora puede ver el menú completo que estaba escondido en el primer menú.

Cómo cambiarle el tipo y tamaño de letra a lo que escribe en sus programas para Windows

La mayoría de los programas con los cuales crea documentos, como los procesadores de palabras y algunos programas gráficos, tienen una configuración que, a) venía predeterminada con el programa o b) usted escogió.

Por ejemplo, si abre un procesador de palabras como Word y comienza a redactar una carta, el tipo y tamaño de la letra que puede ver en el área de trabajo es el tipo y tamaño que se encuentran guardados en el sistema. A esto en el mundo de las computadoras se le llama configuración "default" o de sistema. Si este tipo o tamaño de letra no le agradan, los puede cambiar.

Esta capacidad —de poder cambiar el tipo y tamaño de letras— le es casi siempre disponible en procesadores de palabras como Word.

He aquí las dos maneras principales de hacer estos cambios:

* Seleccione el tipo y tamaño de letra que desea usar y empiece a escribir. Ahora todo lo que escriba de ahora en adelante reflejará estos cambios.

* Seleccione el texto que ya ha escrito previamente, o que importó de uno de sus documentos, y ahora cámbiele el tipo y/o tamaño de letra. Ahora éste cambiará reflejando esta selección.

Además, puede usar varios tipos y tamaños de letra dentro del mismo documento con el cual está trabajando. De esta manera puede comenzar a escribir en el tipo Times New Roman, cambiar en la siguiente línea a Courier, cambiarle el tamaño a la letra y después, en el último párrafo, cambiar el texto al tipo Ariel Black. Y recuerde que en la mayoría de los casos estos cambios se pierden, una vez que cierra el programa que usó. En ese caso, el programa regresará a usar la configuración de sistema, es decir, el tipo y tamaño de letra que tenía antes de que usted los cambiara.

Las diferentes maneras de seleccionar texto

Como pudo ver anteriormente, el primer paso para cambiarle el tipo o tamaño de letra a algo que ya haya escrito es seleccionarlo. Esto se puede hacer muchas veces en un solo documento hasta llegar al resultado que desea.

Las siguientes son las tres maneras de seleccionar texto para cambiarle el tipo o tamaño de letra:

- *Cómo seleccionar una sola palabra:* haga doble clic sobre la palabra con el ratón, o selecciónela (como si estuviera barriendo), jalándola mientras sostiene el botón izquierdo hasta que esté resaltada.

- *Cómo seleccionar una línea completa en un documento:* coloque el indicador sobre el comienzo de la línea y después haga clic, sosteniendo el botón izquierdo y jalando el ratón hasta que esté resaltada.

- *Cómo seleccionar un documento completo:* coloque el indicador en cualquier parte del documento y después use la combinación de teclas CTRL + A.

Ponga mucha atención cuando esté aprendiendo a cambiar el tipo y el tamaño de letra en un documento que no le pertenece. Hágalo paso a paso para no perder la cuenta de los cambios que hace en el documento con el que está trabajando. Si comete un error, use la combinación de CTRL + Z, ya que le permitirá deshacer el último cambio que hizo.

Cómo seleccionar varias palabras a la vez

En Windows es posible seleccionar una o varias palabras a la vez en un documento para después cambiarlas de tipo y tamaño de letra. Esta función se usa muy a menudo para resaltar palabras que expresen ideas importantes en presentaciones o en cartas de negocios.

La siguiente gráfica le ayudará con el proceso de seleccionar una o varias palabras a la vez.

Siga los siguientes pasos mirando la gráfica anterior para seleccionar una o varias palabras a la vez:

1. Coloque el indicador en el espacio anterior al comienzo de la primera palabra que desea seleccionar y haga clic una vez.

2. Después, mientras sostiene el botón izquierdo del ratón, comience a seleccionar el texto que desea cambiar (como barriendo) y para terminar, retire la mano del ratón.

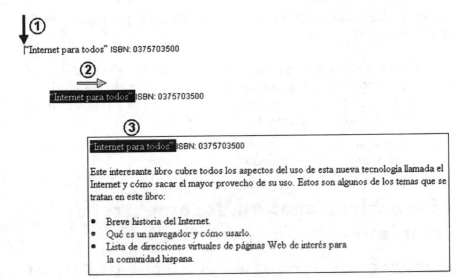

3. Finalmente, se puede ver como "Internet para todos" está seleccionado. Es decir, aparece resaltado.

Cómo seleccionar una línea completa

Se puede seleccionar una línea completa de manera muy fácil con un solo clic. A veces es necesario hacerlo para cambiar un título. También puede ser muy útil para centrar un título.

La siguiente gráfica representa la manera de seleccionar una línea completa dentro de un documento.

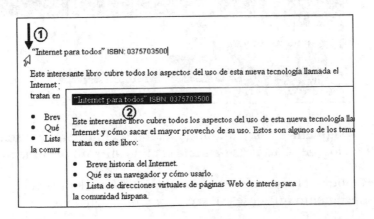

Siga los siguientes pasos, mirando la gráfica anterior, para seleccionar una línea completa:

1. Coloque el indicador sobre este punto a la izquierda del comienzo de la línea que desea seleccionar, indicado por la flecha, y note cómo el indicador se transforma en un ángulo de casi 45 grados. Entonces haga clic una vez.

2. Finalmente se puede ver cómo toda la primera línea de este documento está seleccionada.

Cómo seleccionar un documento completo

Ahora aprenderá a seleccionar un documento completo. Esto puede ser muy útil si recibe correo electrónico con letras muy pequeñas y las quiere cambiar.

La siguiente gráfica representa la manera de seleccionar un documento completo.

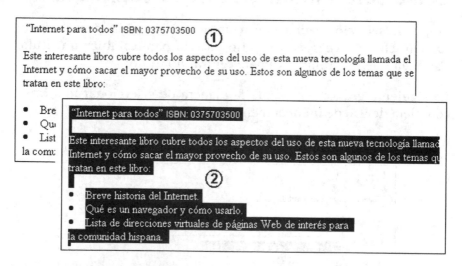

Siga los siguientes pasos, mirando la gráfica anterior, para seleccionar todo lo que se ve en la pantalla cuando abre un documento:

1. Coloque el indicador sobre cualquier parte dentro del documento que desea seleccionar y haga clic una vez.

2. Ahora use la combinación de teclas CTRL + A. Como puede ver en la gráfica anterior, todo el texto en este documento se ha resaltado. *Ahora retire las manos del teclado y lea la siguiente información.*

Cómo evitar perder trabajo cuando tenga texto seleccionado

Es muy importante que al terminar este ejemplo *retire las manos del teclado* mientras tenga el documento completo seleccionado y que sólo use el indicador del ratón. Esto se debe a que si en este momento (mientras tenga todo el documento seleccionado) pulsa cualquier tecla en el teclado, la computadora asumirá que usted desea reemplazar todo el texto seleccionado con el valor de la tecla que acaba de pulsar.

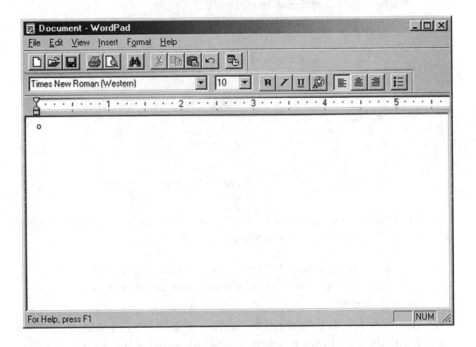

De esta manera, un documento de cien páginas puede parecerse al documento anterior donde sólo puede ver una "O" que oprimió por equivocación. Si esto le sucede, puede recuperar su documento usando la combinación de teclas CTRL + Z.

Cómo cambiar el tipo de letra en Word

Word es el procesador de palabras que viene incluido con Microsoft Office. Los ejemplos que verá a continuación fueron hechos con este programa y también le sirven para cambiar el tipo de letra en versiones anteriores y otros programas que forman parte del grupo de Office como Excel y PowerPoint.

Estos cambios también se pueden hacer varias veces en el mismo documento con el cual esté trabajando. De esta manera, puede tener un documento que muestre varios tipos y tamaños de letra diferentes. Ésta es una de las ventajas más grandes de usar una computadora personal, en vez de escribir en un papel: la de poder usar muchos tipos de letra diferentes y cambiarle su tamaño con sólo unos pocos clics del ratón.

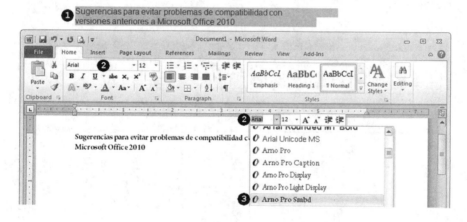

Estos son los pasos que debe seguir para cambiarle a una selección de texto el tipo de "font" o fuente en Word:

1. Para comenzar, haga clic sobre la pestaña de "Home" y después seleccione el texto que desee cambiar, como pudo ver anteriormente.

2. Después haga clic sobre el nombre de la fuente que aparece aquí, y —en el menú desplegable que abre— haga clic sobre otro tipo de letra para escogerla. Por favor note que si usted pasa el indicador sobre un tipo de fuente, la selección que hizo previamente cambiará, reflejando cómo se vería si hiciera

este cambio. Alternativamente, en Office 2013/365/2010/2007 también puede hacer clic sobre la pestaña de "Home" y después hacer clic sobre la fuente que aparece aquí, y después —en el menú desplegable que se abre— escoger otra fuente diferente. Pero tenga en cuenta que estos cambios se perderán cuando cierre el programa.

3. Una vez que encuentre el tipo de fuente que desea, hágale clic una vez. Si cambia de opinión y no le gusta este cambio use la función de deshacer o "Undo" usando la combinación de teclas CTRL + Z.

Ahora, si desea usar un tipo de letra diferente al que aparece en la pantalla cuando escribe, también puede seguir los pasos anteriores, pero en vez de seleccionar texto, sólo seleccione la fuente y el tamaño que desea. Y de ahora en adelante estos cambios se reflejarán en su documento.

Cómo cambiar el tamaño de letra en Word

Esta es una función muy útil que puede usar para resaltar su trabajo. De la misma manera como pudo ver anteriormente, también puede cambiarle el tamaño a algo que haya escrito o simplemente elegir un tamaño diferente a la letra que ve en la pantalla de trabajo cuando escribe, para que de ahora en adelante el tamaño de la letra que escribe sea de menor o de mayor tamaño.

En algunos programas nuevos para Windows, también notará en los menús una "A" con una flechita para arriba y una "A" con una

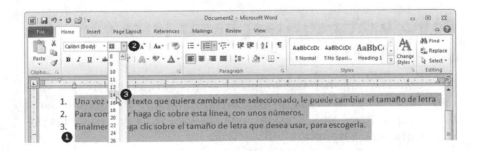

flechita para abajo. Cuando selecciona la "A" con la flechita para arriba, el texto que seleccionó o el texto que está escribiendo aumentará de tamaño. Y si escoge la "A" con una flechita para abajo, éste aparecerá reducido de tamaño.

1. Una vez que el texto que desea cambiar esté seleccionado, le puede cambiar el tamaño de letra, siguiendo estos dos pasos.

2. Haga clic sobre esta casilla con unos números (en la pestaña de "Home").

3. Haga clic sobre el tamaño de letra que desea usar.

En la siguiente gráfica puede ver lo que hay que hacer si necesita usar un tamaño de letra que no está en el menú tipo cortina.

Por ejemplo, si necesita usar un tamaño de letra más grande, lo puede hacer así:

1. Seleccione el texto que desea cambiar.

2. Coloque el indicador en el cuadrito (indicado por la flecha), y escriba el número que desea usar y después oprima la tecla ENTER. Si las letras son demasiado grandes una vez hecho el cambio, use la combinación de teclas CTRL + Z para deshacerlo, y luego utilice otro tamaño de letra.

Cómo usar negritas, hacer letra cursiva y subrayar

Para enfatizar una palabra se puede usar negritas, cursivas o subrayar la palabra. Para usar estas funciones, seleccione, de la misma manera que aprendió en las páginas anteriores, la palabra o las palabras que desea cambiar.

La siguiente gráfica le ayudará a cambiar una selección al tipo de letra en negritas o "Bold".

Así se cambia de texto regular a texto en negritas:

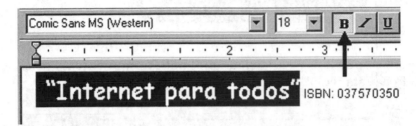

1. Primero seleccione el texto que desea cambiar.
2. Ahora haga clic sobre la "B" señalada por la flecha, o use la combinación de teclas CTRL + B. Para terminar, coloque el indicador en cualquier parte del documento, y haga clic una vez.

Ahora se puede ver en la siguiente gráfica cómo el texto seleccionado quedó más oscuro. Se puede usar esta función para cambiar un par de palabras o todo un documento.

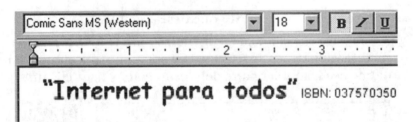

La siguiente gráfica le ayudará a cambiar una palabra o palabras a cursivas.

Así se cambia de texto regular a cursivas o "Italics":

1. Primero seleccione el texto que desee cambiar.
2. Ahora haga clic sobre la "I", señalada por la flecha, o use la combinación de teclas CTRL + I. Para terminar, coloque el indicador en cualquier parte del documento, y haga clic una vez.

Ahora se puede ver en la siguiente gráfica cómo el texto seleccionado ha cambiado:

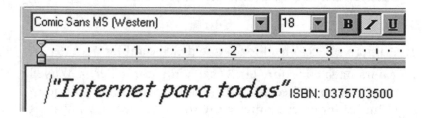

La gráfica de la página siguiente le ayudará a subrayar o "Underline" una palabra o palabras.

Así se subraya texto:

1. Primero seleccione el texto que desea cambiar.
2. Ahora haga clic sobre la "U", señalada por la flecha, o use la combinación de teclas CTRL + U. Para terminar, coloque el indicador en cualquier parte del documento, y haga clic una vez.

Ahora se puede ver en la siguiente gráfica cómo el texto seleccionado está subrayado.

Se puede usar esta función para cambiar un par de palabras o todo un documento.

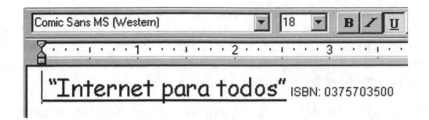

Cómo actualizar su copia de Windows

Windows, en casi todas sus versiones, está compuesto de miles de archivos de *software*. Y por este motivo, a veces pueden surgir problemas o incompatibilidades de estos archivos con otro *software* que usted compre o baje del Internet o inclusive con la manera como los usuarios de Windows lo usan. Estas incompatibilidades pueden causar problemas con su copia de Windows.

Por esto, a veces, cuando Microsoft se entera de las incompatibilidades de una versión específica de Windows, ellos ponen a su disposición —de manera gratuita— actualizaciones al *software* de Windows, que podrían ser tan poco como un solo archivo a muchas docenas de ellos, a personas que tienen copias legales de Windows.

Si piensa que su computadora, si usa una de las diferentes versiones de Windows, no está funcionando bien, tal vez puede considerar actualizar su *software*. Pero antes de comenzar este proceso, le recomiendo que guarde todo su trabajo, es decir los archivos con los cuales ha estado trabajando, y asegúrese de que tiene una conexión al Internet (es decir, que su módem de cable o DSL estén prendidos). A continuación verá la manera de actualizar su *software* de Windows.

En Windows 10:

Haga clic sobre el botón de comienzo o "Start", e inmediatamente escriba "Windows Update" en la casilla de búsqueda de la barra de tareas (ahora debe decir "Type here to search") y cuando vea el nombre de este programa, hágale clic para abrirlo.

En Windows 8:

Para comenzar el proceso de actualizar el sistema operativo instalado en su computador lleve el indicador del ratón sobre el extremo derecho de su pantalla hasta que un menú se despliegue, o si tiene una pantalla táctil o "Touch", puede colocar su dedo índice **sobre** el borde derecho de la pantalla, moviéndolo de derecha a izquierda ⇐ (como pasando una página), hasta ver que un menú se despliega, o use la combinación de teclas ⊞ + I.

Una vez que abra la ventana de cambiar la configuración del computador, actualice su computadora de la siguiente manera:

1. Haga clic sobre cambiar la configuración de la computadora o "Change PC settings".

2. A continuación, haga clic sobre actualizar y recobrar o "Update and Recovery".

3. Para comenzar este proceso de actualizar su sistema operativo, haga clic sobre actualización de Windows o "Windows Update".

4. Por último, haga clic sobre buscar ahora, o "Check now".

Una vez que la computadora baje las actualizaciones pertinentes a su computador, dependiendo de cómo esté configurada su computadora: a) las comenzara a instalar automáticamente (a veces puede que inclusive la computadora se reinicie automáticamente después de instalar las últimas actualizaciones a su sistema operativo), o b) esperará a que usted acepte instalarlas.

Esta es la manera, como se ve en la gráfica anterior, de trabajar con la ventana de instalar actualizaciones en Windows 10 o Windows 8:

A. Si ve este mensaje de reiniciar ahora o "Restart now", quiere decir que su computadora terminó de instalar las actualizaciones y ahora es necesario reiniciar la computadora. Para reiniciar la computadora, solo haga clic sobre "Restart now". Arriba de este mensaje también verá el aviso de que la computadora se reiniciará automáticamente en un día, si no la reinicia ahora, o "Your PC will automatically restart in 1 day . . .".

B. Si desea puede cambiar la configuración de cómo estas actualizaciones son instaladas, lo puede lograr haciendo clic sobre escoger como estas actualizaciones son instaladas o "Choose how updates . . .".

Ahora también puede trabajar con la configuración de las actualizaciones al sistema operativo Windows, por ejemplo si su computadora se reinicia automáticamente —para actualizar el sistema operativo— de vez en cuando, puede cambiar esto a que la computadora le pregunte primero si desea instalar las actualizaciones de Windows o "Windows updates".

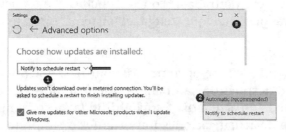

Esta es la manera de trabajar con las opciones para actualizar una computadora personal que tenga el sistema operativo Windows 10:

1. Para comenzar haga clic sobre el nombre de la configuración, en este caso notificar para planear reiniciar la computadora o "Notify to schedule restart".

2. Ahora puede ver las dos opciones disponibles que puede escoger para actualizar el sistema operativo instalado en su computadora: Automatico (recomendado) o "Automatic (recommended)" y Notificar para planear el reinicio o "Notify to Schedule restart". Haga clic sobre la que desea usar, para usar esta configuración.

Por ejemplo si usa la computadora más que todo para correo electrónico o "Email", y no para su trabajo, entonces tal vez puede dejar que la computadora se actualice automáticamente, lo que sucede cuando usted no esté usando la computadora. Pero si le preocupa que la computadora se reinicie automáticamente, porque esa es la computadora que usa para su trabajo, es preferible elegir que la computadora le notifique para planear un reinicio o "Notify to schedule restart".

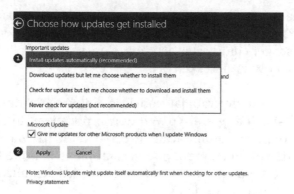

Esta es la manera de trabajar con las opciones para actualizar una computadora personal que tenga el sistema operativo Microsoft Windows 8:

1. Estas son las cuatro opciones disponibles, que puede escoger, después de hacer clic sobre el nombre de la configuración actual que está habilitada en su computadora (debajo de actualizaciones importantes o "Important updates") para actualizar el sistema operativo instalado en su computadora:

   - Instale las actualizaciones Automáticamente (recomendado) o "Install updates automatically . . ."

   - Baje las actualizaciones pero déjeme escoger si instalarlas o no o "Download updates but let me choose whether . . ."

   - Busque actualizaciones pero déjeme decidir si bajarlas e instalarlas o "Check for updates but let me choose . . ."

   - Nunca busque actualizaciones (no recomendado) o "Never check for updates (not recommended)

2. Una vez que escoja una de estas cuatro opciones (haciendo clic sobre su nombre) como su preferida, haga clic sobre aplicar o "Apply" para confirmar que esa es la opción que desea que su computador use para actualizar su sistema operativo.

Por ejemplo si su computadora se reinicia automáticamente —para actualizar el sistema operativo— de vez en cuando puede cambiar esta opción de instale las actualizaciones automáticamente (recomendado) o "Install updates automatically . . .", a que la computadora le pregunte primero si desea instalar las actualizaciones de Windows o "Windows updates", haciéndole clic una vez, cuando la vea en esta lista.

Para regresar a usar su computadora, cierre esta ventana de preferencias llevando el indicador del ratón sobre la esquina superior derecha de la pantalla de su computador hasta que un menú abra sobre la ventana que está abierta (con dos opciones "-" y "X"), y haciendo clic sobre la "X", para cerrarla.

En Windows 7/Vista:

Haga clic sobre el botón START, e inmediatamente escriba: *"Windows update"* y después oprima la tecla ENTER.

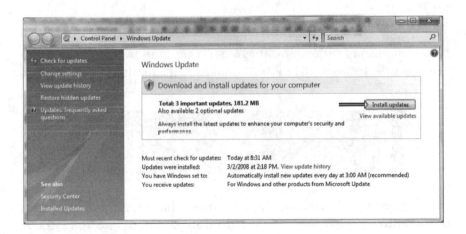

Ahora, si la ventanita que abre le avisa que hay actualizaciones disponibles para su computadora (*"Install updates"*), entonces haga clic sobre el botón *Install updates* (señalado por la flecha) para comenzar este proceso. De otra manera ciérrela, haciendo clic sobre la *X*, en la esquina superior derecha.

Cuando este programa termine, le preguntará si desea apagar y reiniciar la computadora. Si no está muy ocupado en el momento que el sistema operativo le ofreció instalar sus actualizaciones, elija apagar y reiniciar su computadora.

La manera correcta de apagar una computadora

Apagar una computadora es algo que debe aprender a hacer correctamente, debido a que un sistema operativo sube muchos archivos a la memoria temporal, y a veces estos, cuando la computadora se apaga súbitamente, se pueden estropear. Además de tener esta precaución, debe siempre recordarse de guardar su trabajo antes de comenzar este proceso, porque aunque la computadora le avise que tiene trabajo por guardar, éste puede ser tan rápido que es posible que no le dé tiempo de guardar el trabajo que no ha guardado una vez que empiece el proceso de apagar la computadora.

He aquí las maneras de apagar una computadora en las tres versiones más populares de Windows:

En Windows 10:

Para comenzar el proceso de apagar su computadora, oprima la combinación de teclas CTRL + ESC. Así verá el menú de comienzo o "Start".

Una vez que vea la pantalla de comienzo, y haya guardado todos los documentos con los cuales ha estado trabajando, puede apagarla de la siguiente manera:

1. Haga clic sobre este botón para trabajar con las opciones de poder o "Power Option". En algunas versiones de Windows 10, este botón está encima del botón de comienzo o "Start" (en la esquina inferior izquierda de su pantalla).

2. En la lista de opciones que aparecen en este menú, haga clic
   sobre apagar o "Shut down".

Para prenderla de nuevo, oprima el botón de encendido, que por lo
general está al frente de la computadora personal o PC. Aquí también
pude ver otras dos opciones más: reposar o "Sleep" y reiniciar
o "Restart". Cuando elige la opción de reposar o "Sleep", la computadora entrará en suspenso. Para usarla de nuevo, oprima la tecla de
encendido de nuevo.

En Windows 8.1:

Para comenzar a apagar su computadora, oprima la combinación de
teclas CTRL + ESC. Verá la pantalla de comienzo o "Start".

Una vez que vea la pantalla de comienzo, y haya guardado todos los
documentos con los cuales ha estado trabajando, la puede apagar de
esta manera:

1. Haga clic sobre este botón para trabajar con las opciones de
   poder o "Power Option".
2. En la lista de opciones que se abre, haga clic sobre apagar o
   "Shut down".

Otra manera de ver estas opciones, en algunas versiones de Windows 10 u 8, es haciendo clic (con el botón derecho), sobre el botón
de comienzo o "Start", y después sobre "Shutdown...".

Para prenderla de nuevo, oprima el botón de encendido, que por lo
general está al frente de la computadora personal o PC. Aquí también pude ver otras dos opciones más: reposar o "Sleep" y reiniciar
o "Restart". Cuando elige la opción de reposar o "Sleep", la computadora entrara en suspenso. Para usarla de nuevo, oprima la tecla de
encendido de nuevo.

NOTA

Si su computadora deja de funcionar, o sea que deja de responder a sus comandos, por ejemplo cuando mueve el ratón esta acción no desplaza el indicador sobre la pantalla, o no puede usar la combinación de teclas Ctrl + Esc, entonces tal vez es necesario reiniciarla forzadamente. Puede hacerlo presionando la tecla de encendido o poder por al menos 6 segundos, o hasta que se apague.

En Windows 7:

1. Haga clic sobre el botón "Start".

2. Haga clic sobre "Shut Down".

En Windows Vista:

1. Haga clic sobre el botón "Start".

2. Jale el indicador del ratón sobre la parte baja de los dos paneles que abren aquí, sobre la flecha (al lado del símbolo de un candadito) y después sobre "Shut Down".

Para recordar

- En una computadora con Windows 10 u 8, lo primero que ve, después de autenticarse como uno de los usuarios de la computadora, es una serie de tejas o "Tiles", cada una de las cuales representa un programa o inclusive un archivo guardado en su computadora.

- En versiones anteriores de Windows, como la 7/Vista, el escritorio virtual o "Desktop" es la primera pantalla que verá después de autenticarse como uno de sus usuarios de la computadora.

- Un icono en Windows es una gráfica asociada con un programa, una carpeta o inclusive con uno de sus archivos.

- Cada vez que abra un programa, el nombre de este dejará un icono, como una huella virtual, en la barra de tareas.

- El cursor destellante es la barrita "I" que usted vera destellar o parpadear (por eso recibe el nombre de cursor destellante) en el área de trabajo de cualquier programa que le permita escribir texto.

- Use la combinación de teclas ALT + Tab, para cambiar de un programa que tenga abierto a otro.

- Cambiar el tipo y el tamaño de letra es una función muy útil si desea hacer títulos con letras más grandes o desea usar diferentes tipos de letra.

- Si comete un error, mientras cambia el tipo o el tamaño de letra, use la combinación de teclas CTRL + Z para deshacerlo.

- Windows viene instalado con muchos tipos de letra diferente, y si le añade un programa como Microsoft Office, este le añadirá muchos más tipos de letra a su computadora.

- Recuerde siempre apagar la computadora siguiendo los pasos descritos en este capítulo, de lo contrario puede perder el trabajo que no ha guardado, o peor, estropear la copia del sistema operativo instalado en su computadora.

Windows 7 y Windows Vista

Introducción

Windows 7 y Windows Vista son las versiones de la familia de sistemas operativos de Windows, producidos por Microsoft: Windows Vista salió a la venta el 30 de enero de 2007, y Windows 7 salió a la venta el 22 de octubre de 2009 (es decir con un poquito más de dos años de diferencia). Este último es tan parecido a Windows Vista que casi se puede decir, al menos en la superficie, que es una mejora a Windows Vista, la cual no tuvo tanta aceptación por los usuarios de Windows, quienes en muchos casos no actualizaron sus computadoras a éste y se quedaron usando Windows XP, esperando a la nueva versión de Windows que Microsoft denominó Windows 7. Hoy en día, si compra una computadora nueva del tipo IBM compatible en una tienda como Wal-Mart, lo más probable es que venga con una de las diferentes versiones del sistema operativo Windows 10 instalado.

Las diferentes versiones de Windows 7 y Windows Vista

Windows 7 tiene varias versiones diferentes, que están divididas en dos grupos principales: a) las ediciones para uso en la casa y b) las ediciones para usuarios de negocios que trabajan en una red local o "LAN". Windows Vista, cuando estuvo a la venta, también estuvo disponible en ediciones para la casa y para negocios. En este capítulo aprenderá funciones que son comunes a todas las diferentes versiones de Windows 7 y Windows Vista, como por ejemplo, cómo trabajar con cuentas de usuarios y cómo cambiar los permisos de acceso o añadir una contraseña a cuentas limitadas y cuentas de administrador.

Esta es la primera ventana que verá en una computadora con Windows 7 (muy parecida a la de Windows Vista). En la gráfica de la próxima página, puede ver el "Desktop" o escritorio virtual de Windows. Desde aquí se realizan la mayoría de las funciones necesarias para usar la computadora. Por favor note el botón de "Start", indicado por la flechita. Con hacerle clic a éste podrá ver la mayoría de los recursos disponibles para usar la computadora.

Cómo trabajar con la ventana de "Getting Started" de Windows 7

Para trabajar con uno de los iconos que ve en el "Getting Started" o centro de comienzo, hágale clic. Para cerrar esta ventana hágale clic a la X, en la parte superior derecha. Una vez que la cierre podrá ver el resto de los iconos que tenga en el "Desktop". Esta ventana en Windows 7, al contrario de lo que sucedía en Windows Vista donde la ventana de "Welcome Center" abría cada vez que prendía la computadora (a menos que seleccionara quitarle la marquita a "Run at Startup" para que no abriera cada vez), sólo abre la primera vez que prende su computadora. Si desea verla de nuevo, haga clic sobre el botón "Start" e inmediatamente escriba "Getting Started". Ahora puede trabajar con las opciones que ve ahí, haciéndoles clic a sus iconos.

Lo nuevo en Windows 7 (con respecto a Windows Vista)

Como pudo leer anteriormente, Windows 7 —producido por Microsoft— es la última versión de Windows. Este sistema operativo se parece mucho a Windows Vista visualmente. Por ejemplo, en la versión Home Premium de Windows 7 también se puede usar la función de "Aero" (que apareció primero en Windows Vista) para hacer que los iconos sean como transparentes, como también para abrir programas. Es decir, si ya sabe abrir programas usando el nuevo menú de "All Programs" de Windows Vista, entonces se le hará muy fácil usar una computadora con Windows 7 ya que este menú funciona de la misma manera.

Esto es típico de los cambios que Microsoft ha introducido entre las diferentes versiones de Windows, que han salido una después de la otra, de no cambiarlas mucho, con el objeto de minimizar la curva de aprendizaje por la cual tienen que pasar los usuarios. Y como siempre sucede con versiones más nuevas de Windows, las funciones más básicas en este nuevo sistema operativo se realizan de la misma manera, como se realizaban en versiones anteriores de Windows. Como por ejemplo, si oprime la combinación de letras CTRL + O después de abrir un programa, la ventana que le ayuda a encontrar el trabajo que ha guardado previamente abrirá.

Pero aun así hay algunas diferencias que vale la pena notar:

- Windows 7 funciona mejor en una computadora con las mismas especificaciones, CPU, disco duro y memoria RAM, que si ésta tuviera Windows Vista instalada.

- La calculadora incluida con este sistema operativo es más versátil, y esto se debe a que ahora cuenta con la función de

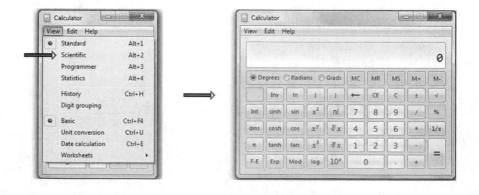

Programador y Estadísticas. Para cambiar de una calculadora a otra es muy fácil, y se hace de esta manera: a) para comenzar haga clic sobre "View" y b) ahora escoja el tipo de calculadora que desea usar.

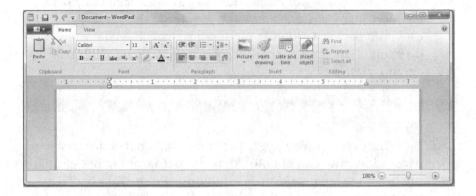

- El procesador de palabras WordPad, incluido con Windows, usa el mismo menú del tipo cinta, o sea está organizado de la misma manera que los que encontrará en los programas de Office 2010 y 2007, aunque el botón de "Office" (como está presentado en Office 2007) no está, ni la palabra "File" (como en Office 2010), y ahora para entrar al menú de guardar es necesario hacer clic sobre esta guía que indica hacia abajo. Cuando le hace clic a ésta, podrá realizar funciones como: guardar su trabajo, abrirlo e imprimirlo.

- El programa de Paint, o pintura, es mucho más completo que el que viene incluido con versiones anteriores de Windows, y usando éste podrá crear imágenes muy avanzadas.

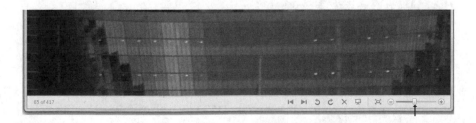

- Adicionalmente, en varios programas incluidos con Windows 7 (como WordPad y Windows Live Photo Gallery) encontrará que usar la función de vista preliminar, una guía horizontal, también se hace de la misma manera como se efectúa en el grupo de programas de Office 2010. Para usar esta función, lleve el indicador del ratón sobre la guía (indicada por la flecha), oprima y sostenga el botón izquierdo del ratón y mueva esta guía para la izquierda (si desea reducir la vista de lo que tiene en la pantalla) o hacia la derecha (si desea agrandarla).

- En Windows 7 puede pegar programas a la barra de tareas, haciéndole clic (con el botón derecho del ratón) sobre el nombre del programa, y después eligiendo "Pin to Taskbar". Una vez que el programa esté "pegado" a la barra de tareas, es muy fácil abrirlo haciéndole sólo un clic.
- En Windows 7 no es posible, como se podía hacer en Windows Vista, cambiar al "Classic Start Menu" o menú de comienzo clásico (como se usaba en Windows 98).

Si actualizó su computadora a Windows Vista de Windows XP y el rendimiento de ésta no le satisface, considere actualizarla a esta nueva versión de Windows 7. Ahora, si quieres comprar una computadora nueva, del tipo PC IBM compatible, lo más probable es que ésta ya venga instalada con una de las versiones de Windows 10.

Lo nuevo en Windows 7/Vista (con respecto a versiones anteriores de Windows)

Windows 7/Vista le ofrece muchas mejoras sobre todas las diferentes versiones anteriores del sistema operativo Windows. Por ejemplo, usando uno de estos sistemas operativos le será más fácil buscar sus archivos, como también crear objetos de multimedios, usando el nuevo programa de crear DVD "Windows DVD Maker".

Una de las mejoras más fáciles de notar disponible en la mayoría de las ediciones de Windows 7/Vista es un nuevo "GUI" o interfase gráfica para el usuario (que en este sistema operativo se llama Windows Aero), que hace más agradable toda la experiencia visual de trabajar con una computadora que tenga uno de estos sistemas operativos porque ahora los iconos son más vistosos y los menús más llamativos.

En Windows 7/Vista también es más sencillo crear redes locales, siempre y cuando todas las computadoras que desea conectar a la red usen uno de estos sistemas (o sea, no es tan fácil si trata de conectar computadoras que usen versiones anteriores de Windows, como por ejemplo Windows XP, a una red que tenga computadoras con Windows 7/Vista) con el objetivo de compartir archivos e impresoras.

Pero en general una de las mejoras más importantes que encontrará mientras esté usando uno de estos dos sistemas operativos —sobre usar versiones anteriores de Windows— es que mejora la seguridad de su experiencia usando una computadora con Windows, y es por este motivo que muy a menudo verá cuando usa una computadora con Windows 7/Vista que el sistema operativo le pregunta si desea en realidad realizar la tarea que le acaba de pedir a la computadora que complete (como por ejemplo remover un programa de su computadora). El programa que controla estos mensajes se llama el "User Account Control" (UAC, por sus siglas en inglés) y cuando abre una computadora con uno de estos dos sistemas operativos y trate de hacer varias funciones (como instalar programas), verá estos mensajes muy a menudo. Y la próxima gráfica le muestra un ejemplo de cómo trabajar con esta ventanita que abre cuando trata de

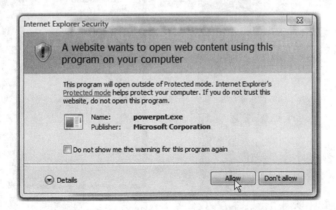

hacer una función que el sistema operativo no está seguro si usted realmente desea efectuar y que le pedirá que confirme su selección.

En este ejemplo de una ventana de diálogo que capturé en mi computadora, puede ver la ventanita que se abrió cuando traté de abrir un archivo que encontré en el Internet. En este momento me está preguntando si permito que un programa llamado Power-Point se abra para mostrarme este archivo. Si esto le sucede, y si desea permitir cualquier acción (como por ejemplo abrir un archivo que encontró en el Internet), haga clic sobre "Allow". De otra manera (por ejemplo, si trató de abrir un archivo por equivocación y una ventana similar se abre), haga clic sobre no permitir o "Don't allow". Más adelante aprenderá a ajustar este "User Account Control" a su gusto e inclusive cómo deshabilitar esta función de Windows 7 y Windows Vista para que el sistema nunca le pregunte si en realidad desea realizar una acción en la computadora.

Cómo abrir programas

En Windows 7/Vista, usted todavía podrá abrir sus programas de la misma manera que en versiones anteriores de Windows: con un solo clic si los encuentra en el menú de "Start" y dos clics si los ve

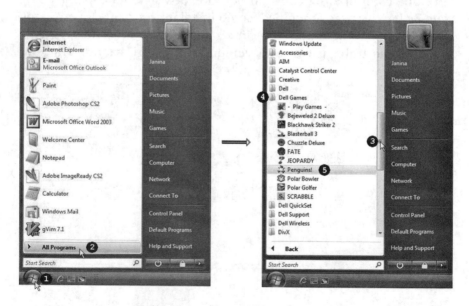

en el "Desktop". La diferencia más marcada entre esta nueva versión de Windows y versiones anteriores de Windows está en la manera particular de cómo los debe hallar desde el botón "Start".

Esta es la manera de hallar y abrir programas desde el menú de comienzo en Windows 7/Vista:

1. Para comenzar haga clic sobre "Start".

2. Ahora lleve el indicador del ratón sobre "All Programs", y haga clic.

3. A continuación, si no puede ver el icono del programa o el grupo de programas al cual éste pertenece, haga clic sobre la guía señalada con la flechita, oprima y sujete el botón izquierdo del ratón y jálela hacia arriba o hacia abajo hasta que lo encuentre. Si su ratón cuenta con una ruedita en la mitad podrá moverla para buscar en esta lista de programas el que necesita usar.

4. Por ejemplo, si el programa que busca se llama Dell Games, haga clic sobre el icono del grupo de Dell Games (los grupos de programas son de color amarillo), para ver la lista de programas disponibles dentro de este grupo. Para cerrar una lista de programas, haga clic de nuevo una sola vez.

5. Finalmente, haga clic sobre el nombre del programa que desea abrir. En este ejemplo hice clic sobre Penguins! para abrirlo. Para regresar a ver el panel original haga clic sobre regreso o "Back".

Adicionalmente, en estos dos paneles —visibles inmediatamente después de que hace clic sobre el botón "Start"— encontrará atajos para llegar a algunos de sus programas y archivos que se pueden abrir con sólo hacer clic sobre su respectivo icono; por ejemplo, si hace clic sobre "Computer", una ventana se abrirá mostrándole todos los discos duros y de red disponibles desde la computadora en la cual está trabajando.

Otra manera, nueva en Windows 7/Vista, de abrir programas e inclusive encontrar archivos que guardó en su computadora, es escribir su nombre inmediatamente después de hacer clic sobre "Start".

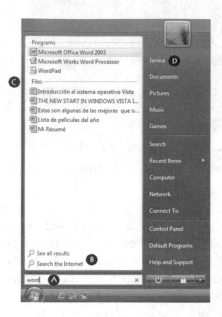

Estos son los pasos para buscar los archivos o programas con los cuales desea trabajar, después de hacerle clic a "Start":

Ⓐ Para comenzar, inmediatamente después de que este panel se abra, escriba la(s) palabra(s) que describan el programa/archivos/información que está buscando. En este ejemplo, escribí la palabra "Word".

Ⓑ En esta parte verá dos opciones: ver todos los resultados en una ventana independiente en el Explorador "See all results", o buscar esta información en el Internet o "Search the Internet". Para usar una de estas opciones, sólo haga clic sobre la que desea usar.

Ⓒ Ahora la computadora le presentará una lista categorizada de todos los archivos o programas guardados en su computadora cuyos nombres son similares a lo que está buscando. Para trabajar con uno de los resultados de esta búsqueda, sólo haga clic sobre su nombre. Por ejemplo, si está buscando el procesador de palabras Word y escribió la palabra "*Word*", verá (si tiene Word instalado en su computadora) su nombre debajo de "Programs". Para abrir este programa, haga clic una vez. Si tiene más de una versión de un programa que desea usar y ve más de un nombre similar, tendrá que escoger cuál desea usar haciéndole clic.

Ⓓ Por favor note en la parte superior de este menú el nombre del usuario (en este ejemplo, Janina) que en este momento está usando la computadora.

A veces, si el programa que está buscando es muy popular, como por ejemplo Word, es suficiente oprimir la tecla ENTER inmediatamente después de escribir su nombre para abrirlo (siempre y cuando esté instalado en su computadora).

Cómo cambiar de una ventana a otra

Una de las ventajas de Windows 7/Vista sobre versiones anteriores de Windows es la facilidad con la cual se puede cambiar a trabajar con una ventana diferente que contiene un programa con el cual necesite trabajar entre todas las que ha abierto con sólo hacer varios clics del ratón.

En Windows 7, cambiar de un programa —entre los programas que tenga abiertos— a otro, es muy fácil de hacer, usando una combinación del teclas.

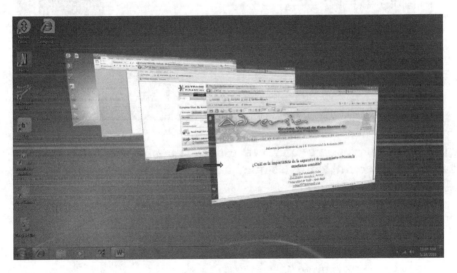

Esta es una manera de cambiar de un programa a otro que tenga abierto en Windows 7:

1. Para comenzar, oprima y sostenga la tecla de Windows (la que tiene el logo de Windows)

2. Ahora, paulatinamente, oprima la tecla TAB.

Cuando la ventana del programa que esté buscando aparezca al frente de este grupo "volante" de ventanas, retire sus dedos del teclado. Alternativamente, como también se podía efectuar en versiones anteriores de Windows, para cambiar de un programa que tenga abierto a otro: 1) *oprima y sostenga* la tecla ALT y b) después, paulatinamente, oprima la tecla TAB. Retire sus dedos del teclado cuando el círculo de seleccionar esté sobre el nombre de la ventana que contiene el programa con el cual desee trabajar.

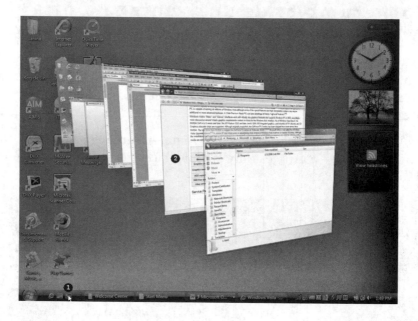

Como puede ver en esta gráfica, ésta es la manera de cambiar a otra ventana diferente, entre las que ha abierto, en Windows Vista:

1. Para empezar haga clic sobre el icono de cambiar ventanas. Este casi siempre estará localizado en la parte inferior izquierda de la barra de tareas. Si sostiene el indicador del ratón sobre él sin hacerle clic, podrá ver las palabras "Switch between windows".

2. Ahora puede ver rendiciones previas de las ventanas con las cuales está trabajado. Si desea, puede usar la ruedita de su ratón para cambiar el orden de estas ventanas que aparecen flotando en la pantalla. Una vez que vea la ventana con la cual desea trabajar, hágale clic una vez.

Si no puede ver el icono de "Switch between windows" en la barra de tareas o si tiene varios programas abiertos y su computadora no le muestra estas ventanitas flotantes, entonces regrese a su "Desktop" y siga estos pasos:

1. Haga clic con el botón derecho del ratón sobre cualquier espacio libre de iconos y escoja "Personalize".

2. Ahora haga clic sobre "Theme", haga clic sobre el nombre que está debajo de "Theme" y haga clic en esta lista sobre "Windows Vista".

3. Por último, haga clic sobre "Apply", y después confirme esta elección haciendo clic sobre "OK" (vea la pág. 69 para otra manera de cambiar de un programa a otro).

Cómo cambiar el menú de comienzo estándar en Windows Vista al menú clásico

Si previamente había usado una versión anterior de Windows, antes de cambiar a Windows Vista y todavía no se ha podido acostumbrar a usar el menú de Windows Vista, es posible cambiarlo al menú clásico de Windows 98 siguiendo las instrucciones que siguen a continuación:

1. Para comenzar, haga clic con el botón derecho del ratón sobre "Start".

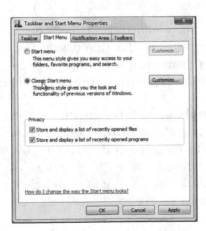

2. En la ventana de diálogo que se abre, haga clic sobre "Properties".

3. En esta ventana de diálogo que se abre a continuación, seleccione "Classic Start Menu" haciéndole clic una vez.

4. Finalmente, hágale clic sobre "Apply", y después oprima la tecla ENTER.

Si desea regresar a usar el menú de comienzo estándar a Windows Vista, sólo tiene que seguir estos mismos pasos y escoger "Start Menu" y después, para confirmar esta elección, hacer clic sobre aplicar o "Apply" y oprimir la tecla ENTER.

Por favor tenga en cuenta lo siguiente: si tiene una computadora con el sistema operativo Windows XP instalado y ésta le está funcionando perfectamente bien, entonces no le recomiendo que la actualice —usando lo que se llama un *upgrade*— a esta nueva versión de Windows a menos que tenga un programa que le es indispensable que sólo funcione en una computadora personal con Windows Vista.

En Windows 7 no es posible cambiar al menú clásico de comienzo, o al menos no usando las herramientas que vienen incluidas con el sistema operativo.

Cómo crear una nueva cuenta de usuario

Es muy útil aprender cómo trabajar con sus cuentas de usuarios locales con el objeto de regular quién la usa y proteger su propio trabajo de los otros usuarios que también tienen acceso a la computadora. En las páginas que siguen aprenderá a hacer esto.

Para comenzar a trabajar con las cuentas de usuarios en su computadora, hágale clic al menú de comienzo de Windows 7/Vista visible casi siempre en la parte inferior izquierda de la barra de tareas. Inmediatamente escriba *User account*. Éste debe aparecer en la parte superior del panel que abre debajo de "Programs". Para continuar sólo es necesario hacerle clic una vez.

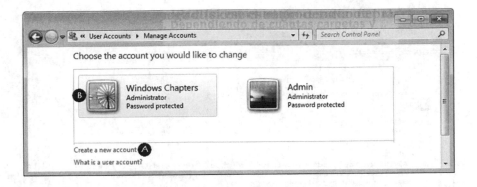

Ahora, en la ventana que se abre, haga clic sobre manejar otra cuenta o "Manage another account".

Ⓐ Para crear una nueva cuenta de usuario local, mire la parte inferior de esta ventana, y después haga clic sobre "Create a new account".

Ⓑ Alternativamente, si desea trabajar con una cuenta de usuario que ya existe, para por ejemplo añadirle o cambiarle su contraseña, hágale clic a su nombre o icono.

Por favor recuerde que tanto para añadir o borrar cuentas de usuarios como también para cambiar las contraseñas de otros usuarios, es necesario entrar a la computadora con una cuenta de usuario que pertenezca al grupo de los administradores de la computadora. De lo contrario, el único cambio que podrá hacer un usuario con una cuenta estándar usando el programa de "User Accounts", es cambiar su propia contraseña.

Si escogió crear una nueva cuenta de usuario haciendo clic sobre "Create a new account", ahora otra ventanita se abrirá para asistirle con esta tarea.

Estos son los pasos para abrir una nueva cuenta de usuario en Windows 7/Vista:

1. Para comenzar haga clic dentro de la primera casilla, y después escriba el nombre de usuario que desea crear. Podría usar, por ejemplo, un nombre más un número: "Ania01".

2. Ahora haga clic sobre el tipo de acceso que desea asignar a este usuario. Si no cambia la selección del sistema, que

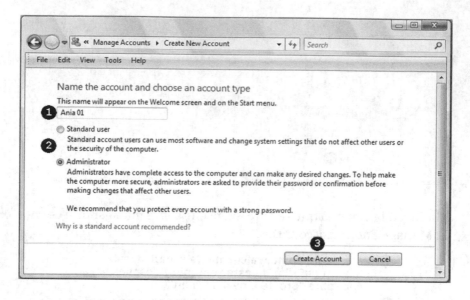

es "Standard", un usuario usando este tipo de cuenta sólo podrá cambiar su propia contraseña y hacer algunas labores de mantenimiento de la computadora. Si necesita que este nuevo usuario tenga más acceso a la computadora, entonces haga clic sobre "Administrator". Por ejemplo, para un menor o para alguien que no sabe usar bien la computadora, es por lo general suficiente que tengan una cuenta estándar. Para una persona de confianza que sepa usar la computadora, puede elegir "Administrator".

3. Por último, haga clic sobre "Create Account".

De ahora en adelante, después de que termine de crear esta cuenta de usuario, el nombre que eligió —en este caso Ania01— aparecerá en la lista de cuentas de usuarios disponibles para entrar a la computadora en la primera ventana que aparece al prenderse. Si la computadora ha estado prendida un rato y quiere cambiar de usuario, haga clic sobre "Switch User".

Cómo añadir o cambiar la contraseña a una cuenta de usuario

Como pudo ver anteriormente, la mejor manera de proteger su trabajo de otros usuarios que tengan acceso a la misma computadora es asignándole una contraseña a su cuenta de usuario local. De lo contrario, cualquier usuario de la computadora puede entrar a su espacio virtual haciendo clic a su nombre de usuario y trabajar con sus archivos.

Para comenzar a añadirle una contraseña a la cuenta de usuario que usó para entrar a la computadora, haga clic sobre "Start". Lleve el indicador del ratón hacia arriba y después hacia la derecha, y por último haga clic sobre el avatar o dibujito localizado encima del nombre del usuario. Después haga clic sobre "Create a password". Si la opción de añadirle una contraseña a una cuenta de usuario no aparece allí, esto quiere decir que la cuenta ya está protegida con una contraseña.

Estos son los pasos para añadirle una contraseña a una cuenta de usuario local en Windows 7/Vista:

1. Escriba la contraseña que desea usar de manera exacta —palabra por palabra— en la primera casilla y después oprima la tecla TAB para llegar a la segunda casilla (o haga clic sobre ella) y escríbala de nuevo. Recuerde que usted puede usar una combinación de letras y números, y si usa un símbolo que no está permitido, el sistema operativo le avisará, y tendrá que escribir otra contraseña.

2. En esta casilla escriba una pista. Por si acaso se le olvida su contraseña, la pista le ayudará a recordar qué palabra o combinación de palabras y números usó. Esto puede que no tenga sentido en una computadora a la cual varias personas

tengan acceso porque esta pista la pueden ver todas las otras personas que usan la computadora, y que tal vez ya saben la respuesta. Este paso es opcional.

3. Por último, haga clic sobre "Create password". Si se equivocó al escribir la contraseña que desea usar exactamente de la misma manera en la primera y la segunda casilla, entonces el sistema operativo también le avisará de esto y tendrá que escribirla de nuevo en ambas casillas.

Cómo cambiar su contraseña o la de otro usuario

Por favor tenga en cuenta lo siguiente: en la mayoría de los casos, aún en sitios web a los cuales necesita tener acceso, la manera como debe escribir una contraseña es *muy* específica, y tiene que recordar esto cuando quiera regresar a usar la computadora o regresar al sitio web donde la creó. Es decir, que si escogió la contraseña "Costa-rica06", escribiendo la primera "C" en mayúscula, cuando regrese a este sitio tiene que escribir: "Costarica06", y si escribe "costarica06" con la primera "c" en minúscula, el sistema operativo no le permitirá acceso a la computadora hasta que la escriba exactamente de la manera como la creó: "Costarica06". Y en caso de que no se acuerde, puede pedirle a otro usuario de la computadora que tenga una cuenta de administrador que entre con su nombre de usuario y le haga el favor de cambiarle la contraseña a una de su preferencia.

Si más tarde la desea cambiar a otra, siga los pasos que leyó anteriormente. Después haga clic sobre "Change password" y siga los pasos que verá a continuación.

Estos son los pasos que puede seguir, guiándose por esta pantalla, para cambiar una contraseña en una cuenta de usuario local en Windows 7/Vista:

1. Para comenzar, escriba la contraseña que ha estado usando. Si se olvidó de ella, tendrá que borrarla haciendo clic sobre "Remove Password" y después.

2. Escriba la nueva contraseña que desea usar de manera exacta —palabra por palabra— en la primera casilla y después en la

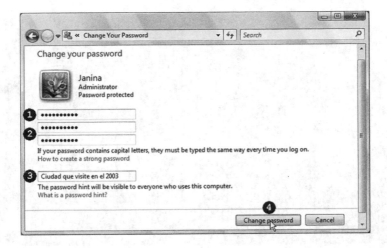

segunda casilla. Recuerde que puede usar una combinación de letras y números, y si usa una letra que no está permitida, el sistema operativo le avisará.

3. En esta casilla escriba una pista. Por si acaso se le olvida su contraseña, la pista le ayudará a recordar qué palabra o combinación de palabras y números usó. Esto puede no tener sentido en una computadora a la cual varias personas tengan acceso porque esta pista la pueden ver todas las otras personas que usan la computadora. Este paso es opcional.

4. Por último, haga clic sobre "Create password". Si se equivocó al escribir la contraseña que desea usar de la misma manera en la primera y la segunda casilla, entonces el sistema operativo también le avisará de esto y tendrá que escribirla de nuevo en ambas casillas.

Cómo entrar a una computadora con Windows 7/Vista

En una computadora personal con Windows 7/Vista, la primera pantalla que verá le mostrará el nombre de todas las cuentas de sus usuarios; de esta manera no tendrá que escribir el nombre de usuario que desea usar, ya que todos son visibles aquí. Sin embargo, si la computadora que usa sólo tiene un nombre de usuario y no está protegido con una contraseña, la computadora le permitirá empezar

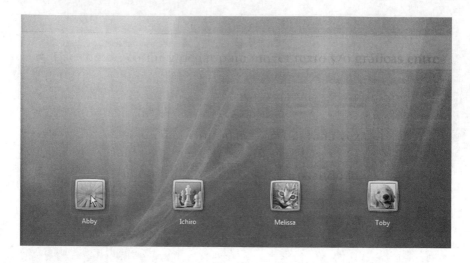

a trabajar inmediatamente sin que sea necesario que haga clic en ninguna parte.

Para usar una computadora con Windows 7/Vista, después de prenderla oprimiendo el botón de alimentación de la corriente, haga clic sobre el nombre del usuario que le corresponde. Recuerde que si esta cuenta de usuario está protegida con una contraseña tiene que escribirla en la línea que verá a continuación. Después haga clic sobre la flechita verde para obtener acceso a la computadora. Ahora, si la cuenta que usa no está protegida con una contraseña, sólo es necesario hacer clic al nombre de usuario que desea usar para conseguir acceso a la computadora.

Por favor tenga en cuenta que si la configuración de la computadora de vez en cuando entra en suspenso por causa de la manera como está configurada, en este caso le será necesario, cuando regrese a usarla de nuevo, que siga los pasos anteriormente enumerados, es decir, hacerle clic al nombre de usuario y proveer una contraseña (si su cuenta tiene una).

Cómo usar la función de cambiar de usuario

Esta es la función que debe usar para permitirle, temporalmente, a otro usuario de la computadora que entre a la computadora para

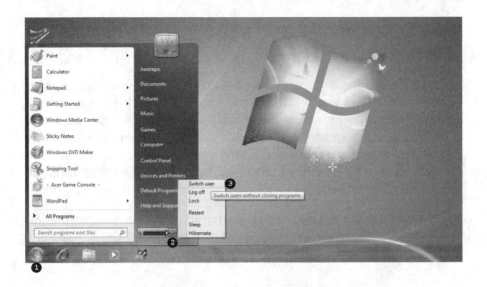

poder completar su trabajo. El usuario sólo tiene que hacer clic sobre su propio nombre de usuario sin necesidad de cerrar los programas que está usando.

Estos son los pasos para cambiar de usuario en Windows 7/Vista:

1. Para comenzar, haga clic sobre el botón "Start".
2. Ahora jale el indicador del ratón hacia la derecha sobre esta guía (señalada por un indicador).
3. Después jálelo hacia arriba y finalmente haga clic sobre "Switch User".

Ahora usted verá una pantalla idéntica a la que vio en la página anterior. Podrá trabajar en ésta de la misma manera que cuando prende la computadora. Por ejemplo, si su hija María, que tiene el nombre de usuario "Maria78", necesita imprimir —sin que usted ("David33") tenga que cerrar sus propios programas— ella puede hacer clic sobre su nombre de usuario, "Maria78", entrar a la computadora y cuando termine de usarla seguir los pasos que vio anteriormente. En vez de escoger "Switch User", deberá hacer clic sobre "Log Off" para salir completamente, o si todavía desea regresar a trabajar más en su espacio virtual, puede hacer clic de nuevo sobre "Switch User".

Cómo cerrar un programa que no le responde

Una de las ventajas de usar Windows 7/Vista es que los recursos que cada programa usa están muy bien aislados de los otros. De esta manera, si un programa falla es posible cerrarlo sin que éste afecte a otro que esté usando. Cuando usa una computadora con uno de estos dos sistemas operativos, notará que es muy raro que un solo programa que no esté respondiendo haga que la computadora se congele completamente.

Primero abra la ventana del administrador de tareas oprimiendo la combinación de teclas CTRL + ALT + DEL, y después haga clic sobre "Start Task Manager" para abrir el administrador de tareas.

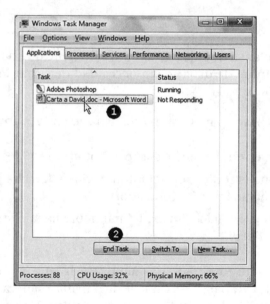

Esta es la manera de cerrar un programa que no esté funcionando en Windows 7/Vista:

1. Primero lleve el indicador sobre el nombre del programa que no le está respondiendo ("Not responding") y haga clic una vez para elegirlo.
2. Después haga clic sobre "End Task".

A veces también puede ver, cuando uno de sus programas deja de funcionar, una ventanita que le pide que escoja "Restart the program" (reiniciar el programa), "Close the Program" (cerrar el programa) o "Wait for the program to respond" (espere a que el programa responda de nuevo). Para trabajar con la opción que le convenga más, hágale clic. Por ejemplo, si un programa en el cual ha estado haciendo trabajo por las últimas diez horas deja de trabajar y todavía no lo ha guardado, tal vez valga la pena esperar un rato haciendo clic sobre "Wait for the program to respond", porque si hace clic sobre "Close the program", todo lo que no ha guardado se perderá.

Cómo controlar sus cuentas de usuario

Como pudo ver anteriormente, Windows 7/Vista son producidos por Microsoft y tienen algunas mejoras con respecto a sistemas operativos que salieron antes. La mayoría de las mejoras incluidas con estos dos sistemas suceden invisiblemente a nivel de los archivos del sistema operativo, pero otras son más obvias. Por ejemplo, el nuevo "User Account Control Settings", o panel de controlar las propiedades de las cuentas de los usuarios, le pregunta —cuando está instalando un programa— si de verdad desea realizar esta acción. En este caso, si es la tarea que desea hacer, entonces haga clic sobre "Continue". De lo contrario, si no lo desea, haga clic sobre "Cancel".

Esta es una mejora de seguridad que a algunos usuarios les puede gustar, y a otros les va a fastidiar. Por este motivo Microsoft, a través de "User Account Control Settings" (siempre y cuando entre a la computadora con una cuenta de administrador), le permite habilitarla o deshabilitarla y, en el caso de Windows 7, hacerle ajustes (como por ejemplo cambiarlo para que siempre le notifique o nunca, dependiendo de su preferencia).

Esta es la manera de trabajar con las opciones de "User Account Control Settings":

En Windows 7:

Haga clic sobre el botón de "Start" y escriba: "Change User Account Control Settings". Después, oprima la tecla ENTER.

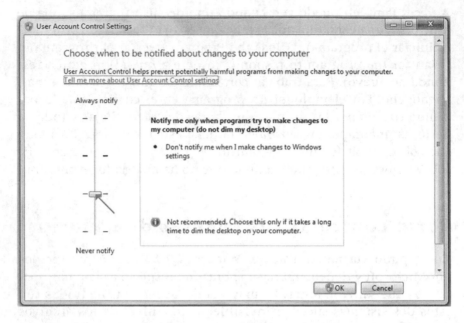

Luego, estas son las diferentes opciones que encontrará:

- "Always notify": siempre avíseme cuando un programa trata de instalar *software* o hacer cambios a la computadora, o cuando yo trato de hacer cambios a la configuración de Windows.

- "Notify me only when programs..."/"Default": solamente notifíqueme cuando un programa trata de hacer cambios a mi computadora, y no me notifique cuando yo trato de hacer cambios a mi computadora.

- "Never notify": nunca notifíqueme cuando un programa trata de hacer cambios a mi computadora o cuando yo trato de hacer cambios a mi computadora.

Para cambiar de una opción a otra, lleve el indicador del ratón sobre la guía señalada por la flecha, oprima el botón izquierdo del ratón y después jálela hacia arriba para aumentar la protección, o hacia abajo para disminuirla. Por último, haga clic sobre "OK" para confirmar que de verdad desea hacer este cambio. Puede que la computadora le pregunte si en realidad desea hacer este cambio. Para ello, haga clic sobre "Yes" para hacer este cambio, o "No" para no hacerlo. Ahora es necesario que reinicie la computadora para que se aplique este cambio que acaba de hacer.

En Windows Vista:

En Windows Vista esta opción sólo se puede habilitar o deshabilitar. O sea, no se puede ajustar. Para deshabilitar esta función (esta opción siempre está habilitada, a menos de que usted o un usuario de la computadora la haya deshabilitado previamente), hágalo de esta manera, después de hacer clic sobre el botón de "Start":

1. Escriba "Control Panel", y después oprima la tecla Enter.
2. Haga clic sobre "User Accounts and Family...", y después sobre "User Accounts".
3. En esta ventana haga clic sobre "Turn User Account Control On or Off". Ahora debe ver la ventanita que le pregunta si quiere (para hacer cambios aquí tiene que hacer clic sobre la opción correspondiente) continuar o cancelar (si esta ventanita no aparece, entonces ya sabe que esta opción NO está habilitada). Cuando *esta opción está habilitada*, verá una marquita al lado de "Use User Account...". Si esto es lo que desea, que esta opción esté habilitada, entonces haga clic sobre "Cancel" para regresar a su trabajo.

Turn on User Account Control (UAC) to make your computer more secure

User Account Control (UAC) can help prevent unauthorized changes to your computer. We recommend that you leave UAC turned on to help protect your computer.

☑ Use User Account Control (UAC) to help protect your computer

_____

OK   Cancel

4. Ahora, si desea deshabilitar esta opción, haga clic sobre "Use User Account...", para quitarle la marquita que ve ahí, y después haga clic sobre "Restart Now" para reiniciar la computadora inmediatamente, o "Restart Later", para que este cambio sea hecho una vez que apaga la computadora y la prende de nuevo.

Si más tarde decide que desea habilitar de nuevo esta función, regrese aquí, haga clic sobre "Use User Account..." para añadirle una marquita, y después sobre "Restart Now" o "Restart Later".

Para recordar

- Windows 7/Vista son parte de la familia de sistemas operativos de Windows.

- En Windows 7/Vista el menú de comienzo o "Start" es más intuitivo y se ajusta mejor a su manera de trabajar.

- Una cuenta de usuario es como una membresía virtual a la computadora.

- Para crear cuentas de usuarios use el programa "User Accounts".

- Estos son los dos tipos de cuentas que puede crear: estándar y de administrador.

- Cree una contraseña para proteger su cuenta de usuario.

- Para entrar a una computadora con Windows 7/Vista, haga clic sobre el nombre del usuario que le corresponde.

- Use el nuevo "User Account Control Settings" en Windows 7/Vista para trabajar con las opciones de proteger sus cuentas de usuarios.

Cómo utilizar los archivos y las carpetas en Microsoft Windows

Introducción

Un archivo para computadoras, como por ejemplo, un resumé que envía por correo electrónico para buscar trabajo, consiste en bits de datos registrados por un programa de computadora a una unidad de almacenamiento de datos (como el disco duro) conectada a su computadora u a otro medio de memoria no volátil. El usuario le da un nombre distintivo que sirve como registro del trabajo que usted ha realizado usando un programa de computadora. Una vez éste sea guardado de manera permanente a su computadora, le será posible regresar a él en el futuro, buscarlo y abrirlo, para trabajar con él.

Carta a Deborah.docx   3/26/2017 11:30 PM   Microsoft Word Document   21,481 KB

Un archivo es fácil de reconocer por el nombre que usted escogió en el momento en que lo guardó cuando está usando una de las herramientas del sistema operativo para usar archivos (como por ejemplo, Explorer). En el ejemplo de arriba, usé el nombre "Carta a Deborah" para un nuevo archivo. Por favor tenga en cuenta que el nombre de un archivo en Windows puede consistir de hasta 255 letras.

Una carpeta es la unidad de almacenamiento virtual donde usted puede guardar sus archivos, separándolos en diferentes carpetas para que estén más organizados, y por consiguiente sean más fáciles de hallar cuando los necesite. El ejemplo de arriba le da una idea de cómo puede hacer esto, por ejemplo, guardando sus archivos según el año en el cual los creó.

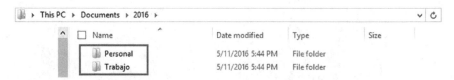

El método de guardar el trabajo que hace en una computadora por el año en que lo creó puede ser especialmente útil si usted tiene un negocio.

Adicionalmente, como puede ver en la gráfica anterior, usted no sólo puede dividir su trabajo por el año en que lo creó, sino, por ejemplo, también podría crear dos carpetas adicionales dentro de la carpeta del año 2016: una conteniendo sus archivos personales y la otra conteniendo los que están relacionados con su trabajo. Inclusive, si desea, usted podría crear carpetas adicionales dentro de cada una de estas carpetas.

Cómo crear un archivo de computadoras

Usted crea un archivo de computadora cada vez que termina el proceso de usar la función de guardar o "Save" en un programa. Otros archivos son creados automáticamente por algunos de los programas instalados en su computadora como, por ejemplo, una lista de las veces que su computadora se conectó al Internet sin ningún problema.

Estos son algunos ejemplos de cómo un archivo puede ser creado:

- Usted abre un procesador de palabras para escribir una carta, y después escoge guardarla. Este archivo es ahora un registro electrónico de la carta que usted puede abrir en cualquier momento para hacerle cambios o para imprimirla.

- Usted toma algunas fotos con su cámara digital, y después las transfiere a su computadora. Ahora éstas pueden ser fácilmente encontradas, buscándolas en la carpeta en la cual usted las guardó.

En general, hay dos tipos importantes de archivos de los cuales usted debe saber:

- Archivos de programas ("Program Files")
- Archivos de datos ("Data Files")

En la siguiente gráfica, usted puede ver los dos tipos de objetos que verá cuando está usando Explorer. Éstas son las carpetas (los símbolos en amarillo que ve en esta gráfica), que a su vez pueden contener carpetas adicionales o archivos o ambos, y los archivos individuales.

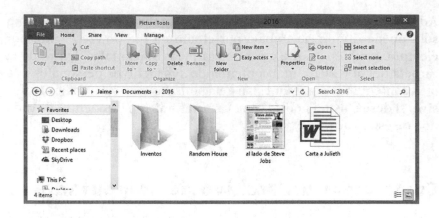

La diferencia entre un archivo de programas y uno de datos

Un archivo de programas es el tipo de archivo necesario para que un programa trabaje correctamente. Hoy en día un programa para computadoras puede estar compuesto de miles de archivos.

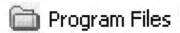 Program Files

En Windows, el nombre de la carpeta en la cual, por lo general, los archivos de programas son guardados (creada en el momento en que un programa es o fue instalado en su computadora) se llama "Program Files". (Si usted desea, en el momento que esté instalando un programa, puede elegir guardarlo a una carpeta diferente, pero no se lo recomiendo). En algunas versiones de Windows, la carpeta "Program Files" está escondida como precaución para evitar que usted borre algún archivo que se encuentra en ella.

Un "Data File" es el tipo de archivo que usted crea usando un programa.

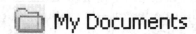 My Documents

La carpeta sugerida por Windows para almacenar sus archivos de datos es la carpeta de mis documentos o "My Documents" (en Windows Vista, Windows 10 y Windows 8 ésta se llama solamente documentos o "Documents"). Adicionalmente, debajo de ésta encontrará otras tres carpetas: mi música ("My Music"), mis fotos ("My Pictures") y mis archivos cargados ("Downloaded Files"), pero usted puede elegir guardar su trabajo en cualquier carpeta a la cual tenga acceso desde su computadora.

La diferencia principal entre los archivos de programas y los archivos de datos es simple: si usted borra por cualquier motivo uno o más de los archivos necesarios para que un programa funcione, lo más probable es que éste no se abrirá más (Los archivos que creó con este programa, siempre y cuando no estén guardados en la misma carpeta que borró, no serán afectados. La única excepción sería una situación en la cual usted ha borrado un programa que mezcla archivos de datos con los archivos de programas en la misma carpeta, en cuyo caso puede que no le sea posible recobrar los archivos de datos que borró). Por otra parte, si usted borra uno de sus archivos de datos, el programa que usó para crear el archivo todavía funcionará de manera normal; en este caso simplemente habrá perdido el tiempo que le tomó en crearlo.

Cómo crear un nuevo archivo

El proceso para crear un nuevo archivo es simple: en cualquier momento después de que usted abre un programa, aunque no haya escrito ni una sola palabra, elija la función de "Save" para comenzar el proceso de crear un archivo. Enseguida una ventanita de diálogo se abrirá pidiéndole que escoja el nombre que le quiere dar a este archivo, y la carpeta o unidad de almacenamiento permanente (como por ejemplo el disco duro C:\). Esta ventanita también le sugerirá donde guardarlo. Algunos programas también le sugieren que use un nombre, como el encabezamiento de un documento pero éste se puede cambiar. Una vez que usted haya rellenado esa información, haga clic sobre "Save" para crear su archivo.

Estos son los pasos para crear un nuevo archivo de datos usando el procesador de palabras Notepad:

1. Haga clic sobre "Start", y después jale el indicador del ratón sobre "All Programs".

   - En Windows 10, haga clic sobre el botón de comienzo o "Start", e inmediatamente escriba "Notepad" en la casilla de búsqueda de la barra de tareas (ahora debe decir "Type here to search"), y cuando vea el nombre de este programa, hágale clic para abrirlo.

   - En Windows 8, use la combinación de teclas + S, para abrir la ventana de búsqueda, e inmediatamente escriba "Notepad". Cuando vea el nombre de este programa hágale clic para abrirlo.

   - Ahora, si tiene Windows 7/Vista, comience haciendo clic sobre el botón de "Start" y haga clic sobre "All Programs". Luego, busque el grupo de programas "Accesories" y haga clic sobre él. Finalmente, haga clic sobre "Notepad".

2. Ahora haga clic sobre "File" y después sobre "Save", y en la ventanita que se abre escriba en frente de "File Name" un nombre distintivo para su archivo. Después haga clic sobre "Save" para guardarlo como un archivo nuevo.

Una vez que termine de seguir estos pasos, el documento que guardó permanecerá disponible en la unidad de almacenamiento permanente en donde la almacenó hasta que usted lo cambie de lugar o lo borre.

> **NOTA**   Las dos maneras más comunes de abrir un archivo, son: a) abrir primero el programa que usó para crearlo, o b) encontrar su nombre en Windows Explorer y hacer clic dos veces sobre su nombre.

Cómo trabajar con carpetas

Una carpeta en una computadora personal funciona como un espacio virtual en una unidad de almacenamiento permanente (como, por ejemplo, el disco duro) que tiene un propósito similar al que tiene una carpeta normal en una oficina: guardar su trabajo de una manera permanente y organizada, con el fin de que más tarde lo pueda encontrar con relativa facilidad.

Tenga en cuenta que cada una de las carpetas con las que trabajará en Windows puede aceptar todos los diferentes tipos de archivos que usted puede crear usando sus programas, por ejemplo, documentos, música, fotos, vídeos y archivos de programas. Windows automáticamente crea alguna de las carpetas que encontrará en su computadora, como la carpeta "My Documents" (en Windows 10, 8, 7 y Vista, ésta se llama solamente "Documents"), y si ve otros nombres, seguramente son carpetas que fueron creadas por sus programas, por usted o por cualquier otro usuario con acceso a la computadora.

Una carpeta en una computadora personal le permite almacenar archivos, siempre y cuando siga las siguientes reglas:

- Cualquier carpeta puede guardar suficientes archivos hasta llenar el espacio disponible en el dispositivo de almacenamiento particular con el que usted está trabajando (por ejemplo, el disco duro C:\).
- Una vez que ésta se llene hasta su capacidad máxima, ya no le será posible añadir más archivos a esta carpeta particular o a ninguna otra carpeta en la unidad de almacenamiento con la que esté trabajando.
- Ninguna carpeta puede contener dos archivos con el mismo nombre y la misma extensión (estas son las tres letras que tal vez pueda ver al final del nombre de un archivo), pero carpetas diferentes pueden contener un archivo con el mismo nombre.

El sistema operativo no le permitirá tener dos copias de un documento con el nombre "mi currículum.doc" en la misma carpeta "2016", pero usted puede crear una sub-carpeta adicional dentro de la carpeta "2016" llamada "Personal" y ahí puede tener una copia adicional de este archivo con el mismo nombre. En la siguiente página hablaré más sobre cómo almacenar archivos (aun unos con el mismo nombre) en carpetas diferentes con el objectivo de organizar su trabajo de una manera más segura.

> **NOTA**
>
> Las carpetas son también conocidas como directorios; si usted recibe instrucciones para crear una carpeta en un directorio particular, esto quiere decir que debe crear una carpeta dentro de otra carpeta.

La carpeta de documentos

Esta es la carpeta predeterminada para almacenar sus archivos de datos en Windows. Y está presente en todas las diferentes versiones de Windows. Su icono, por lo general, está en la parte superior izquierda de su "Desktop".

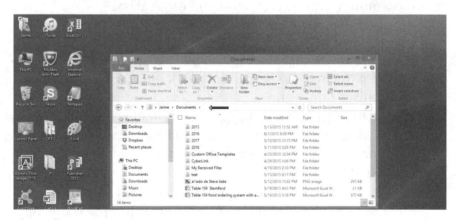

Para abrir la carpeta de "Documents" en Windows 7/Vista y comenzar a trabajar con los archivos que haya guardado ahí, haga lo siguiente: en Windows 10, 8, 7 y Vista haga doble clic en su "Desk–top" (si éste está cubierto por programas, escóndalos) sobre la carpeta con el nombre del usuario que está usando la computadora (en este ejemplo hice clic sobre "Book Account", como puede ver en la gráfica de arriba) y después sobre "Documents". Si su computadora cuenta con una versión anterior de Windows (como por ejemplo

Windows XP), busque en su "Desktop" el icono de "My Documents" (éste por lo general está en la parte superior izquierda de su "Desktop"), y después hágale doble clic para abrir esta carpeta.

NOTA Aunque el sistema operativo le sugiera que usted guarde su trabajo en la carpeta de "My Documents", es también posible guardarlo en cualquier otro dispositivo de guardar archivos de manera permanente al cual tenga acceso desde su computadora.

Qué hacer si no puede ver la carpeta de documentos en su escritorio virtual

En la página anterior pudo ver los pasos para abrir la carpeta de documentos en Windows para trabajar con los archivos que haya guardado ahí. Pero esto sólo es posible si usted eligió previamente ver esta carpeta en su "Desktop"; de otra manera, tendrá que buscarla usando Windows Explorer.

Para añadir este icono al "Desktop", siga los siguientes pasos:

En Windows 8, si no está viendo ya el escritorio virtual o "Desktop", use la combinación de teclas ⊞ + X, y en el menú —en la parte izquierda inferior de su pantalla— que abre haga clic sobre "Desktop".

En Windows 10, 8, 7 y Vista:

1. Haga clic con el botón derecho del ratón sobre cualquier parte libre de iconos en su "Desktop". Si no lo puede ver, entonces primero esconda las ventanas y programas que tiene abiertos.
2. Ahora, en el menú que se abre, escoja "Personalize".
3. Después, en la próxima ventana que se abre, escoja "Change "Desktop" icons". En Windows 10, haga clic sobre "Themes" y después sobre "Desktop icon settings".
4. Finalmente, haga clic sobre "User Files", y después sobre "Apply" y por último sobre "OK". Ahora podrá ver en su "Desktop" el icono que añadió.

Recuerde que también hay otras maneras de llegar a esta carpeta de "Documents" o "My Documents" que encontrará en su "Desktop". También se puede encontrar en la ventana que se abre para ayudarle a guardar o abrir archivos. Esto es algo que usted elige.

Cómo crear una carpeta adicional

Como pudo ver anteriormente, una de las ventajas de usar carpetas en Windows es la de permitirle organizar su trabajo de la manera que más le convenga, de acuerdo con el trabajo que hace. Para hacer esto tendrá que crear carpetas adicionales, con nombres que usted escoge. En Windows encontrará varios programas desde los cuales usted puede crear una nueva carpeta, como Windows Explorer, e inclusive lo puede hacer desde la ventana de diálogo que se abre cuando usted elige guardar un documento.

Las instrucciones que siguen a continuación le ayudarán a aprender a crear una nueva carpeta a partir de la carpeta de "Documents" o "My Documents".

Estos son los pasos para crear una nueva carpeta en Windows 10, 8, 7, Vista:

1. Para comenzar haga clic sobre el botón de "Start", después lleve el indicador del ratón hacia arriba y sobre el panel de la derecha.

2. Ahora haga clic sobre la carpeta de "Documents".

3. • En Windows 7, haga clic sobre "New Folder". En Windows Vista haga clic sobre "Organize", y después sobre "New Folder". Alternativamente, haga clic con el botón derecho del ratón —en el panel de la derecha— sobre cualquier espacio en blanco, y después escoja "New". Después jale el indicador del ratón hacia la derecha sobre la lista de opciones que abre y después hacia arriba. Finalmente, haga clic sobre "Folder".

   • En Windows 8, si su computadora personal —en el momento que quiere tratar de crear una nueva carpeta— le está mostrando la carpeta de comienzo o "Start", busque la carpeta de documentos o "Documents", entre las tejas o "Tiles" de este menú, y cuando la encuentre hágale clic una vez.

- Ahora si está viendo el escritorio virtual o "Desktop", haga doble clic sobre la carpeta con el nombre del usuario que está usando la computadora, y después doble clic sobre la carpeta de documentos o "Documents". Una vez que esté en el nivel de documentos o "Documents" haga clic sobre el botón de nueva carpeta o "New folder", para comenzar este proceso de crear una nueva carpeta. Alternativamente, use la combinación de teclas CTRL + SHIFT + N, para comenzar este proceso.

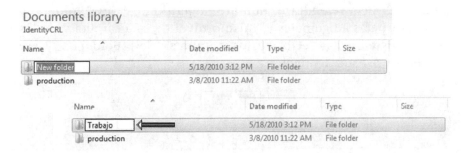

4. Ahora puede escribir inmediatamente en la casilla en azul el nombre que desea usar para esta carpeta. Por ejemplo, "Trabajo". Después haga clic afuera de esta casilla para confirmarle al sistema operativo que éste es el nombre que desea usar.

Estos son los pasos para crear una nueva carpeta en Windows XP. Primero abra Windows Explorer de la siguiente manera:

1. Haga clic con el botón derecho sobre el botón de "Start", y después elija "Explore".

2. Ahora haga clic sobre la carpeta "My Documents", debajo de "Folders".

3. Ahora haga clic con el botón derecho del ratón en el panel de la derecha sobre cualquier espacio en blanco, y después escoja

"New", jale el indicador del ratón hacia arriba y haga clic sobre "Folder".

4. Ahora puede escribir inmediatamente en la casilla en azul el nombre que desea usar para esta carpeta. Por ejemplo, "Trabajo". Después haga clic afuera de esta casilla para confirmarle al sistema operativo que este es el nombre que desea usar.

Ayuda adicional para cuando esté nombrando carpetas

Por favor note que después de que usted elija crear una carpeta nueva, como pudo ver en las páginas anteriores, verá un icono con el nombre "New Folder". Ahora usted podrá escoger un nombre a su gusto, o usar el que el sistema operativo le sugiere. De otra manera, la carpeta retendrá el nombre sugerido de "New Folder", y si crea carpetas adicionales al mismo nivel de esta carpeta y no las nombra usted, éstas recibirán los nombres "New Folder1", "New Folder2" y así sucesivamente.

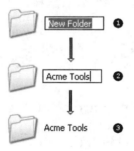

Por favor siga estos pasos para entender mejor el proceso de cambiarle el nombre sugerido, "New Folder", a una carpeta nueva:

1. Una vez que haya decidido crear una carpeta, haga clic dentro de la etiqueta "New Folder", y entonces use la tecla BACKSPACE para suprimir el nombre que ve ahí. Si el nombre dentro de la celda no está seleccionado (como azulado), lentamente haga doble clic sobre él hasta que lo esté.

2. Ahora escriba el nombre que usted quiere usar para esta carpeta nueva.

3. Finalmente, haga clic fuera de la carpeta para que el sistema operativo acepte este nombre que acaba de crear.

Tenga presente que usted no puede usar un nombre que ya haya sido asignado a otra carpeta *al mismo nivel de la carpeta que está creando*. Si usted desea, puede cambiarle el nombre a una de las carpetas que creó antes solamente un poco, como por ejemplo añadirle una letra o un número. Una vez que la carpeta es creada, usted puede guardar los archivos que crea o recibe en ella.

Usted también podría cambiarle el nombre a una carpeta que ya haya creado previamente después de encontrarla en la parte derecha de Windows Explorer, o inclusive en la ventana de diálogo que se abre para ayudarle a guardar su trabajo, de la siguiente manera: 1) lentamente haga clic dos veces sobre el nombre de la carpeta, 2) después oprima la tecla de la flechita derecha → para deseleccionar su nombre. Ahora use las flechitas ← o → para situar la herramienta de seleccionar texto "I" a la derecha de la palabra a la cual desea añadirle una letra, por ejemplo, a la derecha de "Trabajo", si sólo desea añadirle un "1", y después escríbalo. Si desea quitar letras a una palabra, posicione el "I" usando las flechitas a la derecha de las letras que desea suprimir, y después use la tecla BACKSPACE para quitarla(s). Si posiciona el "I" a la izquierda de una letra que desea suprimir, use la tecla DELETE, oprimiéndola poco a poco. Cuando termine de cambiar el nombre, haga clic afuera de él para que el sistema operativo lo acepte.

Para buscar más adelante el trabajo que guardó a una carpeta y que a su vez está guardada en la carpeta "Documents" o "My Documents",

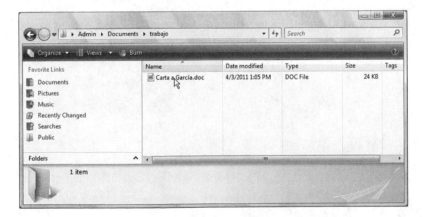

haga clic sobre ésta y después sobre la carpeta que contiene el archivo que busca.

Cuando encuentre el archivo que está buscando, haga clic dos veces sobre su nombre para abrirlo.

Si prefiere, también puede abrir primero el programa que usó para crear el documento, como por ejemplo Word, hacer clic sobre "File" y después sobre "Open". Usando la ventana que se abre a continuación, haga clic en la carpeta de "Documents" y después en la carpeta que lo contiene para abrirlo.

Para recordar

- Usted crea un archivo para computadora cada vez que termina el proceso de usar la función de "Save" para guardarlo.
- Una carpeta funciona como un espacio virtual en una unidad de almacenamiento permanente
- La carpeta "Documents" (Windows 10/8/7/vista) o "My Documents" (Windows XP) es la predeterminada para almacenar sus archivos de datos en Windows, pero en realidad esto solo es una sugerencia ya que usted los puede guardar en otra carpeta.
- Para organizar mejor el trabajo que hace en Windows cree carpetas adicionales.

Cómo copiar, cortar y pegar

7

Introducción

Una de las ventajas principales de Windows es la facilidad con la cual se puede compartir información entre sus programas. Esto se consigue con solo oprimir combinaciones de teclas o haciendo unos clics con el ratón, y generalmente, usar uno o el otro es cuestión de preferencia personal.

El proceso principal para completar esta tarea se llama copiar ("Copy"), cortar ("Cut") y pegar ("Paste"), y éste le permite copiar o reducir una selección de texto y/o gráficas que haya escogido y pegarla a otra línea/página en el mismo documento con el que esté trabajando, e inclusive a otro documento completamente diferente.

Como verá, ésta es una función muy útil. Una vez que la aprenda a hacer bien le puede ayudar a ahorrar mucho tiempo y aumentar mucho su productividad: las siguientes situaciones le darán una idea más clara de cómo puede compartir información entre sus programas usando este proceso.

- Usted está visitando un sitio web y encuentra unas palabras que le gustaría usar en un documento que está redactando en Word. En este caso, puede seleccionarlas, copiarlas y pegarlas a su documento usando el ratón; todo esto *sin tener que escribirlas de nuevo.*

- Usted está usando Word para crear una circular que desea utilizar para anunciar su negocio y desea que ésta muestre diez copias de su nombre y el número de su teléfono, pero *no quiere escribir esta información diez veces.* De hecho, usted sólo necesita escribir esta información una vez, y después seleccionarla, copiarla y pegarla dentro del mismo documento cuantas veces necesite.

Tenga en cuenta que compartir información entre sus programas usando los comandos de copiar, cortar y pegar le será posible en los siguientes casos:

- Copiar y pegar gráficas y texto a un procesador de palabras que pueda aceptar a ambos tipos de información, como lo es Word, por ejemplo.

- Copiar y pegar gráficas de un programa gráfico a otro que pueda recibir gráficas. Por ejemplo, usted puede copiar o cortar algunas partes de una gráfica que hizo con Paint y después pegarlas en un documento en Word.

- Copiar y pegar texto a un programa que acepte sólo gráficas (como Paint, por ejemplo), creando primero lo que se llama una caja de texto o "Text Box". Pero este proceso no le permitirá copiar y pegar gráficas a un programa que solo acepte texto, como por ejemplo Notepad.

El pizarrón virtual o "Clipboard" de Windows

El pizarrón virtual o "Clipboard" de Windows es un programa que funciona automáticamente en el trasfondo (y que en realidad usted nunca tiene que abrir), cuya única función es la de guardar información temporalmente cada vez que usted elige copiar/cortar una selección. Esta información ahora estará lista para ser pegada. Y aunque esto funciona automáticamente, lo menciono aquí porque este programa hace posible —una vez que elige copiar una selección— cerrar el programa de donde la copió, ya que Clipboard mantendrá guardada esta selección hasta que usted la necesite.

Por último, por favor tenga en cuenta que el contenido del Clipboard *cambia cada vez* que elige la función de copiar/cortar, y que éste también es borrado cuando usted apaga la computadora.

Los pasos generales que debe seguir para copiar, cortar y pegar

En la gráfica que sigue puede ver los iconos (que encontrará en la mayoría de los programas para Windows) que puede usar para copiar, cortar y pegar. En casi todos los programas que componen el grupo de Office verá este tipo de icono (en las nuevas versiones de este programa estos botones se encuentran en la pestaña de Home).

Los pasos para completar el proceso de copiar, cortar y pegar son muy fáciles de aprender. Usando las instrucciones que verá en este capítulo y con un poquito de práctica, usted se convertirá en un experto.

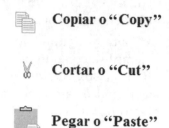

Copiar o "Copy"

Cortar o "Cut"

Pegar o "Paste"

Éstos son los pasos generales que debe seguir para copiar, cortar y pegar (para más información acerca de cómo seleccionar, vea la pág. 85):

1. Haga una selección de texto y/o gráficas de:
   - tan poco como una sola palabra, usando el ratón o el teclado; o
   - todo lo que ve en la ventana activa, oprimiendo la tecla CTRL y la tecla A. En algunos programas también puede hacer clic sobre editar ("Edit") y después sobre "Select All".

2. Ahora elija copiar o cortar esta selección en una de las siguientes formas (recuerde que la opción de cortar sólo funcionará en documentos que usted ha creado y que tiene derecho a editar):
   - colocando el indicador del ratón sobre la selección sombreada, oprimiendo el botón derecho del ratón sobre ésta y eligiendo "Copy" o "Cut".
   - haciendo clic (en las últimas versiones de Office, como las 2013/365/2010/2007) primero en la pestaña de Home y después sobre el icono de "Copy" o sobre "Cut". En algunos programas, también puede hacer clic sobre el menú de edición o "Edit" y después sobre copiar o cortar.
   - presionando la combinación de teclas CTRL + C (para copiar) o CTRL + X (para cortar).
   - haciendo clic sobre el botón de "Copy" o el de "Cut" en la barra de herramientas de un programa.

- seleccionando "Copy" o "Cut" en el menú que se abre cuando oprime el botón derecho del ratón sobre una gráfica con la cual desea trabajar.

3. Escoja adonde desea pegar esta selección que hizo previamente de la siguiente manera:

- Si desea pegar la información en el mismo documento, haga clic sobre la pagina/línea donde lo desea pegar (use las flechitas, ←/→, para situar el cursor destellante). Ahora, si desea pegar esta información a un programa diferente, entonces cambie a éste oprimiendo y sosteniendo la tecla ALT y después —muy despacio— oprimiendo y soltando la tecla TAB hasta que lo encuentre. Cuando lo encuentre retire los dedos del teclado. También puede hacerle clic sobre el icono del programa que desea usar, si lo ve en la barra de tareas. Ahora lleve el indicador *exactamente encima del lugar en su documento donde quiere pegar esta selección* y haga clic. De otra manera la información que está guardada en el Clipboard será pegada exactamente al lado del cursor destellante.

- Si usted acaba de abrir un documento nuevo, y no selecciona un sitio particular a donde pegar esta información que copió/cortó, entonces será pegada al comienzo del documento.

4. Finalmente pegue esta selección en una de las siguientes formas (Recuerde que usted puede pegar cuantas veces necesite, y en cada caso obtendrá la misma información del Clipboard hasta que elija copiar o cortar de nuevo, lo cual cambiará la información que resultará si elige pegar):

- Haga clic en la pestaña de Home, y después sobre el icono de "Paste".
- Haga clic sobre "Edit" y después sobre "Paste".
- Haga clic sobre la opción de "Paste" en el menú que abre cuando usted presiona el botón derecho del ratón sobre una selección que hizo previamente.
- Haga clic sobre el icono de "Paste" en la barra de herramientas del programa.
- Presione la combinación de teclas CTRL + V.

Si, cuando haga clic con el botón derecho del ratón sobre una selección, las opciones de copiar y cortar no están disponibles, eso quiere decir que la selección que había seleccionado previamente fue accidentalmente deseleccionada, y la debe seleccionar otra vez. Inmediatamente después de que usted termine de copiar una selección, debería hacer clic en cualquier parte de la página para deseleccionarla, para que de esta manera no pueda ser accidentalmente suprimida, si usted oprime cualquier tecla en su teclado.

Y por favor, tenga en cuenta que si se equivoca al hacer un cambio, puede usar la función de deshacer o "Undo", oprimiendo la combinación de teclas CTRL + Z cuantas veces sea necesario para eliminar todos los cambios no deseados (pero tenga en cuenta que cada programa tiene un nivel en el cual ya no se puede deshacer más, y algunos programas, como Notepad, sólo le permitirán deshacer el último cambio que usted haya realizado). Esto sólo funciona si usa esta función *inmediatamente* después de cometer un error. Si espera mucho tiempo tal vez no le será posible deshacer este error.

Cómo copiar una gráfica

Copiar un objeto gráfico, como por ejemplo una foto que usted encontró en un sitio web, es muy fácil de hacer, y generalmente no es necesario seleccionarlo antes de copiar.

En la siguiente gráfica, puede ver una foto que encontré en el sitio web de las Nasa.

Para copiar una foto: haga clic con el botón derecho del ratón sobre la imagen que usted desee copiar y después, en el menú que abre, sobre "Copy" (aunque en algunos sitios también puede decir "Copy Image"). Después de copiar la foto, ésta es enviada al Clipboard, donde estará lista para ser pegada a cualquiera de sus documentos que la puedan recibir. Siempre recuerde darle el crédito al autor de la información/fotos que usted encuentra y usa, inclusive en tareas de la escuela.

NOTA Por favor note las otras opciones con las cuales también puede trabajar en este menú desplegable, como por ejemplo "Save Picture As" (la cual guardará la foto en su disco duro).

Algunos ejemplos prácticos de cómo copiar, cortar y pegar

Si ya tiene claro cómo completar el proceso de copiar, cortar y pegar, adelántese al siguiente capítulo, pero si todavía tiene dudas, siga los siguientes ejemplos.

En el primer ejemplo, crearemos una lista de direcciones, pegando la información directamente debajo de la primera que escribió manualmente.

Para comenzar, abra cualquier procesador de palabras y escriba su nombre y dirección *una sola vez*. Después selecciónela usando el ratón (como puede ver en la siguiente gráfica) y por último cópiela (CTRL + C). Haga clic en otro sitio en el documento para *deseleccionarlo*. Ahora esta información está lista para ser pegada en el mismo documento, o inclusive en otro que tenga abierto, cuantas veces le sea necesario.

Ahora oprima la tecla ENTER dos veces para que la copia de la dirección quede debajo de la primera (dejando una línea de separación). Después, pegue la dirección, oprimiendo la combinación de teclas CTRL + V. Repita este proceso cuantas veces quiera. Ahora puede imprimir esta lista, cortar cada dirección y pegarlas a su correspondencia.

Sarahi Espinoza Salamanca
1767 Broadway Avenue
New York, New York 10017

Sarahi Espinoza Salamanca
1767 Broadway Avenue
New York, New York 10017

Sarahi Espinoza Salamanca
1767 Broadway Avenue
New York, New York 10017

De una manera similar también puede crear un anuncio para, por ejemplo, alguilar un apartamento. Para comenzar, usando un procesador de palabras, redacte la información general acerca del apartamento, dejando un espacio al final del documento. Después, en la segunda página de este documento, cree unas diez instancias de su nombre y teléfono (usando las instrucciones anteriores) e imprima estas dos páginas. Por último, recorte la información en la cual repitió su nombre y teléfono y péguela, de lado, al final de la primera hoja.

Después puede ir a un sitio donde hagan copias y copiar la circular. Esta parte también se puede hacer en algunos programas, pero requiere muchos pasos más.

En esta misma circular puede añadir una foto del apartamento, usando los pasos que describo en esta sección acerca de cómo copiar y pegar una gráfica.

En la siguiente secuencia de gráficas, verá el proceso de mover partes de un documento a otro sitio dentro del mismo documento. Este ejemplo se puede seguir usando cualquier procesador de palabras, como Notepad o Word.

This is what happened:

I was on the red bus for about 15 minutes and asked that I be told at what stop to get step-off, to go to Buckingham Palace.

At said stop, I got off the bus.

➤ I boarded a red bus, at Victoria Station, after paying for the tour and the tower of London Ticket

I was then told, to wait for the one of the Blue Line buses, which would take me to Buckingham Palace.

Para seguir este ejemplo, redacté una carta en un procesador de palabras como la que ve arriba y después seleccioné las palabras que comienzan, "I boarded a red bus, at Victoria Station...". Después presioné la combinación de teclas CTRL + X, para remover el tercer párrafo.

En la siguiente gráfica, puede ver que esta selección de palabras fue removida del tercer párrafo de esta carta. (Si esta es información que desea repetir a través de una carta, debe usar CTRL + C para copiar en vez de cortar).

This is what happened:

I was on the red bus for about 15 minutes and asked that I be told at what stop to get step-off, to go to Buckingham Palace.

At said stop, I got off the bus.

 |

I was then told, to wait for the one of the Blue Line buses, which would take me to Buckingham Palace.

Dado que el espacio donde estaba el tercer párrafo está vacío, puede subir el próximo párrafo si desea, oprimiendo la tecla BACKSPACE una o dos veces.

Prepare un sitio en el documento para pegar el texto que removió de esta manera:

1. Lleve el indicador antes de la primera "I" (de "I was on . . .") y haga clic una vez. El cursor destellante debe ahora ser visible antes de la "I".

2. Oprima la tecla ENTER dos veces y después oprima la flecha que indica hacia arriba (↑) dos veces para subir el cursor destellante. éste ahora debe estar más o menos en el lugar que puede ver en la gráfica anterior.

This is what happened:

 |

I was on the red bus for about 15 minutes and asked that I be told at what stop to get step-off, to go to Buckingham Palace.

At said stop, I got off the bus.

I was then told, to wait for the one of the Blue Line buses, which would take me to Buckingham Palace.

Ahora puede pegar el texto que envió al Clipboard, usando la combinación de teclas CTRL + V. Por favor tenga presente que el cursor destellante marca el punto donde el contenido del Clipboard será pegado.

This is what happened:

I boarded a red bus, at Victoria Station, after paying for the tour and the tower of London Ticket

I was on the red bus for about 15 minutes and asked that I be told at what stop to step-off, to go to Buckingham Palace.

At said stop, I got off the bus.

I was then told, to wait for the one of the Blue Line buses, which would take me to Buckingham Palace.

Ahora puede ver el párrafo que removió anteriormente, en el lugar donde antes estaba la línea que comenzaba con: "I was on the red bus...".

Recuerde que, cuando esté usando copiar y pegar, puede usar la tecla espaciadora para añadir espacios adicionales entre palabras que esté moviendo si éstas quedan muy juntas. Y le recomiendo que por favor no cierre un archivo con el que esté trabajando mientras esté usando copiar y pegar, hasta que esté seguro que todos los párrafos con los cuales estaba trabajando están completos.

Estos son los pasos que debe seguir para copiar y pegar un texto que ha redactado en un procesador de palabras a un mensaje de correo electrónico:

1. Abra un procesador de palabras y redacte una carta (en Word, si presiona la tecla F7, el corrector de ortografía/gramática se abrirá). Ahora seleccione el texto completo de la carta, haciendo clic en cualquier parte de este documento y después oprimiendo la combinación de teclas CTRL + A. Finalmente, oprima las teclas CTRL + C para copiarlo al Clipboard, donde esta selección permanece lista para ser pegada.

2. Ahora comience a redactar un mensaje de correo electrónico nuevo. Para este ejemplo elegí crear un mensaje usando Windows Mail (como puede ver en la siguiente gráfica), pero esto funciona igual en cualquier cliente de correo electrónico que use.

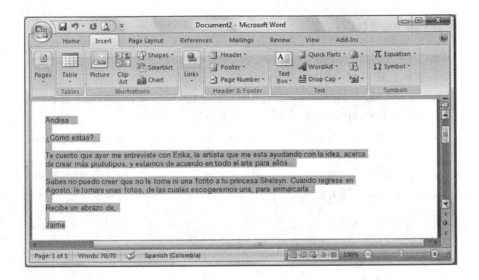

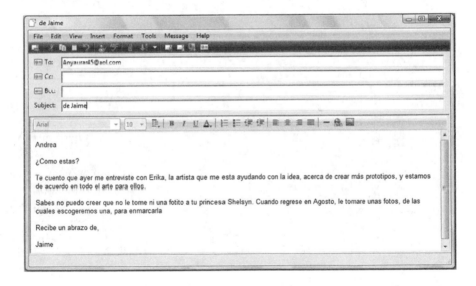

Una vez que este nuevo correo abra, haga clic sobre la parte principal de éste y oprima la combinación de teclas CTRL + V, para pegar el mensaje que seleccionó y copió anteriormente. Ahora termine su mensaje de correo electrónico, añadiéndole la dirección de la persona a la cual se lo desea enviar y haga clic sobre "Send" para enviarlo.

Para recordar

- Use copiar, cortar y pegar para mover texto y/o gráficas entre sus programas para Windows.

- El pizarrón virtual o "Clipboard" guarda —temporalmente— la información que eligió copiar.

- La información en el Clipboard cambia cada vez que elige copiar o cortar.

- Si comete un error, lo puede deshacer usando la combinación de teclas CTRL + Z.

Cómo guardar y abrir archivos

Introducción

El proceso de almacenamiento del trabajo que hace con su computadora a un dispositivo de almacenamiento permanente (como es el disco duro fijo C:\) es similar al proceso de almacenamiento de archivos en papel a un archivador de oficina, pero con la principal ventaja de que los archivos guardados en una computadora pueden encontrarse en segundos, a diferencia del tiempo que podría tardar en encontrar los que escribió en un papel y que después guardó en una gaveta en un archivador de oficina.

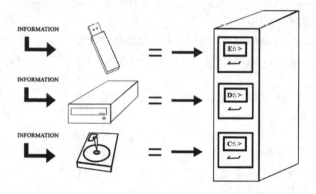

Considere, por ejemplo, que su computadora personal cuenta con un disco duro y una unidad de CD–ROM, y fuera de esto conecta —al puerto USB— una unidad removible del tipo "Flash". Entonces imagínese que es como un archivador virtual con tres gavetas. (Refiérase a la gráfica de arriba). Si abre la primera gaveta, ésta le mostrará los contenidos del primer disco duro (éste por lo general es el C:\). En la segunda gaveta verá el contenido de un disco que haya puesto en la unidad de CD–ROM o DVD. En una computadora con un segundo disco duro, dependiendo de su configuración, la unidad de CD–ROM o DVD podría recibir la letra E:. Por última, si conecta una unidad de memoria del tipo "Flash", esta puede recibir la próxima letra disponible que puede ser la E, la F, etc. Adicionalmente si más tarde conecta otra unidad del tipo "Flash" también recibirá la próxima letra disponible.

Por favor recuerde siempre guardar el trabajo importante que hace en su computadora tan pronto como abra el programa que selec-

cionó para crearlo. Por ejemplo, si comienza a redactar su currículum usando Word, y hay una interrupción del suministro eléctrico
—u otras circunstancias imprevistas— usted perderá el trabajo que
no haya guardado. Una vez que haya guardado su trabajo, como un
archivo de computadora con un nombre en particular, éste le estará
disponible en la carpeta/unidad de almacenamiento en la que lo
guardó hasta que lo mueva o lo borre.

NOTA Idealmente, cada una de estas gavetas virtuales debería ser organizada por usted en carpetas individuales con nombres descriptivos, por ejemplo, "Cartas de febrero 2017".

Las ventanas de diálogo que se abren cuando elige guardar o abrir

Para guardar y abrir archivos de manera eficiente en Windows, es
necesario familiarizarse con los diferentes botones y partes que verá
en las ventanas secundarias que se abren cada vez que usted escoge
el comando de guardar ("Save"), o abrir ("Open"), en uno de los
programas con los que está trabajando.

Por ejemplo, para ver este tipo de ventana de diálogo, abra el programa WordPad de la siguiente manera:

1. En Windows 7/Vista, haga clic sobre el botón de "Start"; ahora
   escriba "WordPad" y después oprima la tecla ENTER. En
   Windows XP, haga clic sobre el botón de "Start"; ahora lleve
   el indicador del ratón sobre "All Programs". En versiones
   más antiguas de Windows, haga clic sobre "Start" y luego
   en "Programs". Ahora jale el ratón hacia la derecha sobre
   "Accesories" y luego hacia abajo. Finalmente, haga clic sobre
   el icono de WordPad para abrirlo.

   • En Windows 10, haga clic sobre el botón de comienzo
     o "Start" y busque el icono de WordPad entre las tejas o
     "Tiles" en este menú que se abre. Cuando vea su icono,

hágale clic para abrir este programa. Si no lo ve ahí, escriba "WordPad" en la casilla de búsqueda (esta dice "Type here to search") haciendo clic ahí primero. Cuando vea su nombre en la lista que abre, hágale clic para abrirlo.

- En Windows 8, busque el icono de WordPad entre las tejas o "Tiles" que puede ver en el menú de comienzo o "Start", y después hágale clic para abrir este programa. Si no lo ve ahí, use la combinación de teclas CTRL + R, y en la casilla que abre escriba "WordPad", y después haga clic sobre Ok para abrirlo.

2. Una vez que este programa se abra, haga clic sobre "File". A continuación, haga clic sobre "Save". Ahora la ventana de diálogo "Save" se abrirá. Ésta es casi idéntica a la de "Open".

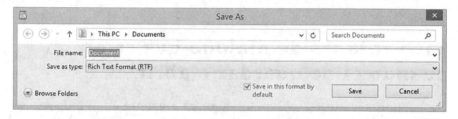

En Windows 10/8, puede ver el título: esta computadora o "This PC" (en vez del nombre del usuario que está usando la computadora en el momento, como sucede en Windows 7/vista), y después la carpeta de documentos o "Documents".

Lo primero que notará en Windows 10/8/7/Vista, es el nombre de la carpeta, que en este ejemplo aparece en frente del nombre de usuario, como por ejemplo Evelyn05, cuando está guardando un archivo o abriéndolo.

Tenga en cuenta que esta ventana de diálogo sólo se abre la primera vez que usted elige el comando "Save" y siempre cuando elige "Save As". Ahora es necesario 1) seleccionar dónde en su disco duro (como una carpeta en particular) desea guardar su archivo, y 2) escoger un nombre para él. De ahí en adelante, cuando haga cambios a un archivo existente y seleccione el comando "Save", esta ventana no se abrirá. Esta ventana se abrirá sólo haciendo clic sobre "File" y luego sobre "Save As". En Office 2013/365/2010/2007, sería cuando hace clic sobre el botón de Office y después sobre "Save As". La ventana de diálogo "Open" se abre siempre que decide abrir un archivo escogiendo el comando "Open".

Para entender mejor cómo usar este tipo de ventana en Windows 10/7/Vista, verá en estas dos páginas siguientes más información acerca de cómo usarla para guardar o abrir archivos.

■ El área de "Save As" u "Open".

Ⓐ En este lado verá el nombre de la carpeta a cuyo nivel está trabajando actualmente. Si usted guardó un archivo mientras esta casilla decía "Documents" y después hizo clic sobre "Save", el archivo será guardado dentro de la carpeta "Documents". Luego, para abrir ese archivo más adelante, navegue el árbol de carpetas hasta que en esta casilla diga "Documents". Ahora busque el archivo y luego haga doble clic sobre él para abrirlo.

Ⓑ Estos son los nombres de las sub-carpetas y los archivos guardados dentro de la carpeta cuyo nombre ve en la casilla donde ahora ve una "A". Para guardar su trabajo en una sub-carpeta distinta cuyo nombre este visible en esta área, por ejemplo "2017", haga doble clic sobre él. Si la carpeta que desea usar para guardar o buscar su trabajo no aparece en esta área, entonces haga clic en uno de los enlaces del costado izquierdo, por ejemplo, el de descargas o "Downloads".

Ⓒ Haga clic en esta flecha, la cual sólo está disponible cuando está azulada, para subir (es decir, retroceder) un nivel. Por ejemplo, si hizo doble clic en una de las sub-carpetas que se encuentran bajo la carpeta "Documents", como "2017", para trabajar con sus contenidos (archivos y carpetas) y ahora desea volver al nivel "Documents", simplemente haga clic en el botón de la flecha hacia la izquierda.

En la siguiente página, aprenderá a trabajar con los otros botones o áreas que verá en esta ventana de diálogo para entender mejor cómo usarlos para almacenar y abrir el trabajo que hace con una computadora con Windows 10/8/7/Vista.

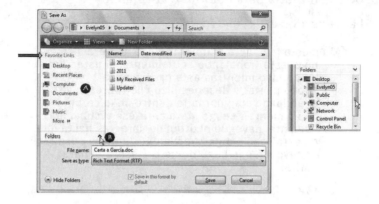

Ⓐ "Desktop": usted será llevado al nivel del escritorio virtual de Windows.

"Recent Places": verá los nombres de las carpetas donde ha guardado archivos recientemente y también los nombres de estos archivos. Por ejemplo, si está en el proceso de guardar un archivo y ve la carpeta "2017" ahí, puede hacer doble clic en su nombre para agruparlo con otros que ha estado guardando en esta carpeta. Si ve el nombre de un archivo con el que ha trabajado recientemente, haga doble clic en él para abrirlo.

"Computer" (no está disponible en versiones más antiguas de Word): le dará acceso a todos los recursos disponibles desde su computadora. En Windows 10/8, dice esta computadora o "This PC".

"Documents": le dará acceso a los archivos y carpetas dentro de la carpeta "Documents".

"Pictures": le dará acceso a los archivos y carpetas dentro de la carpeta de fotos.

"Music": le dará acceso a los archivos y carpetas dentro de la carpeta de música.

Ⓑ Si hace clic sobre uno de estos enlaces y después sobre "Folders", podrá ver casi todas las carpetas en las cuales puede guardar y abrir su trabajo.

Note que a la derecha de esta imagen, cuando hace clic sobre "Folders" y ve una barra de

desplazamiento, la puede usar para ver más
carpetas que ahora están fuera de vista de la
siguiente manera: lleve el indicador del ratón
sobre esta guía, señalada por la flecha, oprima
y sostenga el botón izquierdo del ratón oprimido
y después jálelo hacia arriba o hacia abajo
hasta encontrar su trabajo. Visite la sección
sobre cómo usar el explorador de Windows para
aprender más acerca de cómo navegar el árbol
de carpetas.

Por ejemplo, si necesita buscar algo que guardó a la unidad de almacenamiento J:, una unidad "Flash" removible que está usando, haga
clic primero sobre "My Computer" para ver la lista de letras corres-
pondientes a las unidades de almacenamientos conectadas a la computadora, y después haga clic sobre la letra asignada a su unidad
"Flash" para trabajar con los archivos o carpetas guardados en ella.

Adicionalmente, en Windows 10/8/7/Vista, también puede hacer
clic (en la ventanita que abre cuando está guardando o abriendo su
trabajo) en este tipo de guía (en este ejemplo puede ver cinco y la de
la extrema izquierda está señalada por una flechita), para buscar una
carpeta/unidad de almacenamiento donde desea guardar su trabajo
o para buscar —después de hacer clic sobre abrir o "Open"— la unidad de almacenamiento o la carpeta donde guardó su documento.

Por ejemplo, si desea guardar una carta —que esté redactando— a
una unidad de almacenamiento removible (como un *flash drive* del
tipo USB), entonces haga clic sobre la primera guía, para estar en
la raíz de la computadora, después haga clic sobre "Computer" y
después sobre la letra que le fue asignada a su unidad de almace-

namiento. Ahora puede comenzar a buscar la carpeta donde desea guardar su trabajo (en este ejemplo escogí la 2018). Más tarde cuando la esté buscando regrese de la misma manera, y cuando la encuentre hágale clic para abrirla.

Ahora, para que entienda mejor cómo usar las ventanas de diálogo en Windows XP, le mostraré en las páginas que siguen todas las diferentes formas en que puede usarlas, destacando en cada una de ellas los distintos botones o áreas que debe usar para guardar o abrir archivos:

- El área de guardar "Save in" o buscar "Look in".

Ⓐ Este es el nombre de la carpeta a cuyo nivel está trabajando actualmente. Por ejemplo, si usted le dio a un archivo el nombre de "Letter to Gabby", mientras que enfrente a "Save in" dice "My Documents" e hizo clic sobre "Save", el archivo será guardado a nivel de la carpeta "My Documents". Luego, para abrir este archivo más adelante, navegue el árbol de carpetas hasta que enfrente de "Look in" diga "My Documents". Ahora busque el archivo y luego haga doble clic sobre él para abrirlo.

Ⓑ Estos son los nombres de las sub-carpetas y los archivos que se encuentran en el nivel de la carpeta cuyo nombre está enfrente de "Save in" o "Look in". Para guardar su trabajo en una sub-carpeta distinta cuyo nombre esté visible en esta área, por ejemplo la "2010", haga doble clic en su nombre. Si el nombre de la carpeta que desea usar para guardar o buscar su trabajo no aparece en esta área, entonces haga clic en uno de los botones del costado izquierdo (por ejemplo el de "My Computer") o haga clic enfrente de "Save in" o "Look in" para buscarlo.

C Haga clic en esta flecha para subir (es decir, retroceder) un nivel. Por ejemplo, si hizo doble clic en una de las sub-carpetas que se encuentran dentro de la carpeta "My Documents" y ahora desea volver al nivel "My Documents", simplemente haga clic en el botón de la flecha hacia arriba.

Una vez que se familiarice con los diferentes recursos que tiene disponibles en su computadora para guardar un archivo, antes de comenzar el proceso de guardarlos, a una unidad de memoria permanente como lo es el disco duro C:, este proceso de guardarlos de manera permanente se le hará bastante fácil.

Cómo guardar archivos usando la opción de "Save"

No puedo dejar de hacer hincapié en el hecho de que almacenar su trabajo en una computadora personal es similar a guardar documentos que haya escrito en papel en un archivador de oficina regular, pero de una manera virtual. Además, una vez que guarda su trabajo en una unidad de almacenamiento permanente, lo podrá encontrar después (a menos que lo haya movido o eliminado) en el mismo lugar en el que lo guardó.

Este es el proceso general para guardar su trabajo como un archivo en Windows:

1. Abra el programa de computadora que necesita usar. Si desea escribir una carta, abra un procesador de palabras como Word.

2. Ahora, haga clic sobre "File" y luego sobre "Save" y finalmente use la ventana de diálogo que aparece en las páginas anteriores para seleccionar la carpeta donde desea guardar su documento y escoger un nombre para el archivo. Una vez que haga esto, haga clic sobre "Save". Alternativamente, haga un borrador del archivo primero y seleccione guardarlo más tarde. En Office 2010/2013, haga clic sobre "File", y después sobre guardar o "Save". En Office 2007, haga clic sobre el botón de Office y después sobre "Save".

3. Cuando haya terminado de crear y guardar su trabajo, cierre el programa haciendo clic sobre "File" y luego sobre "Exit".

Ahora repasaremos paso por paso este proceso de guardar de un nuevo documento:

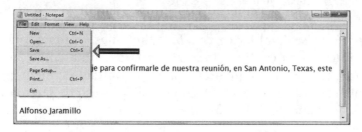

1. Primero, haga clic sobre "File" y luego seleccione "Save", como puede ver en esta gráfica, o bien oprima y mantenga presionada la tecla CTRL y después la tecla S.

Si ve este botón (de un disco flexible pequeño) en la barra de herramientas de un programa, entonces también puede hacer clic sobre él para comenzar el proceso de guardar su trabajo.

2. Ahora, si su computadora tiene Windows 10/8/7 o Vista, debe utilizar su ventana de diálogo "Save As" para mostrarle a su programa exactamente dónde —es decir, en qué unidad de disco duro o dispositivo de almacenamiento removible y en qué carpeta— desea guardar su trabajo. Observe en la siguiente gráfica, en la casilla superior, que si desea guardar un archivo en este momento, éste se guardará en la carpeta "2017". Si desea guardarlo a una unidad o carpeta diferente, entonces selecciónelo ahora, antes de hacer clic sobre "Save".

Si tiene Windows XP, también puede utilizar la ventana de diálogo "Save As" para decirle a su programa exactamente dónde desea guardar su trabajo. Observe en la siguiente gráfica, en frente de "Save in", que si desea guardar un archivo en este momento, éste se guardará en la carpeta "Trabajo".

Si desea guardar su trabajo en una unidad o carpeta diferente, entonces selecciónela ahora, antes de hacer clic sobre "Save".

3. Ahora, debe darle a su archivo un nombre descriptivo y escribirlo en el espacio a la derecha de "File name". En algunos programas, usted también puede utilizar el nombre sugerido (que el programa que esté usando toma del encabezado del documento). Para comenzar a colocar el nombre de su archivo, primero haga clic en el espacio a la derecha de "File name"; ahora presione la tecla de flecha hacia la derecha y use la tecla BACKSPACE para reducir parte o el nombre completo sugerido y luego ingrese el nombre que desea. **Advertencia:** si intenta guardar su trabajo usando un nombre que ya ha usado para otro archivo que está guardado en la misma carpeta, entonces recibirá un mensaje preguntándole si desea reemplazar el archivo; lo que significa sobrescribir el archivo preexistente con el que está guardando. Si no está seguro, haga clic sobre "No" y cambie el nombre del archivo que desea guardar. Por ejemplo, si quiere guardar un documento llamado "Currículum", pero desea mantener el archivo "Currículum" original, entonces coloque un "2" al final del archivo para usar "Currículum2" para su nuevo archivo.

Finalmente, haga clic sobre "Save" para almacenar de manera permanente su trabajo. De ahora en adelante, cada vez que haga cambios a este archivo en particular, haga clic sobre "File" y luego sobre "Save" o, si lo ve, haga clic en el icono en la barra de herramientas de un programa. Tenga en cuenta que, después de que le haya puesto el nombre, no volverá a ver esta ventana de diálogo cuando escoja guardar sus cambios. Esto ocurre a menos que utilice el comando "Save as", que verá más adelante en este capítulo, para guardarlo en una carpeta o unidad diferente o para cambiarle el nombre.

En este momento, siempre y cuando no haya hecho clic sobre el botón de "Save", incluso puede crear una sub-carpeta adicional para organizar o agrupar mejor los archivos que desea guardar. Por ejemplo, si anteriormente creó una carpeta llamada "2017", pero no desea mantener todos sus archivos de trabajo y archivos persona-les mezclados, entonces cree dos sub-carpetas, una llamada "Perso-nal" y la otra llamada "Trabajo" —ambas dentro de la misma carpeta "2017"— usando la misma ventana de diálogo "Save As" que abre cuando selecciona guardar su trabajo.

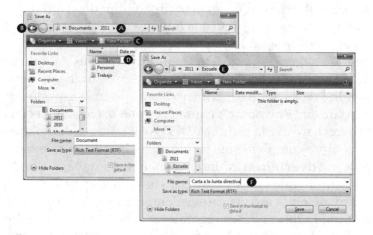

Esta es la manera de crear sub-carpetas en Windows 10/8/7/Vista usando la ventana de "Save As" (siga la gráfica anterior):

Ⓐ Este es el nombre de la carpeta a cuyo nivel está trabajando actualmente.

Ⓑ Haga clic sobre esta flecha que está apuntando hacia la izquierda para retroceder un nivel y buscar otra sub-carpeta en la cual prefiere guardar su trabajo.

C Haga clic sobre el icono "New folder" (nueva carpeta)" para comenzar a crear una nueva sub-carpeta bajo el nombre de la carpeta que actualmente puede ver en la casilla de arriba de esta ventana. En algunas versiones de Windows, en vez de un icono que diga "New folder", solo verá una etiqueta con el nombre: "New folder". Para continuar hágale clic a este nombre.

D Ahora haga clic en el nombre destacado "New folder" y use la tecla BACKSPACE para eliminarlo. Enseguida, escriba un nombre para ella y haga clic fuera de ésta. Repita este proceso para crear cuantas carpetas desee. En versiones anteriores de Office, si aparece enseguida una pequeña ventana escriba el nombre de la nueva carpeta y haga clic sobre "OK" para usarla de inmediato.

E A veces, immediatamente después de que usted crea una nueva carpeta, ésta aparacerá seleccionada, como la carpeta en la cual guardará el documento que empezó a guardar después de hacer clic sobre "Save". Si este no es el caso y quiere usar esta nueva carpeta para guardar su trabajo, haga doble clic en su nombre para usarla.

F Finalmente, haga clic en frente de "File Name" y escriba un nombre descriptivo que desea usar para el nuevo archivo, y luego haga clic sobre "Save" para almacenar su trabajo.

De ahora en adelante, si desea abrir este archivo para trabajar con él, regrese a la misma sub-carpeta donde lo guardó. Una vez que vea el nombre del archivo, haga doble clic sobre él para abrirlo.

Cómo guardar archivos usando la opción de "Save As"

"Save as" es una opción muy útil que le permite (a lo contrario de la opción "Save") preservar un archivo original y a la vez hacer varias copias de ese archivo con nueva información, es decir, si desea hacerle cambios a un archivo, pero también desea mantener el documento original sin cambios. Con "Save As" podrá crear versiones nuevas de ese mismo documento sin afectar al archivo original. Puede usar esta función si crea o recibe un *template*, el cual es una plantilla diseñada para ser usada varias veces como base para crear otro documento. Una tarjeta de pago para registrar los horarios de un empleado es un ejemplo de un *template*. Con "Save As" podrá crear un documento nuevo cada semana con la información nueva y a la vez mantener el documento original sin cambios como una guía. (Recuerde que este nuevo documento también se tendrá que guardar cuando termine, haciendo clic sobre "File" y luego sobre "Save" para guardar los cambios que ha hecho).

En la gráfica que sigue, puede ver dos documentos: en la izquierda puede ver la versión original de una tarjeta de registro de horario llamada "Timecard.doc" que se creó para permitir que los empleados de una empresa registren de manera electrónica sus horas. A la derecha hay una copia del documento, en el cual un empleado, Julieth Burbano en este caso, escribió su información para la semana. éste se guardó con un nombre diferente y ahora existen dos archivos, lo cual permite que el archivo original no sea afectado por estos cambios semanales.

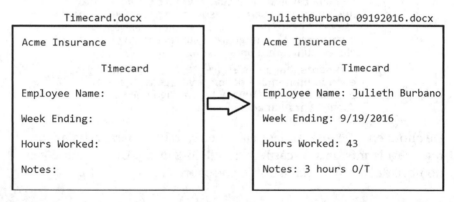

El procedimiento para hacer esto es simple: 1) cada semana, el empleado abre el *template* "Timecard.docx", 2) **inmediatamente** hace clic sobre "File" y luego sobre "Save As", 3) le da un nuevo nombre y 4) llena la tarjeta con su información para esa semana. Ahora observe el nuevo nombre del archivo: "JuliethBurbano09192016 .docx".

Alternativamente, si desea mantener el archivo original usando "Save As" pero no quiere cambiarle el nombre, puede guardarlo **de inmediato** en una *carpeta diferente* y hacer los cambios que necesita.

Para practicar este proceso de "Save As", abra un procesador de palabras y luego escriba una carta con las palabras exactas del *template* "Timecard.doc". Ahora haga clic sobre "File" y luego sobre "Save".

Déle el nombre "Timecard.doc" y haga clic sobre "Save". Déjelo abierto. A continuación verá los pasos que debe seguir para trabajar con este archivo usando "Save As".

Estas son las instrucciones para usar la opción "Save As":

1. En el documento que acaba de crear "Timecard.doc", haga clic sobre "File" y luego sobre "Save As". Para cambiar el nombre del archivo mientras éste está destacado, presione BACKSPACE. De lo contrario, presione la tecla de la flecha hacia la derecha y use la tecla DELETE cuantas veces necesite para cambiar el nombre.

2. Escriba el nuevo nombre del archivo. En este ejemplo usé el nombre "JuliethBurbano09192016.docx", una combinación del nombre del empleado y la fecha de trabajo, pero simplemente la adición de un número o una letra al final del nombre (como "Timecard1") será suficiente para proteger el archivo original. **Precaución**: mientras está cambiando los nombres de archivos, trate de mantener la extensión, en este caso ".docx" (si la ve).

Ahora estará trabajando con el documento nuevo. Note que el original está guardado en la computadora pero ya no está abierto. Recuerde que cuando termine de hacerle cambios al documento nuevo, es necesario hacer clic sobre "File" y luego sobre "Save" para guardar estas modificaciones.

Puede usar esta función cada vez que necesite mantener un archivo original y hacerle copias. Por ejemplo, si crea un currículum para un trabajo y desea mantenerlo como una guía, puede abrirlo y usar "Save As" para crear nuevas versiones con información nueva.

También puede usar "Save As" para trabajar con archivos de distintos tipos, como de Excel o fotos, no sólo archivos de texto. Piense en lo siguiente: usted tomó una excelente foto digital de sus nietos.

Ahora, usando un programa gráfico, desea cambiarle el brillo o el contraste, pero quiere poder regresar al archivo original para compararlo. Para empezar, abra el archivo original e inmediatamente haga clic sobre "File" y luego sobre "Save As". Guarde este archivo con un nombre diferente como vio anteriormente. Ahora siga trabajando en este nuevo archivo y haga todos los cambios que desee hacer. Esto garantiza que si después necesita regresar a la copia original estará ahí, archivada con seguridad en la carpeta original donde la guardó.

La playaJulio2016.jpg La playaJulio2016A.jpg

Observe en esta gráfica un archivo original (que se llama "La playa Julio 2016.jpg") y una copia del archivo original, que guardé usando "Save As" en la misma carpeta, utilizando el nombre "La playaJulio 2016A.jpg" (observe la "a" al final), lo que permite guardarlo junto con el archivo original.

Resume.docx
Resume Banking.docx
Resume Retail.docx

Después de un tiempo, como puede ver en esta imagen, si ha utilizado bien este proceso, tendrá muchos archivos en su computadora (incluso en la misma carpeta) con nombres similares.

Cómo abrir archivos usando la opción de "Open"

Después de que haya escogido guardar un archivo en una carpeta en su unidad de disco duro u otro dispositivo de almacenamiento, el archivo permanecerá ahí, listo para ser abierto en cualquier momento (hasta que lo elimine o lo mueva).

Estas son algunas de las formas de abrir un archivo guardado en su computadora con Windows:

- Abra el programa que usó para crearlo. Haga clic sobre "File" y luego sobre "Open". A continuación encuentre la carpeta donde lo guardó y después haga doble clic en su nombre para abrirlo o un solo clic en su nombre y después en el botón de "Open" para abrirlo. En Office 2007 haga clic sobre el botón de Office, y después sobre "Open".

- Abra Windows Explorer o "My computer", navegue a la carpeta donde guardó el archivo y luego haga doble clic en su nombre para abrirlo.

- Si el archivo fue guardado en el "Desktop" o usted le hizo un atajo o "Shortcut" ahí, regrese a éste, y cuando lo encuentre haga doble clic en su nombre para abrirlo. Desde su "Desktop" también puede hacer doble clic en la carpeta de "My Documents" para ver las carpetas o archivos guardados en ella.

Por ejemplo, abra File Explorer (Windows 10/8) o si tiene Windows 7/Vista Windows Explorer y navegue a la carpeta o subcarpeta donde ha guardado un archivo.

Cuando encuentre el archivo que está buscando (en este ejemplo "Letter to Tom.doc" en la sub-carpeta "August"), haga doble clic sobre su nombre para abrirlo.

Observe en esta imagen que el archivo "Car Photo" no muestra una extensión de archivo válida (como ".doc."), por ello, al hacer doble clic en su nombre no se abrirá. Usted todavía podrá abrirlo abriendo primero un programa compatible (note que el nombre "Car Photo" sugiere que es un archivo gráfico). De esta manera: 1) encuentre un programa gráfico en su computadora y ábralo, 2) haga clic sobre "File" y luego sobre "Open" y después navegue a la carpeta donde se encuentra el archivo, 3) haga clic en frente de "Files of Type" (tipo de archivo) y cámbielo a "All formats" (todos los formatos) o "All Files (*.*)" y 4) ahora encuentre el archivo y, por último, haga doble clic sobre su nombre para abrirlo.

Como usted pudo ver anteriormente, la manera más común de abrir un archivo es primero abrir el programa que usted usó para crearlo. Pero si el archivo le fue enviado adjunto a un mensaje de correo electrónico, entonces puede determinar, mirando la extensión del archivo, qué tipo de programa puede usar para abrirlo.

Esta es una lista de las extensiones, que son como el apellido de un archivo, más comunes y los nombres de los programas que puede usar para abrirlos:

- *.doc* o *.docx*: este es el tipo de archivo creado por el procesador de palabras Word.

- *.xls* o *.xlsx*: este es el tipo de archivo creado por la hoja de cálculo Excel.

- *.ppt* o *.pptx*: este es el tipo de archivo creado por el programa de crear presentaciones PowerPoint.

- *.bmp*: use el programa de Paintbrush, que viene incluido con todas las diferentes versiones de Windows.

- *.jpg*: use cualquier programa gráfico instalado en su computadora, como por ejemplo Adobe Photoshop.

Note que, empezando con la versión 2007 de Office, las extensiones *.doc*, *.xls* y *.ppt* recibieron una "x" al final de la extensión del archivo, pero aun así le será posible trabajar con archivos creados en estas versiones nuevas si todavía tiene una versión anterior a Office 365/2013/2010/2007. Lo único que tiene que hacer es bajar el *software* adicional que le recomiende el programa cuando trata de trabajar con un archivo creado en una versión más reciente de Office.

Este es el paso inicial para abrir un archivo usando la opción de abrir o "Open" después de abrir el programa que utilizó para crearlo o uno que sea compatible con él:

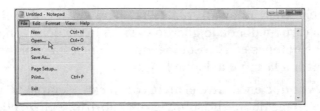

Haga clic sobre "File" y luego seleccione "Open" u oprima y mantenga presionada la tecla CTRL y después oprima la tecla O. En Office 2007 haga clic sobre el botón de Office, y después sobre "Open".

Si ve este botón (de una carpeta pequeña) en la barra de herramientas de un programa, entonces también puede hacer clic sobre él para comenzar el proceso de buscar o abrir sus archivos.

Ahora la ventana de diálogo abrir u "Open" se abre (lo que es explicado en las páginas anteriores). En las siguientes páginas, aprenderá a terminar el proceso de trabajar con las distintas unidades de almacenamiento disponibles en su computadora para abrir su trabajo.

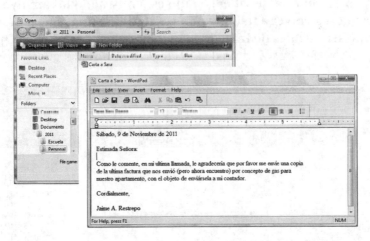

Esta es la manera de usar la ventana de diálogo "Open" para abrir un archivo en Windows:

1. Para comenzar, regrese a la carpeta donde previamente guardó el archivo. Mire en la casilla de arriba de la ventana de

"Open" en Windows 10/8/7/Vista para ver si ese es el nombre de la carpeta donde lo guardó o, si no lo encuentra, haga clic en los botones en el costado izquierdo de esta ventana para navegar a la carpeta donde lo guardó.

2. Una vez que encuentre el archivo, en este ejemplo "Carta a Sara", haga doble clic sobre él para abrirlo. Si hizo clic una sola vez en el archivo para seleccionarlo, entonces haga clic en el botón de "Open" para abrirlo.

3. Ahora su archivo se debe abrir. Si hace cambios al archivo, entonces debe guardarlos usando "File" + "Save" o, de manera alternativa, presione y sostenga la tecla CTRL y después la tecla S, o bien haga clic en el icono del disco flexible (si lo ve) en la barra de herramientas del programa.

Trate de recordar el nombre exacto de la carpeta y/o sub-carpeta en donde guardó su archivo. Si guardó, por ejemplo, un archivo en la sub-carpeta "trabajo" dentro de la carpeta "2017" y ahora lo está buscando en otra sub-carpeta "trabajo" dentro de la carpeta "2018", no lo encontrará. Tiene que buscar en el sitio exacto en donde lo guardó, y no en otra sub-carpeta con el mismo nombre.

También es importante saber cuando está buscando los archivos con los que desea volver a trabajar que en algunas situaciones éstos podrían no ser visibles de inmediato en la ventana de diálogo "Open", aun cuando esté buscándolos en la carpeta donde los guardó.

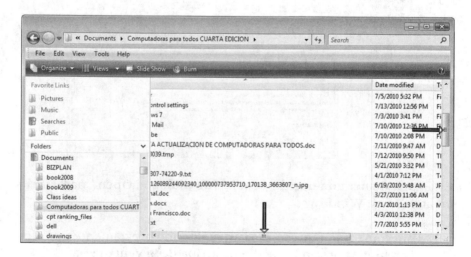

Por ejemplo, si las barras de desplazamiento son visibles —vea las flechas en esta imagen—, esto significa que hay más archivos, carpetas o información para encontrar. Para ver estos archivos o carpetas que no puede ver en esta ventana, haga clic en la guía azul vertical u horizontal y sostenga el botón izquierdo del ratón. Ahora muévala hacia abajo o hacia arriba para verlos (a veces también es útil seguir estas mismas pautas y hacer clic en las guías horizontales para mover el contenido de esta ventana, de lado a lado, para buscar la fecha en que fue creado un archivo), o bien haga clic en el panel principal (donde ve los archivos y carpetas) y luego presione la tecla PAGE DOWN o PAGE UP para verlos.

A veces es posible que siga sin poder ver el nombre de un archivo que está buscando. Si éste es el caso, trate de abrirlo de esta manera, de acuerdo con la gráfica de arriba:

1. Haga clic en el espacio en la parte baja de la ventana de abrir en Windows 10/8/7/Vista y luego seleccione "All Documents (*.*)" o "All Files (*.*)".

2. Cuando vea el nombre del archivo que está buscando, cuyo icono podría verse diferente de los que ve en esta ventana, haga doble clic sobre él para abrirlo.

Si el archivo con el cual necesita trabajar todavía no se abre, puede ser que su programa no sea compatible con él. Esto ocurre generalmente con archivos que ha recibido adjuntos a mensajes de correo electrónico.

Otras maneras de abrir archivos

Como vimos anteriormente, usted también puede abrir un archivo desde el "Desktop", "My Computer" o inclusive Windows Explorer haciendo doble clic en su nombre. En Windows 10/8 este programa se llama "File Explorer". Ahora se abrirá el programa que fue usado para crear el archivo, o uno que sea compatible con un archivo que recibió.

En Windows 10/8, puede usar un programa que se llama "File Explorer" para buscar los archivos que guardó en su computadora y que ahora —en el momento de necesitarlos— no recuerda exactamente en qué "folder" o carpeta los guardó.

Estos son los pasos para abrir el programa "File Explorer" en Windows 10/8:

1. Para comenzar, haga clic con el botón derecho del ratón sobre el botón de Windows.

2. En el menú que abre, haga clic sobre "File Explorer". Otra manera de abrir este programa en Windows 8 para buscar archivos guardados en su computadora personal, es usando la combinación de teclas: ⊞ + E.

3. Ahora escriba en la casilla de buscar archivos (primero haga clic sobre "Search This PC" —en Windows 10 puede decir "Search Quick Access"— inmediatamente después de que esta ventana abre), el nombre o parte del nombre del archivo que desea buscar. En este caso estoy buscando una carta que escribí a Julieth. Para pedirle a este programa que me ayude a buscarla escribí: "Julieth".

4. Finalmente puede ver que este programa le presenta una lista de archivos que tienen dentro de su nombre la palabra que usó como criterio para esta búsqueda. Como yo por ejemplo sé

que el archivo que estoy buscando es un documento que creé usando Microsoft Word, entonces hice clic sobre el archivo que tiene el icono de Word, para abrirlo.

Ahora, si sabe exactamente a qué nivel/disco duro o carpeta o "folder" está guardado el archivo que está buscando, puede escogerlo para hacer esta búsqueda más corta, de esta manera: a) haga clic debajo de esta computadora o "This PC" sobre el grupo de archivos donde cree que guardó su documento (por ejemplo si lo guardó en el escritorio virtual o "Desktop", hágale clic ahí), y b) después navegue al folder que lo contiene, y c) una vez que lo encuentre hágale clic dos veces para abrirlo.

Ahora, si por ejemplo está buscando el archivo de una foto que bajó de su cámara (que automáticamente crea archivos gráficos del tipo Jpeg), este archivo gráfico puede no estar asociado con un programa que usted conoce, pero cuando usted le haga clic para verlo, abrirá automáticamente en un programa compatible que le permitirá trabajar con él.

Por ejemplo, para usar Windows Explorer: haga clic con el botón derecho del ratón sobre el botón de "Start" y luego seleccione "Explore".

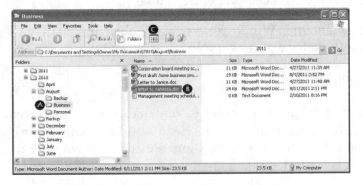

Una vez que Windows Explorer se abra, navegue a la carpeta donde está guardado el archivo que está buscando y luego ábralo de esta manera:

Ⓐ Esta es la carpeta donde está guardado el archivo de muestra.

Ⓑ Ahora puede comenzar a buscar el archivo con el que desea trabajar (en este ejemplo, estamos buscando "letter to Vanessa"). Una vez que lo encuentre, haga doble clic sobre el nombre del archivo y éste se abrirá. Si éste es un archivo que se le envió adjunto a un correo electrónico y no tiene el programa que lo creó, puede que el archivo no se abra.

C Si está buscando un archivo por la fecha en que fue creado, haga clic en el menú de ver o "View" y seleccione detalles o "Details" para ver información adicional (la fecha, por ejemplo). Si está buscando una foto en particular, puede seleccionar "Thumbnails" (vistas en miniatura) para ver una vista preliminar de las fotos en esta carpeta.

A veces cuando busca archivos que ha guardado, es posible que los tenga que buscar en varias carpetas diferentes o inclusive en diferentes unidades de almacenamiento, haciendo clic primero sobre "This PC" (Windows 10/8).

Cómo abrir archivos con los que ha trabajado recientemente

La creación de archivos de documentos en Windows es muy fácil. Sin embargo, buscar el archivo después puede ser problemático si está apurado y no recuerda dónde lo guardó.

Afortunadamente, Windows le permite abrir los archivos con los cuales trabajó hace poco con sólo hacer varios clics del ratón.

En Windows 10/8:

Windows 10/8 no le muestra la ventana de archivos reciente que era visible en versiones anteriores de Windows, como por ejemplo Windows 7, pero si sigue los siguientes pasos puede ver una ventana con la actividad que ha tenido recientemente:

■ Para comenzar haga clic con el botón derecho del ratón sobre el botón de Windows. En el ejemplo anterior puede ver que esta ventana está, a menos que la haya cambiado la barra de tarea o "Taskbar" a otra esquina en su computador, en la parte inferior izquierda de la pantalla.

■ En el menú que abre, haga clic sobre "Run". En Windows 8 también puede usar la combinación de teclas ⊞ + R.

■ Ahora en la ventana de diálogo que abre, escriba "Recent", y
   después oprima la tecla de confirmar o "Enter"

Ahora otra ventana abre, presentándole una lista de los archivos con
los cuales ha trabajado recientemente. Recuerde que a veces si la
información que está buscando, por ejemplo un archivo (una carta
que redactó en Word) con el cual trabajó recientemente, no aparece
inmediatamente en la ventana que abre debido a que esta carpeta
contiene muchos archivos, es posible que este archivo que está buscando esté "escondido", o sea que no es visible a simple vista. En ese
caso use las barras de desplazamiento laterales que puede ver en la
ventana con la cual está trabajando para poder ver su nombre. Para
abrir cualquier archivo que ve en esta ventana, hágale clic dos veces.
Ahora, si este es un "folder" con el cual ha trabajado recientemente,
y le hace clic, este le mostrará los archivos que están guardados ahí.

Para ver una lista de los documentos que ha abierto recientemente,
haga lo siguiente:

1. Haga clic sobre el botón de "Start".

2. Mueva el indicador del ratón hacia arriba.

3. Después jálelo hacia la derecha sobre "My Recent Documents"
   (documentos recientes). En Windows 7/Vista dice, "Recent
   Items".

4. En esta lista, haga clic para seleccionar el nombre del archivo
   en el que desea trabajar. Si eliminó o movió un archivo, entonces verá un mensaje de que no se puede encontrar el archivo. En Windows 7/Vista, haga clic con el botón derecho
   del ratón sobre "Recent Items" y después sobre "Clear recent"

para borrar los nombres que esta lista guardó si desea. (Note que esto no borrará el archivo de su computadora).

Si no ve esta opción en el menú de "Start" (Windows 7/Vista), haga clic con el botón derecho del ratón en el botón de "Start" y luego seleccione "Properties". Ahora haga clic debajo de "Privacy" y después sobre "Store and display". Si no ve esta opción en el menú de "Start" (Windows XP), haga clic con el botón derecho del ratón en el botón de "Start" y luego seleccione "Properties". Ahora haga clic en "Customize" (personalizar), luego haga clic en la ficha "Advanced" (opciones avanzadas). Asegúrese de marcar "List my most recently..." (mostrar los documentos abiertos recientemente). Para borrarlos, haga clic sobre "Clear list" (borrar lista).

NOTA Esta lista cambia de manera constante, lo que significa que a medida que abre archivos, algunos nombres desaparecerán de la lista y sólo verá los que ha abierto más recientemente.

Inclusive, algunos programas, como Word y WordPad, también mantienen en su menú de "File" una lista muy corta de los archivos con los que ha trabajado recientemente. Esta lista cambia cada vez que abre un archivo.

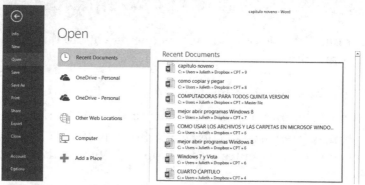

Para ver la lista de documentos con los que ha trabajado recientemente en WordPad o en la mayoría de los programas de Microsoft Office:

1. Abra Word o WordPad (si ese es el procesador de palabras que ha utilizado) y haga clic en "File" y después sobre abrir o "Open". El nombre de los documentos con los que ha trabajado recientemente —usando WordPad de Windows 10/8/7/Vista o casi cualquier programa de Office 2013/365/2010/2007— se encuentran en la parte derecha de este menú que abre. Ahora, si todavía usa una versión de Windows anterior a Windows 7, estos documentos se encuentran en la parte de abajo del menú de "File". En Office 2010, haga clic sobre "File" y después sobre "Recent". Los documentos con los cuales ha trabajado se encontrarán en el panel de la derecha (como puede ver en la gráfica anterior). En el Office 2007, haga clic sobre el botón de Office, y esta lista aparecerá a la derecha de la ventana que se abre, debajo de "Recent".

2. En la parte inferior de este menú desplegable, verá una lista de los nombres de sus archivos.

3. Para volver a trabajar con un archivo en particular cuyo nombre vea en esta lista, haga clic sobre él.

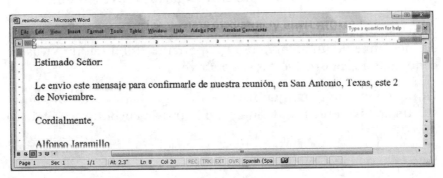

Cuando vuelva a abrir el documento, éste debe verse exactamente como lo dejó la última vez que lo guardó. Ahora usted puede hacerle cambios o imprimirlo. Sin embargo, si ha eliminado o movido estos archivos a otra ubicación, entonces el programa le dará un mensaje de que no pudo encontrarlo.

En Office 2013, los pasos para ver los documentos con los cuales ha trabajado recientemente, por ejemplo para buscar un documento que redactó usando Microsoft Word, son estos; 1) haga clic sobre "File" y después sobre "Open", 2) ahora lleve el indicador del ratón sobre "Recent Documents", y finalmente a la derecha (debajo de Recent Documents) puede ver los documentos con los cuales ha trabajado recientemente en Word. Para abrir un documento que ve en esta lista, hágale clic.

NOTA

En algunos programas podría ser necesario colocar el indicador del ratón en el signo de flecha doble en el menú que se abre cuando elige la opción de "Open" para ver el resto de los nombres en este menú.

La importancia de respaldar el trabajo que hace en la computadora

Nunca asuma que el trabajo que hace usando una computadora personal estará ahí para siempre. De vez en cuando, una computadora podría ser víctima de una sobretensión que destruye la información guardada en las unidades de almacenamiento conectadas a ella, o bien usted (o alguien con acceso a la computadora) podría borrar accidentalmente un archivo muy importante. También un virus de computadoras podría afectar sus archivos.

La pregunta que tiene que hacerse es, ¿qué haría si un día necesita un archivo muy importante y no lo puedo encontrar en el disco duro?

Esto es lo que recomiendo:

- Si trabaja para una compañía, siga meticulosamente el proceso de respaldo de archivos que recomienda su departamento de IT (Information Technology o tecnología de informática). Si no sabe cuáles son las pautas que debe seguir para respaldar su trabajo, ¡entonces pregunte!

- Si usted es dueño de un pequeño negocio, busque y contrate a un profesional de IT que pueda ayudarlo a formular un plan de recuperación para ayudarle a mantener su negocio a flote en caso de que su computadora principal deje de funcionar.

■ Si usted es un usuario doméstico, aprenda a respaldar el trabajo que hace en una computadora a una unidad de memoria temporal, como lo es la unidad de memoria USB removible, o a un disco del tipo DVD o CD (en la próxima sección aprenderá cómo hacer esto).

■ Tenga mucho cuidado cuando esté trabajando con sus archivos. En esta imagen puede ver un mensaje donde se le pregunta si desea enviar un archivo al "Recycle Bin" (canasta de reciclaje). Usted puede ver este mensaje cuando selecciona eliminar un archivo. Si esto no es lo que desea hacer, oprima la tecla ESC para cerrar esta ventana de diálogo, o bien haga clic sobre "No".

Por ejemplo, mientras escribía este libro, creé respaldos de todos los diferentes capítulos en él y me los envíe por correo electrónico. Esto me garantizó que si mi computadora dejaba de funcionar, yo podría recuperar mi trabajo abriendo mi cuenta de correo electrónico, y después bajándolos de ahí.

Cómo respaldar sus archivos a una unidad de memoria USB o a un DVD en Windows

Como pudo leer anteriormente, el trabajo que hace en su computadora permanecerá ahí hasta que lo mueva o lo borre. Pero en ciertas circunstancias, su computadora puede tener un problema de hardware o un virus de computadoras puede atacar los archivos guardados en ella, por eso es recomendable respaldar el trabajo que no quiere perder, a una unidad de respaldo de datos de manera permanente, como lo son las memorias del tipo USB.

Hoy en día hay muchos programas para hacer respaldos, inclusive hay algunos que vienen con el sistema operativo. En esta sección aprenderá a:

- Seleccionar manualmente el archivo (o archivos) o las carpetas que desea respaldar.
- Copiarlos usando el comando de copiar o "Copy".
- Pasarlos a una unidad de memoria externa permanente (como lo son las unidades de memorias USB) usando el comando de pegar o "Paste".
- Grabarlos a un DVD o CD

Hacer respaldos del trabajo que hace, así sea usando el comando de Copiar y Pegar o pasándolos a DVDs o CDs, tiene como resultado que después de que usted haga este proceso, tendrá dos copias del mismo archivo: una en el lugar o carpeta original y otra en el lugar donde decidió copiar o pegar este archivo. Esto le puede ser muy útil ya que, si algún día pierde el archivo original, puede recobrarlo buscándolo en la unidad de memoria externa a donde lo copió.

NOTA Es importante guardar estas memorias USB de archivos permanentes, desconectadas del computador, cuando no las esté usando. De esta manera si a su computadora la afecta un virus, no afectará a la memoria donde tiene buenas copias de sus archivos.

Para comenzar a respaldar una selección de carpetas o archivos que desea grabar a CDs o DVDs en Windows 10/8/7/Vista, o copiar a una memoria USB, comience abriendo el programa que le corresponde (File Explorer o Windows Explorer) de acuerdo a la versión de Windows instalada en su computadora.

En Windows 10/8:

1. Para comenzar haga clic con el botón derecho del ratón sobre el botón de Windows. Este es el botón que está en la parte izquierda de la barra de tareas o "Taskbar".
2. En el menú que abre, haga clic sobre "File Explorer".

Otra manera de abrir este programa en Windows 8 para buscar archivos guardados en su computadora personal, es usando la combinación de teclas: ⊞ + E.

En Windows 7/Vista:

Haga clic con el botón derecho del ratón sobre el botón de "Start" y después sobre "Explore".

NOTA

También es importante que marque estos CDs o DVDs (con un marcador de tinta especial para marcar CDs o DVDs) y que los guarde en un sitio seguro, donde no estén expuestos a muchos cambios de temperatura.

Estos son los pasos, una vez que el File Explorer o Windows Explorer abra, para comenzar el proceso de respaldar su trabajo a una memoria del tipo USB (usando copiar y pegar o "Copy and Paste"):

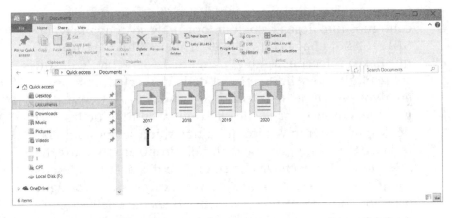

1. Para comenzar navegue a la carpeta que contiene el o los archivos que desea respaldar (haciendo copias de estos en otra unidad de memoria permanente, como lo es una memoria del tipo USB), y haga clic para ver su contenido en el panel derecho de Windows Explorer. En este ejemplo busque en la carpeta 2017, y después en la carpeta o folder Personal, para ver los archivos guardados ahí.

2. Ahora seleccione el o los archivos que desee respaldar de la siguiente manera:

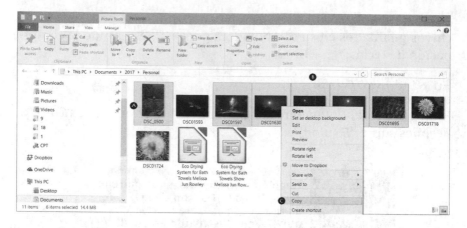

A. Para seleccionar un solo archivo o una carpeta, haga clic una vez sobre él. Por favor tenga en cuenta que si la carpeta en la cual están los archivos que desea respaldar está dentro de otra carpeta, es necesario hacer doble clic sobre la carpeta en la cual está la carpeta que contiene los archivos que desea respaldar para llegar a ese nivel.

B. Si desea seleccionar un grupo de archivos o carpetas contiguos que desea respaldar, oprima y sostenga la tecla SHIFT. Ahora haga clic sobre el primer archivo o carpeta que desea seleccionar (en el panel de la derecha), y después sobre el último. Ahora retire el dedo del teclado. Si los archivos que necesita seleccionar están ocultos detrás de la ventana, entonces haga clic en las guías al final de las barras de desplazamiento vertical mientras sigue sosteniendo la tecla SHIFT hasta que encuentre el último archivo que desea seleccionar. Luego haga clic en él para destacar la selección completa. Para seleccionar archivos o carpetas no contiguos, o ambos, siga las primeras instrucciones para seleccionar un grupo que sea contiguo, mientras mantiene sostenida la tecla CTRL, y luego haga un solo clic en todos los archivos o carpetas que desea seleccionar.

C. Ahora haga clic —con el botón derecho del ratón— en cualquiera de los archivos o carpetas seleccionados y después jale el indicador del ratón sobre "Copy" y hágale clic para copiar esta selección, o use la combinación de teclas CTRL + C. Después haga clic sobre cualquier espacio en blanco para deseleccionar estos archivos.

3. Finalmente, puede pegar estos archivos, usando pegar o "Paste", después de conectar la memoria USB a la cual desea guardar una copia de respaldo de estos archivos.

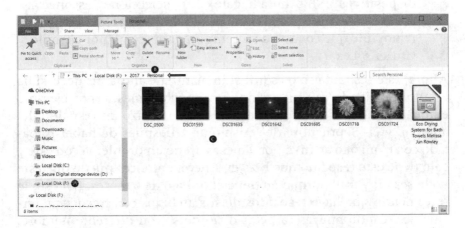

A. Ahora busque la letra que tomó la unidad de memoria USB y hágale clic para seleccionarla. En este ejemplo la unidad de USB que conecté a mi propia computadora tomó la letra "F".

B. Después navegue a una carpeta en esta unidad de memoria USB (en este ejemplo navegué hasta la carpeta "Personal", que estaba dentro de la carpeta del año 2017), donde quiera pegar copias de los archivos que seleccionó y copió. Lo de crear carpetas en esta unidad de almacenamiento USB es una sugerencia para organizar mejor su trabajo, porque también puede copiar los archivos a esta sin crear ningún folder o carpeta previamente.

C. Para terminar este proceso, haga clic en el panel de la derecha y use la combinación de teclas CTRL + V para pegar los archivos. Ahora estos empezarán a ser copiados a la carpeta que escogió.

Finalmente, antes de retirar físicamente esta unidad de memoria USB de su computadora, siga estos pasos: 1) haga clic sobre esta flechita ▲, para 2) ver el icono de desconectar los dispositivos USB. Ahora hágale clic, y seleccione desconectar o "Eject", seguido por el nombre del dispositivo de memoria removible que conectó a su computadora (como por ejemplo Cruzer o Lexar).

Ahora, este respaldo solo es útil si lo mantiene al día. Es decir si ha estado trabajando con un archivo por muchos meses, por ejemplo empezó en el mes de Enero y ese mismo mes hizo un respaldo del archivo, y en Septiembre del mismo año, después de haber trabajado con el mismo archivo por 9 meses, tiene un problema con este y solo tiene este respaldo que hizo en Enero, entonces puede que este no le sea muy útil, porque no tiene el trabajo de 8 meses. Por esto le recomiendo que haga respaldos de sus archivos con frecuencia, inclusive creando nuevas carpetas o "folders" con diferente nombre, como por ejemplo el nombre del mes, después del año, para que así pueda tener mejor idea de que versión del archivo guardó. Para prevenir no tener una copia reciente, haga respaldos con frecuencia, y aprenda a trabajar con el mensaje que a veces puede ver cuando está copiando archivos o carpetas a otra carpeta o folder que ya ha usado previamente.

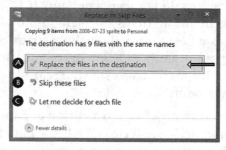

Esta es la manera de trabajar con esta ventana, que saldrá la próxima vez que trate de copiar el mismo archivo o archivos, o inclusive la misma carpeta al mismo sitio/carpeta/unidad de memoria removible donde los copió previamente, preguntándole qué debe hacer: a) pare reemplazar estos archivos, con las copias que está tratando de copiar ahora, haga clic sobre reemplazar los archivos . . . o "Replace the files . . .", b) para no sobrescribir los mismos archivos con el mismo nombre haga clic sobre saltar . . . . o "Skip . . .", c) si desea revisar uno por uno los archivos que está copiando, seleccione "déjeme decidir . . . ." o "Let me decide . . .".

Puede respaldar su trabajo a un CD o DVD de dos maneras: a) seleccione los archivos que quiera respaldar (después de abrir File Explorer o Windows Explorer), o b) introduzca el DVD o CD a su unidad de quemar discos, espere a ver el mensaje del menú de selección automática y haga clic sobre hacer una grabación de archivos o "Burn files. . .".

Si prefiere comenzar haciendo una selección de archivos que desee respaldar a un DVD o CD, lea las instrucciones para hacer respaldos a unidades de memoria del tipo USB, para aprender a hacer selecciones de archivos o carpetas o ambos, y siga estos pasos:

1. Haga clic con el botón derecho del ratón sobre la selección de archivos o carpetas que hizo previamente.

2. Ahora hale el indicador del ratón sobre enviar a o "Send to".

3. Y por último hálelo sobre el lado que abre este menú, y después hacia abajo, y cuando llegue hasta DVD RW drive, hágale clic.

Ahora puede ser que una ventanita ovalada se abra automáticamente con el mensaje: "You have files . . .". Para comenzar este proceso, haga clic sobre ella. Ahora la ventana de File Explorer o Windows Explorer se abrirá, mostrándole los archivos que están listos para ser grabados a su unidad de CD o DVD. Para quemar esta selección, si no lo ha hecho anteriormente, introduzca un DVD o CD a su unidad de grabar DVD o CD.

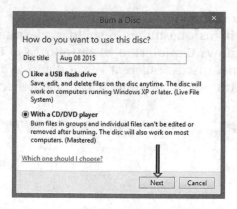

Ahora puede ver esta ventana de diálogo, que le permite escoger cómo hacer esta grabación de la selección que hizo, de la siguiente manera: a) si el disco es del tipo RW o sea reusable, puede usar este disco como una unidad de USB "Flash" (podrá añadir, cambiar o borrar archivos o carpetas cuando lo necesite) seleccionándolo como memoria USB o "Like a USB . . .", o b) puede usar un disco tipo DVD, que no se puede usar de nuevo, y que se puede usar en DVDs y en computadoras con unidades de DVD incorporadas. Cuando desee continuar con este proceso haga clic sobre siguiente o "Next". Si escogió usar este disco como una unidad de USB, la computadora preparará la grabación de esta manera, y después copiará los archivos que envió ahí. Ahora podrá usar este disco en cualquier computadora que tenga un sistema operativo de Windows, que sea al menos Windows XP o una versión más reciente de este:

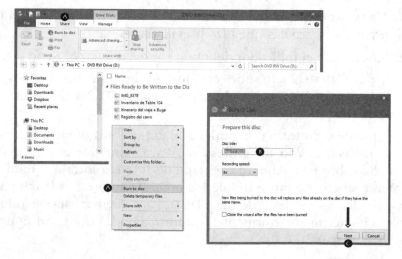

Esta es la manera de usar este disco como un DVD, para grabar los archivos o carpetas que selecciono y copio ahí:

A. Seleccione quemar esta selección de archivos o carpetas haciendo clic con el botón derecho en alguna parte libre de la ventana de la derecha y escogiendo quemar a disco o "Burn to disc".

B. Ahora la ventana de preparar su disco se abre. Aquí puede cambiarle el nombre, o dejar el nombre sugerido.

C. Para quemar este disco, con su selección de archivos o carpetas, haga clic sobre continuar o "Next".

Si el proceso de copiar sus archivos al disco que usted escogió (CD o DVD) terminó sin ningún problema, verá una ventana con el título "You have successfuly written your files to disc" que le avisa que tuvo éxito en copiar sus archivos al disco. Para cerrarla, haga clic sobre terminar o "Finish". Ahora quite su CD o DVD, márquelo y guárdelo en un lugar seguro. Si esta operación no terminó, tendrá que repetirla de nuevo. Y si, después de tratar varias veces por su cuenta todavía no puede completar esta tarea y tiene un negocio con archivos que no puede perder, entonces es preciso que emplee a un asesor profesional de computadoras calificado para que le ayude a hacerlo.

Otra variación a este proceso es oprimir el botón de abrir su unidad de CD o DVD y poner el tipo de disco apropiado (esto depende del tipo de unidad que su computadora tenga) para empezar el proceso de respaldar la información de la cual desea crear una copia de seguridad. Cuando vea este menú, elija quemar archivos a disco o "Burn to disc", y después repase las instrucciones de las páginas anteriores para aprender cómo completar este proceso.

Cómo usar el servicio de respaldar archivos a la nube o "Cloud" o Box.com

Hoy en día tal vez haya escuchado que mucha gente está guardando su información en la nube o el "Cloud", y esto se refiere a sitios externos donde usted puede guardar su trabajo casi con la misma facilidad con la cual usted guarda su trabajo localmente. Y lo más importante de este concepto es que, si guarda su información en el "Cloud", esta estará disponible en donde se encuentre. Por ejemplo, digamos que usted está en Los Ángeles y respalda su información al "Cloud". Luego viaja a Monterrey, pero no lleva con usted su computadora personal (con la información que tiene guardada ahí), pero si ha estado sincronizando la información con una cuenta que tenga en el "Cloud", la puede encontrar fácilmente regresando a su cuenta en la nube desde otra computadora e inclusive desde algunos dispositivos inteligentes, como son los iPad y los iPhones.

En este momento hay muchas compañías que ofrecen este tipo de servicio de permitirle guardar su información en el "Cloud", y algunas inclusive se lo ofrecen de manera gratuita, como por ejemplo la compañía Dropbox y la compañía Box. Para este ejemplo escogí mostrarle cómo usar el servicio de Box.com, porque este le da mucho espacio, 10 gigas gratis, y también porque ahora va a estar integrado con Office.com.

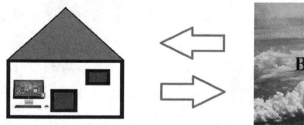

El concepto es el siguiente: digamos que usted crea un documento en su casa, usando su computadora, y elige sincronizarlo a Box.com, usando su conexión al Internet. Entonces con cierta frecuencia una copia de este documento es enviada a Box.com, y esto le asegura que, si por ejemplo su computadora perdiera toda la información en su disco duro debido a un problema con el hardware, una copia de la información que guardó ahí todavía estará segura en el sitio de Box.com.

Para comenzar a usar este servicio afíliese a Box.com. Puede conseguir la membresía personal gratis (esta le da 10 gigas de espacio) visitando este URL en el sitio web de esta compañía:

https://app.box.com/signup/personal

Cuando esta página abra llene toda la información que ahí le solicitan y después haga clic sobre continuar o "Continue". Ahora esta compañía le enviará un mensaje de correo electrónico para verificar que realmente es usted el que está abriendo esta cuenta. Abra el correo que le enviaron y haga clic sobre verificar correo o "Verify email", y esto lo llevará directamente a Box.com. Haga clic sobre "Let's get started". Ahora haga clic sobre algunas de las imágenes, de ejemplos, y finalmente sobre lléveme a mi cuenta o "Go to my account".

Una vez que el sitio de Box.com abra, elija bajar su software y después hágale clic al archivo que bajó, para instalarlo, de la siguiente manera:

1. Comience haciendo clic sobre su nombre de usuario, para ver el siguiente menú.

2. Cuando vea este menú, lleve el indicador sobre el programa de sincronizar archivos o "Get Box Sync", para comenzar a buscarlo.

3. Ahora cuando vea la etiqueta instalar "Install Box Sync" o "⇩ Box Sync", hágale clic.

4. Por último, haga clic sobre el archivo que bajó para comenzar a instalarlo.

Este es el programa que le ayudará a sincronizar sus archivos con los servidores de Box.com, lo que sucederá, siempre y cuando tenga una conexión al Internet, de manera automática. Puede instalarlo de la siguiente manera: 1) haga clic sobre el archivo que bajó, 2) cuando vea una ventana con la etiqueta Box Sync, haga clic sobre Install, y después, si otra ventana abre pidiéndole permiso para instalar este programa, haga clic sobre aceptar.

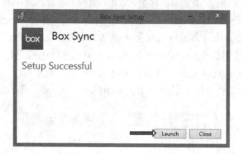

Por último otra ventana debe abrir, avisándole que el programa instaló bien. Ahora haga clic sobre abrir o "launch", para trabajar con el programa de sincronizar sus archivos y decirle cuáles carpetas quiere sincronizar con este servicio de Box.com. Pero primero verá una ventana de diálogo que le pedirá que se autentique, lo que se consigue escribiendo la dirección de correo electrónico que usó para afiliarse a Box.com y su contraseña. Para continuar haga clic

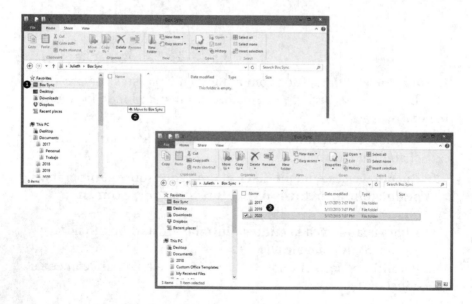

sobre autenticarse o "Log In" y después, en la próxima ventana que vea, haga clic sobre comience a sincronizar mis archivos, o "Start Syncing". Ahora otra ventana abrirá, avisándole que el proceso de sincronizar sus archivos está habilitado o "On". Para comenzar a sincronizar sus carpetas, haga clic sobre configuración o "Settings", y después sobre abrir carpeta o "Open folder".

Esta es la manera de configurar la sincronización de las carpetas que desee mantener sincronizadas con los servidores de este servicio en el "Cloud":

1. Para comenzar localice la carpeta principal de sincronización de Box.com. Esta se llama Box Sync. Cuando la encuentre hágale clic para seleccionarla.

2. Ahora localice en el panel de la izquierda las carpetas o folders locales que quiere sincronizar con este sistema en el "Cloud". Por ejemplo, si desea ver una carpeta que creó debajo de la carpeta de mis documentos o "My Documents" y no la ve inmediatamente, haga clic sobre este símbolo ⇨ (para poder ver las carpetas guardadas ahí). Una vez que encuentre la carpeta que desea mantener en el folder de sincronización de Box.com, lleve el indicador del ratón sobre ella e inmediatamente hágale clic, mientras sostiene el botón izquierdo del ratón, y después hálela hacia la derecha, sobre la carpeta de sincronización de Box.com.

3. Por último podrá ver las carpetas que escogió sincronizar con los servidores de Box.com, para así tener un nivel de protección extra contra la pérdida de su trabajo, por ejemplo porque por lo general no se acuerda de hacer respaldos muy a menudo.

Si en este momento solo está empezando a usar la computadora y no tiene muchas carpetas creadas, y le interesa esta idea de tener carpetas que este sincronizando constantemente con los servidores de Box.com, entonces cree carpetas adicionales dentro de la carpeta de Box Sync. Para crear una nueva carpeta en este nivel, haga clic sobre el icono de nueva carpeta o "New folder" en el panel de la derecha, y después cambie el título de nuevo folder, o "New Folder", a uno de su agrado, como por ejemplo 2018. De ahora en adelante cuando esté trabajando con un programa como Microsoft Word y quiera tener este beneficio de guardar su trabajo en el Cloud, guarde los archivos que crea con este programa en una carpeta contenida debajo de esta carpeta de Box Sync. Y cuando regrese a abrirla, búsquela en el mismo sitio donde la guardó.

Si algún día su computadora, la que ha estado usando para sincronizar su trabajo con el servicio de Box.net, sufre una falla mayor, o inclusive no prende, use otra computadora o compre otra PC, regrese al sitio de Box.com, https://app.box.com/, autentíquese y siga estos pasos, menos la parte de la afiliación, para ver la carpeta que sincronizó con el servicio de Box.com y todos los archivos que guardo ahí.

Ahora es bien importante que, si algún día regala esta computadora a un pariente o amigo y no cambia su nombre de usuario, y ellos usan su contraseña para entrar a la computadora, usted salga de su cuenta de Box.net de la siguiente manera:

1. Haga clic sobre esta flechita, que esconde iconos en la barra de tareas. Ahora si el icono de Box.com está al mismo nivel de la barra de tareas, hágale clic.

2. Ahora haga clic sobre el icono de Box.com para abrir el panel de configurar el acceso a este servicio, y después haga clic sobre la pestaña de configuración o "Settings".

3. Por último haga clic sobre salir de mi cuenta o "Log Out".

Como medida de seguridad adicional, le recomiendo que de vez en cuando también respalde el contenido de esta carpeta de Box Sync, a una unidad de memoria removible, como lo es la unidad de memoria USB (como aprendió en las instrucciones que vio anteriormente), y después de esto la guarde en un sitio seguro que solo usted conozca.

Para recordar

- Por favor recuerde siempre guardar el trabajo importante que hace en su computadora tan pronto como abra el programa que seleccionó para crearlo.

- Para guardar y abrir archivos de manera eficiente en Microsoft Windows, es necesario familiarizarse con los diferentes botones que verá en las ventanas secundarias que se abren cada vez que usted escoge la orden "Save".

- El proceso para almacenar su trabajo en una computadora personal es similar a guardar documentos que haya escrito en papel en un archivador de oficina regular, pero de una manera virtual.

- Para guardar un archivo use la opción de "Save".

- Para abrir un archivo use la opción de "Open".

- Si trabaja para una compañía, siga meticulosamente el proceso de respaldo de archivos que recomienda su departamento de IT.

- Si desea añadir una medida de seguridad al trabajo que hace, haga copias de este en dispositivos de memoria externos, o abra una cuenta en el Cloud, para tener una copia de su trabajo ahí.

El File Explorer de Windows (Windows 10/8) y Windows Explorer (Windows 7/Vista)

Introducción

El explorador de archivos o "File Explorer" de Windows, es un programa que le ayuda a trabajar con los archivos y carpetas que haya creado en su computadora con el Sistema operativo Windows 10 o Windows 8. En versiones anteriores de Windows, como Windows 7 y Vista, este programa se llama Windows Explorer.

Inclusive, si su computadora forma parte de una red de área local (LAN), entonces también le será posible utilizar File Explorer/Windows Explorer para trabajar con los archivos y carpetas a los cuales tiene acceso desde su propia computadora.

Usando File Explorer/Windows Explorer podrá realizar, entre otras cosas, las siguientes tareas:

- Crear nuevas carpetas para organizar mejor su trabajo.
- Copiar archivos y carpetas de una carpeta a otra. Por ejemplo, para crear respaldos o duplicaciones del trabajo que hace con su computadora.
- Mover archivos de una carpeta a otra o de un disco duro a otro. Esta función es útil cuando usted se queda sin espacio en su disco duro y quiere mover datos a una nueva unidad de disco duro, o cuando usted quiere mover todo el contenido de una carpeta a otra.
- Abrir los archivos que haya guardado en su computadora o a un recurso en una red local a la cual pertenece. Hágalo de esta manera: primero halle el nombre del archivo que desea abrir y después hágale clic dos veces para abrirlo.

Y recuerde que es cuestión de preferencia personal si usted decide utilizar File Explorer/Windows Explorer o el programa "This PC" (Windows 10/8; "Computer" en Windows 7/Vista), para manejar sus archivos y carpetas. Cualquiera de los dos programas le traerá los mismos resultados.

En varios de mis libros he hablado de que la mejor manera de aprender a usar una computadora es la práctica, pero ahora debo añadir que usando File Explorer/Windows Explorer o cualquiera de los otros programas que encontrará en Windows para trabajar con sus archivos y carpetas, puede borrar —incluso accidentalmente— o mover archivos necesarios para que la computadora funcione bien. Por este motivo, tenga mucho cuidado cuando los esté usando.

Cómo abrir File Explorer

En Windows 10/8, puede usar un programa que se llama "File Explorer", para buscar los archivos que guardó a su computadora, y que ahora —en el momento de necesitarlos— no recuerda exactamente en qué folder o carpeta los guardó.

Estos son los pasos para abrir el programa "File Explorer", en Windows 10/8;

1. Para comenzar haga clic, con el botón derecho del ratón, sobre el botón de Windows.

2. En el menú que abre, haga clic sobre "File Explorer". Otra manera de abrir este programa, en Windows 8, para buscar archivos guardados en su computadora personal, es usando la combinación de teclas: ⊞ + E.

3. Ahora escriba, en la casilla de buscar archivos (primero haga clic sobre "Search This PC" en Windows 10 puede decir "Search Quick Access" inmediatamente después de que abra

esta ventana), el nombre o parte del nombre del archivo que desea buscar. En este caso estoy buscando una carta que escribí a Julieth. Para pedirle a este programa que me ayude a buscarla escribí: "Julieth".

4. Finalmente puede ver que este programa le presenta una lista de archivos que tienen dentro de su nombre la palabra que usó como criterio para esta búsqueda. Como yo por ejemplo sé que el archivo que estoy buscando es un documento que creé usando Microsoft Word, entonces hago clic sobre el archivo que tiene el icono de Word, para abrirlo.

Ahora, si sabe exactamente en qué nivel/disco duro o carpeta o folder está guardado el archivo que está buscando, puede escogerlo para hacer esta búsqueda más corta, de esta manera: a) haga clic debajo de esta computadora o "This PC" sobre el grupo de archivos donde cree que guardó su documento (por ejemplo si lo guardó en el escritorio virtual o "Desktop", hágale clic ahí), y b) después navegando al folder que lo contiene, y c) una vez que lo encuentre hágale clic dos veces para abrirlo.

Ahora, si por ejemplo está buscando el archivo de una foto, que bajó de su cámara (que automáticamente crea archivos gráficos del tipo Jpeg), este archivo gráfico puede no estar asociada con un programa que usted conoce, pero cuando usted le haga clic, abrirá automáticamente en un programa compatible, que le permitirá trabajar con él.

Cómo identificar los diferentes objetos en la ventana de File Explorer/ Windows Explorer

Cuando usted abra File Explorer/Windows Explorer, notará que éste le puede mostrar la estructura jerárquica completa de cada uno de los dispositivos de almacenamiento permanentes a los cuales tiene acceso desde la computadora donde está trabajando, como son sus discos duros o los que están en la red local o LAN, especialmente las carpetas que están contenidas en ellos.

En Windows 10/8/7/Vista:

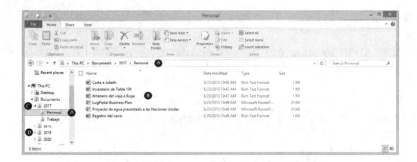

Por favor tenga en cuenta lo siguiente al trabajar con File Explorer/ Windows Explorer en Windows 10/8/7/Vista:

Ⓐ Este es el nombre de la carpeta seleccionada, en este ejemplo "Personal".

Ⓑ En este ejemplo, puede ver las carpetas y archivos que se encuentran a nivel de la carpeta o unidad de almacenamiento seleccionada a la izquierda.

Ⓒ Por favor note la dirección de esta guía o flechita la cual está apuntando hacia abajo, indicando que debajo de la carpeta que ha seleccionado hay más carpetas o archivos, que en este ejemplo son "Personal" y "Trabajo". Para trabajar con su contenido sólo es necesario hacerles clic.

Ⓓ Esta flechita le indica que si hace clic sobre la carpeta podrá ver las sub-carpetas que están guardadas debajo de ella.

Por favor note que en la parte superior del panel izquierdo también dice "Desktop". Si hace clic allí, podrá ver los mismos iconos que

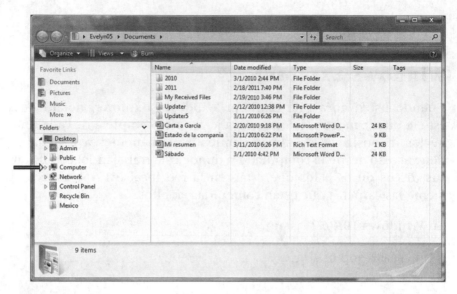

usted ve cuando su computadora se prende y todavía no ha abierto ningún programa.

En el panel izquierdo de la ventana de Explorador en Windows Vista, también podrá ver atajos a los siguientes recursos:

- "My Computer".
- "My Network Places", los cuales le muestran los recursos de la red (si está en una red local) que usted está autorizado a acceder.
- Y por último el "Recycle Bin", que guarda los archivos que suprimió.

Para llegar a uno de los recursos con cuyos contenidos quiere trabajar, sólo es necesario hacer clic una vez sobre el símbolo "▷" al lado de su nombre. Por ejemplo, cuando hace clic al lado de "This PC" (Windows 10/8) o "My Computer" (Windows 7 y Vista), verá todos los dispositivos de almacenamiento conectados a su computadora, como por ejemplo E:.

NOTA En Windows 7/Vista, si la lista de recursos que ve en la gráfica anterior debajo de "Folders" no está visible, haga clic en la guía al final de la línea de "Folders" para poder verla.

Cómo trabajar con la opción ver o "View"

En File Explorer (Windows 10/8) o Windows Explorer (Windows 7/Vista), e inclusive cuando usted está usando el programa "This PC" (Windows 10/8) o "My Computer" (Windows 7 y Vista) o cuando está guardando o abriendo archivos, podrá ver mucha información acerca de carpetas y archivos que están guardados en su computadora, pero a veces esta información puede que no le sea muy útil si no puede ver la fecha en que fueron creadas, o al menos de qué tipo de archivo son. Por ejemplo, si puede ver que un archivo tiene la extensión o apellido de archivo ".docx", esto le indica inmediatamente que éste es el tipo de archivo que fue creado usando el procesador de palabras Microsoft Word.

Ahora, para poder ver bien esta información es necesario que aprenda a usar las opciones de ver o "View" en Windows 10/8/7/Vista cuando está trabajando en sus carpetas o archivos. Y estas opciones son:

- *Tejas ("Tiles"):* muestran los iconos de los archivos en orden alfabético a través de columnas. Además, al lado de cada icono podrá ver el nombre completo de la carpeta que representa.

- *Iconos ("Icons"):* también le muestran los iconos de los archivos y carpetas guardados en su computadora alfabéticamente a través de columnas. Esta opción en versiones más recientes de Windows (Windows 10/8) ahora tiene su propio icono para ver sus archivos como iconos extra grandes (Extra Large icons), grandes (Large icons), medianos (Medium icons), y pequeños (Small icons). Esta es la opción más común en Windows 10/8/7/Vista.

- *La lista ("List"):* como su nombre indica, le mostrará una lista de sus archivos o carpetas en orden alfabético en una sola columna. Esta vista le deja ver muchas más carpetas o archivos al mismo tiempo.

- *Detalles ("Details"):* le permitirá ver mucha más información acerca de sus carpetas y archivos en una sola columna, como por ejemplo; su tamaño, el tipo de archivo, la fecha en que fue creado, cambiado o modificado.

- *Tira de película ("FilmStrip"):* le dejará mirar sus fotos digitales en una secuencia. Esta vista solamente está disponible en la carpeta de "My Pictures" o en carpetas que Windows XP reconoce como carpetas de fotos digitales. Esta opción no está disponible en Windows 7/Vista.

■ *Vistas en miniatura ("Thumbnails"):* le permiten ver rendiciones preliminares pequeñas de sus archivos gráficos o iconos de grandes archivos.

Por favor recuerde que usted puede cambiar de una vista preliminar a otra cuantas veces quiera hasta que encuentre la vista preliminal que le convenga más. Cabe agregar que cuando hace un cambio aquí, por ejemplo si desea ver los detalles de sus carpetas o archivos como iconos extra grandes (Extra Large icons), y cierra el Explorador, la próxima vez que lo abra verá sus archivos con la última vista que escogió para sus carpetas o archivos y esto se mantendrá hasta que cambie la vista preliminar de nuevo.

Para cambiar la vista preliminar de sus archivos y carpetas en Windows 10/8/7/Vista abra su respectivo File Explorer (Windows 10/8) o Windows Explorer (Windows 7/Vista) y escoja en el panel de la izquierda la carpeta con cuyos contenidos desea trabajar.

En Windows 10/8:

Estas son las últimas versiones del sistema operativo Windows por este motivo las opciones preliminares para ver los archivos guardados en sus computadora personal han cambiado, con respecto a Windows 7/Vista. Pero la idea es la misma; ayudarle a trabajar con los archivos que ha guardado en su computadora personal. Por ejemplo, usando estas opciones para cambiarle la vista preliminar a

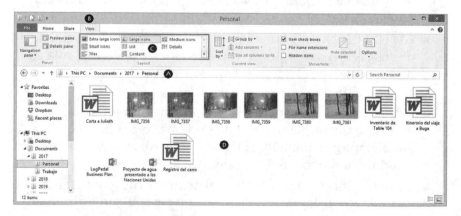

los archivos guardados en su computadora, puede encontrar muy fácilmente archivos de fotos que esté buscando habilitando por ejemplo la opción de iconos grandes o "Large icons".

Esta es la manera de trabajar con las opciones de la vista preliminar de archivos y carpetas, en Windows 10 y Windows 8:

A. Para comenzar seleccione la carpeta/o disco con el cual desea trabajar. En este ejemplo seleccione la carpeta Personal, que a su vez está dentro del folder 2017, que a su vez esta guardada dentro de la carpeta de documentos o "Documents".

B. Ahora, haga clic sobre vista o "View", para trabajar con las opciones de vista preliminar de los archivos cuya carpeta o drive escogió.

C. Entre las opciones que ve aquí, y de las cuales aprendió en la página anterior, escoja la que desea usar. Por ejemplo si selecciono una carpeta llena de fotos, y solo puede ver el nombre de estos archivos, cambie la vista preliminar a iconos grandes o "Large icons", para poder buscar la foto o las fotos con las que quiere trabajar.

D. Finalmente puede ver sus archivos, de acuerdo a la vista preliminar que escogió.

Este cambio se puede efectuar cuantas veces quiera, y por lo general después de que usted cierre el "File Explorer", la última vista que eligió se conserva, es decir si eligió ver sus archivos como iconos grandes o "Large icons", la próxima vez que abra "File Explorer", la vista preliminar de sus archivos será de iconos grandes o "Large icons".

En Windows 7/Vista:

En Windows 7/Vista las opciones de "View" para trabajar con los diferentes objetos (como las unidades de almacenamiento como el disco duro y los archivos que contiene que usted ve en el Explorador e inclusive en las ventanas de diálogo que se abren cuando usted elige guardar un archivo usando "Save" o cuando abre un archivo usando "Open") son un poco diferentes a las que se usaban en otras versiones de Windows (como por ejemplo Windows XP). Pero con un poquito de práctica le será muy fácil conseguir los resultados que desea. Como por ejemplo cambiar la vista preliminar de unos archivos digitales, de lista a rendición previa (por favor note que en Vista esto ya no se llama "Thumbnails", sino que se maneja con Iconos). Para comenzar, escoja en el panel de la izquierda al abrir el Explorer en Windows 7/Vista de la manera indicada previamente la carpeta con cuyos contenidos desea trabajar.

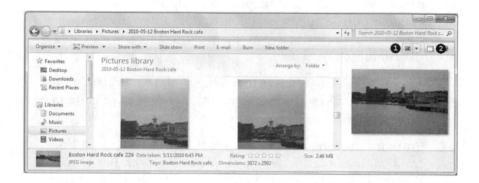

Esta es la manera de cambiar la opción de la vista preliminar de archivos y carpetas en Windows 7:

1. Para comenzar, haga clic sobre la flechita para abajo al lado del botón de "View" o vista preliminar de archivos y carpetas. Éste no tiene una etiqueta con su nombre, pero al igual que sucede con otros botones en Windows, si deja el indicador del ratón un par de segundos sobre él, éste le dirá perfectamente qué hará cuando le hace clic.

   Ahora lleve el indicador del ratón sobre esta barrita o "Slider", oprima el botón izquierdo del ratón y sosténgalo. Después, jálela hacia arriba para aumentar el tamaño de la vista preliminar de los archivos y carpetas, o hacia abajo para disminuirla.

2. Si desea ver la vista preliminar de los archivos que encontró en el panel de la derecha, entonces haga clic sobre "Show view panel" o muestre el panel de la vista preliminar. Ahora otro panel abrirá a la derecha de los archivos que seleccione, mostrándole el archivo que tenga seleccionado en el panel de la mitad.

En Windows Vista:

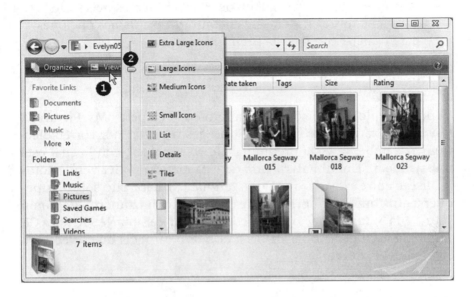

Estos son los pasos para cambiar la vista preliminar de archivos y carpetas en Windows Vista:

1. Primero haga clic sobre el botón de "View" en la barra de herramientas de Windows Explorer. Por favor tenga en cuenta que el botón para cambiar la vista preliminar en la ventana de diálogo que se abre cuando elige guardar o abrir un

documento es este: ![Views] (También notará que éste no tiene la etiqueta de "Views"). Para usarlo, también es necesario hacer clic sobre él, y en éste encontrará las mismas opciones para trabajar con la vista preliminar.

2. Ahora haga clic sobre la selección de "View" que usted desea usar.

Si por ejemplo está buscando una foto en la carpeta "My Pictures", y no sabe exactamente cuál es la que desea enviar por correo electrónico, cambie la vista preliminar de esta carpeta, con la cual está trabajando a "Thumbnails", para de esta manera poder ver las fotos y buscar entre ellas la que desea enviar. Si hace clic sobre la pequeña guía que ve, y oprime y sostiene el botón izquierdo del ratón sobre ella y la sube y baja, puede ensayar cambiarle (REPLACE TEXT) la vista preliminar de los archivos o carpetas que seleccionó en el panel izquierdo.

Cómo cambiar la anchura de las columnas que usted ve cuando está usando detalles o "Details"

Como pudo ver anteriormente, cuando usa detalles o "Details", podrá ver más información a través de varias columnas de diferente anchura. Pero si, por ejemplo, la anchura de una de estas columnas es demasiado estrecha, la información que verá puede que sea muy difícil de descifrar. Para arreglar esto, amplíela. A veces puede ser necesario disminuir la anchura de varias columnas un poco para poder aumentar la anchura de otra columna.

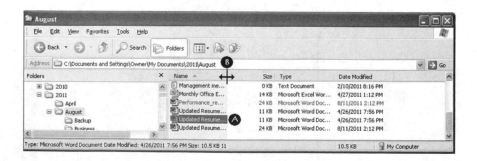

Para cambiar la anchura de las columnas en Windows:

A Como puede ver en esta gráfica, esta carpeta contiene tres archivos cuyos nombres comienzan con las palabras "Updated Resume...", pero la columna no es lo suficientemente ancha como para mostrarle su nombre completo.

B Para verlo, ensanche la columna de nombre o "Name" llevando primero el indicador del ratón a la línea que separa la columna que usted quiere ensanchar o acortar. Cuando el indicador del ratón cambie a una flecha doble, haga clic, y después oprima y mantenga oprimido el botón izquierdo del ratón mientras jala esta guía hacia la izquierda o derecha, según lo que usted quiera hacer: ensanchar o disminuir el tamaño de la columna.

Haga clic sobre el título, o mejor dicho, sobre su nombre de etiqueta, para ordenar la lista de carpetas o archivos que ve en esta columna de acuerdo a diferentes criterios. Por ejemplo, si usted hace clic sobre la parte superior de la columna "Name", los nombres de los archivos son mostrados en orden alfabético.

NOTA En Windows 10/8/7/Vista, cuando esté en "Details", usted puede hacer clic con el botón derecho del ratón sobre el título de una columna y pedirle al sistema operativo que se encargue de arreglar su anchura haciendo clic sobre "Size column to fit", o que arregle la columna a la medida de los archivos guardados en ella. También puede hacer clic sobre "Size all columns to fit" para que automáticamente escoja el tamaño de todas las columnas.

Cómo expandir o esconder carpetas

Tenga en cuenta que, cuando usted está trabajando en File Explorer (Windows 10/8) o Windows Explorer (Windows 7/Vista), algunas de las carpetas con las que usted necesita trabajar podrían estar escondidas de vista porque están guardadas dentro de sub-carpetas.

Los pasos para poder ver y trabajar con las sub-carpetas que están dentro de una carpeta en Windows 10/8/7/Vista son similares, pero los símbolos son diferentes de los que se usaban en versiones previas de Windows. Para comenzar, después de abrir File Explorer (Windows 10/8) o Windows Explorer (Windows 7/Vista), lleve el indicador del ratón encima de las carpetas con las cuales desea trabajar.

Para ver una sub-carpeta, si ésta no está visible ya, en Windows 10/8/7/Vista:

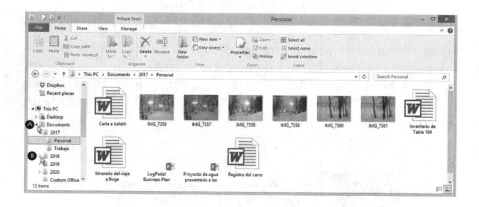

Siguiendo esta gráfica, usted puede aprender a trabajar con las sub-carpetas que no son visibles, es decir que no han sido expandidas, en Windows 10/8/7/Vista:

A Por favor note el símbolo que apunta hacia abajo junto a la carpeta de "Documents" que le indica que las sub-carpetas debajo de esta carpeta ya deben estar visibles.

B Ahora por favor note que al lado de la carpeta "2018", hay un símbolo parecido a éste: ▷, lo que le indica que puede expandir esta carpeta (o la carpeta con la que usted quiere trabajar) con sólo hacer clic una vez sobre el símbolo "▷".

Para esconder las sub-carpetas, tal vez porque desea ver/trabajar con otras, sólo es necesario hacer clic sobre el símbolo que apunta hacia abajo. Ahora las sub-carpetas están escondidas de nuevo, hasta que haga clic sobre el símbolo ▷ de nuevo.

 **NOTA** Dependiendo de cuántas carpetas y sub-carpetas usted haya creado en su unidad de disco duro, puede ser necesario expandir varias hasta encontrar la sub-carpeta con cuyo contenido usted quiere trabajar.

Cómo hacer una selección de archivos o carpetas

El primer paso cuando esté usando File Explorer (Windows 10/8) o Windows Explorer (Windows 7/Vista), antes de trabajar con sus carpetas o archivos (por ejemplo, copiarlos, moverlos o suprimirlos) es el de seleccionarlos en el panel derecho. Esto puede hacerse con el ratón, el teclado o ambos.

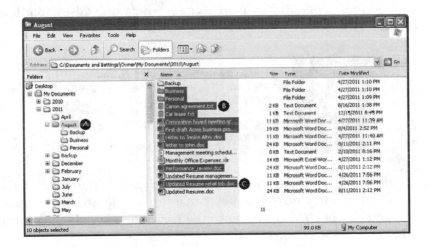

Para hacer selecciones, como puede ver en este ejemplo, siga estos pasos:

Ⓐ Para comenzar haga clic sobre el nombre de la carpeta en el panel izquierdo con la cual quiere trabajar. Ahora puede ver los archivos y carpetas con los que quiere trabajar en el panel derecho.

Ⓑ Para seleccionar un grupo de archivos o carpetas en orden consecutivo, haga clic sobre el primero y después oprima y sostenga la tecla SHIFT.

C Por último, haga clic sobre el último archivo o carpeta que desea, y después levante su dedo de la tecla SHIFT. Si los archivos o carpetas que usted está tratando de seleccionar están extendidos a través de muchas páginas, inmediatamente después de hacer clic sobre el primero y sostener la tecla SHIFT lleve en indicador del ratón sobre la guía gris en la barra de desplazamiento y haga clic sobre ésta. Inmediatamente después, sostenga el botón izquierdo del ratón mientras lo jala hacia abajo o hacia arriba, dependiendo de la orientación de los archivos que está tratando de seleccionar. Finalmente, retire sus manos del teclado y del ratón.

Para hacer una selección de archivos o carpetas que no estén en orden consecutivo, oprima y sostenga la tecla CTRL y después hágale clic a los archivos o carpetas que desee seleccionar. Para seleccionar un sólo archivo o una sóla carpeta, simplemente hágale clic una vez. Después de seleccionar un grupo de archivos o carpetas consecutivas, también puede presionar y sujetar la tecla de CTRL y hacer clic sobre cualquier otro archivo o carpeta que desea añadir a esta selección.

NOTA   Después de hacer clic dentro del panel derecho, si presiona y oprime la tecla CTRL y después la de A, todo el contenido de la carpeta que escogió en el panel izquierdo quedará seleccionado.

Usted también puede usar sólo el ratón, haciendo el movimiento de "barrer" para seleccionar bloques consecutivos de archivos y carpetas, aun con los que se encuentren a través de páginas diferentes debajo de la misma carpeta.

Estos son los pasos para seleccionar archivos y carpetas usando el ratón:

1. Primero localice y haga clic sobre el nombre de la carpeta con cuyo contenido usted quiere trabajar para ver los archivos o carpetas contenidos en ella en el panel derecho.

2. Ahora lleve el indicador del ratón *afuera del primer o último archivo que desea seleccionar* (sin hacer clic todavía). Ahora haga

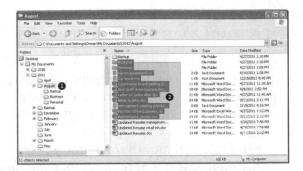

clic y presione y sujete el botón izquierdo del ratón mientras
lo mueve, como barriendo, hasta que todos los archivos o
carpetas con las cuales desea trabajar estén seleccionadas.
Finalmente, retire su dedo del botón izquierdo del ratón.

Para excluir uno de estos archivos o carpetas que acaba de seleccionar porque no necesita trabajar con ellos, presione y sujete la tecla
CTRL, y haga clic sobre cada uno de estos archivos o carpetas con
los cuales no desea trabajar.

Usando simplemente el ratón para seleccionar archivos o carpetas
puede ser un poco más difícil de hacer para alguien que está aprendiendo a usar computadoras, ya que puede mover archivos o carpetas
involuntariamente. Si esto le sucede y se da cuenta inmediatamente,
oprima y sostenga la tecla CTRL y después la tecla Z para recobrar los archivos
o carpeta que haya movido o borrado por equivocación. Esto sólo funciona
si lo hace inmediatamente después de hacer un cambio.

NOTA	Si usted hace clic en cualquier parte de la ventana de Windows Explorer después de hacer una selección, ésta se perderá y será preciso que repita estos pasos para seleccionarlos otra vez.

Cómo copiar o mover una selección de archivos y/o carpetas

En las páginas anteriores, usted aprendió a hacer selecciones de archivos y carpetas. Ahora usted aprenderá a aplicar acciones a estas

selecciones para poder realizar tareas como copiarlas o moverlas usando File Explorer (Windows 10/8) o Windows Explorer (Windows 7/Vista).

Aprender a hacer esta función es vital para respaldar su trabajo a una unidad de memoria temporal USB, o a otra carpeta dentro de su propia computadora. Ahora, cuando usted elige el comando de copiar usando la combinación de teclas CTRL + C, esto no borra los archivos originales, solo crea una copia, que ahora puede pegar a otra carpeta dentro de la misma unidad de almacenamiento, como lo es el disco duro C: o a una unidad de memoria removible del tipo USB. Ahora cuando hala/mueve la sección que hizo, usando el ratón de carpetas o archivos o ambos, a otra carpeta o drive, estos serán copiados del sitio original, a otra carpeta/ drive en su computadora. Más adelante aprenderá a como pegar (haciendo Paste) esta selección de archivos/ o carpetas/ o ambos a otra carpeta/ drive en su computadora.

Por favor siga esta gráfica, para entender mejor el proceso de expandir carpetas/o fólderes, en la ventana de File Explorer o Windows Explorer:

A. Comience llevando el indicador del ratón sobre el panel de la izquierda (en este ejemplo, coloque el indicador al lado de la carpeta de documentos o "Documents"), para comenzar a buscar el nombre de la carpeta a la cual desea copiar o mover esta selección. Por favor note, cuando lleva el indicador a la izquierda del nombre de una carpeta (sin hacerle clic), la guía ▶ (esto quiere decir que si hace clic sobre esta guía, podrá ver más carpetas contenidas en esta carpeta).

B. Para ver las carpetas contenidas dentro de esta carpeta, hágale clic a la guía ▶, ahora esta toma una forma, como ladeada ↘. Y ahora puede ver las carpetas guardadas dentro de esta carpeta original. Para esconder las carpetas que expandió haga clic sobre la flecha ↘. Antes de mover un grupo de archivos o de archivos y carpetas, le recomiendo que primero expanda la carpeta o folder a donde los desea mover, haciendo clic sobre esta guía (sin hacerle clic al nombre de la carpeta) que está al lado del nombre del folder o Drive donde los desea mover.

C. En este ejemplo, para ver los contenidos de la carpeta de Abril que deseaba seleccionar y copiar, le hice clic en el panel de la derecha.

D. Ahora puede ver la referencia del lugar donde están guardados los archivos de esta carpeta, a nivel de disco duro C:/, y esta es; C:\Users\Julieth\Documents\2018\Personal\Abril, lo que quiere decir que esta carpeta Abril, está contenida dentro de la carpeta Personal, en la carpeta 2018, dentro de la carpeta del folder de Documentos, del usuario Julieth.

Ahora en la gráfica que sigue puede ver un ejemplo de: a) seleccionar y copiar una selección de archivos, y b) mover una selección de archivos, a otra carpeta en el mismo disco duro del computador. Lo

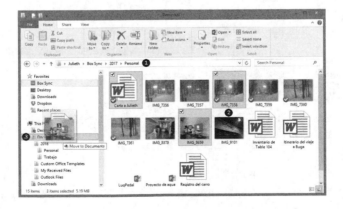

que quiere decir que los archivos o carpetas que movió de lugar, serán borrados del sitio original de donde estaban guardados.

Estos son los pasos que debe seguir para copiar o mover una selección de archivos o carpetas en Windows 10/8/7 y Vista:

1. Para comenzar, en el panel de la izquierda, busque y haga clic para seleccionar la carpeta que contiene los archivos con los cuales desea trabajar. En este ejemplo empecé haciendo clic sobre la carpeta de Box Sync, después sobre la del año 2017, y después sobre la carpeta "Personal".

2. Ahora, en el panel derecho, seleccione todos los archivos y carpetas que desea copiar o mover. Si las desea copiar, lo puede hacer de dos maneras: a) oprimiendo las teclas CTRL + C, o b) haciendo clic sobre "Organize" (Windows Vista y 7) y después sobre "Copy".

3. Ahora, si desea mover esta selección usando el ratón, haga clic sobre uno de los archivos o carpetas que seleccionó y que desea mover de lugar, e inmediatamente oprima y sostenga el botón izquierdo del ratón. Después jale esta selección hasta llegar sobre el nombre de la carpeta —en el panel izquierdo— adonde los desea mover. Ahora retire sus dedos del botón del ratón.

Ahora si está moviendo de lugar una carpeta o una selección, tal vez puede ser más fácil, mientras se acostumbra a terminar esta función, abrir dos ventanas del File Explorer o Windows Explorer, para así evitar equivocarse mientras está moviendo esta selección de archivos o de archivos y carpetas.

Mirando esta grafica puede ver dos ventanas de File Explorer (este programa se llama Windows Explorer en Windows 7/Vista), y en él puede ver como hice una selección en una ventana, la de la derecha, y después lleve el indicador del ratón, sostuve el botón izquierdo de este y después la hale sobre carpeta de mis documentos o "My Documents". Para finalizar retiré mis manos del teclado, y del ratón.

Cómo pegar o "Paste" una selección de archivos o carpetas

Este es el último paso para copiar y pegar una seleccióado de archivos o de carpetas o de ambos, previamente seleccionado y después copiado. De esta manera también puede hacer respaldos del trabajo que hace en su computadora, por si un día un archivo que le es indispensable no abre en el lugar de donde lo ha estado usando. En ese caso puede buscarlo en otro sitio/drive/carpeta donde lo copió anteriormente.

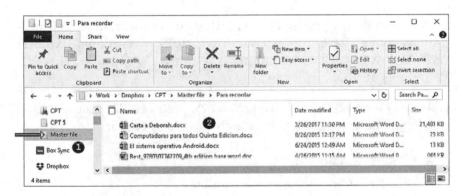

Estos son los pasos para terminar esta operación de seleccionar/copiar y después pegar una selección de archivos o carpetas, o ambos:

A. Para comenzar busque y seleccione la carpeta donde desea pegar, usando "Paste", esta selección de archivos o carpetas, o ambos que después copió usando el comando de "Copy".

B. Ahora haga clic en el panel de la derecha y use la combinación de teclas CTRL + V, para pegar estos archivos. Ahora estos serán copiados, a esta carpeta/unidad de almacenamiento que escogió, dejando los archivos originales intactos.

Esto proceso se puede hacer gracias a lo que se llama un pizarrón virtual o "Clipboard" de Windows, que es un programa que funciona automáticamente en el trasfondo (y que en realidad usted nunca tiene que abrir), cuya única función es la de guardar información temporalmente cada vez que usted elige copiar/cortar una selección. Esta información ahora estará lista para ser pegada. Y aunque esto funciona automáticamente, lo menciono aquí porque este programa hace posible —una vez que elige copiar una selección— cerrar el programa de donde la copió, ya que el Clipboard mantendrá guardada esta selección hasta que usted la necesite. Por último, por favor tenga en cuenta que el contenido de este pizarrón virtual cambia cada vez que elige la función de copiar/cortar usando "Copy" o 'Cut", y que éste también es borrado cuando usted apaga la computadora.

Cómo usar la función de enviar o "Send to"

Esta es una de las funciones más útiles que encontrará al usar programas como File Explorer (Windows 10/8) o Windows Explorer (en Windows 7/Vista), "Computer" (Windows 7/Vista), y "This PC" (Windows 10/8).

Usando el menú de "Send To" (enviar a), podrá enviar una selección que haya hecho previamente de archivos o carpetas a:

- El escritorio virtual.
- Una dirección de correo electrónico.
- La carpeta de documentos.
- Otra unidad de almacenamiento permanente.

Para usar el menú de "Send To", simplemente haga clic con el botón derecho del ratón sobre la selección de archivos o carpetas y después elija la opción de "Send To". Ahora mueva el indicador del ratón hacia la derecha o la izquierda (esto depende del lado en que este menú abra). En el menú desplegable que se abre, haga clic sobre la opción que desea usar.

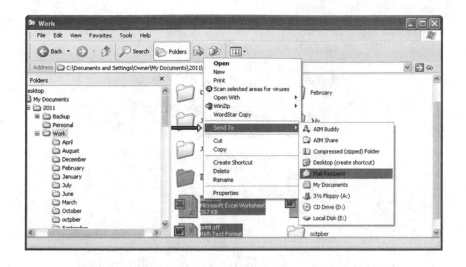

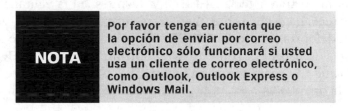

NOTA Por favor tenga en cuenta que la opción de enviar por correo electrónico sólo funcionará si usted usa un cliente de correo electrónico, como Outlook, Outlook Express o Windows Mail.

Cómo suprimir o borrar archivos y carpetas

Esto es, desafortunadamente, muy fácil de hacer. Dependiendo de qué tipo de cuenta de usuario tenga (limitada o de administrador), a usted le será muy fácil suprimir la mayoría de archivos o carpetas que puede ver cuando usa un programa para trabajar con archivos y carpetas, como lo es File Explorer (Windows 10/8) o Windows Explorer (Windows 7/Vista).

Para comenzar a suprimir archivos o carpetas primero es necesario hacer una selección de lo que desea suprimir.

Estos son los pasos, como puede ver en la siguiente imagen, para suprimir archivos o carpetas en File Explorer (Windows 10/8) o Windows Explorer (Windows 7/Vista):

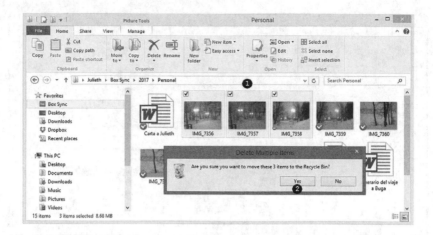

1. Primero selecciónelos de la manera que pudo ver antes.

2. Ahora oprima la tecla DELETE y después, en la ventana que aparece, haga clic sobre "Yes" para suprimirlos. O también puede oprimir la tecla ENTER. Pero si usted cambia de idea antes de hacer clic sobre "Yes" o oprimir la tecla ENTER, oprima ESC para cerrar esta ventanita, o haga clic sobre la tecla de "NO".

Si usted accidentalmente suprime un archivo y/o una carpeta, los puede recobrar siguiendo estos pasos (sólo si lo hace inmediatamente después de cometer el error): oprima y sostenga la tecla CTRL y después oprima intermitentemente la Z (esta es la función de restaurar o "Undo"). Cuando encuentre el cambio que quiere deshacer, retire su mano del teclado. Una vez que cierre la ventana con la que usted estaba trabajando, la opción de CTRL + Z ya no funcionará para recobrar lo que perdió, pero todavía puede revisar la canasta de reciclaje o "Recycle Bin" para ver si están ahí.

Por favor siga los siguientes pasos para mostrar (si no la puede ver ahora) en el escritorio virtual o "Desktop", en Windows 10/8/7 o Vista, la canasta de reciclaje o "Recycle Bin", y también para habilitar el mensaje que le pide que confirme si en realidad desea borrar un archivo:

1. Para comenzar haga clic —con el botón derecho del ratón— en una parte libre de iconos, en el escritorio virtual o "Desktop", y después seleccione personalizar o "Personalize". En

Windows 8, para ver el Windows Desktop, puede usar la combinación de teclas ⊞ + "D", o hacer clic sobre la teja de "Desktop".

2. En Windows 10 haga clic sobre "Themes" y luego sobre "Display Icons Settings". En Windows 8, haga clic sobre "Change Desktop Icons". Ahora haga clic sobre cambiar los iconos del escritorio virtual o "Change Desktop".

3. Después mire, debajo de iconos del escritorio virtual o "Desktop icons", que la canasta de reciclaje o "Recycle Bin" este seleccionada, si no lo está selecciónela haciéndole clic. También le recomiendo que seleccione ver los otros iconos, como por ejemplo el de archivos de usuario o "User's Files". Para cerrar esta ventana haga clic sobre confirmar o "Ok".

A. En seguida, en su escritorio virtual o "Windows desktop", haga clic —con el botón derecho del ratón— sobre la canasta de reciclaje o "Recycle Bin", y después seleccione propiedades o "Properties".

B. Finalmente habilite el mensaje que le avisara que confirme si en realidad desea borrar un mensaje o "Delete confirmation".

Esto es nuevo, lo de no ver el mensaje que antes veía en Windows 7 y Vista pidiéndole que confirmara antes de borrar un archivo o carpeta, y el problema es que si por ejemplo borra por equivocación un archivo muy importante para usted, y no recuerda que lo borró, perderá mucho tiempo buscándolo.

Cómo restaurar artículos que ha enviado al "Recycle Bin"

Una vez que usted ha borrado un archivo o una carpeta, éste podrá ser restaurado con sólo algunos clics del ratón en el lugar original de donde usted lo suprimió si no ha pasado demasiado tiempo entre el momento en que lo suprimió y el momento en que lo está tratando de recobrar.

Para restaurar algo que haya enviado al "Recycle Bin", busque su icono en su escritorio virtual (si éste está cubierto por sus programas, escóndalos o ciérrelos), y haga doble clic sobre el icono para abrirlo y ver su contenido.

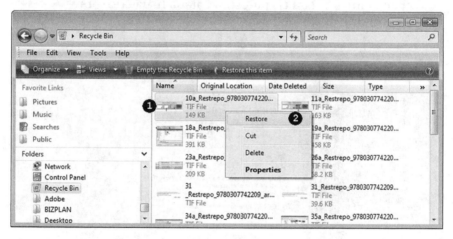

Una vez que el "Recycle Bin" se haya abierto, siga estos pasos, para restaurar los artículos que están guardados en él:

1. Seleccione el artículo o los artículos (archivos o carpetas) que usted quiere restaurar. Para seleccionar un solo artículo, haga clic una vez sobre su nombre. Para seleccionar todos los artículos que están guardados aquí, oprima y sostenga la tecla CTRL y después la A. Para quitar algunos de los archivos o carpetas que seleccionó usando la combinación CTRL + A, oprima y sostenga la tecla CTRL y haga clic sobre cada uno de los artículos que no desea restaurar.

2. Una vez que usted haya seleccionado el artículo o los artículos que desea restaurar, haga clic con el botón derecho del ratón sobre cualquiera de los artículos seleccionados y

haga clic sobre restaurar o "Restore". Ahora esta selección
será restaurada exactamente al lugar (unidad de disco duro,
carpeta) de donde los borró.

En el evento improbable de que la unidad de disco duro de su computadora esté baja de espacio, (una forma de darse cuenta de que
esto está sucediendo es que la computadora toma más tiempo de
lo normal para terminar cualquier tarea que usted le pide), vacíe
el "Recycle Bin" haciendo clic con el botón derecho del ratón sobre
su icono y escogiendo "Empty Recycle Bin". Después confirme esta
selección haciendo clic sobre "Yes".

Cómo proteger su trabajo cuando esté copiando o moviendo archivos y carpetas

En el capítulo de cómo usar archivos y carpetas, usted leyó en la sección acerca de cómo el sistema operativo Windows no le permitirá
tener duplicados de archivos con el mismo nombre y la misma extensión (como el apellido de un archivo) en la misma carpeta. Esto
también es cierto con nombres de carpetas, pero con la diferencia de
que éstas no tienen una extensión de 3 letras.

Esto no es un problema en la mayoría de los casos, ya que el sistema operativo le permite tener archivos con el mismo nombre y
la misma extensión (o inclusive sub-carpetas con el mismo nombre) mientras estén en carpetas diferentes a todo lo largo de sus
unidades de almacenamiento, como lo son sus discos duros. Pero
esto deja la posibilidad de que a veces usted pudiera intentar copiar o mover esos archivos o carpetas con nombres y extensiones
idénticas a otras carpetas en su computadora donde usted antes
ya había guardado copias de estos mismos archivos o carpetas. El
problema es que a veces algunos de esos archivos con el mismo
nombre *pueden ser más recientes y por consiguiente más importantes para
usted* que otros con el mismo nombre que ya están guardados en
una carpeta en particular.

Digamos, por ejemplo, que a través de los años usted ha creado copias diferentes de su currículum de trabajo para las cuales siempre

usó el mismo nombre y el mismo programa para crearlas, lo que aseguraba que siempre recibían la misma extensión (por ejemplo, *.doc*). Pero siempre las tenía separadas en *carpetas diferentes,* lo que puede hacer sin ningún problema.

Ahora, si un día usted compra un dispositivo de almacenamiento removible del tipo USB (al que el sistema operativo automáticamente le asigna una letra, como por ejemplo la "F") y envía una copia de su currículum allí, y más adelante trata de enviar una copia del mismo archivo de nuevo a esta unidad de almacenamiento removible desde otra carpeta, el sistema operativo le preguntará qué desea hacer. En las dos páginas siguientes verá ejemplos que le servirán si tiene Windows 10/8/7 o Vista para proteger su trabajo.

Es importante cuando está moviendo archivos o carpetas de un lado a otro en su computadora, asegurarse bien antes de hacer clic sobre el botón de "Copy and Replace" o "Yes" de que esto es lo que desea hacer. Si no está seguro, haga clic sobre "Don't Copy" o "No", y abra ambos archivos en la carpeta original y en la que lo desea enviar para determinar cuál tiene más valor para usted.

Cómo trabajar con la ventana de diálogo de reemplazar o saltar archivos o "Replace or Skip Files" (Windows 10/8), copiar archivo o "Copy File" (Windows 7/Vista)

La manera de proteger sus archivos en Windows 10/8/7/Vista para que estos no sean reemplazados accidentalmente con versiones menos valiosas, es aprendiendo a usar la ventana de diálogo de reemplazar o saltar archivos o "Replace or Skip Files" o copiar archivo o "Copy File", que aparece cuando usted trata de copiar o mover un archivo con el mismo nombre y la misma extensión a una carpeta que ya tiene archivos con el mismo nombre y la misma extensión.

En Windows 10/8:

Esta es manera de trabajar con esta ventana de reemplazar o saltar archivos o "Replace or Skip files", que saldrá la próxima vez que trate de copiar el mismo archivo o archivos, o inclusive la misma carpeta al mismo sitio/carpeta/unidad de memoria removible donde los copio previamente, preguntándole que debe hacer:

A. Para reemplazar estos archivos, con las copias que está tratando de copiar ahora, haga clic sobre "reemplazar los archivos..." o "Replace the files...".

B. Para no sobrescribir los mismos archivos con el mismo nombre haga clic sobre saltar... o "Skip..."

C. Si desea revisar uno por uno los archivos que está copiando, seleccione "déjeme decidir..." o "Let me decide...".

En Windows 7/Vista:

En Windows 7/Vista, cuando trata de copiar de una carpeta a otra, y en la nueva carpeta ya existía una carpeta con el mismo nombre, entonces verá el mensaje "Do you wish to merge this...". Si hace clic sobre "Yes", los contenidos de la carpeta a la cual está copiando serán mezclados —con la ayuda de la ventana de diálogo que acabamos de cubrir— con los contenidos de la carpeta que desea copiar allí.

Para recordar

■ File Explorer (Windows 10/8) o Windows Explorer (en Windows 7/Vista) son los programas principales para trabajar con archivos y carpetas en computadoras que usan cualquier versión del sistema operativo Microsoft Windows.

- Utilizar File Explorer (Windows 10/8) o Windows Explorer (en Windows 7/Vista), "Computer" (Windows 7/Vista), y "This PC" (Windows 10/8) es cuestión de preferencia personal.

- Use las opciones de ver o "View" cuando esté trabajando con sus archivos.

- Use la opción de "Open with" para abrir directamente archivos gráficos con los cuales desee trabajar.

- El primer paso para copiar o mover archivos es seleccionarlos.

- Use el proceso de copiar archivos para hacer respaldos de éstos.

- Si suprime un archivo accidentalmente, visite la canasta de reciclaje o "Recycle Bin" para ver si se encuentra ahí.

- Aprenda a usar la ventana de diálogo de copiar y reemplazar archivos cuando esté moviendo archivos en Windows Explorer, para proteger su trabajo.

El grupo de programas Microsoft Office

Introducción

Office 2016 y 365 son las dos versiones más recientes de este grupo de programas de productividad, diseñados por Microsoft, y le ayudará a reducir el tiempo necesario para completar su trabajo.

Una de las ventajas más grandes de usar cualquiera de estas dos nuevas versiones de Office es la facilidad con la cual es posible intercambiar documentos con otras personas en su misma organización o fuera de ella.

Los programas principales incluidos en todas las versiones de Office son:

- *Word:* el procesador de palabras de más uso en todo el mundo.
- *Excel:* una de las mejores hojas de cálculo.
- *PowerPoint:* un programa para las presentaciones de negocios o tareas escolares.

En la siguiente gráfica puede ver la versión "Office Home and Business", (para el hogar y los negocios) de Office 2016.

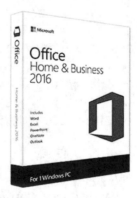

Si tiene una versión anterior de Office, como por ejemplo 2010, y usted solo usa Office para funciones básicas, como por ejemplo escribir cartas de negocios usando Word, tal vez no sea necesario que consiga esta nueva copia de Microsoft Office, ya que esto solo tiene sentido si usted puede aprovechar todas sus nuevas capacidades, como por ejemplo la habilidad de editar documentos en formato PDF.

Las diferentes versiones de Office

Office está a la venta en 2 versiones principales: 2016 y 365, y estas a la vez están a la venta en 3 categorías principales: para la casa o Home, para negocios o "Business" y para estudiantes o "Students", y estas a la vez tienen 11 versiones diferentes, cuatro para la casa, tres para negocios, y cuatro para estudiantes.

El siguiente diagrama le puede ayudar a escoger la versión de Office para la casa, que más le conviene.

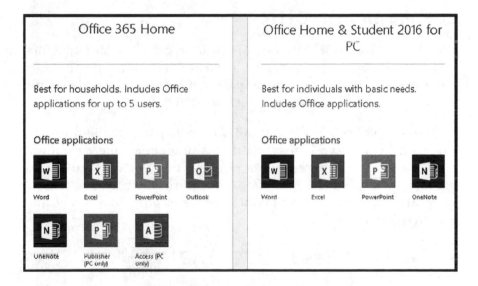

La diferencia principal entre las versiones 2016 y 365, es que la versión 2016 es un programa que usted compra una vez, y ya le pertenece. Ahora la versión 365 es un programa por suscripción, que se puede pagar mes a mes, o en una cuota anual. Ahora puede ser más ventajoso, si quiere instalar Office en varias computadoras, pagar $99 por una suscripción a Office 365 Home, lo que le permite instalar este programa en hasta 5 dispositivos, incluyendo tabletas, que comprar una copia de Office 2016, lo que solo le permite instalar este programa en una sola computadora.

NOTA

Si consigue la versión de Office 2016 o 365, los archivos que crea con estos programa tal vez no sean compatibles con versiones anteriores de Office. Por este motivo, si comparte archivos con gente que usa una versión anterior, debe asegurarse de guardarlos en un formato de 97/2003 para que ellos no tengan problemas en abrirlos.

Los menús de Office

En Office 2016/2013/2010/365, Microsoft regresa a usar la palabra "File" (estándar en casi todas las versiones anteriores de Office, y en la mayoría de los programas para Windows), en vez de seguir usando el botón que introdujo en Office 2007.

El botón de Office 2007 está localizado en la parte izquierda superior de la ventana de la mayoría de los programas que encontrará en Office 2007 y éste reemplaza el menú de "File". Usando estos menús le será posible, entre otras cosas, abrir, guardar, imprimir y compartir un archivo como también cerrar el programa con el que esté trabajando.

2007

2010

2013/365

Como puede ver en la gráfica, si tiene la versión de 2016/2013/2010/365, haga clic sobre "File"; si tiene la versión 2007, haga clic sobre el botón de Office. Ahora podrá ver una lista de iconos y opciones. Usándola puede escoger pedirle al programa que realice una tarea. Por ejemplo, haga clic sobre:

- "New": para comenzar un documento nuevo.

- "Open": para abrir un archivo que haya guardado previamente.

- "Save": para guardar su archivo.

- "Save As", y después "Word Document": para crear una copia
de un archivo que desee preservar con otro nombre para proteger el archivo original. Y si desea que su trabajo sea compatible con el de colegas de trabajo o cualquier otra persona con
la cual intercambie archivos y no sabe si ellos tienen una de
las versiones más recientes de Office instalada en su computadora, entonces haga clic en frente de "Save as Type" y después
escoja Word 97-2003, para que ellos no tengan problemas
abriendo el trabajo que usted les envía.

- "Print": para imprimir su trabajo.

- "Close", y después "Exit...": para cerrar el programa con el
cual esté trabajando, ya sea Word, Excel o PowerPoint.

Ahora, en la mayoría de los casos cuando elija una de estas opciones
en Windows 10/8/7/Vista, otra ventana secundaria se abrirá para
ayudarle a completar la tarea que le acaba de pedir a la computadora que haga, por ejemplo, guardar un archivo haciendo clic sobre
"Save".

Cómo evitar problemas de compatibilidad con versiones anteriores de Office

El mundo de las computadoras a veces se puede parecer mucho a
una Torre de Babel virtual en la cual todos hablan un idioma diferente, y estas versiones de Office no son una excepción ya que si usa
una de éstas es posible que pueda tener problemas compartiendo el
trabajo que hace y que le tiene que enviar a usuarios que tienen versiones anteriores a la suya. Lo que puede hacer para evitar algunos
de estos problemas de compatibilidad es:

- Guardar el trabajo que hace en Office 2016/2013/2010/365
como una versión anterior de Office (esto se explica a través
de este capítulo) si tiene que compartirlos con personas que
usan una versión anterior de Office.

- Sugerirles a aquellos usuarios que tienen una versión anterior a la que usted usa y con los cuales usted comparte trabajo que descarguen el nuevo paquete de compatibilidad de Office, que es gratis.

Para un usuario que tenga una versión anterior de Office, estos son los pasos que debe seguir para descargar el nuevo paquete de compatibilidad de Office:

1. Trate de abrir un archivo en el formato 2007 que alguien le envió.

2. Enseguida haga clic sobre "Yes" en la ventanita que se abre preguntándole, "Do you want to download..."

3. En la próxima ventana que se abra haga clic sobre "Download" para comenzar este proceso.

4. Para comenzar la instalación, haga clic sobre "Open" o "Run this program from its current location".

5. En la próxima ventana haga clic sobre "Click here to accept...", y después haga clic sobre "Continue".

6. Finalmente, debe ver el mensaje "The installation is completed". Haga clic sobre "OK" para continuar. Si este mensaje no aparece, empiece el proceso de nuevo.

Estas son solamente pautas que usted puede encontrar útil si consigue una de estas dos versiones de Office. No cubren todas las situaciones que usted puede encontrar cuando esté tratando de abrir archivos creados con estas versiones, o inclusive en una versión anterior de Office.

Si usa una versión anterior de Office y está preocupado por saber si las instrucciones de este libro le ayudarán, debe saber que es posible que casi todos los temas de los que hablo en este libro (acerca de Office) y que siguen a continuación le serán útiles.

He aquí algunos de los cambios más fáciles de notar con respecto a versiones anteriores de Office:

Office 2016/2013/2010/365:

En esta versión, Microsoft vuelve a usar la palabra "File" (estándar en casi todos los programas para Windows) en su menú principal, en vez del botón que introdujo en Office 2007.

Office 2007:

- El botón de Office 2007 está localizado en la parte izquierda superior de la ventana de la mayoría de los programas que encontrará en Office 2007.

Esta es la lista de los cuatro programas que componen la versión estándar de Microsoft Office y sus funciones.

- *Word:* el procesador de palabras de más uso en todo el mundo. Este es el programa que debe usar para redactar cartas, trabajos de investigación que incluyan gráficas, tareas escolares y en general cualquier documento que tenga que crear.
- *Excel:* la hoja de cálculo de más uso en el mundo. Este es el programa que puede usar para crear hojas de cálculo en las cuales quiere mostrar resultados con totales.
- *Outlook:* un programa para trabajar con correo electrónico que viene incluido en casi todas las diferentes versiones de Office. Este es el programa que debe usar con una cuenta de correo electrónico de su compañía, o inclusive el que es provisto por compañías como Google, o America Online.
- *PowerPoint:* un programa para hacer todo tipo de presentaciones, desde tareas escolares a presentaciones de negocios.

Para ayudarle, indicaré cuándo una instrucción sólo aplica a una versión particular de este grupo de programas. Sin embargo, por lo general las indicaciones deberían serle útiles con casi todas las versiones de Office que salieron después del año 2000.

Sugerencias para cuando esté formateando texto en Office

Crear un documento en una computadora que tenga el sistema operativo Windows es muy fácil de hacer: abra el programa de su preferencia, y después empiece a redactarlo inmediatamente. Pero considere los siguientes puntos antes de empezar a cambiar el tipo de letra o "Font" al texto con el cual está trabajando en cualquier programa de Office:

- Usted puede usar muchos tipos diferentes de letra de diferentes tamaños en la misma carta o documento con el cual esté trabajando, y esto sólo es limitado por el tiempo que tenga para hacer estos cambios.

- Por ejemplo, escoja un tipo de letra o "Font" y empiece a escribir, y las palabras que escribe de ahora en adelante recibirán esta selección que usted acaba de hacer. Para regresar a usar el tipo (por ejemplo, Times New Roman) o tamaño (12) de letra anterior, escójalo de nuevo.

- Por ejemplo, para cambiar el tipo de letra en una carta completa, un párrafo o una palabra que usted haya escrito previamente, haga lo siguiente.

  1. Comience haciendo una selección del texto que desea cambiar.

  2. Después puede cambiarle el tipo de letra a esta selección de palabras, que debe estar sombreada, haciendo clic en la casilla con la lista de los "Fonts", y después haciendo clic sobre el nombre de la letra que desea usar. Ahora haga clic en cualquier parte de la pantalla para deseleccionar este párrafo, línea o palabra, y después regrese a trabajar con su carta. Para regresar a usar el tipo de letra que estaba usando antes de este cambio, escójala de nuevo.

Ahora, si por ejemplo, desea cambiar el estilo de letra a una línea que ve en la pantalla a letra cursiva, selecciónela y después haga clic sobre la "*I*", en la barra de "Formating" o formatear de Office 2003 o la "*I*" en la pestaña "Home" en Office 2016/2013/2010/365, y después haga clic afuera de la selección que cambió. De ahora en adelante las palabras que escriba recibirán esta selección de formato hasta que usted le haga clic de nuevo a la "*I*".

Por favor recuerde que si se equivoca y accidentalmente borra un párrafo importante en un documento con el cual esté trabajado, siempre puede deshacer este cambio, o varios cambios, usando la función de deshacer cambios o "Undo", si no espera mucho después de hacer el cambio adverso, de la siguiente manera: oprima y *sostenga* la tecla CTRL y después, *muy lentamente,* oprima intermitentemente la tecla Z hasta llegar al cambio que desea deshacer, y cuando lo encuentre retire los dedos del teclado.

El panel de navegación en Office 2016/2013/2010/365

Office 2016/2013/2010/365 introduce una serie de mejoras —sobre versiones anteriores del grupo de programas de Office— y una de éstas es el panel de navegación, que le ayudará a trabajar con documentos que tienen muchas páginas, permitiéndole ver la presentación de diferentes páginas del documento (como en un tipo de cinta virtual).

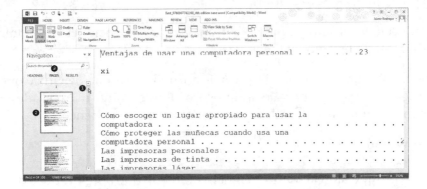

El panel de navegación es muy fácil de usar y una vez que éste abra (si no lo ve abierto haga clic sobre la pestaña de "View", y después sobre "Navegation Panel"), lo puede comenzar a usar de la siguiente manera:

1. Lleve el indicador del ratón sobre esta guía y oprima el botón izquierdo del ratón, sosténgalo y hálelo para buscar la página con la cual desea trabajar.

2. Una vez que vea en esta cinta virtual la página —en este ejemplo le hice clic a la página cuatro— con la cual desea trabajar hágale clic para escogerla. Ahora ésta abre en el área principal de trabajo de Word.

3. Si inmediatamente después de escoger el panel de navegación no puede ver las vistas preliminares de las páginas individuales, entonces, en versiones recientes de Office, como 2016/2013/2010/365, haga clic sobre la etiquta de Pages, o b) en versiones anteriores de

Office, haga clic sobre el icono de "Pages" (en este panel de Navegación).

Cómo añadir un idioma a su copia de Office

Es posible añadirle otro idioma a Office, para que trabaje bien el corrector de lenguaje, pero antes de comenzar este proceso, cierre todos los programas con los cuales esté trabajando, para así no perder ninguno de sus cambios.

Para comenzar abra el panel de trabajar con las opciones de añadir idiomas, de la siguiente manera:

Haga este cambio global después de abrir el programa de Office que desea usar, ya sea por ejemplo: Word, PowerPoint, o Excel, de la manera como corresponde al sistema operativo que tiene.

En Windows 10:

- Busque su teja o "Tile" en la pantalla de que abre después de hacerle clic al botón de comienzo ⊞ , y hágale clic.
- Haga clic sobre el botón de comienzo ⊞ , después escriba Word, en la casilla de búsqueda al lado de este botón, y cuando vea el icono de Word, hágale clic para abrir este programa.

En Windows 7/Vista:

Haga clic sobre el botón de "Start", e inmediatamente escriba "Microsoft Office 2007 Language Settings" (si tiene Office 2003, escriba "2003" en vez de "2007"; si usa Office 2010, escriba "Microsoft Office 2010 Language Preferences"), y después oprima la tecla ENTER.

En Windows 8:

- Busque su teja o "Tile" en la pantalla de comienzo o "Start menu", y hágale clic.
- Use la combinación de teclas ⊞ + S, para abrir la ventana de búsqueda, y en la ventana de dialogo que abre, escriba Word.

Cuando vea el nombre de este programa, entre los nombre que aparecerán debajo de esta casilla de búsqueda, hágale clic para abrirlo.

Una vez que Word abra, le puede añadir un idioma adicional a su copia de Office, como por ejemplo Español de Colombia, de esta manera:

1. Hágale clic a la pestaña de "Review".

2. Después, en el grupo de "Language", haga clic sobre "Language", y en entre las dos opciones que abren, haga clic sobre "Language Preferences".

Ahora, en la ventana de diálogo que abre, puede añadir o quitar una lengua adicional a su programa de Microsoft Office. Pero tenga en cuenta que este cambio no modifica automáticamente la configuración de su teclado, y es solo para ayudar a que el corrector de ortografía sea más preciso cuando sugiera cambios en las palabras que escribe.

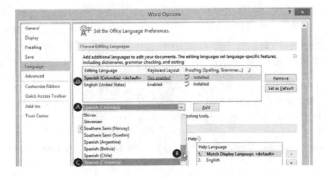

Esta es la manera de añadir un idioma adicional, usando la ventana de opciones o "Options" de Microsoft Word 2016 y 365:

A. Haga clic en esta casilla, sobre "Add aditional...".

B. Ahora, si inmediatamente no puede ver el idioma que desea añadir, lleve el indicador sobre la guía de desplazamiento, después sostenga el botón izquierdo del ratón, mientras mueve esta lista de idiomas.

C. Una vez que vea el idioma que desea añadir, por ejemplo "Spanish (Colombia)", hágale clic para escogerlo.

D. Ahora puede ver el idioma que acaba de añadir, a sus programas de Office.

Si desea que uno de estos idiomas sea el de sistema o "Default", es decir que el corrector de ortografía siempre lo use cuando elige corregir sus documentos, elíjalo haciéndole clic, y después haga clic sobre fije como idioma de sistema o "Set as Default". Inclusive si más adelante desea quitar un idioma que añadió aquí, puede regresar aquí, escoger el idioma, y después hacer clic sobre quitar o "Remove".

1. Haga clic sobre el botón de "Start" y después lleve el indicador sobre "All Programs". En Windows 98/Me o Windows 2000, dirá sólo "Programs".

2. Después llévelo sobre "Microsoft Office", y después sobre "Microsoft Office Tools". En versiones anteriores de Office, como Office 2000, verá "Microsoft Office Tools" en su propia carpeta.

3. Enseguida jale el indicador hacia la derecha hasta llegar a "Microsoft Office 2007 Language Settings" (cambie el año al de su versión de Office).

La gráfica de la próxima página le muestra la ventana que le permite añadir otros idiomas en Office 2010.

Esta es la manera de escoger trabajar con más idiomas en Office:

1. Primero busque el idioma que desea usar en esta lista, en este caso "Spanish". En Office 2010, es necesario hacerle clic al idioma que aparece seleccionado para ver la lista completa de los idiomas disponibles. En algunas versiones anteriores de Office, es suficiente hacer clic sobre el idioma que desea usar para añadirlo.

2. Después haga clic sobre "Add".

3. Finalmente haga clic sobre "OK" y después haga clic sobre "Yes" para aceptar los cambios.

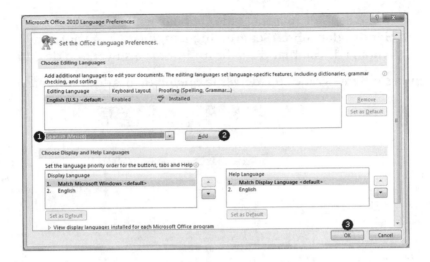

Cómo trabajar con la opción de corregir en varios idiomas a la vez

Una vez que tenga otro idioma seleccionado, le será posible trabajar con un documento con palabras en varios idiomas, y Office le indicará si tiene errores en cada uno de los idiomas.

Así se habilita la función de trabajar con varios idiomas a la vez, después de abrir el programa de Office que desea usar, ya sea por ejemplo: Word, PowerPoint o Excel:

En Office 2016/2013/365:

1. Hágale clic a la pestaña de "Review".
2. Ahora, en el grupo de "Language", haga clic sobre "Language".
3. Ahora hale el indicador sobre "Set Proofing Language", para abrir la ventana de dialogo de cambiar el idioma que su programa de Office usa.

En Office 2007/2010:

1. Hágale clic a la pestaña "Review".
2. Ahora, en el grupo de "Proofing", busque en Office 2010 al globo con una "A" dorada; y en Office 2007 al globo verde

(como con una marca al lado), y hágale clic. Ahora jale el indicador sobre "Set Proofing Language", para abrir la ventana de cambiar o añadir un idioma a su versión de Office.

En la siguiente gráfica puede ver la opción de usar dos idiomas.

Esta es la manera de trabajar con esta ventana de dialogo para ayudarle al corrector de ortografía o "Spell Checker", a hacer un mejor trabajo.

A. En esta lista puede ver la lista de los diccionarios de los idiomas que el corrector de ortografía usar pará corregir sus documentos.

B. Si desea que Word detecte automáticamente en qué idioma está escribiendo, haga clic sobre detectar idioma automáticamente o "Detect language automatically", para seleccionarlo.

C. Si desea que el corrector de ortografía siempre mire primero un idioma en particular, escójalo en la lista de idiomas (si este no aparece a simple vista, búsquelo usando la barra de desplazamiento de la derecha) y cuando lo vea hágale clic y después selecciónelo como el idioma de sistema haciendo clic sobre "Set As Default". Ahora otra ventana abrirá, preguntándole si desea hacer este cambio, para confirmarlo hágale clic a OK.

Cuando termine de hacer cambios a la configuración del idioma, en el programa de Office que esté usando, haga clic sobre confirmar u "OK" para cerrar esta ventana de diálogo. Si más adelante desea cambiar sus preferencias, como por ejemplo seleccionar otro idioma como su preferido, regrese a trabajar con esta ventana de idiomas, abriendo de la manera que vio previamente.

Para pedirle a Office que detecte errores en varios idiomas, haga clic sobre "Detect language automatically". Finalmente, haga clic sobre "OK".

Cómo usar el corrector de ortografía

Esta es una de las funciones más útiles de Office, ya que le sugiere cómo corregir palabras que haya escrito con errores de ortografía o de gramática. Para que esta función trabaje bien, es necesario que haya elegido correctamente el idioma que desea usar.

La siguiente gráfica muestra cómo usar el corrector de ortografía en Office.

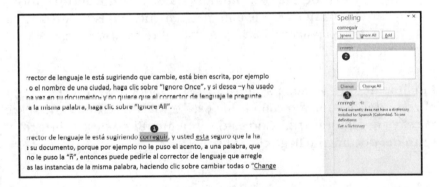

Esta es la manera de usar el corrector de ortografía y de gramática en Office:

1. Si una palabra aparece subrayada, puede que tenga errores de ortografía, como por ejemplo la palabra "correguir" en el ejemplo de arriba. Para buscar la palabra correcta abra el corrector de ortografía oprimiendo la tecla F7, o:
   - En Office 2013/365/2010/2007:
     Para trabajar con el corrector de ortografía, oprima la tecla F7 o haga clic sobre la pestaña "Review". Ahora haga clic

sobre el icono de "Spelling and Grammar" en el grupo de "Proofing".

2. Cuando la ventana de corregir se abra, hágale clic a la palabra correcta. En este caso "correguir" sin la "u". Si la palabra que el corrector de lenguaje le está sugiriendo que cambie está bien escrita, por ejemplo porque es un apellido, o el nombre de una ciudad, haga clic sobre "Ignore Once", y si desea —y ha usado esta palabra más de una vez en su documento— y no quiere que el corrector le pregunte cada vez que encuentra la misma palabra, haga clic sobre "Ignore All".

3. Después haga clic sobre "Change" para reemplazar la palabra en su documento con la palabra correcta. Si tiene en su documento una palabra que el corrector de ortografía le está sugiriendo corregir, y usted está seguro que la ha escrito mal a lo largo de todo su documento, porque por ejemplo no le puso el acento a una palabra, que puede ser "última", o sea no le puso tilde a la "ú", entonces puede pedirle al corrector de ortografía que arregle automáticamente todas las instancias de la misma palabra, haciendo clic sobre cambiar todas o "Change All".

Finalmente otra ventana se abrirá preguntándole si desea corregir el resto del documento con el que está trabajando. Haga clic sobre "Yes" para seguir corrigiendo su documento. Si no desea corregir el resto del documento haga clic sobre "No".

Cómo saber si el idioma predeterminado no está bien seleccionado

Si está trabajando con un documento y cada letra aparece subrayada, puede deberse a que tiene el idioma predeterminado mal seleccionado. Para corregir este problema, regrese a las páginas anteriores y escoja el diccionario del idioma que desea usar.

En la siguiente gráfica se puede ver que casi todas las palabras están subrayadas.

```
Compañías de asesoría Galaxia

Estimados Señores:

La presente es para agradecerles por su pronta respuesta a mi orden del
10 de Febrero, por las 20 copias de Microsoft Windows ME que me
enviaron.

Hoy mismo estoy remitiéndoles el total de esta orden a su dirección en
Santa Clara.

Cordialmente
```

Si está escribiendo palabras que usted sabe que están escritas correctamente, pero aparecen subrayadas, como en el ejemplo anterior, es necesario que cambie el idioma del sistema.

```
Compañías de asesoría Galaxia

Estimados Señores:

La presente es para agradecerles por su pronta respuesta a mi orden del
10 de Febrero, por las 20 copias de Microsoft Windows ME que me
enviaron.

Hoy mismo estoy remitiéndoles el total de esta orden a su dirección en
Santa Clara.
```

En la gráfica anterior se puede ver cómo esta carta cambió una vez que se escogió el idioma correcto, ya que ahora sólo dos palabras aparecen subrayadas.

La cinta o "Ribbon" de Office 2016/2013/365/2010/2007

La cinta de Office es el panel situado en la parte superior de la ventana del programa en donde, en versiones anteriores de Word, PowerPoint o Excel, podía ver sus herramientas de trabajo y en el cual ahora encontrará iconos en los cuales puede hacer clic para completar su trabajo en cualquiera de los programas que componen Office 2016/2013/365/2010/2007.

Estos son los tres tipos de componentes que encontrará en la cinta de un programa de Office 2016/2013/365/2010/2007:

- *Tabs (pestañas):* De estas encontrará siete básicas, y cada una de ellas representa una área de actividad.
- *Groups (grupos):* Ahora, a su vez, cada una de estas pestañas está dividida en grupos, en los cuales encontrará iconos con propósitos comunes.
- *Commands (órdenes):* Es un botón o cajita donde debe escribir información, o un menú en el cual debe escoger algo.

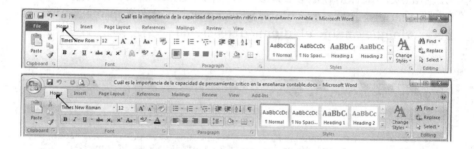

Por favor note en la gráfica de arriba de Word 2016/2013/365/2010/ 2007 (arriba, y 2007 abajo) que esta cinta de Office organiza sus órdenes a través de siete pestañas ("Home", "Insert", etc). Por ejemplo, la pestaña destacada en esta imagen es la de "Home", que siempre aparece destacada inmediatamente después de que usted abre cualquiera de los programas de Office que usan este nuevo tipo de menú. Para trabajar con una pestaña diferente, hágale clic a su título. Por ejemplo, para trabajar con las opciones que se encuentran en la pestaña de "Insert", hágale clic una vez. Dentro de cada pestaña encontrará que cada una de estas opciones está organizada por grupos.

En Office 2016/2013/365/2010/2007, encontrará que la pestaña de "Home" está presente en todos sus programas, pero algunos programas tienen algunas pestañas que son específicas a la versión de Office que está usando. Por ejemplo, mientras la cinta de Excel tiene una pestaña para trabajar con las opciones de "Data" o referente a bancos de datos, Word no le ofrece esta capacidad, sino que tiene pestañas que le mostrarán las diferentes opciones que puede usar para controlar el formato de texto en un documento.

La pestaña "Home" en Office 2016/2013/365/2010/2007

Esta pestaña aparece seleccionada inmediatamente después de que abre uno de los programas de Office que usan el "Ribbon", como Word, Excel o PowerPoint.

Siguiendo la gráfica de arriba del "Ribbon" (note que en este momento la pestaña de Home está seleccionada) de Office, aprenderá lo siguiente:

■ En el primer grupo, tipo de letra o "Font", encontrará opciones para trabajar con:

- Los diferentes tipos de letras
- El tamaño de letra
- El estilo de letra: negritas, cursiva o subrayada

■ Por ejemplo, si necesita centrar un título que acaba de escribir, trabaje con las opciones del grupo "Paragraph", en el cual encontrará opciones para:

- Centrar y justificar el texto
- Crear listas numeradas y viñetas

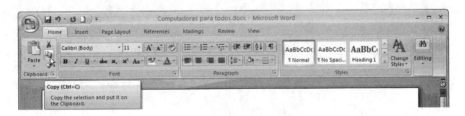

Por favor recuerde que, al igual que en versiones anteriores de cualquier programa para Office, si tiene dudas de la función específica de alguno de los iconos que ve en el "Ribbon", puede llevar el indicador del ratón sobre él, dejarlo unos segundos ahí y esperar a que una ventanita se abra indicándole su nombre y su propósito. En este ejemplo, dejé el indicador del ratón en la pestaña de "Home" sobre un icono que parece dos cartas una al lado de otra, y una ventanita se abrió recordándome que éste es el icono de "Copy", que copia una selección y la envía al "Clipboard" de Windows.

La herramienta de trabajo diminuta

Cuando comience a trabajar en Word y seleccione algunas palabras con la cuales quiere trabajar, notará que a veces un menú semi-transparente aparece arriba de éstas, como flotando. Esto se llama la "Mini-Toolbar" o herramienta de trabajo diminuta, y la puede usar para completar algunas funciones, como por ejemplo cambiarle el tipo de letra a algo que haya escrito.

Por favor guíese por la siguiente imagen de Word 2007 para aprender a usar la "Mini-Toolbar" para cambiar el tipo de letra o "Font" en un documento:

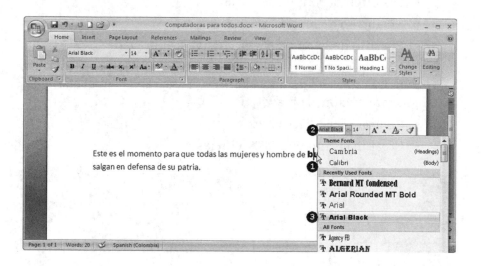

1. Para empezar, haga clic con el botón derecho del ratón sobre el texto o la selección de texto que desea cambiar.

2. Ahora haga clic sobre la casilla de los "Fonts".

3. Finalmente, escoja el nombre de la que desea usar. Para este ejemplo, escogí usar "Arial Black".

En Word 2016/2013/365/2010/2007 también notará que el menú que se abre cuando hace clic con el botón derecho en cualquier parte del área de trabajo ha cambiado mucho y le ofrece muchas más opciones, como por ejemplo escoger el tipo exacto de lista que desea usar en el menú de listas numeradas. La puede escoger con sólo hacer clic sobre ella.

La barra de herramientas de acceso rápido

Esta es la barra de herramientas localizada, en programas de Office 2016/2013/365/2010/2007, arriba del menú de "File"; y en programas para Office 2007, al nivel del botón de Office 2007. En ella hallará iconos que le ayudarán a realizar tareas como crear un nuevo documento, abrir un documento o invocar la función de "View".

Por ejemplo, para guardar un documento que acaba de empezar a redactar, puede hacer clic sobre el botón de Office 2007 y escoger "Save", o alternativamente hacerle clic al icono del disquito o "Save" (indicado por la flecha en la siguiente gráfica) en esta herramienta de acceso rápido o "Quick Access Toolbar", lo que también le permitirá comenzar el proceso de guardarlo.

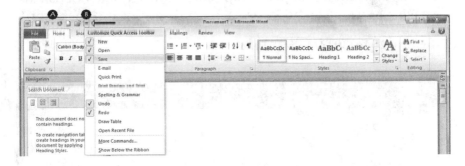

Por favor guíese por la gráfica que ve arriba de Word 2013 (este tiene una presentación igual en la versión 2007) para aprender a usar el "Quick Access Toolbar":

Ⓐ Esta es la herramienta de acceso rápido o "Quick Access Toolbar" que verá en Office 2016/2013/365/2010/2007. Para invocar uno de los comandos que ve ahí, por ejemplo "Save", o guardar un documento, sólo hágale clic sobre su icono.

B Hágale clic en la guía al final de esta herramienta de acceso rápido para abrir el menú que ve en esta gráfica, que le ayudará a añadirle o quitarle iconos a esta herramienta de trabajo. Por ejemplo, si desea ver el icono de "Open" si éste no es visible ahí, haga clic sobre el nombre "Open" para añadirlo a la herramienta de acceso rápido. Inclusive, si desea, al final de este menú desplegable verá la opción para esconder el "Ribbon" ("Minimize the...") con sólo hacerle clic. Para recobrarlo de nuevo, haga clic sobre la guía de arriba para ver otra vez el menú desplegable, y después haga clic de nuevo sobre "Minimize the..."

Ahora, si usted desea, también puede usar las mismas combinaciones de teclas que usaba antes para hacer su trabajo, especialmente las que comienzan con la tecla CTRL. Por ejemplo, CTRL + C para copiar, CTRL + X para cortar, o CTRL + O para abrir un documento.

Cómo usar la orientación de página horizontal o "Landscape"

La orientación de página de sistema que verá cada vez que abre Word es la de "Portrait" o vertical, pero si desea puede cambiarla en un documento (como por ejemplo, una circular) a la orientación de página horizontal usando las opciones de página o "Page Setup".

En Office 2016/2013/365/2010/2007:

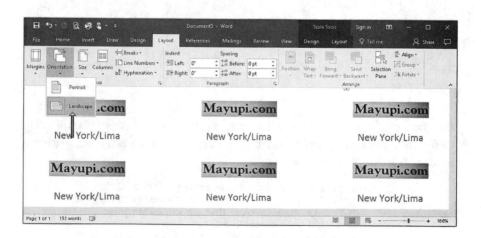

Haga clic sobre la pestaña "Layout" o en algunas versiones de Office "Page Layout", en el grupo de "Page Setup" y por último haga clic sobre "Orientation". Ahora escoja "Landscape". Cuando cierre el programa, la orientación de sistema volverá a ser "Portrait".

Para recordar

- Si tiene una versión anterior de Office (como 2003), y desea usar la versión nueva, sólo es necesario conseguir una actualización o *upgrade*.

- En Office 2010, Microsoft vuelve a usar la palabra "File", para entrar a la lista de menús principales.

- En Office 2007, el botón de Office reemplaza las barras de herramientas que veía antes.

- En Office, cada documento que abra aparecerá en una ventana diferente.

- En Office, encontrará diccionarios de 20 países hispanohablantes y 13 de los países que hablan inglés.

- Si está trabajando con un documento y cada letra aparece subrayada, esto se puede deber a que tiene el idioma predeterminado mal seleccionado.

- Una barra de herramientas es un conjunto de iconos, cada uno de los cuales le ayudará a realizar una función específica cuando les haga clic.

El procesador de palabras Microsoft Word

Introducción

Word es uno de los procesadores de palabras más usados en el mundo. Este programa le permite crear desde una página a un libro completo. Su versión más reciente, la de Word 2016 y 365, es mucho más sofisticada que todas las versiones anteriores, y también está mucho más integrada a los otros programas que forman parte de Office.

Con este procesador de palabras, podrá crear, entre otros, los siguientes tipos de documentos:

- Invitaciones a bodas, cumpleaños, bautizos
- Su hoja de vida y una solicitud de empleo
- Circulares para alquilar apartamentos y casas o para algo que tenga para la venta
- Tareas de la escuela

Para seguir estos ejemplos, abra Word de acuerdo al sistema operativo con el cual cuente su computadora.

En Windows 10:

Hágale clic al botón de comienzo o "Start", y busque su teja o "Tile" y hágale clic, o escriba Word en la casilla de búsqueda (la que dice "Type here to search") que ve al lado del botón de Windows. Cuando vea el nombre de este programa entre los nombres que aparecen encima de esta casilla de búsqueda, hágale clic para abrirlo.

En Windows 8:

Busque su teja o "Tile" en la pantalla de comienzo o "Start", y hágale clic, para abrirlo, o use la combinación de teclas ⊞ + S, para abrir la ventana de búsqueda. En la ventana de diálogo que abre, escriba Word. Cuando vea el nombre de este programa, entre los nombre que aparecerán debajo de esta casilla de búsqueda, hágale clic para abrirlo.

En Windows 7/Vista:

Lleve el indicador sobre el botón de "Start" y haga clic sobre éste. Inmediatamente escriba "Word" y después oprima la tecla ENTER, o si puede ver más de una versión de este programa en la lista debajo de "Programs", haga clic sobre la versión de Word que desea usar.

La siguiente gráfica muestra el área de trabajo de Word 2016.

Si ha trabajado con Word en el pasado, notará que el área de las herramientas de trabajo ha cambiado mucho en comparación con versiones anteriores. Pero si todavía usa una versión anterior de Word, debe saber que casi todas las instrucciones en este capítulo le pueden ser útiles. Por favor note esta barrita destellando en el área de trabajo del procesador de palabras. Este se llama el cursor destellante, y le indica exactamente la posición —en un documento— donde el texto que escribe, aparecerá en este.

NOTA

Esto también es cierto a través de los diferentes programas para Windows, como son por ejemplo los Navegadores de Internet, cuando vea la barrita destellante, y escribe algo en su teclado, el texto que escribe aparece como a la izquierda de esta.

Cómo usar la función "clic y escriba"

Esta función le permite hacer clic en cualquier parte del área de trabajo de Word y comenzar a escribir. Esto es muy útil para trabajar en circulares o proyectos con gráficas sin tener que usar la tecla del tabulador.

En la siguiente gráfica se puede ver ejemplos de los iconos que verá cuando coloque el cursor sobre el área de trabajo.

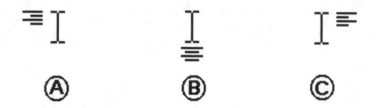

He aquí el resultado de hacer clic dos veces sobre un área de trabajo si comienza a escribir y el cursor se parece a uno de estos iconos:

- **Ⓐ El texto que escriba será alineado a la derecha.**
- **Ⓑ El texto que escriba será centrado.**
- **Ⓒ El texto que escriba será alineado a la izquierda.**

·Por ejemplo, si desea crear un título con el texto centrado, hágalo de la siguiente manera:

1. Coloque el cursor sobre el centro de la página y haga clic.
2. Observe el cursor, compárelo al de la gráfica anterior (**B**), y si se parece, haga clic dos veces.
3. Comience a escribir.

Computadoras para todos

En este ejemplo se puede notar como el título, *Computadoras para todos,* quedó centrado sin necesidad de usar el tabulador.

Cómo cambiar el espacio entre líneas

El espacio entre líneas o interlineado determina la cantidad de espacio en sentido vertical entre las líneas de texto. Cuando se abre un documento nuevo, Word usa el interlineado sencillo de forma predeterminada. El interlineado que seleccione afectará todo el texto del párrafo seleccionado o del texto que escriba después del punto de inserción.

En Office 2016/2013/365/2010/2007:

Haga clic sobre la pestaña "Home", en el grupo "Paragraph" y después haga clic sobre el icono de cambiar el interlineado. Por último, escoja el interlineado que desea usar.

Cómo usar las listas de números

Esta es una función que le permite hacer listas de manera automática, ya que Word le asignará un número a cada una de las líneas que escriba. De esta manera puede, por ejemplo, hacer listas de cosas que tiene que hacer, escribiendo las que tienen más urgencia al principio.

En Word hay dos maneras de usar esta función:

1. Haciendo clic sobre el icono de numerar y después escribiendo cada línea de la lista.
2. Escribir una lista, seleccionarla y después hacer clic sobre el icono de numerar.

En los siguientes ejemplos, verá cómo numerar una lista después de seleccionarla.

En Office 2016/2013/365/2010/2007:

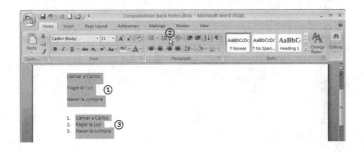

Si desea numerar una lista, siga estos pasos:

1. Seleccione la lista que desea numerar.

2. Haga clic sobre el icono de numerar en la pestaña "Home" en el grupo "Paragraph". Si hace clic sobre la guía hacia abajo al lado de este icono, podrá seleccionar entre varios estilos de lista el que desea usar, haciéndole clic.

3. Después haga clic sobre cualquier espacio en blanco, debajo de la lista para no borrarla accidentalmente mientras esté seleccionada. Finalmente, oprima la tecla ENTER dos veces.

Cómo usar las viñetas o "Bullets"

Esta es una función muy útil para destacar puntos importantes en un documento de manera automática. Si desea usar viñetas con Word, destacará todas las líneas que seleccione. De esta manera puede, por ejemplo, hacer listas de puntos para resaltar sus ideas.

En Word hay dos maneras de usar esta función:

1. Haga clic sobre el símbolo de viñetas y después escriba cada línea.

2. Escriba una línea, selecciónela y haga clic sobre el símbolo de viñetas.

La siguiente gráfica muestra cómo usar las viñetas para hacer una lista después de haberla seleccionado.

En Office 2016/2013/365/2010/2007:

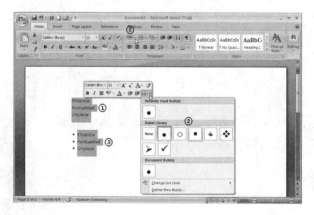

Si desea usar las viñetas para destacar una lista de puntos, hágalo de esta manera:

1. Seleccione los puntos que desea destacar.
2. Haga clic sobre el símbolo de viñetas en el "Ribbon" de Office (arriba de su ventana), o haga clic con el botón derecho del ratón sobre su selección para ver el menú en la gráfica de arriba. Después haga clic sobre el tipo de viñeta que desea usar.
3. Para terminar, haga clic con el ratón sobre cualquier espacio en blanco. Por último, presione la tecla ENTER dos veces para parar de usar esta función.

Cómo encontrar y reemplazar palabras

La función de encontrar y reemplazar palabras o "Find and Replace" es muy útil si está trabajando con un documento o si desea cambiar una palabra y no sabe exactamente en qué página se encuentra. Con esta función se puede reemplazar sólo una palabra que busca o, si tiene muchas instancias de esta misma palabra en un documento, puede reemplazarlas todas al mismo tiempo.

La siguiente gráfica muestra la manera de usar la función de encontrar y reemplazar palabras.

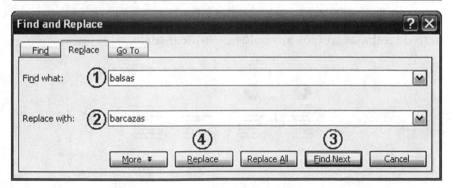

Use la combinación de teclas CTRL + H y después siga estos pasos para hallar y reemplazar una palabra:

1. En la línea, "Find what:" escriba la palabra que desea buscar.

2. En la línea, "Replace with:" escriba en la casilla la palabra con la cual desea reemplazar la palabra de arriba.

3. Haga clic sobre "Find Next" para buscar la primera vez que esta palabra aparece en este documento.

4. Haga clic sobre "Replace" para reemplazarla. Si desea reemplazar todas las instancias de esta misma palabra en un documento, haga clic sobre "Replace All".

Cómo trabajar con la alineación de texto

Esta es la función que le permite cambiar en la pantalla la posición del texto que usted elija, como por ejemplo, centrándolo. La alineación de sistema es siempre a la izquierda. De esta manera, cuando termina un renglón y comienza otro, las palabras se alinean en el lado izquierdo.

En Word hay dos maneras de usar esta función:

1. Haga clic sobre el icono de alinear texto que desea usar y después escriba una línea.

2. Escriba una línea, selecciónela y después haga clic sobre el icono de alinear.

La siguiente gráfica, y su explicación, le ayudarán a entender la manera de trabajar con los símbolos de alinear texto.

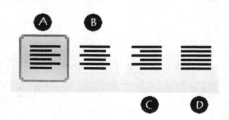

Cuando hace clic sobre este icono, el nuevo texto que escribe o el que seleccionó después de escribirlo:

Ⓐ **Es alineado en el margen izquierdo. En este ejemplo esta es la opción seleccionada.**

Ⓑ **Es centrado.**

Ⓒ **Es alineado contra el margen derecho.**

Ⓓ **Es espaciado, para que cada línea aparezca (el programa hace esto añadiendo espacios) a todo el largo de la página.**

Por favor tenga en cuenta que estas opciones de alinear texto se encuentran en cada uno de los programas incluidos con Office 2016/2013/365/2010/2007, en la pestaña de "Home", en la sección de "Paragraph". Adicionalmente estas opciones, para trabajar con la alineación de texto, se hacen de igual manera en casi todos los programas para Windows en los cuales le es posible alinear texto.

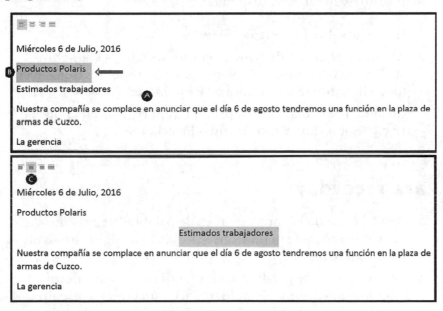

Por ejemplo, esta es la manera de cambiarle la alineación a algo que ya ha escrito:

Ⓐ **En este ejemplo, esta nota está alineada a la izquierda.**

Ⓑ **Por ejemplo, para centrar el título; empiece seleccionándolo.**

Ⓒ **Ahora haga clic sobre el símbolo de centrar una selección de palabras.**

Ahora puede ver el título de esta nota centrado en la página. Recuerde que si todavía está escribiendo en su documento y desea regresar a escribir al nivel del margen izquierdo, es necesario que le haga clic sobre el icono de alinear el texto a la izquierda, de lo contrario de ahora en adelante todo lo que escriba aparecerá centrado.

Cómo trabajar con la pantalla completa

Esta función le permite trabajar sin tener que ver las barras de herramientas. Así sólo verá el área de trabajo del documento con el que está trabajando. Si necesita hacer cambios de letra u otro tipo de formato, regrese a la pantalla regular.

En Office 2016/2013/365/2010/2007:

1. Haga clic sobre la pestaña "View".
2. Ahora, en el grupo de "Document Views", haga clic sobre "Full Screen Reading". En versiones más recientes de Office, haga clic sobre modo lectura o "Read Mode".
3. Cuando desee regresar a la presentación regular en la que se ve el "Ribbon" de Office, oprima la tecla ESC.

Para recordar

- Word es uno de los procesadores de palabras de más uso en todo el mundo y le permite crear desde una página hasta un libro completo.
- Un procesador de palabras como Word es muy útil porque usándolo puede, por ejemplo, redactar una carta, corregirla con el corrector de gramática, seleccionarla, copiarla y después pegarla a un mensaje de correo electrónico.
- Word viene incluido con muchos tipos y tamaños de letra diferentes.
- Use viñetas para destacar puntos importantes en un documento de manera automática.

La hoja de cálculo Microsoft Excel 12

Introducción

Excel es la hoja de cálculo electrónica o "spreadsheet" incluida en Office de Microsoft. Este tipo de programa es sumamente útil y le puede asistir en sumar o restar cantidades de una manera casi instantánea.

Además, le ofrece muchas herramientas para analizar los resultados de estas operaciones. De esta manera, puede crear informes que demuestren qué hay detrás de todos los números que salieron en una hoja de cálculo.

Con esta hoja de cálculo, podrá crear, entre otros, este tipo de documentos:

- Presupuestos
- Listas de gastos
- Tareas de la escuela
- Tablas para seguir los marcadores de sus equipos favoritos

La siguiente gráfica muestra el área de trabajo de Excel.

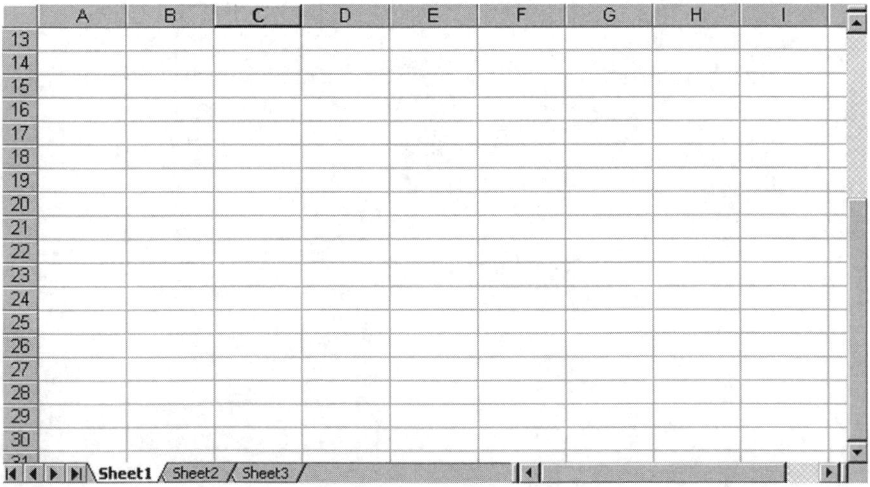

Como puede ver, la hoja de trabajo o "worksheet" de Excel consiste en una serie de casillas separadas por filas y columnas. Las filas empiezan con el número "1" y las columnas están representadas por letras, empezando con la letra "A".

Descripción de las casillas individuales o "Cells"

Una casilla es el espacio virtual que contiene información, como por ejemplo, texto, números e incluso modelos gráficos. Estas casillas también pueden contener las fórmulas que le permiten hacer cálculos basados en los valores de otras casillas o de otras fórmulas.

En la siguiente gráfica se puede ver claramente cómo el nombre de cada casilla se conoce por la fila y la columna en las cuales está situada.

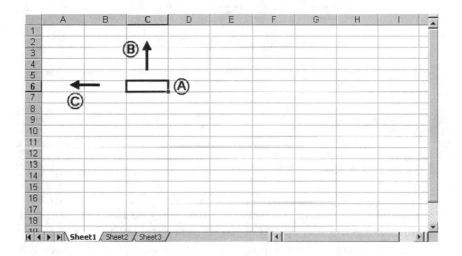

El valor de esta casilla está relacionado con la posición en la cual se encuentra en el área de trabajo:

Ⓐ Es la casilla individual y representa la posición de entrada en la hoja de cálculo.

Ⓑ Es la columna **C** en la cual está situada esta casilla.

Ⓒ Es la línea **6** en la cual está situada esta casilla. En este caso se puede decir que esta casilla se llama **C6**.

Cómo navegar en una hoja de cálculo o "Spreadsheet"

En una hoja de cálculo se pueden usar el ratón, el teclado y, en particular, las flechas que están al lado de la planilla de números. En una hoja de cálculo es preferible usar las flechas del teclado para cambiar de una casilla a otra, ya que así no se puede borrar ninguna información en las casillas.

En la siguiente gráfica se puede ver las flechas del teclado y la manera de usarlas para trabajar en Excel.

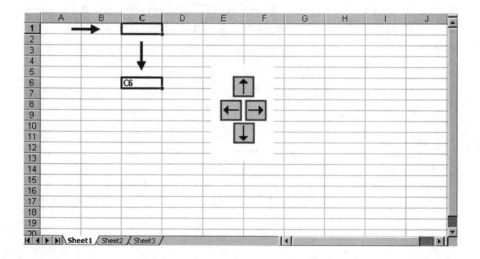

En esta gráfica se puede ver cómo el punto de entrada a esta hoja de cálculo es la casilla **A1**. Por ejemplo, si desea ir a la casilla **C6**, use la flecha de la derecha hasta llegar a la columna de la **C**, y después use la flecha que apunta hacia abajo hasta llegar a la línea **6**.

Cómo abrir y guardar una hoja de cálculo

Una de las grandes ventajas de este programa es la de poder, de una manera muy rápida, sumar y restar números en casillas que se encuentren incluidos en una fórmula.

Para seguir este ejemplo abra Excel de acuerdo a la versión de Windows que tiene en su computadora.

En Windows 10:

Hágale clic al botón de comienzo o "Start", y busque su teja o "Tile" y hágale clic, o escriba Excel en la casilla de búsqueda que ve al lado del botón de Windows. Cuando vea el nombre de este programa, entre los nombres que aparecerán debajo de esta casilla de búsqueda, hágale clic para abrirlo.

En Windows 8:

Busque su teja o "Tile" en la pantalla de comienzo o "Start", y cuando lo encuentre hágale clic, para abrirlo, o use la combinación de teclas ⊞ + S, para abrir la ventana de búsqueda, y en la ventana de dialogo que abre, escriba Excel. Cuando vea el nombre de este programa, entre los nombre que aparecerán debajo de esta casilla de búsqueda, hágale clic para abrirlo.

En Windows 7/Vista:

Haga clic sobre el botón de comienzo o "Start", e inmediatamente escriba Excel, y después oprima la tecla de "ENTER", o haga clic —si puede ver más de una versión de este programa en la lista debajo de "Programs"— sobre la versión que desea usar.

La gráfica de abajo representa la ventana inicial de Excel. Si en su computadora tiene instalada la versión de Excel 2007, los menús que verá en la parte superior de esa ventana son diferentes.

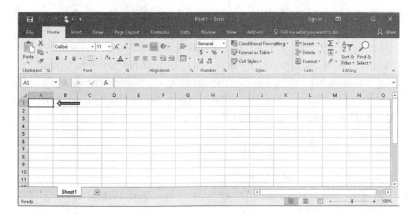

Cuando abra Excel, éste automáticamente escoge el nombre "Book 1", para su archivo. Por lo tanto, cuando esté comenzando a crear un archivo, es importante cambiarle el nombre lo más pronto posible usando la función "Save As".

Lo primero que haremos es cambiarle el nombre a este archivo de "Book 1" a uno de su preferencia. Para comenzar a guardar su trabajo use la combinación de teclas CTRL + S. El recuadro de guardar archivos se abrirá.

En Windows 10/8/7 y Vista:

En la gráfica de arriba puede ver la ventana para guardar archivos en Excel 2016/2013/365/2010/2007:

1. Para guardar su archivo localmente (en su PC y no en el Cloud), haga clic sobre "This PC". Mire al lado del "1" (ahora dice "Documents/2020/Personal"). En su caso mire si el nombre que aparece ahí es la carpeta donde desea guardar su trabajo. Si lo es, no cambie nada, de lo contrario haga clic sobre el nombre de esta, y busque y seleccione la que desea usar. En versiones anteriores de Excel, después de hacer clic sobre guardar o "Save" podrá escoger inmediatamente una carpeta donde guardar su trabajo.

2. Dele un nombre a su archivo

3. Finalmente haga clic sobre "Save" para guardarlo.

Cómo añadir texto a una hoja de cálculo

En una hoja de cálculo el proceso de añadir texto tiene más que todo un fin informativo: ayudar al usuario a recordar a qué corresponden los valores en la hoja de cálculo. En todas las diferentes versiones de Excel, las funciones que ha aprendido hasta ahora en Office, como por ejemplo, cambiarle el tipo y el tamaño de letra a lo que escribe o inclusive algo que ya ha escrito, se hacen de la misma manera en este programa.

La siguiente gráfica muestra la manera de añadir un título a una hoja de cálculo.

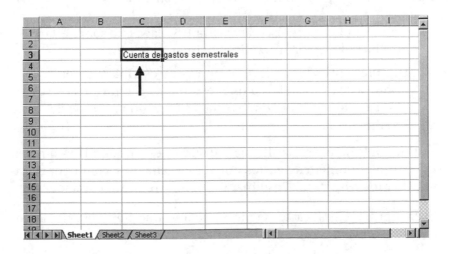

Así se añade texto a una hoja de cálculo:

1. Coloque el indicador sobre la casilla donde desea añadir texto.

2. A continuación, escriba el título que desea usar para esta hoja de cálculo. Cuando termine, pulse la tecla ENTER. Finalmente, puede ver cómo el título que escribió aparecerá a lo largo de diferentes casillas, empezando en la casilla **C3**.

Enseguida añada nombres a cada una de las columnas individuales para entender de qué se tratan los totales que puede obtener al final de cada columna.

En la siguiente gráfica puede ver el proceso de darle nombre a cada columna.

Añada nombres a las columnas de la siguiente manera:

1. Coloque el indicador en la casilla **B5,** haga clic sobre ella y escriba "Enero" para añadir el primer nombre.

2. Después oprima la tecla TAB una vez y escriba "Febrero". Repita este proceso hasta que termine de escribir los meses hasta Junio, oprimiendo la tecla TAB cuando termine de escribir cada mes.

Después dele nombre a las líneas individuales. Los nombres pueden ser cualquier número de gastos que tenga cada mes, como por ejemplo, Comida, Hipoteca, Gasolina, Colegio, Crédito y Vacaciones.

En la siguiente gráfica se puede ver cómo una hoja de cálculo comienza a verse más organizada.

	A	B	C	D	E	F	G
1							
2							
3			Cuenta de gastos semestrales				
4							
5	①	Enero	Febrero	Marzo	Abril	Mayo	Junio
6							
7	Comida						
8	②						
7	Comida						
8	Hipoteca						
9	Pagos						
10	Auto						
11	Gasolina						
12	Colegio						
13	Crédito						

Para añadir nombres a las líneas individuales, hágalo de la siguiente manera:

1. Coloque el indicador en la casilla **A7** y haga clic sobre ella. Después escriba "Comida" para añadir el primer gasto.

2. A continuación, oprima la flecha (en su teclado) que indica hacia abajo una vez, y luego escriba "Hipoteca". Repita este proceso hasta que termine de escribir el nombre de los gastos que puede tener cada mes.

> **!** Borrar el contenido de una casilla que no está protegida es muy fácil y se hace al colocar el indicador sobre la casilla y oprimir cualquier tecla. Por este motivo tenga cuidado en no reposar la mano en el teclado mientras esté usando la hoja de cálculo, a menos que la casilla esté protegida.

Cómo crear una fórmula para sumar cantidades

Ahora haga una fórmula sencilla con el propósito de sumar la primera columna de mes. Después le será posible copiar y pegar esta fórmula a las otras columnas con una combinación de teclas.

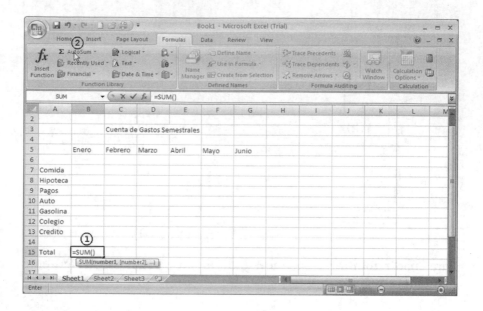

En la gráfica anterior se puede ver cómo se empieza a hacer una fórmula en una hoja de cálculo.

Primero haga clic sobre la casilla **A15** y escriba "Total". Ahora puede hacer una fórmula de la siguiente manera:

1. Coloque el indicador en la casilla **B15** si desea ver el total de esta columna en esta casilla, y haga clic sobre ella.
2. Después coloque el indicador sobre el icono "Σ" indicado por la flecha, y haga clic una vez.

Para este ejemplo usé Excel 2007, pero si tiene una versión anterior de Excel (como por ejemplo la versión 2003) también puede crear una fórmula haciéndole clic al símbolo de sumar "Σ" en la barra de herramientas.

Cómo añadirle casillas a una fórmula

Ahora es necesario indicarle a la fórmula qué casillas debe tener en cuenta en esta suma. De esta manera la fórmula sabe qué casillas debe sumar para dar un total.

En la siguiente gráfica puede ver en la casilla **B15** el símbolo de sumar **=SUM()**.

Finalmente, indíquele a esta fórmula qué casillas desea sumar de la siguiente manera:

1. Coloque el indicador en la casilla **B7** y haga clic sobre ella.

2. Jale el indicador **mientras** sostiene el botón izquierdo del ratón sobre todas las casillas que desee añadir a la fórmula (en este ejemplo sumé de **B7** a **B13**). Finalmente, oprima la tecla ENTER para terminar la fórmula.

Cómo copiar y pegar una fórmula

Ahora es posible copiar esta misma fórmula que recoge todos los valores de las columnas de **B7** a **B13**, y pegarla a todas las demás columnas en esta hoja de cálculo desde enero hasta junio.

En la siguiente gráfica se puede ver el proceso de copiar una fórmula.

Siga estos pasos para copiar —y después pegar— la fórmula que se hizo en la página anterior al resto de las columnas:

1. Coloque el indicador sobre la casilla **B15** y haga clic una vez. Después use la combinación de teclas CTRL + C para copiarla.

2. Coloque el indicador en la casilla **C15** usando la flecha en el teclado, y luego use la combinación de teclas CTRL + V para pegar la fórmula, y así sucesivamente, usando la combinación de teclas CTRL + V en cada casilla hasta llegar a **G15** (o al final de las columnas que desea sumar).

Cómo sumar los totales de cada fórmula

Ahora es posible añadir todos los totales de cada mes usando otra fórmula en una sola casilla para obtener el total del semestre.

La siguiente gráfica muestra cómo terminar esta hoja de cálculo.

Para añadir un título al total definitivo, coloque el indicador en la casilla **D19**, haga clic sobre ella y escriba "Total para el semestre". Después pulse la tecla ENTER.

Los pasos para hacer una fórmula para sumar totales se realizan de la misma manera que los pasos para hacer una fórmula sencilla. Primero escoja dónde desea ver el total y después seleccione los totales que desea sumar.

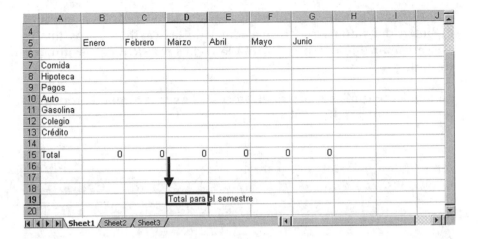

La siguiente gráfica muestra la manera de hacer una fórmula sencilla para sumar totales.

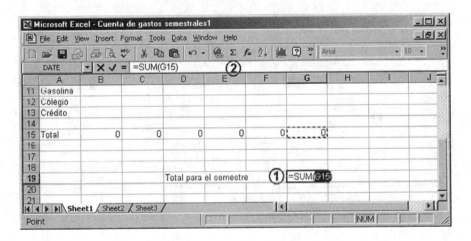

Ahora puede sumar los totales de cada mes de la siguiente manera:

1. Coloque el indicador en la casilla **G19** si ésta es la casilla donde desea ver el total del semestre, y haga clic sobre ella.

2. Coloque el indicador sobre el icono "Σ" indicado por la flecha y haga clic una vez.

Para conseguir el total del semestre, escoja las casillas cuyos totales desea sumar. Esto se hace de la misma manera que hemos visto anteriormente: barriendo el indicador del ratón (mientras sostiene el botón del ratón izquierdo) encima de las casillas cuyos totales desea sumar. Finalmente, oprima la tecla ENTER para terminar la fórmula.

La siguiente gráfica muestra el proceso de ver la suma de todos los totales en una casilla.

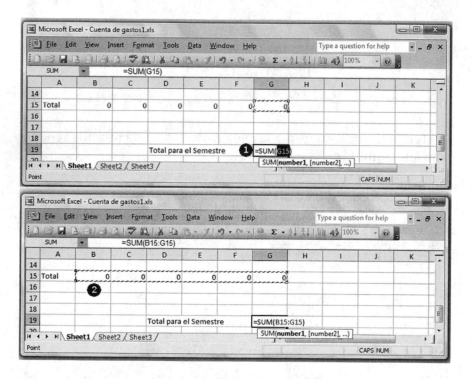

Esta es la manera de terminar una fórmula que le dé el total de todas la columnas.

1. Primero cerciórese que la casilla en la cual desee ver el gran total, en este caso **G19,** esté seleccionada.

2. Después haga clic en la primera casilla que desee sumar, en este caso **B15,** y después oprima y sostenga el botón izquierdo del ratón y jálelo hacia la derecha hasta llegar a la casilla **G15.** Para terminar, retire la mano del ratón, oprima la tecla ENTER, y use la combinación de teclas CTRL + S para guardar los cambios.

Finalmente, su hoja de cálculo está lista, y ahora puede comenzar a añadir sus gastos para mantener una relación de estos.

Estas son algunas de las pautas que le ayudarán a entender cómo usar esta hoja de cálculo:

■ Para añadir cualquier gasto en particular, hágale clic primero a la casilla que corresponda, después escriba su cantidad. Para pedirle a la hoja de cálculo que la acepte, cambie a otra casilla de una de estas cuatro maneras: 1) oprimiendo la tecla ENTER, 2) haciendo clic en otra casilla, 3) oprimiendo cualquiera de las flechitas en la parte inferior derecha de su teclado o 4) oprimiendo la tecla TAB.

■ Las cantidades que desea añadir a una hoja de cálculo no tienen que ser escritas en orden; es decir, que si escribió cuánto gastó de gasolina en febrero pero olvidó añadir cuánto gastó por cuenta de gasolina en enero, en cualquier momento puede escribir esta información haciendo clic sobre la casilla que corresponde.

En el siguiente ejemplo de una hoja de cálculo de Excel 2007, puede ver que todas las casillas tienen un valor, y enfrente de la casilla del gran total puede ver el total que la hoja de cálculo sumó de los gastos para el semestre: 20258.

Cuando hace su trabajo con un programa más avanzado, como por ejemplo Excel 2016/2013/365/2010/2007, que los que la gente con la cual colabora usa, es útil averiguar qué versión de este programa están usando. Si estas personas tienen una versión anterior a la que usted usa —por ejemplo usted tiene la versión 2007 y ellos la versión 2003— entonces le será necesario preparar los documentos que piensa compartir con ellos de la siguiente manera:

1. Cuando esté guardando el documento, haga clic sobre el botón de Office.

2. Después haga clic sobre el botón "Save As".

3. Y por último, haga clic sobre "Excel 97-2003" (al lado de "Save as Type"). Ahora termine de guardar este archivo de la manera que aprendió antes.

Por ejemplo, si usted tiene Excel 2003, debe saber que si le envía un documento a un compañero de trabajo que usa Excel 2016/2013/ 365/2010/2007 éste lo podrá abrir (Excel 2016/2013/365/2010/2007 automáticamente arregla el archivo que usted envió), pero si alguien que tiene Excel 2016/2013/365/2010/2007 le envía un archivo a usted sin hacer el cambio al archivo que acabo de mostrar, a usted se le hará muy difícil abrir este archivo sin pasos adicionales, como conseguir el paquete convertidor de archivos de Office 2016/2013/365/2010/2007, del cual pudo leer al principio de este cápitulo.

Para recordar

- Una casilla es el espacio virtual que recibe la información con la cual quiere trabajar en Excel, como por ejemplo texto, números e incluso modelos gráficos.

- Use las flechas que están al lado de la planilla de números para cambiar de una casilla a otra.

- Excel es muy útil para crear fórmulas sencillas o bien complicadas que le pueden ayudar a mantener la contabilidad en su casa o en su negocio.

- Borrar el contenido de una casilla que no está protegida es muy fácil y se consigue llevando el indicador sobre ésta y oprimiendo cualquier tecla.

- Use la combinación de teclas CTRL + Z para deshacer un error a la vez.

El programa de crear presentaciones Microsoft PowerPoint

13

Introducción

PowerPoint es el programa para crear presentaciones incluido en Microsoft Office. Le permite crear presentaciones para negocios o para tareas escolares. De todos los programas de las nuevas versiones de Office (2016/2013/365/2010/2007), PowerPoint es el que más ha cambiado con respecto a versiones anteriores.

La siguiente gráfica muestra una presentación que creé con Power-Point 2016, para anunciar una serie de charlas sobre el uso de las computadoras personales, basadas en este mismo libro.

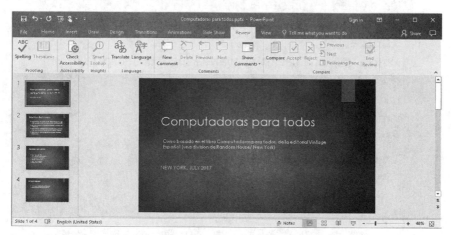

Si ha tenido la oportunidad de usar versiones anteriores de este programa, notará que en la versión actual ha cambiado mucho la presentación inicial. Se puede ver en el recuadro de la izquierda una lista de todo el material que se trata en cada una de las páginas de una presentación. A la derecha se encuentran las diapositivas individuales.

Para seguir los ejemplos en este capítulo, abra PowerPoint usando una de las siguientes maneras:

En Windows 10:

Hágale clic al botón de comienzo o "Start", y busque su teja o "Tile" y hágale clic, o escriba PowerPoint en la casilla de búsqueda (la que dice "Type here to search") que ve al lado del botón de Windows. Cuando vea el nombre de este programa, entre los nombre que verá encima de esta casilla de búsqueda, hágale clic para abrirlo.

En Windows 8:

Busque su teja o "Tile", en este caso PowerPoint, en la pantalla de comienzo o "Start", y hágale clic una vez, para abrir este programa, o use la combinación de teclas ⊞ + S, para abrir la ventana de búsqueda, y en la ventana de diálogo que abre, escriba PowerPoint, cuando vea el nombre de este programa, entre los nombre que aparecerán debajo de esta casilla de búsqueda, hágale clic para abrirlo.

En Windows 7/Vista:

Haga clic sobre el botón de "Start" e inmediatamente escriba "Power-Point" y después oprima la tecla ENTER. Si puede ver más de una versión de este programa en la lista debajo de "Programs", haga clic sobre la versión de este programa que desea usar.

Cómo crear una presentación

Una presentación puede consistir en una o varias páginas (llamadas diapositivas), que por lo general usan diseños iguales al de la primera diapositiva y cuyo contenido puede ser una combinación de texto e imágenes.

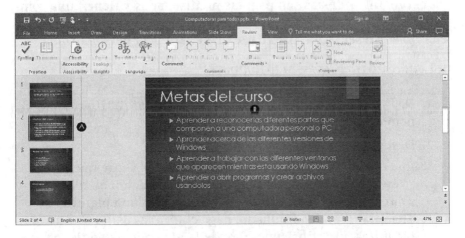

Inmediatamente después de abrir este programa le será posible comenzar a crear una presentación añadiéndole páginas, imágenes o cambiándole el estilo; lo que aprenderá a hacer en el resto del capítulo. En la versión 2016 de este programa haga clic sobre "Blank Presentation".

Estas son las partes más prominentes que puede ver en cuanto abra el programa PowerPoint:

Ⓐ En el panel de la izquierda puede ver vistas preliminares de las páginas o "slides" en su presentación. En versiones anteriores de PowerPoint, como por ejemplo la 2010 y la 2007, arriba de esta lista de páginas o "slides" verá dos pestañas, una se llama "slides", que le muestra las páginas individuales, como puede ver en la gráfica anterior, y la otra pestaña es "Outline", que cuando le hace clic le presentará la información contenida en cada página, también en el panel de la izquierda.

Ⓑ En la mitad de esta ventana, puede ver la página con la cual está trabajando (señalada en el panel de la izquierda). Para trabajar con una página diferente, haga clic sobre ésta en la lista de la izquierda.

Cómo crear una presentación al escoger un estilo de página

PowerPoint le ofrece la opción de crear presentaciones usando plantillas de estilos o "Design Templates" (las cuales vienen incluidas en el programa). Estas son páginas prediseñadas y tienen una combinación de colores y formato especiales que se pueden usar en cualquier presentación para darle una apariencia personalizada.

En Office 2016/2013/365/2010/2007:

1. Haga clic sobre "File" (PowerPoint 2013/365/2010) o sobre el botón de Office (PowerPoint 2007).

2. Después haga clic sobre "New".

3. En Office 2016 y 365, después de hacer clic sobre nueva o "New", haga clic si desea usar una presentación en blanco sobre "Blank Presentation", y si desea usar una plantilla o "Template" predeterminado, haga clic en la casilla de buscar plantillas, y escriba el nombre de la idea que usted tiene para una plantilla, como por ejemplo "Wedding". Ahora si quiere ver todas las plantillas disponibles busque en las categorías al lado de búsquedas sugeridas o "Suggested searches", como por ejemplo haga clic sobre presentaciones o "Presentations",

para ver en un panel que abre a la derecha de PowerPoint, una serie de categorías plantillas, entre las cuales puede escoger. Por ejemplo haga clic sobre "Education" para ver plantillas que tienen que ver con educación, cuyas vistas preliminares se cargarán a la izquierda de esta lista. Para usar una haga clic dos veces sobre ella. En Office 2010, haga clic sobre "Sample Templates"; o si desea buscar una presentación, puede hacer clic sobre los diseños que están debajo de Office.com, aunque esto requiere que tenga una conexión a Internet. En Office 2007, puede hacer clic sobre "Installed Templates". (En ambas versiones, si alguna categoría está escondida en esta ventana entonces use las barras de desplazamiento verticales para verla).

4. Finalmente, haga doble clic sobre la plantilla que desea utilizar.

Si el diseño que encontró no le gusta, entonces siga estos mismos pasos y busque una plantilla predeterminada que sea más de su agrado. Una vez que la escoja siempre le podrá añadir o quitar páginas hasta que quede a su gusto.

NOTA La mejor manera de aprender a usar un programa es usarlo a menudo y probar, en lo posible, la mayor cantidad de funciones. Esto es especialmente cierto de PowerPoint, ya que este es un programa un poco más complejo que los demás programas de Microsoft Office.

Cómo añadir una página nueva y escoger un estilo de página

Una presentación puede tener muchas páginas. Recuerde que cuando añade una página, ésta será añadida después de la diapositiva que estaba en la pantalla antes de completar la operación.

La siguiente gráfica muestra la manera de añadir una diapositiva nueva y escoger el estilo de página que desea usar.

Siga estos pasos para añadir una página nueva a una presentación en PowerPoint:

A. Oprima la combinación de teclas CTRL + M para añadir una página. También puede hacer clic sobre "New Slide". En Office 2016/2013/365/2010, haga clic sobre la pestaña "Insert" y después haga clic sobre "New Slide" en el grupo "Slides".

B. En PowerPoint 2016 y 365, para añadir un nuevo estilo de página después de haber comenzado su presentación, haga clic sobre la pestaña de diseño o "Design" y escoja entre los diferentes estilos de página que aparecen debajo de los menús, a lo largo del área de trabajo de PowerPoint. En Office 2007/2010, haga clic sobre la pestaña "Home" y después haga clic sobre "Layout" (el icono que se encuentra a la derecha de "New Slide" en el grupo "Slides"). En la ventanita que se abre haga doble clic sobre el estilo de página que desea usar.

Para quitar diapositivas haga clic con el botón derecho del ratón sobre la página que desea borrar y haga clic sobre "Delete Slide".

Los elementos de una presentación

Una presentación en un programa como PowerPoint puede estar compuesta de muchos elementos diferentes, como por ejemplo sonidos y vídeo. En la mayoría de las presentaciones sólo se usan dos tipos de elementos: los objetos de texto y las imágenes (como una foto).

Los siguientes son algunos de los objetos que se pueden añadir a una presentación:

- Texto
- Imágenes
- Sonidos
- Vídeos

En las páginas siguientes aprenderá a añadir texto e imágenes a las páginas de una presentación.

Cómo añadir un objeto de texto a una presentación

Añadir texto se puede hacer reemplazando el que ya está en una página sugerida o insertando un bloque de texto a una diapositiva.

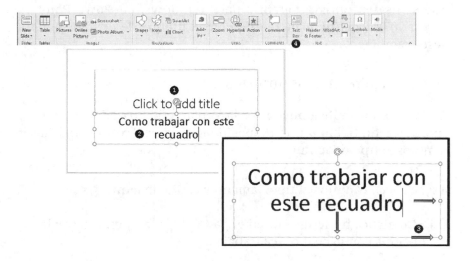

Así se añade texto a una página en PowerPoint:

1. Si abrió una presentación sugerida y tiene texto sugerido (en este ejemplo "Click to add title"), haga clic una vez sobre ella.

2. Enseguida reemplácela, escribiendo el texto que desea usar.

3. Para cambiar el tamaño de esta casilla, coloque el indicador sobre estos puntos mientras sostiene el botón izquierdo del ratón y lo jala de lado a lado o de arriba a abajo. Use los cuatro puntos en las esquinas para aumentar el tamaño de la casilla dc tcxto proporcionalmente.

4. Para añadir un bloque de texto adicional, haga clic sobre este icono. En PowerPoint 2016/2013/365/2010/2007, haga clic sobre la pestaña "Insert" y enseguida haga clic sobre "Text Box" (en el grupo de "Text"). Después coloque el indicador sobre la página, haga clic y, manteniendo el botón izquierdo del ratón, jálelo sobre el área de trabajo de la diapositiva que quiera usar, haciendo un rectángulo.

Cómo cambiar el tipo de letra

A pesar de que la manera de cambiar el tipo de letra es similar a la que se usa en otros programas para Windows, en PowerPoint es necesario escoger de manera diferente el bloque de texto cuya letra desea cambiar.

En Office 2016/2013/365/2010/2007:

En la próxima gráfica puede ver la ventana de PowerPoint 2007 y, en el área de trabajo, una diapositiva en la cual verá cómo hacer cambios al tipo de letra.

Así se hacen cambios al tipo, tamaño y estilo de letra:

1. Comience haciendo clic en el panel de la izquierda sobre la página con la cual desea trabajar.

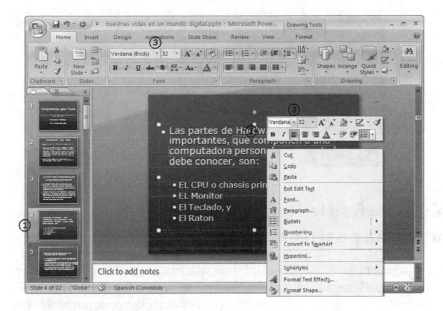

2. Ahora seleccione la(s) palabra(s) que desea cambiar. Si quiere seleccionar todas las palabras que ve en un bloque de texto, oprima y sostenga las teclas CTRL+A.

3. Finalmente, cambie el tipo, tamaño o estilo de letra de una de estas dos maneras:

    *   Haciendo clic en el "Ribbon" en la pestaña "Home" sobre el icono que corresponde al cambio que desea hacer. Por ejemplo, si desea cambiar el tipo de letra, haga clic sobre el icono "Font" y después sobre el nombre del tipo de letra que desea usar. Si desea cambiar su tamaño, hágale clic al número que ve al lado y escójalo.

    *   Oprimiendo el botón derecho del ratón sobre una selección de texto para ver la herramienta de trabajo diminuta o "Mini-Toolbar" y hacer los mismos cambios ahí.

Tanto en el "Ribbon" como en la "Mini-Toolbar" encontrará otros iconos que le ayudarán a hacer cambios a su texto. Por ejemplo, si hace clic sobre el icono de la "A" con una flechita para arriba aumenta el tamaño de las letras que están seleccionadas, y haciendo clic sobre el icono de la "A" con una flechita hacia abajo disminuye el tamaño de la letra. Cuando termine de hacer sus cambios, haga clic una vez dentro del bloque de texto para que deje de estar seleccionado.

Es importante poner mucha atención cuando esté aprendiendo a cambiar el tipo y el tamaño de letra en un documento que no le pertenece. Hágalo paso a paso para no perder la cuenta de los cambios que hace en el documento con el que está trabajando. Si comete un error, use la combinación de teclas CTRL + Z, ya que ésta le permitirá deshacer un cambio a la vez.

Cómo añadir imágenes/fotos a una diapositiva

Una de las razones por las cuales se usa un programa como Power-Point, es para resaltar una idea, lo que se hace añadiendo imágenes e inclusive sonidos al archivo que se crea con este programa. Esta es la manera de añadir imágenes/fotos a una de las páginas o "Slides" en su presentación:

1. En Office 2016/2013/365/2010/2007, comience haciendo clic sobre la pestaña "Insert".

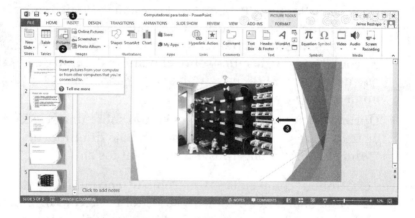

2. En PowerPoint 2016/2013/365/2010 haga clic sobre "Pictures" en el grupo de "Images". En PowerPoint 2007 haga clic sobre "Pictures" en el grupo de ilustraciones, para comenzar a buscar la imagen/foto que desea añadir a su presentación. Ahora use la ventana de diálogo que se abre para buscar la

foto que desea usar y, cuando la encuentre, haga clic dos veces sobre ella para copiarla a su presentación.

3. La manera de trabajar con una foto que haya añadido a una de las diapositivas es igual que como se hace con las imágenes, explicado anteriormente, y se hace de esta manera: a) para mover la imagen dentro de la misma página lleve el indicador sobre la imagen, y mientras sostiene el botón izquierdo del ratón desplácela a en lugar de la página donde quiera verla, b) para cambiarle el tamaño lleve el indicador del ratón sobre uno de estos puntos (como el señalado por la flecha en la imagen) después sostenga el botón izquierdo del ratón mientras hala hacia afuera para agrandar la imagen o hacia adentro para reducirla de tamaño.

Cómo usar el clasificador de diapositivas o "Slide Sorter"

Una presentación de PowerPoint puede consistir en una o en varias diapositivas. Por este motivo a veces puede ser difícil encontrar la diapositiva con la cual desea trabajar sin tener que revisarlas una por una. Por lo tanto, resulta muy útil usar el clasificador de diapositivas o "Slide Sorter", ya que éste le puede mostrar todas las diapositivas de una presentación de manera reducida.

En Office 2016/2013/365/2010/2007:

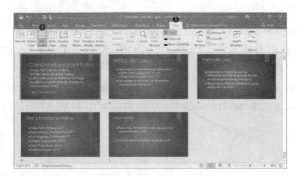

1. Haga clic sobre la pestaña "View".

2. Después haga clic sobre "Slide Sorter" (en el grupo "Presentation views"). Para regresar a la ventana de uso corriente, haga clic sobre "Normal".

Dependiendo del tamaño de su presentación, cuando la pantalla cambie al clasificador de diapositivas, puede que éstas ocupen toda la pantalla o sólo una parte de ésta. Si toman toda la pantalla, puede ser necesario usar las teclas PAGE DOWN y PAGE UP para ver todas las diapositivas.

Finalmente si desea que su presentación, tome toda la pantalla de su monitor, haga clic sobre la pestaña de "Slide Show", y después para empezar a verla presentación desde la primera página, haga clic sobre "From beginning" (en versiones anteriores de PowerPoint oprimiendo el F5 también le muestra su presentación llenando toda la pantalla). Si la presentación no tiene transiciones automática, use las flechitas en su teclado, la izquierda y la derecha, para avanzar entre las páginas en su presentación. Alternativamente también puede hacer clic sobre el botón de tocar la presentación, en la parte de abajo del programa, indicado con la flecha, para empezar a ver su presentación, empezando por la página que esta seleccionada. Para regresar a trabajar en PowerPoint, oprima la tecla de ESC.

Para recordar

- PowerPoint es un programa con el cual puede crear presentaciones de todo tipo.

- Con el asistente de autocontenido es posible crear más de 100 tipos de presentaciones que después puede adaptar con su propia información.

- Use las plantillas de estilos que vienen con PowerPoint para crear circulares que anuncian productos o para hacer tareas escolares que sólo requieran de unas cuantas páginas.

- Use el clasificador de diapositivas para ver todas las diapositivas de una presentación de una manera reducida.

El cliente de correo electrónico Microsoft Outlook

14

Introducción

Outlook es el cliente de correo electrónico que viene incluido con casi todas las versiones de Microsoft Office (como la Estándar y la que es para pequeños negocios), y en este capítulo específicamente verá información acerca de cómo usar las versiones 2016/2013/365/2010 (que son muy similares) de este programa, el cual le ayudará a:

1. Enviar y recibir mensajes de correo electrónico.
2. Crear calendarios con recordatorios.

Para comenzar a usar Microsoft Outlook, si este está instalado en su computadora, ábralo de acuerdo con la versión del sistema operativo instalado en su computadora.

En Windows 10:

Comience haciendo clic sobre la barra de búsqueda, al lado del botón de Windows, ahora escriba "Outlook", y cuando vea este programa, en la lista de programas que aparece, hágale clic para abrirlo.

En Windows 8:

Use la combinación de teclas ⊞ + S, en la casilla de búsqueda escriba "Outlook" y cuando vea el nombre de este programa hágale clic para abrirlo.

En Windows 7/Vista:

Haga clic sobre el botón de "Start", e inmediatamente escriba "Outlook", y cuando lo vea en la lista de los programas que aparecerá ahí, hágale clic para abrirlo.

Tenga en cuenta que el nombre que aparecerá, después de buscar Outlook, reflejará la versión de este programa instalado en su computadora. Por ejemplo, si tiene la versión 2016, dirá Outlook 2016. También es posible que la versión de Office que está instalada en su computadora no tenga este programa incluido, en cuyo caso puede: a) conseguir una versión de Office que sí lo incluya, o b) usar otro cliente de correo electrónico, como por ejemplo usar —abriendo su navegador de Internet— Outlook.com, que tiene muchas funciones similares a Outlook.

En la siguiente gráfica puede ver que el área de trabajo de Outlook 2016, que es muy similar a versiones como la 2013/365, 2010, e inclusive 2007.

Por favor guíese por esta gráfica, para aprender a reconocer las áreas pertinentes de Microsoft Outlook:

A. Esta es la casilla de sus carpetas favoritas. Para ver una carpeta, en la lista de abajo, en esta lista de fólderes, hágale clic al nombre de esta, con el botón derecho del ratón y escoja mostrar en favoritas o "Show in Favorites".

B. Estas son todas las carpetas individuales. Entre éstas puede ver el "Inbox". Si añade muchas direcciones de correo electrónico a Outlook, todas aparecerán, en este panel, en el orden que usted las agregó. Si desea puede mover una cuenta hacia arriba o esconderla poniéndola de última en esta lista, con solo hacer clic sobre su nombre, sosteniendo el botón izquierdo del ratón, y halándola hacia donde quiera dejarla.

C. En esta ventana se encuentran los mensajes de correo electrónico que corresponden a la carpeta que tiene seleccionada.

D. Este panel es el panel de lectura, en este podrá ver el mensaje que tiene seleccionado en este momento. Si no desea ver los mensajes seleccionados, haga clic sobre la pestaña de ver o

"View", y después, en el grupo de Layout, haga clic sobre el panel de lectura o "Reading Panel", y después haga clic sobre no habilitar o "Off".

La barra de herramientas

Usando los iconos que encontrará en la barra de herramientas de este cliente de correo electrónico, le será posible realizar la mayoría de las funciones necesarias para usarlo. Si desea realizar una función específica, coloque el indicador sobre el icono correspondiente (indicado abajo) y hágale clic. Recuerde que en Windows, si tiene dudas acerca del propósito de un icono, puede dejar el indicador del ratón unos segundos sobre este, y de esta manera verá una etiqueta con su propósito.

En la siguiente gráfica se puede ver la barra de herramientas visible en Outlook 2016/2013/365/2010 cuando la carpeta de entrada de correo o "Inbox" está seleccionada.

Estos son algunos de los iconos más importantes, que encontrará en la barra de herramientas de Outlook, y esta es la función que hacen cuando les hace clic:

A. Abrir una ventana donde puede redactar un nuevo mensaje de correo electrónico.

B. Borrar el mensaje que tiene seleccionado. Por ejemplo si sospecha que un mensaje es del tipo no deseado o "Spam", selecciónelo (haciendo clic sobre el mensaje una sola vez), y después haga clic sobre esta "X", para borrarlo.

C. Responder al mensaje que está leyendo.

D. Añadir todas las direcciones de correo electrónico que están en un mensaje original a la lista de personas que recibirán una respuesta. Por ejemplo, si está organizando un viaje con varias personas, y todas recibieron una copia de este, es pertinente que todas estas personas reciban su respuesta.

E. Enviar una copia del mensaje a una tercera persona. La persona que le envió el mensaje, no se enterará que usted le envió una copia del mensaje a una tercera persona.

F. Enviar y recibir su correo electrónico.

Los iconos en la versión de Outlook instalada en su computadora pueden ser diferentes a estos. Si este es el caso, lea su etiqueta o lleve el indicador del ratón sobre ellos para averiguar su propósito. Si desea imprimir un mensaje de correo electrónico haga clic sobre "File" y después haga clic sobre imprimir o "Print", o use la combinación de teclas CTRL + P. En ambos casos elija la impresora, si tiene más de una, que desea usar para imprimir, y finalmente haga clic sobre imprimir o "Print", para imprimir el mensaje que tiene seleccionado.

La mayoría de los problemas que afectan a las computadoras personales con el sistema operativo Windows, se deben a que se abrió un mensaje de correo electrónico, sospechoso, y le hizo clic a un enlace o "link", y este abrió un sitio web, no deseado, que afectó el software de este. Por este motivo le recomiendo que siga la recomendación de borrar los mensajes sospechosos sin abrirlos.

Descripción de la lista de carpetas en Outlook

Por motivo de organización, los mensajes electrónicos que recibe y envía desde una dirección de correo electrónico usando Outlook residen en una serie de carpetas o folders. Cada uno de éstos tiene una función específica. Por ejemplo, la carpeta llamada "Trash" recibe automáticamente todos los mensajes que eligió borrar. En este programa también es posible crear sus propias carpetas, que puede usar para organizar mejor sus mensajes de correo electrónico.

Estas son algunas de las carpetas que se usan más a menudo en Outlook:

A. La carpeta "Inbox" es la que recibe todo el correo electrónico nuevo.

B. En la carpeta "Sent Mail" encontrará copias de los mensajes que envió.

C. La carpeta "Trash" (en algunas copias de Outlook, puede decir "Deleted Items") recibe todos los mensajes de correo electrónico que borra.

D. La carpeta "Outbox" guarda los mensajes que eligió enviar, pero que todavía no han sido enviados.

E. El panel de las carpetas favoritas o "Favorite Folders" contiene atajos o "Shortcuts" a las carpetas que usa más a menudo.

Ahora si desea crear una nueva carpeta a su gusto, por ejemplo para guardar copias de los correos que sean pertinentes a su trabajo, puede crear una carpeta llamada "Trabajo", de la siguiente manera:

1) Haga clic sobre la carpeta donde quiere crear su nueva carpeta. Por ejemplo en este buzón de Google, hay una carpeta que se llama "Important", para crear la nueva carpeta debajo de esta carpeta, hágale clic. Si desea que esta carpeta este al nivel del buzón de entrada o "Inbox", haga clic sobre su nombre o dirección de correo electrónico, 2) Ahora haga clic con el botón derecho del ratón sobre nueva carpeta o "New folder", e inmediatamente dele un nombre, 3) por último oprima la tecla de confirmar o "Enter", para crear esta nueva carpeta.

Cómo trabajar con el menú de ver o "View"

Si desea sacarle el mayor provecho a este excelente programa, es importante que aprenda a ver o esconder las diferentes secciones del mismo. Use el menú de "View" para organizar los diferentes paneles que componen este cliente de correo electrónico de la manera que más le agrade. Para comenzar a cambiar esta configuración abra Outlook, que como pudo ver anteriormente se hace diferentes dependiendo de que versión del sistema operativo Windows este instalado en su computadora. Después haga clic sobre la etiqueta de ver o "View", para ver los comandos/iconos con los cuales puede trabajar en esta barra de herramientas virtuales.

Esta es la manera para cambiar la configuración de ver o esconder los diferentes paneles que componen a la barra de herramientas de ver o "View", en Microsoft Outlook:

A. Haga clic sobre vista preliminar de mensajes o "Message Preview", para cambiar las opciones de vista preliminar de los mensajes que recibe. Por ejemplo puede escoger no ver nada del mensaje sin tener que abrirlo, o solo dos líneas. Cuando hace este cambio el programa le preguntará si desea hacer este cambio para todas los buzones o "All Mailboxes", o solo esta carpeta o "This Folder". Para continuar haga clic sobre la opción que desee.

B. Haga clic sobre panel de carpetas o "Folder Panel" para ver o esconder la lista de carpetas que se encuentra a la izquierda del área de trabajo. Por ejemplo, haga clic sobre cerrar u "Off" para esconderla, y apequeñar para que tome un menor tamaño.

C. Haga clic sobre panel de lectura o "Reading Panel" y después sobre "Right", "Bottom" u "Off" para ver el panel a la derecha, verlo abajo o cerrarlo, respectivamente.

Una de las razones por las cuales sería mejor no ver una vista previa de los mensajes que recibe, es porque está recibiendo muchos mensajes no deseados o "Spam", entonces cierre la vista previa de sus mensajes, haciendo clic sobre cerrar u "Off", en "Message Preview", y después la vista de lectura, que abre todo el mensaje en el panel de la derecha o abajo, haciendo clic sobre panel de lectura o "Reading panel", y después sobre cerrar u "Off".

NOTA

Si trabaja en una compañía, es posible que vea muchas más carpetas en su buzón de correo de Microsoft Outlook de las que aparecen en estos ejemplos, esto se debe a que las compañías usan este programa para difundir nueva información con sus empleados.

Cómo crear un nuevo mensaje

El proceso de redactar un nuevo mensaje de correo electrónico o "e-mail" en Microsoft Outlook es muy fácil de realizar. Abra Outlook, de la manera que corresponde a la versión de Windows instalado en su computadora, y después abra la ventana de crear un mensaje (esta es muy similar a la de un pequeño procesador de palabras) y después redáctelo como si estuviera escribiendo una carta.

Estas son las dos maneras de abrir la ventana para empezar el proceso de crear un nuevo mensaje de correo electrónico en Outlook después de hacer clic sobre la pestaña de comienzo o "Home":

■ Comience haciendo clic sobre nuevo mensaje de correo electrónico o "New Email" en la barra de herramientas.

■ Oprima la combinación de teclas CTRL + N. Si está usando el calendario, puede comenzar a crear un mensaje de correo electrónico usando la combinación de teclas: CTRL + SHIFT + M.

Ahora es necesario añadir la dirección de correo electrónico de la persona o personas que recibirán este mensaje. Esto se puede hacer al escribir directamente la dirección de correo electrónico o usando la libreta de direcciones o "Address Book" (si la dirección de correo electrónico que desea usar ya está guardada ahí).

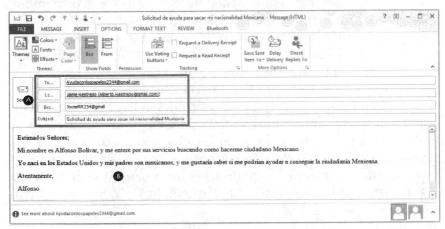

En las casillas indicadas, como puede ver en la gráfica anterior de un nuevo mensaje que creé en Microsoft Outlook, escriba (comienza haciendo clic sobre la dirección que corresponde) las direcciones de correo electrónico de la persona o las personas que recibirán el mensaje de la siguiente manera:

A. Dirija su mensaje de la siguiente manera:

• Al lado de "To", escriba la dirección de correo electrónico de la persona o las personas a las cuales desea enviarle este mensaje.

• Al lado de "Cc", escriba la dirección de correo electrónico de otra persona a quien desea enviarle una copia del mensaje.

- Al lado de "Bcc", escriba la dirección de correo electrónico de otra persona a quien desea enviarle una copia del mensaje, sin que las otras personas a las cuales les ha enviado este mensaje lo sepan. Es necesario hacer clic sobre "Options" en la ventana del mensaje que está componiendo y después sobre "Show Bcc", para ver esta casilla.

- Al lado de "Subject", escriba el tema del mensaje.

B. Este es un espacio, similar al que ve cuando abre un procesador de palabras, donde puede escribir el texto del mensaje que desea enviar. Finalmente haga clic sobre "Send" para enviar este mensaje.

Por favor note en Office 2007 el botón de Office, que le ofrece un sinnúmero de opciones cuando usted hace clic sobre él. Por ejemplo, para guardar un mensaje haga clic sobre el botón y después sobre "Save". En Outlook 2016/2013/365/2010, estas mismas opciones están disponibles después de hacer clic sobre "File". Le recomiendo adicionalmente que si añadió más de una cuenta de correo electrónico a Outlook, es muy prudente hacer clic sobre "de que cuenta estoy enviando" o "From" (para ver esta opción haga clic sobre "Options" y después sobre "Show From") para elegir la cuenta desde la cual desea enviar su mensaje de correo electrónico. De otra manera, sus mensajes de correo electrónicos serán enviados de la cuenta predeterminada, lo que tal vez podría ser muy penoso si añadió una cuenta de trabajo y una personal a Outlook, y envía mensajes personales de su cuenta de trabajo.

Cómo usar la libreta de direcciones

La libreta de direcciones es el lugar más eficiente para guardar las direcciones electrónicas de las personas con quienes se comunica mediante esta vía. Por este motivo es una buena idea guardar todas las direcciones de correo electrónico de sus contactos en Outlook, siguiendo las instrucciones que verá más adelante en este capítulo.

Esta es la manera de usar la libreta de direcciones de Outlook, para añadir las direcciones de correo electrónico o "e-mail" a las cuales les desea enviar un mensaje de correo electrónico:

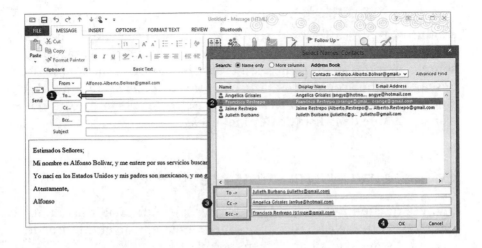

1. Para comenzar este proceso, después de comenzar a redactar un nuevo mensaje de correo electrónico o "e-mail", haga clic sobre para o "To".

2. Aquí puede ver la lista de los contactos guardados en su libreta de contactos de Outlook.

3. Ahora puede decidir uno por uno, después de primero encontrar sus nombres en esta libreta de contactos y seleccionarlos (haciendo clic sobre ellos), cómo añadirlos a los destinatarios de este mensaje:

   - Para añadir a un recipiente principal, haga clic sobre para o "To"

   - Para enviar una copia del mensaje, haga clic sobre "Cc".

   - Haga clic sobre Bcc para enviarle una copia de este mensaje a otra persona sin que las otras personas a las cuales les ha enviado este mensaje lo sepan. Para ver esta casilla es necesario hacer clic sobre "Options" en la ventana del mensaje que está componiendo y después sobre "Show Bcc", para ver esta casilla.

4. Finalmente haga clic sobre "OK" para que estas direcciones queden añadidas a su mensaje.

Si tiene varios destinatarios a los cuales le quiere enviar un mensaje de correo electrónico, escójalos (sostenga la tecla de CTRL), y una vez que estén seleccionados, haga clic sobre para o "To", para añadirlos a esta casilla, y después de la misma manera añada los destinatarios segundarios, y una vez que estén elegidos haga clic sobre copiar o "Cc". Si comete un error al añadir a alguien, que no desea reciba una copia de este correo electrónico, haga clic antes del siguiente nombre y use la tecla de regresar o "Backspace" para borrar su nombre de la lista de destinatarios.

Cómo enviar un mensaje

Una vez que termine de redactar un mensaje y de añadir las direcciones de correo electrónico a quienes desea enviárselo, lo puede enviar o lo puede guardar para enviar más tarde.

Para enviarlo es necesario que tenga una conexión al Internet, a menos que trabaje en una oficina y este sea un mensaje a otro usuario en la misma red en la que trabaja.

El proceso de enviar un mensaje usando Outlook es el mismo:

1. Haga clic sobre enviar o "Send" para comenzar el proceso de enviar su mensaje.

2. Ahora este mensaje es enviado a la carpeta de salida o "Outbox". Haga clic sobre el botón "Send and Receive" u oprima la tecla F9 para enviarlo (o F5 en versiones anteriores de Outlook).

Si Outlook tuvo éxito en enviar el mensaje, lo copiará a la carpeta de mensajes enviados o "Sent Items". Esta copia servirá como confirmación de que el mensaje fue enviado y que la persona a quien se lo envió lo recibirá la próxima vez que abra sus mensajes de correo electrónico.

Si por cualquier razón el mensaje no encuentra su destinatario, recibirá, en la mayoría de los casos, un mensaje diciendo que no pudo encontrar un destinatario para su mensaje y una explicación de la razón por la cual no lo pudo entregar (por ejemplo, porque escribió mal la dirección de correo electrónico). En ese caso, cerciórese bien de tener la dirección del correo electrónico correcta, redacte el mensaje y vuélvalo a enviar.

NOTA

Cuando envía un mensaje de correo electrónico o "e-mail" a alguien, este no se debe tomar más de unos segundos en llegar a su destino, y la única demora es que a veces las compañías de servicio al Internet o ISP, dilaten en enviarlos.

Cómo guardar un mensaje

Una vez que termine de redactar un mensaje puede enviarlo o puede guardarlo para enviarlo más tarde. Si desea guardarlo para terminar de redactarlo en otro momento, será enviado a la carpeta de borradores o "Drafts".

En la siguiente gráfica se puede ver el proceso de guardar un mensaje para enviarlo en otra oportunidad.

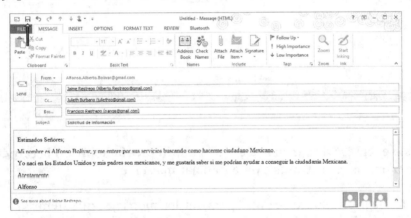

Si está redactando un mensaje y desea guardarlo para enviarlo más tarde, lo puede hacer de la siguiente manera:

1. Haga clic sobre el icono indicado por la flecha para guardar un mensaje que esté redactando. Este proceso se realiza de la misma manera en versiones anteriores de Outlook, haciendo clic sobre este icono en la barra de herramientas; Si tiene Outlook 2007, haga clic sobre el botón de Office, y después sobre "Save". En Outlook 2010, esta misma opción está disponible después de hacer clic sobre "File".

2. Una vez que lo guarde, lo puede cerrar haciendo clic en la "X" en la esquina derecha.

Cuando elige guardar un mensaje para enviarlo en otra oportunidad, éste permanecerá guardado en la carpeta de "Drafts" de su cliente de correo electrónico Outlook hasta que lo envíe o lo borre.

En la siguiente gráfica se puede ver los mensajes que tiene guardados para enviarlos en otra oportunidad dentro de la carpeta de borradores o "Drafts".

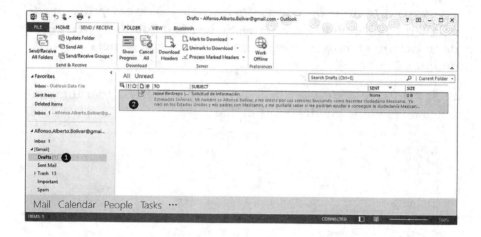

Así se regresa a este mensaje, que guardó previamente en la carpeta de borradores o "Drafts", para trabajar más en él:

1. Haga clic sobre "Drafts" para ver los mensajes que tiene guardados.

2. En la ventana de la derecha puede ver los mensajes que eligió guardar. Si desea trabajar con uno de ellos, haga doble clic sobre él.

Una vez que este mensaje abra, puede: cambiarle los destinatarios, redactarlo mejor, o inclusive borrarlo, cerrándolo y después —mientras está en la pestaña de entrada o "Home"— haciendo clic en la "X" de borrar.

Cómo adjuntar archivos a un mensaje

Una de las ventajas de usar el cliente de correo electrónico Microsoft Outlook, con sus cuentas de correo electrónico o "e-mail", es que este está más integrado al sistema operativo Windows (que lo que puede estar un navegador de Internet), lo que hace más fácil enviar archivos, adjuntándolos a un mensaje.

En la siguiente gráfica puede ver el proceso de adjuntar un archivo a un mensaje.

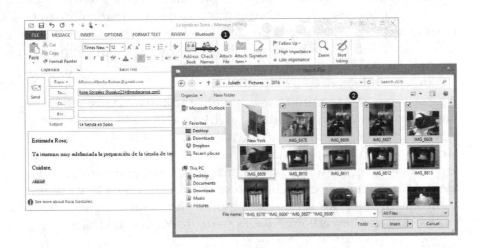

Así se adjunta un archivo a un mensaje en Outlook:

1. Coloque el indicador sobre el icono del sujetapapeles y haga clic. Si no ve el icono del sujetapapeles, haga clic sobre la pestaña de "Insert" y después sobre el icono de "Attach File", o adjuntar archivo.

2. Cuando encuentre el archivo que desea enviar haga doble clic sobre él, para adjuntarlo a su mensaje, o escójalo (haciendo clic sobre él una vez) y después haciendo clic sobre adjuntar o "Insert". En versiones recientes de Outlook, aparece una lista de archivos que ha usado recientemente. Si ve un archivo que desea enviar, hágale clic. Para buscar otros, haga clic sobre "Browse this PC".

Si no lo encuentra después de escojer "Browse this PC" o tiene una versión anterior de Outlook y apareció una ventana de explorar, en Windows 8 y Windows 10: haga clic sobre esta computadora o "This PC". En Windows 7: haga clic sobre bibliotecas o "Libraries" y después haga doble clic sobre su nombre de usuario. En Windows Vista, en los botones de la izquierda de esta ventana de diálogo, haga clic sobre su nombre de usuario y enseguida haga doble clic sobre la carpeta de "Documents/My Documents". Y finalmente haga doble clic sobre la carpeta donde está guardado el archivo que desea enviar, búsquelo y haga doble clic sobre él para adjuntarlo. Si desea adjuntar más de un archivo (por ejemplo, un grupo de archivos que están contiguos), haga clic sobre el primero de la lista mientras sostiene la tecla SHIFT y después haga clic sobre el último archivo que desea enviar. Si los archivos que desea enviar no están contiguos, entonces haga clic sobre el primero de la lista mientras sostiene la tecla CTRL y haga después clic sobre cada uno de los archivos que desea enviar. Para terminar haga clic sobre adjuntar, o "Insert". Estos pasos también sirven para quitarle archivos a una selección de archivos que está preparando. Esta función de Outlook trabaja muy bien siempre y cuando la persona que reciba este archivo —que le está enviando— tenga el mismo programa con el cual usted lo creó. Por ejemplo, si alguien le envía una presentación creada en PowerPoint y ellos no tienen PowerPoint, no lo podrá abrir a menos que consiga el programa de PowerPoint, que es parte de Microsoft Office.

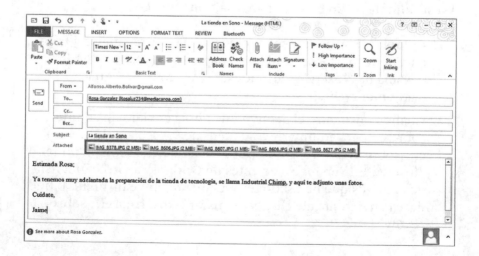

NOTA

Por favor tenga en cuenta que la mayoría de los servicios de proveedores de Internet o ISP tienen un límite 25 o 30 megabytes por mensaje, o sea si añade muchos archivos a un mensaje (una sola foto puede ser de 4 a 6 megabytes), muchas veces este no será enviado.

En la gráfica anterior puede ver varios archivos que fueron adjuntados a un mensaje. Estos se encuentran en frente de adjuntado o "Attached" (debajo de "Subject"). En algunas versiones de Outlook, los archivos que adjuntó a un mensaje aparecen en la parte de abajo de éste. Una vez que esté seguro de que desea enviar este mensaje, haga clic sobre "Send".

NOTA

Cuando recibe un mensaje, mire siempre la procedencia y el tema del mensaje. No lo abra nunca si viene de personas o entidades desconocidas. Si no está seguro si lo debe abrir, lo puede borrar haciéndole clic una vez sobre él y oprimiendo la tecla de borrar o DELETE. Así puede evitar infecciones de virus de computadoras y otros daños al software de su equipo.

Cómo recibir mensajes en Microsoft Outlook

Esta es una de las funciones principales de un cliente de correo electrónico y es muy fácil de hacer en Outlook. Por lo general, los mensajes de correo electrónico siempre llegan a la carpeta/bandeja de entrada llamada "Inbox", la cual se encuentra en la lista principal de carpetas en Outlook.

Mirando la siguiente gráfica aprenderá a reconocer las diferentes áreas de trabajo del cliente de correo electrónico Microsoft Outlook 2016/2013/365/2010.

Esta es la manera de recibir un mensaje de correo electrónico en el cliente de correo electrónico o "e-mail" Microsoft Outlook:

A. Haga clic sobre "Inbox" en uno de los dos sitios en donde puede ver esta bandeja de entrada de sus mensajes de correo electrónico. En versiones anteriores de Outlook, el panel de carpetas favoritas o "Favorite Folders" no está disponible.

B. Estos son los mensajes que recibió. Si el panel de lectura está habilitado, dependiendo de su preferencia, le será posible leer el mensaje en el panel de la derecha o en el de abajo con sólo hacer clic una vez sobre él.

C. En la cabecera del mensaje podrá leer la dirección de correo electrónico de la persona que le envió el mensaje.

Si prefiere, también puede leer sus mensajes en una ventana completa, haciendo clic dos veces sobre el mensaje. Cuando termine de leer el mensaje, y desea regresar a trabajar con otros mensajes que haya recibido, cierre la ventana de éste, haciendo clic sobre la "X" en la esquina superior derecha de su ventana.

Siguiendo la siguiente gráfica aprenderá la manera de leer mensajes de correo electrónico en ventanas independientes.

Esta es la manera de abrir sus mensajes de correo electrónico en Microsoft Outlook:

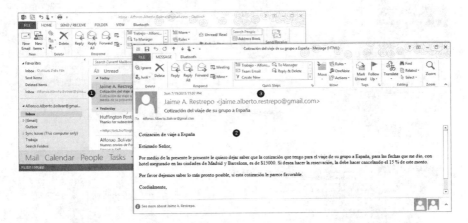

1. Seleccione el mensaje que desea leer, haciendo doble clic sobre él.

2. Este es el mensaje que recibió.

3. Esta es la dirección de la persona que le envió el mensaje.

La manera de recibir mensajes de correo electrónica se efectúa de manera similar en casi todos los clientes de correo electrónico, como por ejemplo en uno que se llama Windows Live Mail, que viene incluido con el sistema operativo, seleccione el mensaje, haciéndole clic dos veces y este abrirá en una ventana separada.

Cómo responder a mensajes en Microsoft Outlook

Una vez que haya leído un mensaje de correo electrónico, puede borrarlo o redactar una respuesta. Para borrar un mensaje, antes de leerlo, haga clic una vez sobre él y después haga clic sobre la X en la barra de herramientas.

La siguiente gráfica muestra el proceso de contestar un mensaje en Outlook.

Así se contesta un mensaje de correo electrónico, que recibió en Microsoft Outlook:

1. Cuando haya leído el mensaje, haga clic sobre responder o "Reply".

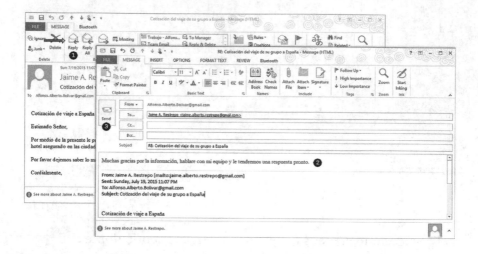

2. Redacte la respuesta al mensaje que recibió.

3. Haga clic sobre "Send" para enviar su respuesta.

En este momento también puede añadir las direcciones de correo electrónico de la gente que desea que vea su respuesta. Inclusive puede borrar partes o todo el mensaje original, que aparece debajo de la dirección de correo electrónico de la persona que le envió el mensaje.

Cómo guardar un archivo que recibió adjunto a un mensaje

El proceso de guardar un archivo que recibió adjuntado a un mensaje de correo electrónico o "e-mail" es muy similar al proceso de recibir un mensaje. Seleccione el mensaje y ábralo, y después baje a su computadora los archivos que este tiene adjuntados. En la bandeja de entrada de sus mensajes puede reconocer los mensajes que contienen archivos porque estos tienen a su lado un sujetapapeles.

Debido a que Microsoft Outlook es un programa para Windows, a diferencia de cuando usted usa su cuenta de correo electrónico con un Navegador de Internet, el proceso de enviar y recibir archivos adjuntos a mensajes de correo electrónico es más fácil de completar.

En la siguiente gráfica puede ver que el mensaje en negritas seleccionado tiene un sujetapapeles al lado, lo que le indica que este
tiene un archivo adjunto.

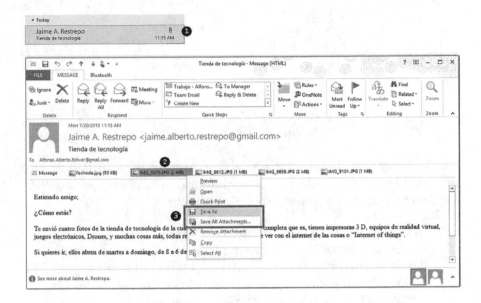

Esta es la manera de guardar al disco duro un archivo que recibió
adjunto a un mensaje de una persona que conoce (si no conoce a la
persona que le envió este archivo, tal vez sea mejor no abrirlo):

1. Abra el mensaje que desea ver, haciendo doble clic sobre él.

2. Para guardar este archivo/o archivos haga clic en el icono al
   lado de "Attachments" con el botón derecho del ratón.

3. Haga clic sobre "Save As". Si desea verlo inmediatamente,
   haga doble clic sobre el archivo para abrirlo. Ahora si este
   mensaje tiene más de un archivo, en vez de hacer clic sobre
   guardar como o "Save As", haga clic sobre guardar todos los
   archivos adjuntos o "Save All Attachments".

Cuando la ventana de guardar archivos abra, es necesario indicarle
a su computadora dónde desea guardar este archivo/o archivos, ya
sea en su disco duro o bien en otra unidad de almacenamiento.

En Windows 10/8/7/Vista:

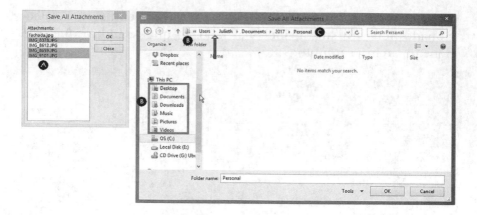

Esta es la manera de guardar, a su disco duro u a otra unidad de almacenamiento conectada a su computadora, un archivo que recibió adjuntado a un mensaje de correo electrónico:

A. Si el mensaje solo tenía un archivo adjunto, verá inmediatamente la ventana que le ayudara a guardarlo. Ahora si encontró varios archivos adjuntos al mensaje que recibió y escogió guardar todos los mensajes adjuntos o "Save All Attachments", verá esta ventanita. En este momento todavía puede escoger, si estos archivos tienen nombre que usted puede reconocer, los archivos que no desea guardar (sostenga la tecla de CTRL, y haga clic sobre sus nombres), para continuar haga clic sobre confirmar o "Ok". O solo oprima la techa de confirmar o "Enter".

B. Ahora elija la carpeta donde desea guardar el archivo que recibió. Haga clic sobre el símbolo indicado por la flecha, para cambiar a otra carpeta que esté buscando para guardar este archivo o archivos. En Windows 10/8, si por ejemplo no aparecen a primera vista las carpetas de sus documentos o "My Documents", use la barra de desplazamiento y busque mi computadora o "This PC" (o el nombre del usuario que está usando la computadora), y todas las carpetas que ve debajo también corresponden a las carpetas que el sistema operativo crea para el usuario que está usando la computadora ahora.

C. Por ejemplo este es el nombre de la carpeta donde, en este ejemplo, voy a guardar estos archivos que encontré en un mensaje de correo electrónico.

Para terminar, si solo está guardando un archivo, haga clic sobre guardar o "Save". Si está guardando más de un archivo, haga clic sobre confirmar u "OK". Ahora este archivo o archivos serán guardados a su disco duro o en la unidad de almacenamiento que escogió previamente.

PARE

Como regla general nunca abra archivos que recibe a través de su correo electrónico a menos que sepa exactamente quién se lo envió. De otra manera su computadora puede resultar comprometida con un virus que dañe sus archivos, o peor aún, con un programa que usará su computadora para propagar virus a las personas que estén en su libreta de direcciones.

Adicionalmente, en Windows 7, si no puede ver la carpeta de "Documents" inmediatamente después de que la ventana para ayudarle a guardar documentos abra, puede hacer clic sobre "Libraries" y después doble clic sobre su nombre de usuario. En Windows Vista, tal vez sea necesario hacer clic sobre su nombre de usuario (como por ejemplo Lina01), doble clic sobre "Documents" y finalmente doble clic sobre la carpeta donde desea guardar este archivo o archivos.

La libreta de direcciones de Microsoft Outlook

La libreta de direcciones de Outlook le puede ahorrar mucho tiempo cuando está redactando mensajes de correo electrónico, ya que una vez que tenga las direcciones de correo electrónico de sus contactos guardados ahí, las podrá añadir a sus mensajes con unos pocos clics del ratón.

La libreta de direcciones de Microsoft Outlook se puede abrir de dos manera; usando la combinación de teclas CTRL + SHIFT + B o al haciendo clic sobre el icono de ésta en la barra de herramientas de Outlook.

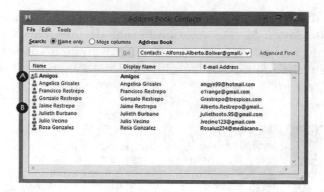

En esta libreta de direcciones puede ver los siguientes objetos que puede usar para añadir direcciones de su correo electrónico a sus mensajes:

A. Grupos de contactos.

B. Nombres de contactos individuales.

En la mayoría de los casos los contactos que ve en esta libreta de direcciones fueron añadidos manualmente por usted, o importados a Outlook de otro programa. Outlook también tiene una opción (que se puede cambiar fácilmente) que automáticamente añade la dirección de correo electrónico de la gente a la cual usted le contesta un mensaje, asumiendo que usted desea mantenerse en contacto con esta persona.

Cómo añadir un contacto a la libreta de direcciones

La libreta de direcciones de Outlook le permite guardar todas las direcciones de correo electrónico que necesite usar a menudo. De esta manera es posible llenar la información acerca de las personas a quienes desea enviarles mensajes de correo electrónico con sólo hacer clic dos veces con el ratón.

Esta es la manera de añadir un contacto a esta libreta de direcciones después de abrir Outlook y hacer clic en el icono de la libreta de direcciones (en la barra de herramientas), o usando la combinación de teclas CTRL + SHIFT + B. Ahora:

1. Haga clic sobre "File" y después sobre "New Entry".

2. Después haga doble clic sobre "New Contact", para ver la ventana de añadir la información donde podrá crear una nueva ficha en esta libreta de contactos.

3. Finalmente, puede ver en la gráfica de abajo la ventana con que se añade una dirección de correo electrónico a la libreta de direcciones.

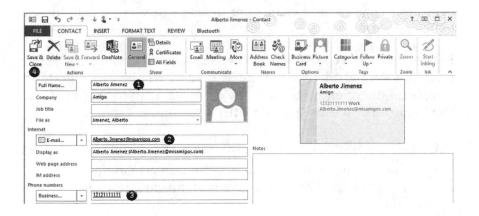

En esta ventana escriba la información del contacto que desea añadir de la siguiente manera:

1. En el primer espacio, haga clic sobre él, escriba el nombre y el apellido de la persona.

2. En este espacio escriba la dirección de correo electrónico de la persona y después haga clic afuera de esta casilla.

3. Si desea también puede escribir otra información, como por ejemplo los teléfonos de la persona o la dirección.

4. Finalmente, haga clic sobre "Save and Close", para guardar y cerrar este contacto.

Para escribir información en una casilla distinta a la que acaba de llenar, puede hacerlo de dos maneras: a) lleve el indicador sobre la casilla en la cual desee trabajar y hágale clic, o b) use la tecla TAB para saltar de una casilla a otra.

Cómo crear un grupo de contactos en la libreta de direcciones

Si tiene una lista de personas a quienes de vez en cuando les manda el mismo mensaje de correo electrónico, tal vez sería buena idea añadirlos a un grupo de contactos (por ejemplo, usando direcciones de miembros de un grupo de su iglesia). De esta manera puede redactar y enviar un mensaje a todas las personas en este grupo con sólo añadir el nombre del grupo (como el destinatario), en frente de "To:", en vez de añadir persona por persona, cada vez que les desea enviar un mensaje.

Esta es la manera crear un grupo de contactos en esta libreta de direcciones después de abrir Outlook y hacer clic en el icono de la libreta de direcciones (en la barra de herramientas), o usando la combinación de teclas CTRL + SHIFT + B. Ahora:

1. Haga clic sobre "File" y después sobre "New Entry".

2. Después haga doble clic sobre "New Contact Group" para comenzar el proceso de crear un nuevo grupo de contactos.

Ahora puede comenzar el proceso de crear una lista de contactos en la libreta de direcciones de Outlook. A ésta puede añadir las direcciones de correo electrónico de personas a quienes con frecuencia desea enviarles el mismo mensaje.

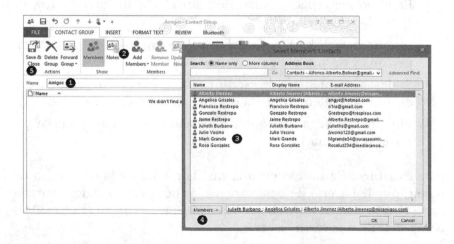

En la ventana de arriba puede comenzar a crear una lista de contactos de la siguiente manera:

1. En la casilla al lado de "Name", escriba el nombre que desea usar para el grupo que desea crear. En este ejemplo puede usar "Familia" o "Amigos".

2. Después haga clic sobre "Add Members", para usar la información de los contactos que ya están guardados en la libreta de contactos de Outlook, y después sobre de la libreta de direcciones de Outlook o "From Outlook Contacts".

3. Ahora puede escoger los nombres de los contactos que desea añadir a esta lista de distribución. Si solo desea añadir un contacto hágale clic. Si desea añadir varios contactos, haga clic mientras mantiene oprimido el botón CTRL sobre los nombres de los contactos que desea añadir a esta lista.

4. Enseguida haga clic sobre "Members" para añadirlos a esta lista de distribución que creó en la página anterior. Para añadirlos a su grupo haga clic sobre confirmar u "OK".

5. Finalmente, haga clic sobre "Save and Close", para guardar y cerrar esta lista. Para regresar a su correo haga clic sobre correo o "Mail".

Más adelante puede regresar a esta lista de contactos, para añadir o quitar contactos, lo que puede hacer de la siguiente manera: 1) Abra Outlook de acuerdo a la versión del sistema operativo que tiene, 2) Oprima la combinación de teclas CTRL + SHIFT + B, 3) En la libreta de direcciones haga clic sobre el nombre del grupo que desea editar, 4) Si desea añadir a alguien a este grupo, haga clic sobre añadir contactos o "Add Members", o si desea quitar a alguien del grupo, seleccione su nombre y después haga clic sobre "Remove Member".

Para recordar

- Outlook es el cliente de correo electrónico incluido con Office.
- Al usar la barra de herramientas es posible realizar la mayoría de las funciones necesarias para usar Outlook.
- Use la función de "View" para organizar los diferentes paneles que componen este cliente de correo electrónico de la manera que más le agrade.

- Una vez que termine de redactar un mensaje lo puede enviar inmediatamente o lo puede guardar para enviarlo más tarde.

- Si Outlook tuvo éxito en enviar un mensaje, lo copiará a la carpeta "Sent Items".

- Revise siempre la procedencia y el tema del mensaje que acaba de recibir y nunca lo abra si viene de personas o entidades desconocidas.

- Los mensajes de correo electrónico que recibe siempre llegan a la carpeta llamada "Inbox".

- La libreta de direcciones de Outlook le puede ahorrar mucho tiempo porque le permite copiar direcciones que usa a menudo a sus mensajes con sólo usar el ratón.

La función de imprimir

Cómo imprimir documentos

El poder presentar una copia fiel de un documento que haya creado en la computadora es tal vez una de las funciones más útiles que se puede realizar con una computadora. En este capítulo aprenderá diferentes maneras de imprimir un documento.

Por ejemplo, en la siguiente gráfica, puede ver la manera de imprimir en Word 2016/2013/2010/365 y Word 2007. Word es el procesador de palabras que viene incluido con el grupo de programas de Microsoft Office.

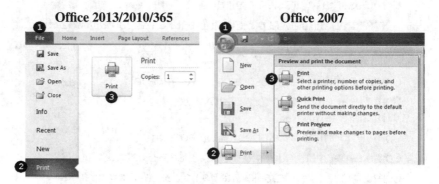

Esta es la manera de imprimir con la versión de Word que tenga instalada en su computadora:

1. Para comenzar, en Word 2016/2013/2010/365, haga clic sobre "File", o sobre —si tiene Word 2007— el botón de Office (el redondo). Si tiene una versión diferente de Word, como por ejemplo la 2003, entonces haga clic sobre "File" y después sobre "Print".

2. Ahora jale el indicador del ratón y posiciónelo sobre "Print".

3. Finalmente haga clic sobre "Print" (en este momento también puede escoger, si hay más de una impresora conectada a la computadora, la impresora a la cual desea imprimir), para comenzar a imprimir su trabajo.

Alternativamente, si le gusta usar combinaciones de teclas para realizar diferentes tareas en Windows, use la combinación de teclas CTRL + P, para ver la ventana de opciones disponibles para imprimir. Una vez que ésta abra le será posible, entre otras, escoger: a) a qué impresora quiere imprimir, b) el rango de páginas que desea imprimir, y c) haga clic sobre "Print" para imprimir su trabajo.

Cómo usar la impresión preliminar o "Preview"

Esta es una función muy útil, ya que le permite revisar un documento antes de enviarlo a la impresora, lo cual le ayuda a ahorrar papel.

Los ejemplos que siguen a continuación le ayudarán a aprender a usar la función de "Print Preview", o impresión preliminar, en la mayoría de los programas que encontrará en las últimas versiones de Microsoft Office (2016/2013/2010/365/2007).

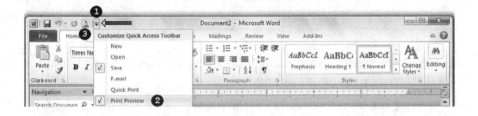

Siga estos pasos para ver una de las maneras de usar la función de "Print Preview":

1. En el programa de Office que esté usando, haga clic sobre la flechita (que apunta hacia abajo) de "Customize Quick...".

2. Si no está seleccionado, seleccione enseguida "Print Preview", haciéndole clic.

3. Finalmente, haga clic sobre el icono de la lupita, para ver la vista preliminar del documento con el cual esté trabajando. Si le agrada, entonces haga clic sobre "Print" para comenzar el proceso de enviarlo a la impresora que escogió previamente. Ahora, si desea regresar a trabajar en él, oprima la tecla ESC.

En Word 2007/2010 también es posible usar la vista preliminar del documento con el que esté trabajando de la siguiente manera: 1) En

Word 2010, haga clic sobre "File", y en Word 2007 sobre el botón de Office. 2) Jale el indicador del ratón sobre "Print" y finalmente sobre "Print Preview".

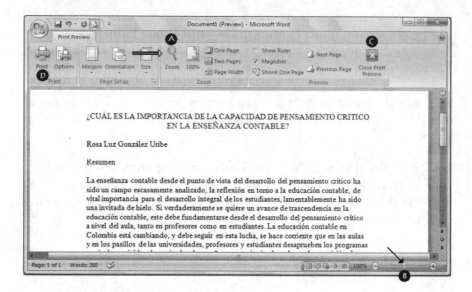

Esta es la manera de trabajar con las opciones que verá en la pantalla de la vista preliminar del documento:

A Si el tamaño de la vista preliminar del documento no le agrada, entonces haga clic sobre "Zoom" para cambiar el tamaño que su documento toma en la pantalla. Por ejemplo, si es una carta y las letras se ven muy pequeñas, escoja "Zoom" y después 200% y oprima la tecla ENTER para confirmar su selección.

B Alternativamente, use estas guías, presentes en algunos nuevos programas para Windows, como Windows 2010, de la siguiente manera: 1) Comience llevando el indicador del ratón sobre la guía (indicada por la flecha). 2) Oprima y sostenga el botón izquierdo del ratón mientras mueve esta guía para la izquierda (si desea reducir la vista de lo que tiene en la pantalla) o hacia la derecha (si la desea agrandar).

C Para regresar a trabajar con el documento que tiene en la pantalla haga clic sobre "Close Print Preview".

D Finalmente, si desea imprimir su documento, haga clic sobre "Print" y después trabaje con las opciones disponibles en esta ventana de diálogo que abre para completar la tarea de imprimir su trabajo.

Cómo imprimir sólo la página que está en la pantalla

Esta función le puede ahorrar mucho papel, ya que le permite imprimir sólo la página que está en la pantalla.

La siguiente gráfica muestra en la pantalla la tercera página de un documento de Word 2013 que tiene muchas páginas.

Siga los siguientes pasos para imprimir la página que está en la pantalla:

1. Comience haciendo clic sobre "File". En Office 2007, haga clic sobre el botón de Office. Y recuerde que en casi todos los programas para Windows siempre puede usar la combinación de teclas CTRL + P para abrir la ventana de diálogo de imprimir.
2. Ahora jale el indicador y haga clic sobre "Print".
3. Ahora haga clic, debajo de configuración o "Settings", y en la lista que abre, escoja imprimir solo la página que está viendo o "Print Current Page". Finalmente para imprimir, haga clic sobre el botón de imprimir o "Print".

Cómo imprimir páginas específicas de un documento

Esta función le permite imprimir sólo ciertas páginas de un documento de muchas páginas. Así puede ahorrar papel y también tinta, sobre todo si tiene una impresora a color.

La gráfica siguiente muestra el límite de impresión o "Page Range" en el menú de imprimir de Word 2013.

Así se le indica a la impresora qué páginas debe imprimir:

Ⓐ Imprimir todas las páginas de este documento, o "All", es la opción predeterminada de sistema cuando se elige usar la función de imprimir, después de abrir, la ventana de las opciones de impresión haciendo clic sobre "File" y después "Print".

Ⓑ Haga clic en la casilla en frente de "Pages" si desea imprimir sólo ciertas páginas. Después escriba el primer y el último número de las páginas que desea imprimir (separados con un guión). Para imprimir, haga clic sobre imprimir o "Print".

Cómo cambiar la impresora predeterminada

La impresora predeterminada o "Default Printer" es la primera impresora que aparece en el menú cuando elige imprimir un documento. Si tiene acceso a dos impresoras, como por ejemplo una de color y una láser de blanco y negro, es buena idea usar la impresora láser como la impresora predeterminada.

En Windows 10:

En la casilla de búsqueda, en la barra de tareas o "Taskbar", donde dice "Search the . . . ", escriba "Printers". Para ver la lista de impresoras disponibles, haga clic, en la lista que abre, sobre "Devices and Printers".

En Windows 8:

Oprima la combinación de teclas ⊞ + S, y después escriba "Printers". Para ver la lista de impresoras disponibles, haga clic, en la lista que abre, sobre "Devices and Printers".

Para hacer este cambio en Windows 7/Vista:

Comience cambiando la impresora "Default" abriendo el panel de las impresoras de la siguiente manera:

1. Haga clic sobre el botón de "Start".
2. Inmediatamente escriba: "Printers", y después oprima la tecla de ENTER.

Cuando el panel abra —con el nombre de las impresoras instaladas/disponibles (ésta debe leer "Ready" o lista al lado de su nombre)— elija la que desea usar, haciéndole clic con el botón derecho del ratón sobre su nombre, y después sobre "Set as Default Printer".

Cómo usar una impresora diferente de manera temporal

Una de las ventajas del sistema operativo Windows es la de poder usar muchas impresoras diferentes que estén conectadas localmente a su computadora o a la red en la cual trabaja.

Siga estos pasos para usar una impresora diferente, de las que tiene disponible, de manera temporal. Para comenzar haga clic sobre "File" y después "Print", para abrir la ventana de diálogo de imprimir. En los programas para Office 2007, como por ejemplo Word 2007, haga clic sobre el botón de Office.

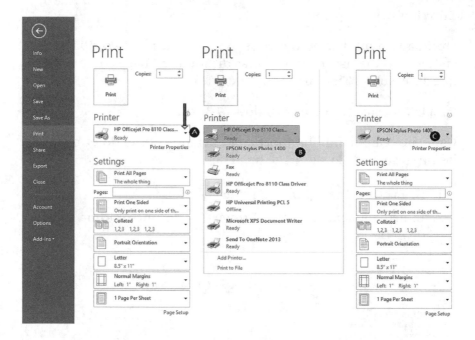

Esta es la manera de cambiar una impresora, de manera temporal, en Word 2016. Se hace de manera muy parecida en casi todos los programas para Windows:

A. Para comenzar a hacer este cambio haga clic sobre la flecha que apunta hacia abajo para ver las impresoras que están disponibles para la computadora que está usando.

B. Finalmente, haga clic sobre el nombre de la impresora que desea usar temporalmente. Idealmente, si tiene acceso a varias impresoras, elija una que diga lista o "Ready".

C. Ahora puede ver el nombre de la impresora que seleccionó, temporalmente, como la impresora que recibirá este trabajo si decide imprimirlo.

Una vez que cierre este programa, o apague la computadora, esta selección de impresora temporal se pierde, y si desea usar la segunda impresora que tiene conectada a su computadora, tendrá que seleccionarla de nuevo, de la misma manera.

Cómo imprimir con la orientación horizontal

Esta función sirve para imprimir algo que tiene en la pantalla, como por ejemplo una fotografía, a lo largo de la hoja. De esta manera, la impresora hará mejor uso del papel, en algunos casos imprimiendo al usar el 90% de la página.

La siguiente gráfica muestra la manera de cambiar la orientación del papel antes de imprimir en Word 2013, pero si tiene una versión diferente de Word o inclusive otro programa diferente, los pasos que siguen a continuación le ayudarán a tener una idea de cómo hacer este cambio en el programa que tiene instalado en su computadora.

Así se cambia la orientación del papel en el panel de imprimir en algunas impresoras despues de hacer clic sobre "File" y en seguida sobre "Print". En los programas para Office 2007, como por ejemplo Word 2007, haga clic sobre el botón de Office:

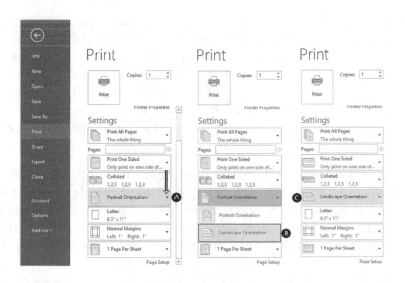

Para comenzar a hacer este cambio haga clic sobre la flecha que apunta hacia abajo manera muy parecida en casi todos los programas para Windows:

A. Después de haber escogido la impresora a la cual desee imprimir, haga clic sobre la orientación de página, donde debe decir ahora "Portrait Orientation".

B. Ahora haga clic sobre la opción de imprimir con la opción horizontal o "Landscape".

C. Ahora puede ver que la opción seleccionada es la opción horizontal o "Landscape", lo que quiere decir que su trabajo será impreso a lo largo de la página.

Finalmente puede hacer clic sobre "Print", para imprimir el documento o foto con la que está trabajando. En algunos programas los pasos para cambiar a imprimir con la opción horizontal o "Landscape", son diferentes. Por ejemplo, en algunas impresoras, busque la pestaña debajo de "Basic" o básico, después de hacer clic sobre "Properties". Finalmente haga clic sobre "Landscape", o impresión horizontal.

Cómo especificar qué tipo de papel desea usar

Esta es una función muy útil de aprender para sacarle el máximo provecho cuando esté imprimiendo en impresoras de tinta a color. Este cambio es necesario porque por lo general, las impresoras siempre usan una resolución baja con el propósito de ahorrar tinta, por esto es necesario cuando quiera imprimir un trabajo con más detalle (como por ejemplo una foto) cambiarle la resolución a una más alta, especificando que va a usar un papel de mejor calidad.

Por favor tenga en cuenta que este proceso puede ser diferente, de sistema operativo a sistema operativo, o de programa a programa, por este motivo es muy difícil cubrir todas las diferentes maneras de hacer esto en este libro, pero con las instrucciones que siguen a continuación podrá hacerse una idea de qué hacer para cambiar la resolución de la mayoría de las impresoras con las cuales desee trabajar.

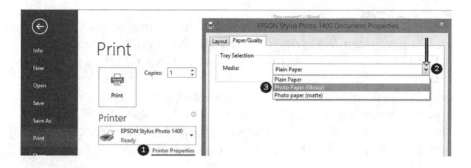

Este es un ejemplo de la manera de cambiar el tipo de papel que usará para imprimir, en Word 2016, después de hacer clic sobre "File" y sobre "Print":

1. Abra el panel de hacer cambios a la configuración de la impresora, haciendo clic sobre las propiedades de la impresora o "Printer Properties".

2. Después haga clic sobre la pestaña de calidad del papel o "Paper/Quality", y después haga clic en frente de "Media" para ver los diferentes tipos de papel con los cuales su impresora puede imprimir.

3. Finalmente seleccione el tipo de papel que desea usar de esta lista. Por ejemplo, si tiene que imprimir una fotografía, use "Photo Paper (Glossy)". Para confirmar este cambio haga clic sobre confirmar o "Ok".

Ahora cerciórese que la impresora tenga el papel especial que desea usar en la bandeja de alimentación de papel. Por ejemplo, Glossy (o papel brillante) es el tipo de papel que permite mayor resolución para imprimir fotos, pero si desea estar más seguro de qué papel debe usar, busque en las instrucciones que vinieron con su impresora para saber exactamente qué tipo o marca de papel recomiendan para el tipo de uso que le está dando a la impresora.

Cómo cancelar un trabajo que ya no desea imprimir

A veces después de enviar un trabajo a imprimir se da cuenta de que, si por ejemplo este documento tenía 20 páginas, usted solo necesitaba 2 de este. Entonces para no desperdiciar papel tal vez desee cancelarlo, lo que se puede hacer desde el software que controla la impresora, pero primero siga los siguientes pasos: 1) quite el papel a la impresora (de la bandeja del papel), 2) apáguela. Si la apaga antes de quitar el papel o la bandeja, el papel que está en el proceso de ser impreso tal vez se atranque en la impresora.

Una vez que le quite el papel de la bandeja, si este es un documento de varias páginas, y no lo termino de imprimir, es necesario cancelar la impresión, lo que aprenderá a hacer en esta sección, de acuerdo a la versión del sistema operativo que está instalado en su computadora.

En Windows 10:

En la casilla de búsqueda, en la barra de tareas o "Taskbar", donde dice "Type here to . . . ", escriba "Printers". Para ver la lista de impresoras disponibles, haga clic, en la lista que abre, sobre "Devices and Printers".

En Windows 8:

Oprima la combinación de teclas ⊞ + S, y después escriba "Printers". Para ver la lista de impresoras disponibles, haga clic, en la lista que abre, sobre "Devices and Printers".

Esta es la manera de cancelar un trabajo que envió a una impresora, y ahora desea cancelar:

1. En esta ventana busque una etiqueta que se refiera al trabajo que envió a imprimir, en esta dice "1 document". Para cancelarlo, hágale clic.

2. Ahora la ventana de trabajos a imprimir o "Print queue" abre mostrándole los trabajos que tiene por imprimir. Para cancelar un trabajo que no desee imprimir, haga clic con el botón derecho del ratón, para ver el menú de cancelar.

3. Cancele el trabajo, haciendo clic sobre cancelar o "Cancel".

Uno de los errores que mucha gente hace es pensar que si la impresora no imprimió la primera vez, que es necesario seguir intentando el comando de imprimir, por esta razón a veces cuando abre la ventana de trabajos a imprimir o "Print queue", puede haber muchos trabajos por imprimir, y que están impidiendo que la impresora funcione bien. Para continuar usando la impresora es necesario que borre, siguiendo los mismos pasos, todos los trabajos que tiene por imprimir.

NOTA En algunas versiones de Windows, como por ejemplo Windows 7, cuando elija la impresora en la cual desea cancelar un trabajo, no verá el panel de la impresora, y la ventana de trabajos a imprimir o "Print queue" abrirá inmediatamente.

En Windows 7/Vista:

Comience haciendo clic sobre el botón de "Start", después escriba inmediatamente "Printers"; y después hágale clic a "Printers", para abrir el panel de trabajar con las impresoras.

En el próximo panel que abre debe ver el nombre de las impresoras que están conectadas a su computadora. Para trabajar con la que está usando hágale clic dos veces.

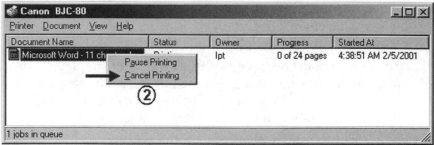

Así se cancela la orden de imprimir un documento ya enviado a la impresora:

1. Haga clic sobre el icono de impresora que se encuentra en la barra de herramientas de Windows. Si no ve el icono, puede ser que el trabajo ya fue recibido por la impresora y por ende, no se puede cancelar. En Windows 7/Vista, si no ve el icono de la impresora con la cual desea trabajar, 1) haga clic sobre el botón de "Start"; 2) escriba inmediatamente "Printers"; y 3) hágale clic a "Printers", para abrir el panel de trabajar con las impresoras. Luego haga doble clic sobre el nombre de la impresora con la cual desea trabajar.

2. En este recuadro, seleccione el trabajo que desea cancelar. Después haga clic sobre él con el botón derecho del ratón y seleccione "Cancel Printing".

Los diferentes tipos de papel para impresoras

Con la gran popularidad y bajo costo de las impresoras, también han salido al mercado muchos tipos de papel para todos tipos de impresoras. Cuando se escoge el tipo de papel adecuado para la impresora, se pueden evitar muchos problemas.

La siguiente gráfica muestra el tipo de papel que se recomienda para las impresoras de tinta a color:

Este papel es para uso general y sólo dice "Color Inkjet". Si necesita imprimir fotografías y tiene una impresora a color, debe usar papel especial, como el "High Gloss Paper".

La siguiente gráfica muestra el tipo de papel que se recomienda para las impresoras láser.

Este papel fue diseñado específicamente para soportar las altas temperaturas de las impresoras láser. Cuando use este tipo de papel, siempre revise que las hojas no estén pegadas antes de ponerlas en la impresora.

Para recordar

- La impresión preliminar le permite revisar un documento antes de enviarlo a la impresora.

- Si hace clic sobre el icono de imprimir en la barra de herramientas, del programa que esta usando, todas las páginas del documento con el cual está trabajando serán enviadas a la impresora.

- Use la opción de imprimir "Current Page" para imprimir sólo la hoja que está en la pantalla.

■ La impresora "Default Printer" es la primera impresora que aparece en el menú cuando se elige imprimir un documento.

■ Use la orientación horizontal para imprimir una fotografía a lo largo de la hoja.

■ Seleccione el tipo de papel que corresponda al tipo de trabajo que desea imprimir.

Guía para usar cámaras y escáneres en Windows

Información general acerca de cómo usar dispositivos para digitalizar imágenes

Si alguna vez se ha preguntado en qué manera le puede beneficiar usar una computadora con Windows, una de las respuestas es que la puede usar, junto con una cámara digital, para guardar y documentar a través de fotos, los diferentes aspectos de su vida. Y una vez que estas fotos estén guardadas en su computadora, usted las puede editar, añadir a mensajes de correo electrónico o imprimir.

Una de las ventajas de usar una cámara digital, en comparación con una normal, es que puede escoger las fotos que quiere guardar, suprimir o imprimir. Además, una vez que éstas estén copiadas a su computadora, puede editarlas, como por ejemplo ajustar su claridad o su contraste.

Si desea comprar una cámara digital, considere la Nikon Coolpix S9900, que encontré en el sitio web de Nikon, y que por sus especificaciones y su precio es una cámara excelente para tomar fotos digitales.

Pero tenga en cuenta que si usted es un fotógrafo profesional y está pensando reemplazar su cámara SLR por una digital, debería comprar una de tipo DSLR, como por ejemplo, la Nikon D3300 DSLR.

Un escáner (como por ejemplo este HP Scanjet G4050 Flatbed Photo Scanner) es una buena adición a una computadora personal, ya que una vez que sea conectado a su computadora le permitirá hacer copias en papel de cualquier documento o foto que usted coloque sobre la superficie copiadora o el cristal del escáner. Su uso principal es el de permitirle cargar cualquier foto que fue impresa en un laboratorio de revelado de rollos, o aun copias de facturas (para, por ejemplo, enviarle una copia a una compañía de una tarjeta de crédito por correo electrónico) a su computadora, para ser guardada en ella.

El proceso básico para crear un archivo digital

El proceso que es usado por escáneres y cámaras digitales para cargar imágenes a una computadora se llama "digitalizar imágenes". Y, una vez que la imagen es digitalizada y cargada a su computadora como un archivo de computadora, la puede usar para completar el trabajo que hace con su computadora.

Estos son los dos tipos de dispositivos más comunes usados para digitalizar imágenes:

- Los escáneres, que pueden digitalizar copias en papel de cualquier cosa que usted puede poner sobre la superficie o el cristal del escáner.
- Las cámaras digitales, que le permiten tomar fotos que la cámara automáticamente convierte a archivos digitales.

Este es el proceso general para digitalizar y transferir o copiar una imagen, el cual es muy similar cuando usa un escáner o una cámara, para que pueda ser usada en una computadora personal:

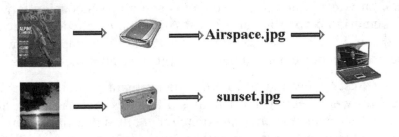

1. En un escáner conectado a su computadora, escanee una copia en papel de un documento, como por ejemplo, una página de una revista. Si está usando una cámara digital, tome una foto de cualquier cosa que usted pueda ver a través de su visor, como por ejemplo, la puesta de sol.

2. Ahora la foto es digitalizada, o cambiada a una forma con la cual una computadora pueda trabajar, y se le da un nombre (por usted o por la cámara o el escáner). En el ejemplo de la página anterior, el escáner creó el archivo "Airspace.jpg" de la cubierta de una revista, y la cámara creó el archivo "Sunset .jpg" de una puesta de sol.

3. Ahora la imagen digitalizada es cargada a una computadora como un archivo. Fíjese en el nombre "JPEG", de cuatro letras, o el "apellido del archivo". Ahora, la mayoría de cámaras y escáneres automáticamente generan archivos de imagen de tipo JPEG, el tipo de archivos para gráficas más compatible en uso hoy en día, lo que asegura que casi cualquier programa podrá abrirlo.

NOTA

Una vez que una imagen esté guardada en su computadora en la forma de un archivo, ésta permanecerá allí hasta que usted la suprima. Mientras tanto, usted puede usarla en una tarea para la escuela, enviarla con un mensaje de correo electrónico o imprimirla.

Cómo usar cámaras digitales

Una cámara digital es básicamente una cámara que no utiliza rollo convencional para guardar las fotos que toma. En una cámara digital, en vez de estos rollos, sus fotos son almacenadas en tarjetas de memoria no volátiles tipo "Flash" (las cuáles pueden ser reutilizadas miles de veces), donde permanecerán guardadas, a menos que usted las borre o las importe o copie a su computadora.

Si usted está pensando en comprar una cámara digital, debe saber que éstas vienen en muchos tamaños diferentes y gamas de precios. Una de las consideraciones que debe tener antes de comprar una es con cuántos megapíxeles cuenta: mientras más megapíxeles tenga la cámara, como 10 ó 12, mucho mejor, porque este tipo de cámara puede producir fotos de mayor resolución. La desventaja, si así se puede llamar, es que las fotos tomadas con una cámara con muchos megapíxeles ocuparán más espacio en las tarjetas de memoria. Sin embargo, la mayoría de las cámaras de altos megapíxeles permiten bajar su resolución para tomar fotos que requieren menos espacio en estas tarjetas de memoria tipo "Flash".

Estas son mis sugerencias, para evitar inconvenientes cuando esté usando una cámara digital:

- Sujete la cámara firmemente, sin moverla, antes de tomar una foto. Una de las desventajas de la fotografía digital con casi todas las cámaras que no sean profesionales es el tiempo que se puede tomar desde que usted aprieta su obturador al momento en que su foto digital es tomada. Si usted no mantiene la cámara firmemente nivelada, sus fotos podrían verse un poco borrosas.

- Aprenda los pasos específicos para apagar el flash en su cámara porque en muchas ocasiones usarlo causa el efecto de "ojo rojo".

- Siempre lleve una tarjeta adicional de memoria con usted, aunque sea una de menos capacidad, por si acaso necesita tomar fotos adicionales y no tiene el espacio en la cámara o el tiempo para buscar fotos en la cámara que pueda borrar y que no quiere conservar.

- Aprenda a borrar y formatear la tarjeta de memoria interna de la cámara para que tan pronto como usted esté seguro de que sus fotos ya fueron transferidas a una carpeta en la unidad de disco duro de su computadora, las pueda borrar.

- Conserve sus baterías cargadas y mantenga una de repuesto en la misma bolsa donde carga la cámara.

En este capítulo revisaremos el uso de las herramientas de *software* incluidas en Windows 10/8/7 y Vista para importar o copiar las fotos que toma con su cámara digital a su computadora, si prefiere usar este *software* al que puede haber sido incluido con su cámara. Es su decisión.

Cómo importar o copiar sus fotos digitales a una computadora

Una vez que usted ha tomado fotos con su cámara digital, usted puede: a) copiarlas a una unidad de disco duro en una computadora o b) llevar la tarjeta de memoria de la cámara a un lugar de autoservicio para fotos, por ejemplo una farmacia, e imprimirlas de inmediato.

Estos son los pasos generales que debe seguir para importar las fotos que tomó con su cámara digital a una computadora:

1. Primero conecte su cámara a la computadora usando su cable (éste por lo general suele ser del tipo USB), o si la computadora tiene un puerto para ésta, retire la tarjeta de memoria "Flash" de la cámara e introdúzcala a este puerto en la computadora.

2. Si conectó la cámara directamente, préndala. Si ésta requiere que usted mueva una ruedita u oprima un botón, hágalo ahora.

3. Ahora puede importar sus fotos en una de estas formas:

   - Usando el *software* que vino con su cámara.
   - Utilizando el *software* de Windows (en las páginas que siguen verá los pasos que debe seguir para hacer esto).
   - Usando File Explorer (Windows 10 y 8), Windows Explorer o "Computer" (Windows 7/Vista), para buscar y seleccionar las fotos en su tarjeta interna de memoria (dependiendo de la configuración de su computadora, puede haber recibido la letra E:, F: u otra) y finalmente cargarlas a una carpeta en su computadora.

Por favor tenga en cuenta que la mayoría de las cámaras digitales almacenan las fotos que usted toma con un nombre descriptivo, seguido por el número de foto. Por ejemplo, los archivos que mi cámara Nikon crea siguen este patrón: DSCN más un número. Ahora, en la mayoría de los casos, si usted usa el *software* incluido con su cámara particular, los archivos de las fotos retendrán esos nombres una vez que los importe a su computadora.

Si usted elige usar el programa que viene incluido con la versión de Windows instalada en su computadora (Windows 10/8/7/Vista), para importarlas o copiarlas a su computadora, éstas recibirán un nombre elegido por usted o el sistema. En el ejemplo de arriba, el nombre que escogí fue "Graduación de fin de año de la escuela Sil-

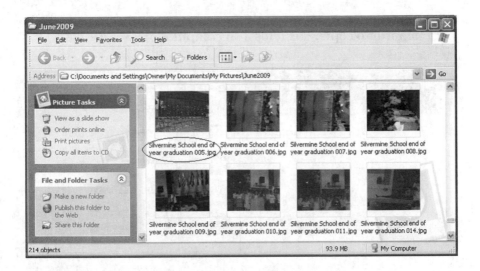

vermine", por eso estos archivos recibieron el nombre "Silvermine School end of year graduation 001", etcétera.

Cómo importar las fotos que tomó con su cámara digital a su computadora

Windows 10, al igual que Windows 8 cuentan con un programa que le ayuda a importar las fotos que toma con su cámara o con su teléfono inteligente o "smartphone", a su computadora. Para estos ejemplos le mostrare los pasos para importar las fotos que tome con un iPhone, porque hoy en día mucha gente está usando sus telefotos inteligentes o "smartphones", para tomar fotos que usan en una cantidad de situaciones, inclusive de trabajo, ya que las cámaras de estos han mejorado muchísimo. Y en general los pasos para bajar o copiar las fotos de un teléfono inteligente a su computadora, son los mismos que si desea bajar o copiar las fotos de una cámara del tipo DSLR (o sea profesional) a su computadora.

Para comenzar este proceso conecte su cámara o su teléfono inteligente o "smarthphone", o introduzca su tarjeta de memoria de su cámara al puerto correspondiente (por lo general la etiqueta de este puerto puede decir "SD") en su computadora. Ahora la ventanita de "Autoplay" que ve en la gráfica de la siguiente página (izquierda) se debe abrir para ayudarle a terminar esta tarea. Si instaló el programa que vino con su cámara y éste se abre primero, entonces úselo para importar o copiar sus fotos a su computadora.

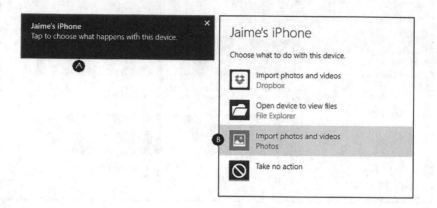

Ahora use la ventanita de continuar automáticamente o "Autoplay", de la siguiente manera, para comenzar este proceso de copiar las fotos que este programa encontró en su cámara, a su computadora personal:

A. Comience haciendo clic sobre este mensaje, para abrir la siguiente ventana, la de continuar automáticamente o "Autoplay".

B. Ahora elija que desea hacer, en esta ventana de continuar automáticamente o "Autoplay". Aquí hay varias opciones que puede elegir, como abrir una carpeta para que vea las fotos que el dispositivo (cámara o teléfono inteligente o "smartphone") tomo, o importar o copiar las fotos guardadas en el teléfono inteligente haciendo clic sobre "Import photos and videos". Para este ejemplo elegí copiar o importar las fotos guardadas en la cámara seleccionando "Import photos and videos".

Inmediatamente este programa le mostrará las fotos seleccionadas que va a copiar/bajar, que al empezar este proceso serán todas. Si no desea, puede cambiar esto para solo bajar/copiar las fotos que desea copiar/bajar a su computadora.

Esta es la manera de trabajar en esta ventana, para decirle a este programa, cuales fotos desea copiar/bajar a su computadora:

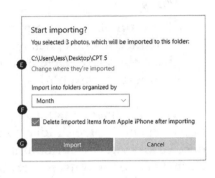

A. Estas son las fotos que están seleccionadas. Al principio el programa seleccionara todas.

B. Si desea quitar una foto de esta selección de fotos a copiar/bajar a su computadora, haga clic sobre ella, para deseleccionarla.

C. Inclusive, si este programa encontró muchas fotos pero usted solo necesita unas cuantas en este momento puede ser más fácil hacer clic sobre limpiar selección o "Clear selection". Ahora ninguna foto debe estar seleccionada. En caso de solo necesitar algunas de las fotos guardadas en su computadora, haga clic solo sobre las fotos que necesita. Si estas no aparecen en la primera pantalla que ve, use las guías en la parte inferior de la página (hágale clic a la guía y sostenga el botón izquierdo del ratón, mientras lo hala hacia la derecho) para buscarlas. Si cambia de opinión, y ahora sí quiere seleccionarlas todas, haga clic sobre seleccionarlas todas o "Select all".

D. Para continuar haga clic sobre "Continue". Ahora otra ventana abre.

E. Mire el nombre de la carpeta donde las fotos serán importadas. Si desea usar una diferente, haga clic sobre "Change where…" y escoja otra, y después haga clic sobre "Add this folder…".

F. Sus fotos serán importadas a su computadora, por mes, si desea cambiar esto a días haga clic sobre "Month" y escoja "Day".

G. Por último, si desea que estas fotos sean borradas de su cámara o teléfono, después de ser copiadas a su computadora, haga clic sobre "Delete imported..." y después haga clic sobre "Import" para subir las fotos a su computadora.

Las ventanas/menús para completar este proceso pueden cambiar de vez cuando, pero la idea es la misma, seleccionar las fotos que desea copiar/traer a su computadora, a donde las quiere copiar, decidir si las quiere conservar en su cámara y finalmente importarlas a su computadora.

Windows 7/Vista cuentan con un programa que le asistirá a importar y copiar fotos de su cámara.

Si decide usar el programa incluido en Windows 7/Vista en vez del que vino incluido con su cámara para importar sus fotos, comience conectándola a su computadora usando su cable, o introduzca su tarjeta de memoria al puerto correspondiente (por lo general la etiqueta de este puerto suele decir "SD") en su computadora. Ahora la ventanita que ve en la siguiente gráfica (izquierda) se debe abrir para ayudarle a terminar esta tarea. Si instaló el programa que vino con su cámara y éste se abre primero, entonces úselo para importar o copiar sus fotos a su computadora.

Ahora use la ventanita "Autoplay", si la ve, para comenzar este proceso:

A Si no desea ver esta ventana, cada vez que quiera importar fotos a su computadora haga clic aquí para seleccionar "Always do this...".

B Enseguida, haga doble clic sobre "Import pictures".

C Finalmente, cuando vea la ventana para dar un nombre a sus fotos, escriba el nombre que desea usar para éstas, como por ejemplo, "MTV". Si ha usado este programa antes y hace clic sobre el nombre que ve aquí, podrá ver una lista de nombres que ha usado anteriormente. Si desea usar uno de estos nombres, hágale clic. Este paso de nombrar sus fotos es opcional.

D Haga clic sobre "Options" para trabajar con las diferentes opciones disponibles en este programa

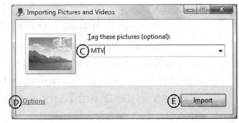

para decirle al sistema operativo dónde desea copiarlas, si desea borrarlas de su cámara o cómo quiere que las carpetas en las que las copia se llamen una vez que éstas sean copiadas a su computadora. En las siguientes páginas, aprenderá cómo hacer esto.

E Enseguida haga clic sobre "Import". Por favor note en la ventana de información que sigue, en frente de "Erase after importing" (borrar después de importar), que si esta opción está seleccionada (con una marquita al lado de este nombre) este programa borrará las fotos de su cámara después de terminar de copiarlas a su computadora. Si no está seleccionada y las desea borrar, entonces hágale clic para seleccionarla.

Finalmente, las nuevas fotos que tenía en la cámara son copiadas a su computadora, y Windows Photo Library o Windows Explorer se abrirán mostrándoselas. De ahora en adelante éstas estarán disponibles para ser impresas, enviadas a sus familiares o amigos o simplemente para que usted las vea.

Pero si, cuando conecta su cámara y la prende o inserta la tarjeta de memoria en un puerto en su computadora, no ve la ventanita "AutoPlay" o la del programa que vino incluido con su cámara, entonces tome los siguientes pasos:

1. Haga clic sobre el botón de "Start" y escriba "Windows Photo Gallery". Y después oprima la tecla ENTER.

2. Cuando este programa se abra, haga clic sobre "File" y después sobre "Import from Camera or Scanner".

3. En la ventana que se abre, haga doble clic sobre el nombre de su cámara o sobre el nombre de la tarjeta de memoria que usted introdujo en su computadora, la cual puede tener la etiqueta "Secure Digital Storage Device (F:)". Pero si sólo hizo clic una vez sobre su nombre para seleccionarlo, entonces haga clic sobre "Import".

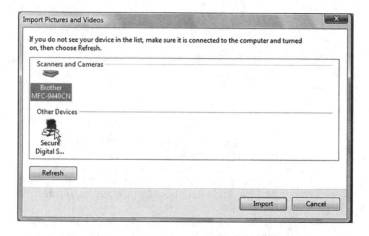

Por favor note en la gráfica de arriba que a veces, dependiendo de la configuración de su computadora, también podrá ver el nombre de otros dispositivos que están listos para que usted los use, como en este ejemplo, un escáner (Brother MFC-9440CN).

Cómo importar documentos y fotos usando un escáner a su computadora

El proceso de importar o copiar un documento o una foto que colocó en el cristal de su escáner a su computadora es bastante parecido al proceso de importar o copiar archivos de su cámara digital a su computadora. La diferencia principal es que usando un escáner para uso en la casa, por lo general sólo podrá importar una imagen o foto a la vez, a diferencia de todas las fotos que haya tomado en una cámara y que se pueden importar a la computadora en un par de minutos.

Estos son los pasos para escanear un document o una foto que colocó en el cristal de su esáner en Windows 10/8:

Para comenzar el proceso de copiar/bajar a su computadora una imagen que colocó en el cristal de un escáner o en un ADF (en una unidad de alimentación de documentos), debe abrir el programa de escanear documentos o "Scan", o inclusive el programa que haya sido incluido con su escáner.

1. Para comenzar abra el programa de "Scan" de acuerdo a la versión de Windows instalada en su computadora personal:

En Windows 10:

- Hágale clic al botón de comienzo o "Start", y busque su teja o "Tile" y hágale clic, o escriba Scan en la casilla de búsqueda (la que dice "Type here to...") que ve al lado del botón de Windows. Cuando vea el nombre de este programa, entre los nombre que vera encima de esta casilla de búsqueda, hágale clic para abrirlo.

En Windows 8:

- Busque su teja o "Tile" en la pantalla de comienzo o "Start", y cuando lo encuentre hágale clic, para abrirlo, o use la combinación de teclas ⊞ + S, para abrir la ventana de búsqueda, y en la ventana de dialogo que abre, escriba "Scan". Cuando vea el nombre de este programa, entre los nombre que aparecerán debajo de esta casilla de búsqueda, hágale clic para abrirlo.

Ahora puede trabajar con las opciones que ve aquí, para asegurarse de que cuando escanea su documento este sea guardado de la manera como lo necesita, y en donde desea encontrarlo, lo que se hace de la siguiente manera:

A. Este es el nombre del escáner que usara para escanear los documentos.

B. Este es el tipo de archivo que el escáner creará cuando lo escanea a su computadora. Los dos tipos más comunes son archivos gráficos del tipo PNG o JPEG o para documentos escoja PDF. Para hacer un cambio haga clic sobre el tipo de documento que está seleccionado aquí, y escójalo en el menú que abre.

C. Esta opción también se puede cambiar de color a monocromo. Si deja la de color, tendrá un archivo más grande. Si está escaneando una carta, no es necesario que sea a color.

D. Esta opción se puede cambiar para afectar la nitidez del documento que está escaneando. Mientras más alta la resolución mejor, pero esto aumentara el tamaño del archivo.

E. Esta es la carpeta donde será guardado el archivo final.

F. Si no desea ver estas opciones (como resolución y dónde guardar el archivo), haga clic sobre mostrar menos o "Show less".

G. Para ver una vista preliminar del documento con el cual está trabajando haga clic sobre vista previa o "Preview".

H. Finalmente haga clic sobre escanear o "Scan", para comenzar a escanear el documento.

Hoy en día hay miles de escáneres disponibles en el mercado, como por ejemplo hay unos que tienen unidades automáticas de alimentación de páginas o ADF, si cuando está tratando de escanear 15 páginas que coloco en la unidad ADF de su escáner y este insiste en escanear del vidrio del escáner, entonces busque entre estas opciones si aparece la opción de usar el ADF, en vez del vidrio o "Platen" del escáner.

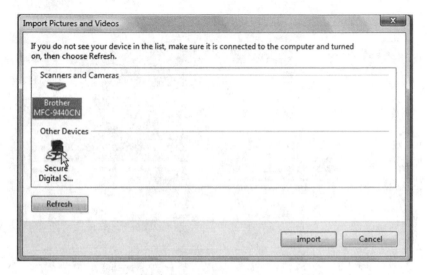

Estos son los pasos para escanear un documento o una foto que colocó en el cristal de su escáner en Windows 7/Vista:

1. Haga clic sobre el botón de "Start" y escriba "Windows Photo Gallery". Después oprima la tecla ENTER.

2. Cuando este programa se abra, haga clic sobre "File" y después sobre "Import from Camera or Scanner".

3. En la ventana que se abre (como puede ver en la gráfica de arriba), haga doble clic sobre el modelo del escáner que usted conectó a su computadora. En este ejemplo es el Brother MFC-9440CN. Pero si sólo hizo clic una vez sobre su nombre para seleccionarlo, entonces haga clic sobre "Import".

En la mayoría de los casos, un escáner conectado a su computadora también se puede usar directamente desde algunos programas, como por ejemplo, Adobe Photoshop, pero los pasos para hacer esto pueden cambiar de programa a programa; y por lo general casi siempre lo que necesita hacer para comenzar a usarlos es hacer clic sobre "File" en el programa mismo y después sobre "Import".

Ahora tiene que abrir otra ventana para completar este proceso. Por favor recuerde que si este escáner no es compatible con el *software* incluido con Windows 7/Vista tendrá que usar el propio *software* que vino incluido con éste para trabajar con él.

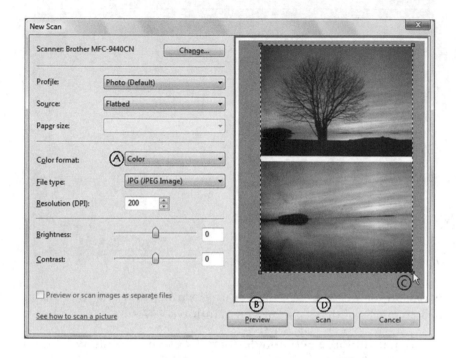

A Empiece haciendo clic sobre el nombre (al lado de "Color Format") que describa el tipo de documento o foto que colocó en el cristal del escáner (en el ejemplo de arriba dice "Color"). Las elecciones válidas son:

- *Color:* la selección de sistema que siempre aparece seleccionada.
- *Grayscale:* para trabajar con fotos de tonos grises.
- *Black and white:* para fotos o texto a blanco y negro.

B Haga clic sobre "Preview" para ver una vista preliminar de lo que colocó en el cristal del escáner antes de pedirle a éste que lo escanee. Ahora, esta ventanita le mostrará una vista preliminar del documento que quiere copiar a su computadora.

C Si desea trabajar con su tamaño, lleve el indicador del ratón sobre cualquiera de las esquinas de la imagen que ve en esta ventana hasta que éste cambie a una flechita doble. Ahora oprima y sostenga el botón izquierdo del ratón mientras lo jala para seleccionar sólo la parte de esta imagen que desea traer a su

computadora. Cuando termine, retire sus dedos del ratón.

D **Finalmente, para escanear esta foto, haga clic sobre "Scan".**

Por favor siempre mantenga el cristal del escáner limpio, de otra manera cuando está en el proceso de importar o copiar hojas, documentos o fotos podrá notar manchas que estaban en la superficie del cristal una vez que estas imágenes scan copiadas y convertidas a archivos en su computadora.

Inmediatamente, otra ventana se abrirá para ayudarle a terminar el proceso de cargar el documento o la foto que colocó en el cristal del escáner a su computadora para poderla usar en uno de sus archivos, imprimirla o sólo verla.

Ahora, escriba el nombre que desee darle a la foto que está importando a su computadora. Aunque este paso es opcional, yo le recomiendo que le dé un nombre ya que de esta manera le será más fácil hallar esta imagen en su computadora. Fíjese que si ha usado este programa antes y hace clic sobre el nombre que ve aquí, podrá ver una lista de nombres que ha usado anteriormente. Si desea usar uno de estos nombres, hágale clic. Finalmente, haga clic sobre "Import".

Enseguida, la ventana de Windows Photo Gallery se debe abrir, mostrándole las fotos más recientes que importó a su computadora siguiendo las pautas de sistema (por ejemplo, si la configuración de sistema era copiar las fotos, usando como nombre de carpeta la fecha cuando las copió). Si usted no cambio esto, entonces las podrá encontrar, buscándolas por la fecha en esta galería o haciendo clic sobre "Pictures", y después sobre el nombre de la carpeta.

Note lo siguiente en la ventana de la galería de fotos: a) si está buscando las fotos que ha tomado recientemente haga clic en la etiqueta "Recently Imported", b) debajo de "Tags" verá los nombres de las carpetas que usó para guardar las fotos o gráficas que ha importado a su computadora y, por último, c) si lleva el indicador del ratón sobre cualquier foto que ve aquí, ésta será resaltada un poco, tomando como al menos 50% más de su tamaño.

Cómo regresar a ver las imágenes y fotos que importó

Una vez que las fotos que copió/bajó a su computadora, estén guardadas en una de las unidades de almacenamiento conectadas a esta, como lo es el disco duro C, le será posible usar uno de los programas instalados para verlas, organizarlas o más importante usarlas en sus documentos de trabajo, o para compartirlas en las redes sociales con sus familiares y amigos. Como por ejemplo para resaltar algo que escribió en Facebook.

Estas son dos de las maneras más comunes de regresar a ver las fotos que copió/bajó a su computadora:

■ Visitando el folder o carpeta a donde las copió. Este por lo general es la carpeta de mis fotos o "Pictures".

■ Abriendo un programa para trabajar con fotos, como por ejemplo "Photo Gallery" o "Windows Photo Gallery" (Windows 7/Vista), que le permite ver sus fotos, y si así lo desea organizarlas o editarlas.

Esta es la manera de abrir el programa de "Photo Gallery" en Windows 10/8:

En Windows 10:

• Hágale clic al botón de comienzo o "Start", y busque su teja o "Tile" y hágale clic, o escriba "Photo Gallery" en la casilla de búsqueda (la que dice "Type here to…") que ve al lado del botón de Windows. Cuando vea el nombre de este programa entre los nombre que vera encima de esta casilla de búsqueda, hágale clic para abrirlo.

En Windows 8:

• Busque su teja o "Tile" en la pantalla de comienzo o "Start", y cuando la encuentre hágale clic, para abrirla, o use la combinación de teclas ▦ + S, para abrir la ventana de búsqueda, y en la ventana de dialogo que abre, escriba "Photo Gallery". Cuando vea el nombre de este programa entre los nombre que aparecerán debajo de esta casilla de búsqueda, hágale clic para abrirlo.

Recuerde, cuando esté buscando una foto, que esta fue copiada (a menos que la haya copiado a su computadora usando Copiar y

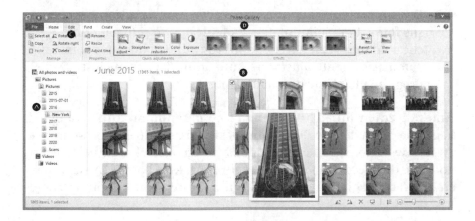

Pegar) de acuerdo a un criterio guardado en el programa para copiar fotos a Windows (más adelante aprenderá a cambiar esto), lo que dicta como nombrarla o en qué carpeta la debe guardar.

Esta es la manera de trabajar con las fotos que guardó en su computadora personal con Windows, usando el programa de Windows Photo Gallery:

A. En el panel de la izquierda puede ver las carpetas o fólderes que están al nivel de la carpeta de fotos o "Pictures". Para cambiar a uno diferente al que esta seleccionado en el momento, hágale clic.

B. En el lado derecho verá los archivos de fotos que contiene la carpeta; selecciónala en la lista de la izquierda. Por favor note que si sostiene el indicador del ratón sobre uno de estos archivos, una vista preliminar de este abre. Si desea editar uno de estos archivos, muy detalladamente, hágale clic dos veces. Ahora haga clic sobre ajuste fino o "Fine tune", y después —a la derecha— sobre los controles individuales, como por ejemplo ajustar color o "Adjust color", y use los controles que aparecen para hacerle cambios a su fotos (haciendo clic sobre la barrita en la mitad del control y sosteniendo el botón izquierdo del ratón, muestras la desliza a la izquierda o a la derecha, de acuerdo al efecto que desea crear). Para terminar de trabajar con un archivo haga clic sobre la X (en la parte extrema derecha), para cerrarlo.

C. Haga clic sobre editar o "Edit", para ver una lista de controles para editar fotos rápidamente.

D. Estos son algunos efectos que puede usar para trabajar con sus fotos. Por ejemplo, puede elegir una foto (haciéndole clic solo una vez), hacer clic sobre "Edit", y después sobre automáticamente ajustar o "Auto adjust", para que este programa la ajuste automáticamente.

Antes de editar un archivo de una foto muy importante para usted, haga una copia de este. Por ejemplo, si está usando este programa de "Windows Photo Gallery", después de escoger el archivo (haciéndole clic dos veces), 1) haga clic sobre "Make a copy", 2) seleccione en qué carpeta guardarlo, 3) dele un nombre o use el nombre sugerido y finalmente 4) haga clic sobre "Save". Ahora si por algún motivo estropea el original (es decir le hace muchos cambios y ahora no se ve bien), puede regresar a usar el archivo que creó de respaldo. Windows Photo Gallery también tiene una función que se llama regresar a Original o "Revert to original", que se puede utilizar después de a) haber seleccionado una foto haciéndole doble clic y b) haberle hecho un cambio. Para regresar la foto a su estado original, haga clic sobre "Revert to original".

NOTA Hay muchos otros programas, con los cuales puede trabajar en sus archivos de fotos, y este programa de Windows Photo Gallery que viene con Windows 10 y 8 y que se puede agregar a versiones anteriores, es suficientemente bueno para la mayoría de las situaciones.

Esta es la manera de abrir el programa de Windows Photo Gallery en Windows 7/Vista:

Para abrir este programa y trabajar con sus fotos, haga clic sobre el botón de "Start" y escriba "Windows Photo Gallery". Después oprima la tecla ENTER. Cuando esta galería se abra, haga doble clic sobre la foto con la cual desea trabajar.

Como puede ver en esta imagen, estos son los pasos para hacer algunos cambios a una foto en el programa Windows Photo Gallery:

1. Para empezar haga clic sobre arreglar o "Fix".

2. Ahora note en el lado derecho de esta ventana que una serie de ajustes están disponibles. Por ejemplo, haga clic sobre "Auto Adjust" para dejar que el programa automáticamente ajuste la foto. O haga clic sobre "Adjust Exposure" y después use las guías llevando el indicador del ratón sobre ellas y oprimiendo y sosteniendo el botón izquierdo del ratón y después jalándolas de esta manera: hacia la izquierda para disminuir un valor, y hacia la derecha para aumentarlo.

3. Cuando termine de hacer cambios y desee guardarlos, sólo es necesario avanzar a la próxima foto haciendo clic sobre esta guía de avanzar, o usando las flechas en el teclado (← o →).

Cómo cambiar la configuración del sistema

Como pudo ver anteriormente, crear archivos para computadoras es muy fácil: abra un programa, escoja guardar el documento que creó, déle un nombre y haga clic sobre "Save". Pero si después de un tiempo de haber usado la computadora no organiza sus archivos bien en carpetas separadas por fecha o propósito, puede terminar con muchos archivos con nombres parecidos en la misma carpeta "Documents".

Esta situación es agudizada con el uso de cámaras digitales, de las cuales usted puede copiar o importar miles de fotos a la vez a su computadora. Por este motivo, si desea que las fotos que tomó con una cámara digital, o las imágenes que escaneó queden mejor organizadas en el momento en que sean importadas a su computadora, entonces use las opciones disponibles en la ventanita de hacer estos cambios en el programa de Windows Photo Gallery.

Esta es la manera de cambiar la configuración del sistema, para copiar/bajar fotos, en Windows 10/8:

Para hacer este cambio abra el programa de "Photo Gallery". Cuando el programa "Photo Gallery" abra, haga clic sobre "File" y después sobre opciones o "Options". Y luego sobre la pestaña de importar fotos o "Import".

Una vez que el panel de hacer los cambios para copiar/bajar fotos abra, puede cambiar la configuración guardada para agilizar mejor esta operación, como por ejemplo para no tener tantas fotos repetidas, o con nombres que usted no recuerda.

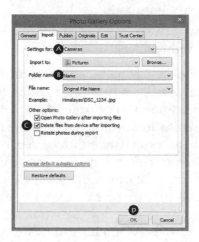

Esta es la manera de hacer estos cambios, cerciorándose primero de que está en la pestaña de importar o "Import":

A. En frente de "Settings for", haga clic si desea cambiar las opciones para su cámaras, si ahora dice "Scanners, o viceversa.

B. En frente de "Import to", puede dejar el nombre de la carpeta/folder que ve ahí ("Pictures") o escoger una diferente, haciendo clic primero sobre "Browse . . ." o buscar. En frente de "Folder name" encontrará un sinnúmero de opciones, que le indicarán a este programa cómo debe nombrar las carpetas a las cuales desea importar las fotos o imágenes que está copiando/bajando. Por ejemplo, si escogió "Date Imported + Tag" (haciéndole clic) o la fecha en que las importó y el nombre, y si por ejemplo, usted eligió el nombre "Boston Hard Rock Cafe" para sus fotos y la fecha del día en que las copió es el 12 de mayo de 2016, entonces cuando las busque en Explorer o en Windows Photo Gallery, estas fotos estarán dentro de la carpeta "2016–05–12 Boston Hard Rock Cafe". Para ver (en el panel de la derecha) los archivos guardados en esta carpeta, hágales clic una vez.

C. Aquí puede ver otras opciones con las cuales puede trabajar haciéndoles clic. Por ejemplo, haga clic sobre "Delete . . ." para que el sistema operativo siempre borre las fotos guardadas en su cámara/teléfono inteligente, después de importarlas a su computadora.

D. Finalmente, haga clic sobre "OK" para que este programa guarde estos cambios.

En un libro con tantos temas para cubrir, es difícil cubrir todos las diferentes variaciones de las situaciones en las cuales usted puede necesitar bajar/copiar fotos a su computadora personal. Por ejemplo si tiene una reunión muy importante y solo tiene una foto en su teléfono inteligente que necesita usar en un correo, o en uno de sus documentos, conéctelo a su computadora, use la combinación ⊞ + S, escriba "File explorer" (Windows 8), y hágale clic cuando vea su nombre. En Windows 10 escriba File Explorer en la casilla de búsqueda (la que dice "Type here to . . . ") que ve al lado del botón de Windows. Cuando vea el nombre de este programa entre los nombres que verá encima de esta casilla de búsqueda, hágale clic para abrirlo. Ahora busque en la lista de unidades de almacenamiento permanente conectadas a su computadora, la que pertenece a su teléfono inteligente, o inclusive a una memoria que puso en su computadora (para que esta la leyera). En mi computadora apareció mi iPhone, para ver las fotos contenidas en este hizo dos veces clic son el sobre "iPhone . . . ", después sobre "Internal Storage", y después "DCIM". Ahora busque la foto en las carpetas que aparecen ahí y cuando la encuentre cópiela haciendo clic sobre ella con el botón derecho, y después haga clic sobre "Copy", o hágale clic con el botón izquierdo del ratón una vez y después use la combinación CTRL + C. Una foto que usted copia de esta manera estará disponible para ser pegada en la mayoría de documentos para Windows, como lo son Microsoft Word, PowerPoint, en inclusive correos que este redactando usando el navegador Google Chrome.

Esta es la manera de cambiar la configuración del sistema para copiar/bajar fotos, en Windows 7/Vista:

Esta ventana se puede abrir de dos maneras:

■ Haciendo clic sobre la línea de opciones (señalada con el indicador en la gráfica anterior) en la ventana que ve cuando está importando o copiando fotos de su cámara o tarjeta de memoria.

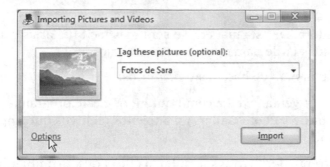

- Haciendo clic sobre el botón de "Start" e inmediatamente escribiendo "Windows Photo Gallery". Después oprima la tecla ENTER, y cuando este programa se abra, haga clic sobre "File" y después sobre "Options". En la ventana que se abre, haga clic sobre la pestaña "Import".

En Windows 7/Vista, a diferencia del programa que viene incluido con Windows XP, no hay manera de preseleccionar las fotos que usted desea importar a su computadora porque Windows 7/Vista sólo importará las fotos nuevas guardadas en la cámara —las que no han sido copiadas anteriormente a su computadora— y dejará en la cámara las que ya han sido copiadas a su computadora.

Ahora, cuando se abra la ventana que puede ver en la próxima gráfica le será posible trabajar con las diferentes opciones para asegurarse de que las fotos que toma o que escanea sean mejor organizadas por el sistema operativo en el momento en que las importe a su

computadora. De esta manera, le será más fácil hallarlas cuando las necesite más tarde para completar su trabajo.

Esta es la manera de hacer estos cambios:

1. En esta ventana, elija cómo quiere que este programa (Windows Photo Gallery) maneje los archivos que importa usando:

- En frente de "Settings for", haga clic si desea cambiar las opciones para su escáner, que ahora dice cámaras, y después haga clic sobre "Scanners", o viceversa.

- En frente de "Import to", puede dejar el nombre de la carpeta que ve ahí o escoger una diferente, haciendo clic primero sobre "Browse . . ." o buscar.

- En frente de "Folder name" encontrará un sinnúmero de opciones, que le indicarán a este programa cómo debe nombrar las carpetas a las cuales desea importar las fotos o imágenes que está escaneando.

  Por ejemplo, si escogió "Date Imported + Tag" (haciéndole clic) o la fecha en que las importó y el nombre, y si por ejemplo, usted eligió el nombre "Boston Hard Rock Cafe" para sus fotos y la fecha del día en que las copió es el 12 de mayo de 2011, entonces cuando las busque en Explorer o en Windows Photo Gallery, estas fotos estarán dentro de la carpeta "2011–05–12 Boston Hard Rock Cafe". Para ver (en el panel de la derecha) los archivos guardados en esta carpeta, hágales clic una vez.

2. Aquí puede ver otras opciones con las cuales puede trabajar haciéndoles clic. Por ejemplo, haga clic sobre "Always erase . . ." para que el sistema operativo siempre borre las fotos guardadas en su cámara después de importarlas a su computadora.

3. Finalmente, haga clic sobre "OK" para que este programa guarde estos cambios.

Cómo añadirle imágenes a un documento

A continuación aprenderá los pasos que debe seguir para usar en un documento las fotos que tomó con su cámara digital e importó a su computadora, las que le enviaron adjuntas a un correo electrónico, una que encontró en un sitio web o inclusive una imagen que importó a su computadora usando un escáner.

Para estos ejemplos usé Word 2016, sin embargo los pasos que aprenderá en esta sección también le servirán si: a) tiene una versión diferente de Word o b) quiere añadir una imagen al documento que esté redactando con un programa totalmente diferente.

Para comenzar, busque y abra Word. Tenga en mente que cuando está añadiendo una imagen a un documento, no tiene que preocuparse por hacer espacio suficiente en éste para pegarla, ya que esto sucede automáticamente. Por ejemplo, note que en la siguiente gráfica hay sólo dos líneas en medio del cursor destellante y la siguiente línea de la carta. En el ejemplo que sigue podrá ver claramente cómo el programa automáticamente hará suficiente espacio para la foto que importe.

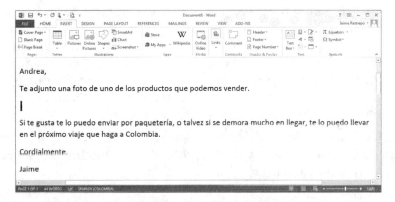

Estos son los pasos para añadirle una imagen a un documento en Word:

1. Abra un documento nuevo en Word o abra uno que creó previamente y donde ahora desea añadir una imagen. (Note la posición en la página del cursor destellante, indicado por la flecha, el cual le indica el punto exacto en el documento en donde el texto aparecerá si comienza a escribir o en donde una imagen será pegada a su documento si usa el comando de pegar o "Paste", o inclusive si usa la función de insertar un archivo o "Insert").

Recuerde que si, por ejemplo, está trabajando con la segunda página de un documento de varias páginas, y quiere añadirle una imagen a la página, puede usar la tecla PAGE DOWN hasta encontrar la página que desea. Una vez que la encuentre, haga doble clic sobre el punto exacto en la página donde desea pegar la imagen.

2. Ahora haga clic sobre el menú de "Insert" (en las últimas versiones de Office es una pestaña), jale el indicador del ratón sobre "Picture" y haga clic.

Por favor recuerde que en algunos programas, esta opción puede estar escondida al final del menú desplegable que abre una vez que hace clic sobre "Insert". Por este motivo, si la opción de añadir una foto o no aparece inmediatamente, haga clic sobre las flechas dobles en la parte de abajo del menú de "Insert" y el resto del menú abrirá. En versiones anteriores de Word también es necesario hacer clic sobre "From File" para poder ver el menú de añadir sus fotos a un documento.

3. Si la carpeta que abre inmediatamente no es la carpeta en la cual se encuentra la imagen que desea usar, entonces haga clic sobre las diferentes opciones que aparecen en esta ventana para comenzar a buscarla (como por ejemplo "This PC" en Windows 10/8, "My Computer" o "Library" en Windows 7). Busque la carpeta donde se encuentra la imagen que desea añadir, haciéndole clic dos veces para abrirla. Cuando encuentre la imagen que desea, hágale clic dos veces.

En el siguiente ejemplo hice clic sobre la carpeta de "My Documents", después sobre la de "My Pictures" y finalmente sobre el archivo que deseaba usar.

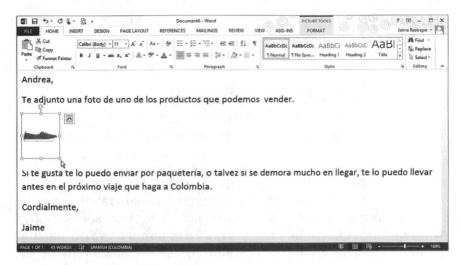

Esta es la manera de añadirle una foto a un documento en una computadora con Windows 10/8/7/Vista:

Ⓐ Haga clic sobre "Insert".

Ⓑ Después haga clic sobre "Picture".

Ⓒ En esta ventana, haga clic sobre "Pictures", y si ve la foto que desea usar haga doble clic sobre ella para añadirla.

Ⓓ Si la foto está guardada en otra carpeta, búsquela y haga doble clic sobre ella para ver los archivos que contiene.

Ⓔ Cuando encuentre la foto que desea añadir a su documento hágale doble clic para añadirla.

Además, ajustar el tamaño de una imagen es muy fácil en Word:

1. Haga clic en la imagen cuyo tamaño quiera cambiar para seleccionarla.

2. Ahora lleve el indicador del ratón sobre cualquiera de sus esquinas, hasta que ésta cambie a una flecha doble. Ahora presione y sujete el botón izquierdo del ratón, y jálelo hasta que la imagen esté del tamaño deseado.

También puede hacer que el texto se reorganice alrededor de la imagen, muy fácilmente:

En Word10/8/7/Vista:

1. Con el botón derecho del ratón, haga clic sobre la imagen y escoja "Wrap Text".

2. Haga clic sobre el formato que desea usar, como por ejemplo "Tight" o cercano.

En Word 2007:

1. Con el botón derecho del ratón, haga clic sobre la imagen y escoja "Format Picture" y después sobre "Layout".
2. En esta pestaña, escoja el tipo de formato que desea usar, haciéndole clic.

Finalmente, puede añadirle a un documento imágenes que ha encontrado en una página web de la siguiente manera: a) haga clic sobre la imagen *con el botón derecho del ratón*; b) haga clic sobre "Copy" para copiarla; c) haga clic cxactamcntc cn cl punto cn su documcnto donde la desea insertar y, por último, d) use el comando de pegar, CTRL + V. Recuerde que puede ser necesario darle crédito al artista, fotógrafo o dueño de la imagen que usó y/o pedir permiso antes de usarla, especialmente si es para un trabajo comercial.

Para recordar

- Las cámaras y los escáneres son los dos tipos de dispositivos de más uso para digitalizar imágenes.
- Windows 10/8/7/Vista tienen *software* que puede usar para trabajar con las fotos o imágenes que desea escanear.
- Una vez que copia una imagen de su cámara o escáner a su computadora, la puede imprimir, enviar a sus familiares o amigos o simplemente ver.
- Un escáner conectado a su computadora, en la mayoría de los casos, también puede usarse directamente desde algunos programas, como por ejemplo Adobe Photoshop.
- Use Windows Photo Gallery para importar las fotos de su cámara o las imágenes que puso en el cristal del escáner a su computadora.
- Use Windows Explorer para encontrar las imágenes que importó o copió a su computadora.

Guía al mundo de multimedios en Windows 17

Introducción

Un sistema de computadora idóneo para permitirle la experiencia de multimedios es uno que está equipado con los dispositivos de *hardware* y *software* necesarios para permitir a sus usuarios recibir la experiencia de ver películas o escuchar sonido sin ninguna dificultad.

En una computadora equipada para multimedios, usted podrá ver imágenes, escuchar sonido y ver vídeos de casi cualquier formato de los archivos guardados en su computadora, de sus CDs o de sus DVDs, así como también de sitios web (como por ejemplo, *www. YouTube.com*) que usted visita en Internet.

Estos son algunos de los requisitos básicos con los cuales una computadora personal debe contar para permitirle aprovechar esta experiencia:

Hardware:

- Una buena tarjeta de vídeo.
- Una buena tarjeta de sonido.
- Unos buenos parlantes.
- Suficiente memoria RAM; al menos 6 gigas si tiene Windows 10/8/7/Vista.
- Una unidad de CD o DVD.

Software:

- Un programa de *software* reproductor de multimedios, como por ejemplo, el Media Player para Windows versión 10, 11 ó 12 de Microsoft.
- La más reciente actualización del *software* DirectX, el cual es ofrecido sin precio alguno por la compañía Microsoft. Si tiene una computadora que ha tenido por varios años y tiene dudas de si ésta tiene la última versión de DirectX, visite el sitio web de Microsoft en esta dirección virtual o URL: *http://www .microsoft.com/downloads* y una vez que esté allí siga los enlaces para conseguir el "DirectX End-User Runtime".
- El "codec" o archivo de *software* apropiado para poder usar el tipo de archivo de vídeo que está tratando de ver.

■ Decodificador de *software* para DVDs, a fin de que usted pueda reproducir sus películas de DVD en su computadora. Algunas tarjetas de vídeo de alto rendimiento también ofrecen esta opción, la cual está incluida en el *hardware* de éstas.

Pero, generalmente, cualquier computadora que usted compre hoy en día reunirá los requisitos necesarios para que usted pueda recibir los beneficios que le ofrece usar un *software* reproductor de multimedios en Windows, y una vez que la tenga, sólo será necesario conectarle parlantes y poner un CD de música en la unidad de CD o DVD para comenzar a escucharlo.

Windows Media Player

El Media Player de Windows de Microsoft es el programa para usar archivos de multimedios incluido con Windows 10/8/7/ Vista. Este también puede ser descargado o bajado del sitio web de Microsoft sin costo alguno.

En esta gráfica puede ver un vídeo clip que este programa está reproduciendo. Estos son los controles básicos que debe tener en cuenta cuando esté viendo un vídeo en este programa; primero lleve el indicador del ratón sobre el área de este programa: a) use estos controles para detener, avanzar o regresar un vídeo o una canción, y b) haga clic en este botón para regresar a la librería, donde puede escoger su música o sus vídeos.

Usando este *software* reproductor de multimedios en Windows usted podrá:

- Escuchar archivos de sonido o lo que se conoce como "wav" files, por ejemplo, especialmente la música que fue importada o copiada de sus CDs.

- Ver cortos de películas de vídeo de diferentes formatos, como por ejemplo, AVI, WMV, MOV, y MP4. Esto por lo general es algo que usted no escoge. Por ejemplo si está grabando un vídeo, usando una cámara de fotografía de marca Sony —por lo general— este clip de vídeo será grabado en el formato que la compañía que la sacó al mercado, determinó.

- Copiar música de sus CDs a su computadora usando un proceso llamado "rip", que le permitirá escuchar esta música una vez que esté guardada en su computadora sin tener que producir el CD en que vino originalmente.

- Quemar sus propios CDs de música usando archivos de música que usted previamente importó a su computadora.

- Escuchar estaciones de radio que encontró en Internet.

Para seguir este capítulo puede usar cualquiera de las últimas versiones de Media Player (10, 11 ó 12). Y a través de este capítulo verá indicado cuando un proceso es muy diferente de una versión comparada al proceso que verá en la otra. Si tiene duda de qué versión tiene instalada en su computadora, fíjese en lo siguiente: la versión número 11 dice "Media Guide" en la esquina superior derecha de su pantalla, y en la versión 10 dice "Video". En la versión 12, que fue introducida con Windows 7, "Media Guide" se encuentra en la esquina izquierda inferior de este programa.

Cómo abrir el Media Player

En este capítulo aprenderá algunas de las funciones más básicas del Media Player de Windows, el cual es una parte intrínseca del grupo de programas de entretenimiento de Windows. En Windows 10 y 8, este programa se puede encontrar en la pantalla de comienzo o "Start". En Windows 7 y Vista lo encontrará debajo del grupo de programas "Accesories" y le permite, por ejemplo, añadir música a éste, hacer listas de sus canciones y quemar CDs.

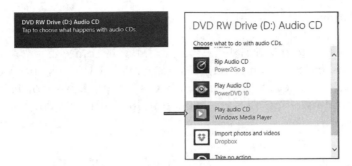

Estos son los pasos que debe seguir para abrir el Media Player de Windows para escuchar un CD de música:

■ Para comenzar, abra la unidad de CD o DVD en su computadora, coloque el CD de música que desea escuchar en ésta y después ciérrela. Si el menú de "AutoPlay" se abre, esta acción debe abrir la ventana que ve arriba. Es un poquito diferente si tiene Windows 10 u 8, haga clic sobre la franja azulada que le pregunta escoja que debe hacer o "Tap to chose what happens . . . ", para ver la ventana de diálogo donde puede escoger el programa o la acción que desee. Ahora hágale doble clic al icono correspondiente. Por ejemplo, si este es un CD de música que desea escuchar, haga clic sobre "Play audio CD".

■ Si usted ve el icono del Media Player en su "Desktop" de Windows, haga doble clic sobre él para abrir este programa.

Windows
Media Player

Usted también puede abrir el Media Player desde el menú de "Start", de la siguiente manera:

En Windows 10:

■ Hágale clic al botón de comienzo o "Start", y busque su teja o "Tile" y hágale clic, o haga clic sobre la barra de búsqueda, al lado del botón de Windows, ahora escriba "Windows Media Player", y cuando vea este programa, en la lista de programas que abre, hágale clic para abrirlo.

En Windows 8:

- Busque su teja o "Tile" en la pantalla de comienzo o "Start", y cuando la encuentre hágale clic para abrirla, o use la combinación de teclas ⊞ + S, y en la casilla que busqueda escriba Windows media player, y cuando lo vea hágale clic para abrirlo.

En Windows 7/Vista:

- Haga clic sobre el botón de "Start" e inmediatamente escriba "Windows Media Player". Después oprima la tecla ENTER para abrirlo. También lo puede abrir haciendo doble clic sobre su icono en el escritorio virtual o "Desktop".

En Windows XP:

- Haga clic sobre el botón de "Start", jale el indicador del ratón sobre "All Programs" y espere unos segundos. Ahora jálelo hacia arriba y hacia la derecha sobre el grupo de programas "Accesories" y llévelo hacia la derecha y después hacia abajo hasta que esté encima del grupo de programas de "Entertainment". Finalmente, cuando vea su icono, haga clic sobre "Windows Media Player".

Una vez que el Media Player abra, le será posible escuchar sus CDs de música, como las canciones que haya guardado en su computadora, y ver la mayoría de los tipos diferentes de archivos de multimedios para Windows que haya encontrado en Internet o que alguien le envió, excepto algunos que tienen un formato diferente, como por ejemplo los archivos de tipo Quicktime de Apple, para los cuales es necesario usar un programa diferente que se llama, apropiadamente, Quicktime Player.

Cómo cambiar la configuración de auto-reproducción o "AutoPlay" en Windows 10/8

Esta es la configuración que le dice a su computadora qué hacer cuando conecta su iPhone, o pone un CD o DVD en la unidad de CD/DVD de su computadora.

Estas son las opciones más comunes:

- Mostrar las canciones o "Show songs"
- Reproducir canciones o "Play audio CD"
- Copiar canciones a iTunes o "Import to iTunes"
- Reproducir canciones en CD de audio o "Play audio CD in Windows Media Player"
- No hacer nada o "Take no action"
- Copiar fotos o vídeos o "Import photos and videos"

Para comenzar a trabajar con estas opciones abra el panel de cambiar la configuración de acción automática o "AutoPlay Settings", de acuerdo a la version del sistema operativo Windows instalado en su computadora personal:

En Windows 10:

Comience haciendo clic sobre la barra de búsqueda, al lado del botón de Windows, ahora escriba escriba "AutoPlay". Ahora haga clic sobre "AutoPlay Settings", cuando lo vea en la lista de nombre que abren, para cambiar la configuracion de sistema, de "AutoPlay".

En Windows 8:

Comience usando la combinación de teclas ⊞ + S, y en la casilla que abre escriba "AutoPlay". Ahora haga clic sobre "AutoPlay Settings", para cambiar la configuracion de sistema, de "AutoPlay".

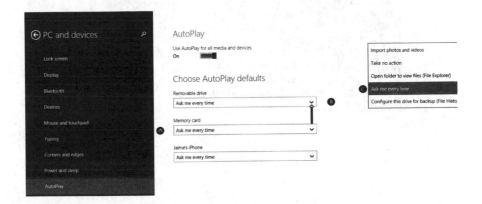

En este panel que abre puede cambiar estas opciones de AutoPlay, de la siguiente manera:

A. Escoja, entre las opciones que ve aquí, qué debe hacer la computadora cuando introduce unidades de memoria removible o "Removable drive", a un puerto USB, o tarjetas de memoria o "Memory card", o como puede ver en este ejemplo, un iPhone.

B. Para comenzar a hacer estos cambios hágale clic a la guía que apunta hacia abajo.

C. Ahora en la ventana que abre puede escoger, entre estas opciones, haciéndoles clic:

- Copiar sus fotos o vídeos o "Import photos and videos".

- No hacer nada o "Take no action".

- Abrir carpeta en el explorador de archivos o "File explorer".

- Configurar la unidad de memoria para hacer respaldos o "Configure this drive . . . ".

Esto cambios los puede hacer para cada una de las tres opciones, cuantas veces le sea necesario. Por ejemplo si cada vez que introduce su iPhone, nada pasa, entonces regrese a este panel de configuración para seleccionar la acción correcta, que usted desea que la computadora efectúe, como por ejemplo: Copiar fotos o vídeos o "Import photos and videos".

NOTA

Si pone un CD de música en su computadora, y en vez de que Windows Media Player abra, iTunes abre, y prefiere usar el programa de Microsoft, siga los pasos que aprendió en esta página para usar el Windows Media Player en vez del programa de Apple.

Introducción a la versión 12 del Windows Media Player

Esta es la versión que viene preinstalada con el sistema operativo Windows 10 u 8, y se diferencia a las otras versiones de este programa por ser mucho más integrada al sistema operativo.

Estas son las diferentes partes de esta versión del Media Player:

A Esta es la barra de menús.

B Use estas guías para regresar o adelantarse a una página de controles.

C A este nivel encontrará estos menús: "Organize" (para organizar su música), "Stream" (para enviar su música a través de Internet) y "Create Playlist" (para crear una lista de canciones).

D Esta es la biblioteca de multimedios.

E Aquí verá el contenido de la selección en el panel de la izquierda.

F Aquí encontrará tres pestañas: "Play" (para reproducir la música que se encuentra en la biblioteca), "Burn" (para copiar una selección a un CD) y "Sync" (para sincronizar su biblioteca con un reproductor de música del tipo MP3).

G Si no puede ver la barra de menús, en "Windows Media Player", lleve el indicador del ratón sobre la franja superior (al mismo nivel de donde aparece el botón de reproducir o "Play" del Windows Media Player, y después haga clic sobre mostrar barra de menús o "Show menú bar".

Una de las ventajas de esta versión del Media Player es que acepta más tipos de archivos, mientras que antes requería bajar un programita llamado "codec" para poder usarlos.

La barra de tareas del Media Player

La barra de tareas o "Features" cuenta con en una serie de etiquetas o pestañas que podrá ver en la parte superior de las versiones del Media Player 11 y 10. La manera de trabajar con una diferente a la que está resaltada es haciendo clic sobre su nombre.

Esta barra de tareas no está presente en la versión 12. Por ejemplo, si está trabajando en la pestaña "Now Playing" y hace clic sobre la pestaña de "Library", se abrirá una nueva página con una cantidad de opciones que usted puede usar para trabajar con la música que importó a su computadora.

Como puede ver en la gráfica de arriba, puede hacer clic sobre:

- "Now Playing": para ver un archivo de vídeo que abrió.
- "Library": para trabajar con todos los archivos de música que usted o un programa copió a su computadora a la carpeta predeterminada para este tipo de archivos.
- "Burn": para quemar CDs con la música que usted añadió a la computadora.
- "Sync": para sincronizar reproductores de multimedios portátiles del tipo MP3 con la música que usted copió a la computadora usando el *software* del reproductor.
- "Media Guide": que a su vez está dividido en las siguientes pestañas: "Music", "Movies", "TV/Celebs/Radio", "Games" y "Site Index".

En la versión 10 del Media Player, verá las siguientes etiquetas adicionales:

- ■ "Music": haga clic aquí para comprar música en línea.
- ■ "Radio": haga clic para ver una lista de estaciones de radio en Internet.
- ■ "Video": haga clic aquí para comprar vídeos en Internet.

En este libro verá muchas funciones comunes en las versiones 10, 11 y 12 del Media Player de Windows. Si tiene una computadora de varios años con Windows XP y Media Player 10, y éste le está funcionando muy bien y desea actualizarla a una nueva versión, le recomiendo que sea prudente y que espere hasta cuando compre una nueva computadora con Windows 10.

En el Media Player 12 de Windows, si después de haber introducido un CD de música o un DVD con una película, este programa abre, pero no le muestra sus menús, y desea regresar a escoger algo diferente, entonces hágale clic a este botón; para regresar, hágale clic al botón localizado en la parte derecha superior del programa.

Cómo trabajar con los controles de vídeo, reproducción y volumen

En este programa usted encontrará y podrá usar un sinnúmero de controles que le ayudarán a cambiar la manera de escuchar su música o ver archivos de vídeos. Para darle una idea de lo útiles que son, considere el siguiente ejemplo: si un día, en su trabajo, está viendo un clip de vídeo de muchos minutos y necesita ver una parte específica que no aparece hasta minutos después del principio, puede usar estos controles para ir al punto exacto que desea ver.

En el Media Player 12 de Windows:

Esta es la manera de trabajar con los diferentes controles disponibles en Media Player 12:

1. Con el botón derecho, haga clic sobre el vídeo que esté presenciando. Después elija "Enhancements" o mejoras.

2. Ahora elija el grupo de controles con el cual desea trabajar.

3. Finalmente, puede usar estas guías para trabajar con las diferentes opciones disponibles para mejorar la calidad de la película o clip que está viendo. Y esta es la manera de trabajar con éstas: a) lleve el indicador del ratón sobre la guía con la cual desee trabajar, b) sostenga el botón izquierdo del ratón y c) por último, jálela hacia arriba para aumentar o para abajo para disminuir el valor del control.

Si desea cerrar un grupo de controles, como el que ve arriba ("Graphic Equalizer"), hágale clic sobre la "X" en la parte derecha superior de su ventana. En este programa encontrará seis controles para trabajar con sus archivos de películas.

En el Media Player 11 y 10 de Windows:

Esta es la forma de trabajar con los controles en estas versiones del Media Player (como podrá ver en la próxima gráfica):

Ⓐ "Enhancements": hágale clic a estas flechitas (la izquierda y la derecha) para trabajar con diferentes grupos de controles, como por ejemplo el de "Video Settings", el cual le permite cambiar el brillo o el contraste de un archivo de vídeo que esté viendo.

Ⓑ "Playback Controls" o controles de reproducción "Play", "Pause", "Stop", "Rewind" y "Fast Forward": podrá usarlos para trabajar con sus archivos de audio o de vídeo. Al lado de estos controles también verá el ajuste del volumen del Media Player.

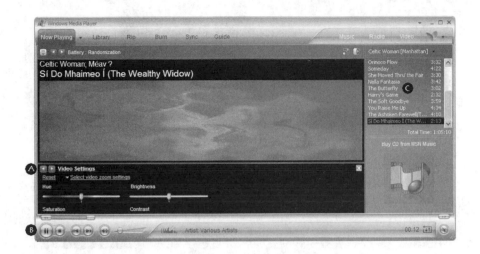

 "Playlist" o compilación de música: verá los
nombres de las canciones a la derecha de la
ventana. Para escuchar una canción diferente de
la que está escuchando ahora, haga doble clic
sobre su nombre. Para suprimir una canción que
ve en esta lista, selecciónela haciéndole clic y
después oprima la tecla DELETE.

Para este ejemplo usé el Media Player 10, porque en realidad la
diferencia entre éste, para hacer funciones básicas como importar
música y quemar CDs, y la versión 11 y 12 del Media Player de
Windows, no es significativa. Por ejemplo, note que en la gráfica
de la siguiente página, la diferencia entre los controles de reproducción de audio y vídeo entre los del Media Player 11 y los de
la versión 10 es muy pequeña. La mayor diferencia es que en la
versión 11 los botones de reproducción de audio y sonido son más
grandes.

En la próxima gráfica aprenderá a trabajar con los controles tipo
"Slider" o deslizantes.

Por ejemplo, para hacer cambios al brillo en vídeos o fotos o el volumen de un archivo de vídeo: 1) lleve el indicador del ratón sobre la
guía del control con el que necesita trabajar (en este ejemplo puede
ver el indicador sobre el control de brillo), y 2) oprima y sujete el
botón izquierdo del ratón y después jálelo hacia la izquierda para
reducir el valor de la configuración con la cual esté trabajando (por
ejemplo el sonido), y hacia la derecha para aumentarlo.

Si a primera vista al abrir Media Player no puede ver el grupo de controles que necesita para hacer ajustes a la manera de ver sus archivos de vídeo o escuchar los de audio, entonces siga los siguientes pasos de acuerdo con la siguiente gráfica.

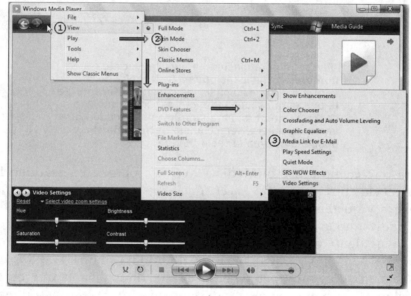

Como puede ver en la gráfica anterior de una captura de pantalla del Media Player 11, estos son los pasos para ver o quitar diferentes controles en el Media Player de Windows:

1. Para comenzar, haga clic con el botón derecho del ratón sobre el lado extremo izquierdo de la barra "Features", y después lleve el indicador del ratón sobre "View".

2. A continuación jale el indicador del ratón, primero hacia la derecha y después hacia abajo, hasta llegar a "Enhancements", y después hacia la derecha.

3. Finalmente, haga clic sobre el nombre del control que desea ver en la parte inferior de la ventana del Media Player.

Este es un cambio que puede hacer muchas veces hasta que encuentre todos los controles que desea usar, o inclusive para quitar un control que no desea ver en la parte inferior del Media Player, siguiendo estos pasos y haciendo clic otra vez sobre su nombre.

NOTA

Si en algún momento, de manera temporal, desea cerrar este panel de controles, hágale clic a la *X* roja que ve en la esquina superior derecha. Más tarde, si cambia de opinión, puede añadirlos a su Media Player de nuevo, usando las instrucciones en la página anterior.

Cómo digitalizar la música de sus CDs usando el proceso "rip"

Si las canciones guardadas en sus CDs fueran copiadas directamente a su computadora (para no tener que producir los CDs originales cada vez que quiera escuchar su música), tomarían mucho espacio en el disco duro; por este motivo es mejor usar un programa como el Media Player de Windows para reducirlas de tamaño usando un proceso llamado "Ripping" que las convierte en un formato con una huella más pequeña en su disco duro. Una vez que termine este proceso, usted podrá escuchar su música e inclusive —una vez que esté guardada en su computadora— la puede sincronizar con reproductores de multimedios portátiles o MP3 Players utilizando un proceso llamado "Sync".

Para comenzar a digitalizar su música, abra el Media Player de Windows de acuerdo al sistema operativo que tenga.

En Windows 10:

- Comience haciendo clic sobre la barra de búsqueda, al lado del botón de Windows. Escriba Windows Media Player, y cuando vea este programa en la lista de programas que aparece, hágale clic para abrirlo.

En Windows 8:

- Use la combinación de teclas ▦ + S, y en la casilla de búsqueda escriba Windows Media Player, y cuando lo vea hágale clic para abrirlo.

En Windows 7/Vista:

■ Haga clic sobre el botón de "Start" y escriba "Windows Media Player". Después oprima la tecla ENTER para abrirlo.

NOTA Le quiero recordar que si tiene un iPod, iPad o iPhone las canciones que quiera escuchar en éste deben ser digitalizadas usando un programa llamado iTunes. Aprenderá a hacer esto más adelante en este capítulo.

En Windows Media Player 12:

Switch to Library

Para comenzar este proceso, abra su unidad de DVD/CD e introduzca el disco que desee copiar a su computadora. Si este programa empieza a reproducir sus canciones inmediatamente, mostrándole sólo la cubierta del CD, entonces hágale clic al botón en la parte derecha superior del programa para ver la biblioteca de música en donde encontrará las opciones de copiar un CD a su computadora.

Esta es la manera de añadir la música de un CD a su computadora en Windows Media Player 12:

1. Para comenzar, si no desea copiar todas las canciones en el CD, haga clic al lado de cada una (para quitarles las marquitas

de selección) de las canciones que no desea copiar a la computadora. Esto funciona si la canción no fue añadida ya.

2. Finalmente haga clic sobre "Rip CD".

Una vez que este proceso termine, estas canciones serán añadidas a su biblioteca, donde permanecerán listas para: a) escucharlas, b) hacer listas de canciones o c) crear CDs con ellas. Todo esto sin necesidad de tener los CDs originales.

En Windows Media Player 10 y 11: si abrió el Media Player de Windows primero, continúe este proceso abriendo la unidad de CD o DVD en su computadora. Ahora coloque el CD de música que desea digitalizar en ésta, ciérrela y espere un momento. A continuación verá los pasos para terminar este proceso de digitalizar su música en el Media Player 10 y 11, que son un poco diferentes. Por ejemplo, en el Media Player 10, el botón de "Rip" está arriba en el centro.

Por favor guíese por esta gráfica para terminar este proceso:

1. Para comenzar, haga clic sobre la pestaña "Rip".

2. Note que cuando introduce un CD a su computadora, y abre este programa, todas las canciones en el CD aparecerán seleccionadas para crear copias de estas en su computadora, usando este proceso de "Rip". Ahora si solo desea copiar una o varias canciones de este CD, haga clic en este cuadrito (al

nivel del título del CD) para deseleccionar todas las canciones, y después escoja (haciendo clic sobre el cuadrito al lado de su nombre) las canciones que desea añadir a su biblioteca de Media Player.

3. Finalmente, haga clic sobre "Start Rip". En el Media Player 10, si el programa le pregunta qué formato quiere escoger, seleccione "Keep my current format settings".

Como vimos anteriormente, si usted colocó el CD de música antes de abrir el Media Player de Windows e hizo doble clic en el menú de "Autoplay" sobre "Rip Music From CD", entonces este proceso comenzará automáticamente. Pero esto, siempre y cuando una canción no haya sido digitalizada, le da un poquito de tiempo para deseleccionarla, para que esta canción no sea copiada a su computadora. Por esto es preferible abrir el Media Player de Windows primero, ya que en este caso el programa esperará hasta que usted haga clic sobre "Rip Music".

Si los nombres de las canciones no aparecen correctamente, es decir, sólo puede leer "Track1", "Track2", etcétera en Media Player 10 y está conectado al Internet, haga clic delante de "Find Album info" (al lado del botón de "Start Rip") para buscar los nombres de las canciones. En el Media Player 11, esto se solucionará automáticamente la próxima vez que esté conectado al Internet.

Cómo crear una compilación de música

Una de las ventajas de usar este programa es la facilidad con la cual le será posible crear diferentes compilaciones de música o "Playlists" para cada situación, por ejemplo, para una cena íntima o un cumpleaños. Para comenzar, abra el Media Player siguiendo los pasos que corresponden a la versión de Windows instalada en su computadora. Después siga las instrucciones que siguen a continuación de acuerdo con la versión instalada en su computadora.

En el Media Player 12 de Windows:

Siga estos pasos, siguiendo la gráfica, para crear una compilación de música:

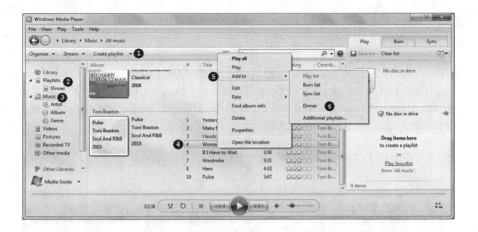

1. Haga clic sobre "Create playlist".

2. Inmediatamente note como, debajo de "Playlists", aparece el nombre "Untitled Playlist". Haga clic sobre este nombre para cambiarlo si desea usar otro nombre y después haga clic en la parte del centro del programa.

3. Para añadir la música a la compilación, haga clic sobre "Music".

4. En el panel de la mitad del programa, haga doble clic sobre el nombre del álbum con la música que desea añadir a su compilación.

5. Ahora seleccione las canciones de la siguiente manera: para seleccionar una sola canción, hágale clic con el botón derecho del ratón. Para seleccionar un grupo de canciones que estén contiguas, sostenga la tecla SHIFT y después haga clic sobre la primera y luego sobre la última canción que desea añadir a esta compilación. Para seleccionar varias canciones que no están contiguas, sostenga la tecla CTRL y después hágale clic a todas las canciones que desea añadir a su compilación.

6. Por último, lleve el indicador del ratón sobre cualquiera de las canciones que eligió y hágale clic con el botón derecho del ratón. Después jale el indicador sobre "Add to", y hacia la derecha o a la izquierda, dependiendo de dónde le aparece este menú. Finalmente, haga clic sobre el nombre de su compilación. También es posible hacer clic con el botón derecho del ratón sobre el nombre de un álbum, y después seguir este

paso (el número 6) para añadir todas las canciones de este álbum a su compilación.

Como sucede con las otras versiones del Media Player, si desea escuchar su música sin hacer compilaciones, haga clic sobre "Music" y después doble clic sobre el nombre del álbum, y éste empezará a ser reproducido, canción por canción.

En el Media Player 11 de Windows:

Siga estos pasos, como puede ver en esta gráfica de una pantalla del Media Player 11, para crear una nueva "Playlist":

1. Para comenzar, una vez que el Media Player de Windows se abra, use la combinación de teclas CTRL + N. Ahora retire las manos de su teclado. Enseguida escriba el nombre que desea usar para esta combinación, como por ejemplo, "Cumpleaños", y después oprima la tecla ENTER.

2. Ahora haga clic sobre "Album" y después use las barras de desplazamiento de la derecha para buscar el álbum del cual quiere añadir canciones a esta compilación. Cuando lo encuentre, hágale doble clic.

3. Ahora puede añadir todas las canciones de este álbum a su compilación haciendo clic con el botón derecho del ratón sobre la cubierta de éste, y despues haciendo clic sobre "Add to Cumpleaños". Inclusive puede añadirlo a una compilación que haya creado anteriormente haciendo clic sobre la tercera opción: "Add to...", jalando el indicador del ratón hacia la derecha o la izquierda (si éste se abre de este lado) sobre el nombre de la compilación a la cual desea añadir todas la canciones de este álbum y haciendo clic.

Si sólo quiere añadir ciertas canciones a su "Playlist" de este álbum, selecciónelas de la misma manera como se hace en la versión 11 de este programa:

4. Finalmente, haga clic sobre "Save Playlist" para guardar esta compilación. Aquí también, debajo de "Library", puede ver otras categorías que puede usar para buscar música que desea añadir a su compilación, como por ejemplo "Artist" y "Genre".

Si prefiere escuchar su música sin hacer "Playlists", busque el nombre del álbum cuyas canciones desee escuchar y hágale clic. Después, cuando vea sus canciones, haga clic dos veces sobre la canción que desea escuchar. La canción debe empezar a sonar casi inmediatamente.

En el Media Player 10 de Windows:

En este reproductor de *software* de multimedios, antes de comenzar a crear una compilación de música y después de abrir el Media Player haga clic en la pestaña de "Library". Ahora haga clic en el botón de "Now Playing List" (en el lado derecho de esta ventana) y después haga clic sobre la etiqueta "Clear list". Adicionalmente, haga clic sobre "Library Options" (situado en la parte de arriba de esta ventana), y después haga clic sobre "Add to List on Double Click".

Siga los pasos que puede ver en la siguiente gráfica de una pantalla del Media Player 10 para crear una nueva "Playlist":

A Para buscar la música que desea añadir haga clic sobre el símbolo "+" en "Album Artist" (debajo de "All Music") o cualquier otra categoría que usted quiera usar para buscar música. Si habilita la función de añadir canciones haciendo doble clic sobre "Add to List on Double Click", entonces

      puede añadir álbumes completos a su "Playlist"
      haciendo doble clic sobre su nombre.

B Ahora usted podrá ver, en el panel del medio, la
      música correspondiente a la selección que usted
      hizo en el panel izquierdo. Para añadir una canción a
      su "Playlist", lleve el indicador del ratón sobre su
      nombre, ahora oprima y sostenga el botón derecho
      del ratón y después jálela hacia el panel de la
      derecha. Si desea también puede añadir un álbum
      completo de esta manera.

C Finalmente, en el panel derecho, podrá ver el
      nombre de las canciones que agregó a esta
      "Playlist".

Para guardarla, lleve el indicador del ratón sobre "Now Playing
List" y después haga clic sobre "Save Playlist As" en el menú que se
abre. En la próxima ventana que se abre escriba el nombre en frente
de "File Name" que desea usar para su "Playlist", y después haga
clic sobre "Save". Ahora su "Playlist" está lista.

Cómo escuchar una compilación de música

Cuando tenga una compilación de música puede regresar al Media
Player de Windows y pedirle que la empiece a tocar con sólo un par
de clics del ratón. Para comenzar, abra el Media Player, siguiendo
los pasos que corresponden a la versión de Windows instalada en su
computadora.

En el Media Player 12 de Windows:

Esta es la forma de escuchar una de sus compilaciones:

(A) **Haga clic sobre la pestaña de "Library". Ahora haga doble clic sobre el nombre de la compilación.**

(B) **Si desea ver el menú "Now Playing", haga clic sobre el botón en la parte derecha inferior del programa.**

Si más adelante desea añadirle canciones a esta compilación, lo puede hacer de la misma manera que lo hizo cuando la creó. Para quitar una canción de su compilación hágale clic con el botón derecho del ratón y después seleccione "Remove from list". Para borrar una compilación, hágale clic sobre el nombre con el botón derecho del ratón y después elija "Delete". Si no quiere borrar esta música de su computadora, deje seleccionado "Delete from library only".

En Media Player 11:

Esta es la forma de escuchar una de sus "Playlists":

1. Comience haciendo clic sobre la pestaña de "Library".

2. Ahora, debajo de la lista de "Playlists", busque la compilación que desea escuchar.

3. Cuando la encuentre, haga doble clic sobre su nombre para escucharla.

Si desea, más adelante, añadirle canciones a una de sus "Playlists": 1) elíjala de la misma manera que acaba de ver, 2) haga clic sobre

"Edit in List Panel", 3) añádale canciones de la misma manera que hizo cuando la creó originalmente y, por último, 4) guárdela haciendo clic sobre "Save Playlist". Para quitar una canción de una de sus compilaciones, hágale clic con el botón derecho del ratón y elija "Remove from list".

En el Media Player 10 de Windows:

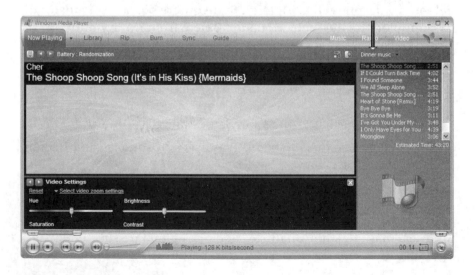

Esta es la forma de escuchar una de sus "Playlists":

1. Para comenzar, haga clic sobre la pestaña de "Now Playing".

2. En este ejemplo dice "Dinner music". Si, por ejemplo, ha estado escuchando una de sus compilaciones y ahora quiere escuchar una diferente, haga clic sobre el nombre que ve ahí y jale el indicador del ratón sobre "Open Playlist".

3. Finalmente, mueva el indicador del ratón, dependiendo de qué lado se abre este menú, hacia la izquierda o la derecha. Ahora verá los nombres de las compilaciones que guardó.

4. Cuando halle la que desea escuchar, hágale clic dos veces.

Cuando esta compilación termine de tocar todas las canciones, parará a menos que usted haga clic sobre el botón de "Stop" antes de que termine de reproducir todas las canciones que usted le añadió. Para quitar una canción de su "Playlist" mientras la está escuchando, en la pestaña de "Now Playing", simplemente haga clic con el botón derecho del ratón sobre el nombre de la canción en el panel derecho superior, y después haga clic sobre "Remove from list". Cuando vea la pregunta "Delete from library only" (borrar esta canción de la biblioteca), o "Delete from library and from My Computer" (borrar de la biblioteca y de la computadora), hágale clic a la opción deseada, y después haga clic sobre "OK". Para añadirle canciones adicionales a una "Playlist", haga clic sobre la pestaña de "Library" y después haga clic sobre "Now Playing list". Ahora jale el indicador del ratón hasta "Edit Playlists" y hágale clic al nombre de la compilación con la cual quiere trabajar. Siga los mismos pasos que usó para añadirle canciones a esta "Playlist".

Cómo hacer sus propios CDs

Una vez que usted haya importado canciones de su colección de CDs, podrá hacer sus propios CDs con la música que ahora está guardada en su computadora. Por ejemplo, si usted importó música a su computadora de varios CDs, entonces puede hacer un CD que incluya la canción número 2 de uno, la canción número 4 de otro, etcétera, hasta que tenga un CD completo. Por lo general, un CD acepta hasta 74 minutos de música.

Para comenzar, abra el Media Player de Windows siguiendo los pasos que corresponden a la versión de Windows instalada en su computadora. Después siga las instrucciones que siguen a continuación de acuerdo con la versión del Media Player instalado en su computadora. Después ponga, dependiendo de qué tipo de unidad de CD-RW o DVD-RW tenga, un nuevo CD del tipo CD-R o CD-RW.

En el Media Player 12:

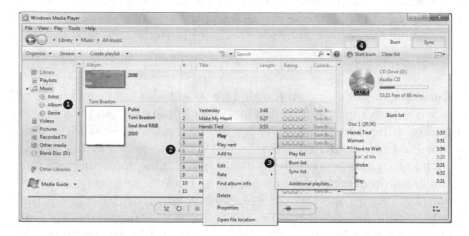

Siga los pasos siguentes, guiándose por la gráfica, para quemar un CD de la música que tiene guardada en su computadora.

1. Para comenzar, haga clic sobre "Music" y después sobre "Artist", "Album" o "Genre", dependiendo de qué criterio desea usar para buscar la música que quiere grabar a su CD.

2. Después, haga doble clic sobre el álbum que contiene la música que desea grabar y seleccione las canciones (como aprendió en el paso 5 de la página 387).

3. Por último, lleve el indicador del ratón sobre cualquiera de las canciones que eligió y hágale clic con el botón derecho del ratón y después jale el indicador sobre "Add" hacia la derecha o la izquierda, dependiendo de donde aparece este menú. Finalmente, haga clic sobre "Burn List" para quemar el CD. También es posible hacerle clic al nombre de un álbum, con el botón derecho del ratón, para añadir todas sus canciones a la lista de canciones que desea quemar en el CD.

4. Para terminar, haga clic sobre "Start Burn".

Alternativamente, usted también puede hacerle clic con el botón derecho del ratón sobre una de sus compilaciones, elegir "Add to" y finalmente escoger "Burn List" para añadir esta selección a su CD. Pero tenga en cuenta que a un CD sólo se le pueden añadir canciones que no sumen más del espacio de éste, que es por lo general 700 megabytes (esto equivale a aproximadamente a unas 16–20 canciones).

En el Media Player 11:

Siga los pasos que puede ver en esta gráfica de una pantalla del Media Player 11 para quemar un CD de la música que guardó a su computadora con este programa:

1. Para comenzar, haga clic sobre "Album", y después use las barras de desplazamiento de la derecha (si hay muchos álbumes que no puede ver), para buscar el álbum del cual quiere añadir canciones a este CD que desea crear. Cuando lo encuentre, hágale doble clic para comenzar a añadir las canciones guardadas en él.

2. Ahora puede añadir todas las canciones en este álbum a su CD haciendo clic con el botón derecho del ratón sobre la cubierta de éste y después haciendo clic sobre "Add to Burn List".

3. Para añadir una canción a la lista de canciones a quemar, lleve el indicador del ratón sobre su nombre, ahora oprima y sostenga el botón derecho del ratón y después jálela hacia el panel de la derecha. Si desea también puede añadir un álbum completo de esta manera.

4. Finalmente haga clic sobre "Start Burn", para crear el CD de música.

Aquí también puede ver otras categorías que puede usar para buscar la música que desea añadir a este CD, como, por ejemplo "Artist" y "Genre".

En el Media Player 10:

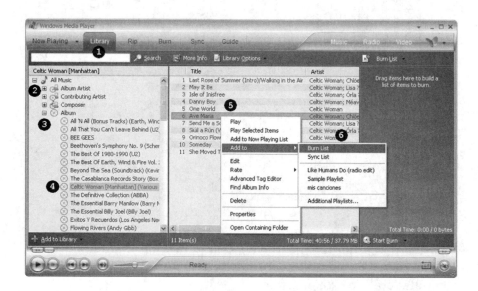

En esta gráfica usted puede ver los pasos para quemar sus CDs:

1. Para empezar, haga clic sobre la pestaña de "Library".

2. Ahora haga clic sobre el símbolo de "+" debajo de "All Music" para buscar las canciones que desea añadir a este CD, y haga clic sobre "Album", "Artist", etcétera, para ver las canciones guardadas en cada una de estas categorías.

3. En este ejemplo, hice clic al símbolo de "+" al lado de "Album" para ver la lista de todos los álbumes guardados allí.

4. Si "Album" fue la categoría que eligió, haga clic sobre el nombre del álbum que tiene las canciones que usted quiere seleccionar. Para escoger todo un álbum, haga clic sobre su nombre con el botón derecho y después sobre "Add to Burn List".

5. Para añadir una sola canción, hágale clic con el botón derecho del ratón y después lleve el indicador del ratón sobre "Add to".

6. Finalmente haga clic sobre "Start Burn" para crear el CD de música.

Alternativamente, usted también puede hacer clic con el botón derecho del ratón sobre una "Playlist" particular, a la cual usted añadió muchas canciones, y hacer clic sobre "Add to Burn List". Repita este proceso hasta que haya seleccionado todas las canciones que usted quiere grabar a su CD. Pero tenga en cuenta que si ve el mensaje "Will not fit" aparece, que estas canciones no serán añadidas al CD.

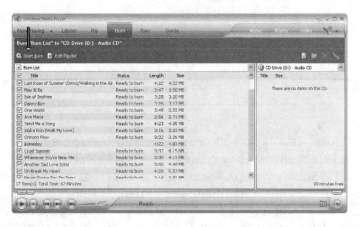

Cuando este programa termine su disco, deberá abrirse automáticamente la puerta de la unidad de CD-RW o DVD-RW de su computadora y ahora lo podrá usar en la mayoría de los reproductores de CD que tenga, como por ejemplo el que está instalado en su auto y el que tenga en su casa.

NOTA   Si usted añade más música de la que cabe en un solo CD, el Media Player 11 calculará cuántos CDs adicionales necesita, y cuando termine con el primero, le pedirá el segundo, y así sucesivamente.

El reproductor de multimedios iTunes de Apple

iTunes es hoy en día el programa reproductor de multimedios más popular en el mundo y gracias a él podrá organizar la música y vídeo que haya importado a su computadora de sus CDs o de Internet. La ventaja de usar este tipo de programa en vez de copiar manualmente disco por disco es que las canciones que copia a su computadora quedan mucho más organizadas. De esta manera, le será más fácil regresar a escuchar su música, hacer una selección de canciones para hacer un CD de música o simplemente sincronizar el contenido de su biblioteca con un iPod, iPhone o iPad.

En la siguiente gráfica puede ver la ventana de la versión 12.6 de iTunes.

Para explorar este programa, haga clic sobre este menú de contenido. En este momento hay cuatro categorías seleccionadas: Music, Movies, TV Shows y Apps. Para cambiar esta lista haga clic sobre el nombre que ve aquí, que puede ser "Music, Movies…", y después haga clic sobre editar menú o "Edit Menu", y después sobre la casilla al lado de la categoría que desea ver en este menú, o al lado de la categoría que ya no desee ver, para deseleccionarla.

En esta sección del capítulo de multimedios, aprenderá a usar iTunes para:

- Importar la música de sus CDs a la biblioteca de música de iTunes.
- Escuchar la música que tiene guardada en su biblioteca de música.
- Sincronizar esta biblioteca de música con su iPod, iPhone o iPad.

Este programa es gratis, y si no lo tiene todavía lo puede descargar del sitio web de Apple, el cual está en el siguiente enlace: *http://www .apple.com/itunes/*. Si visita el sitio web de iTunes y desea bajar este programa a su computadora, haga clic sobre "Download", y después responda a todos los mensajes que verá a continuación (que por lo general le pedirán que haga clic sobre "Agree" o "Next") para terminar de instalar este programa en su computadora.

Cómo importar música de sus CDs a iTunes

Una de las ventajas que tiene el manejar su colección de música usando una computadora y un programa como iTunes, es que usándolo podrá bajar y organizar todos sus CDs para poder escucharlos más tarde en el orden que usted quiera. El punto más importante es que lo hará sin necesidad de tener los CDs originales en que vinieron.

Para comenzar el proceso de importar o copiar su música a la biblioteca de iTunes, debe abrir este programa siguiendo los pasos que corresponden al sistema operativo con el cual cuenta su computadora.

En Windows 10/8/7/Vista:

- Para comenzar, abra la unidad de CD o DVD en su computadora y coloque el CD de música que quiere importar a la biblioteca de iTunes. Después ciérrela. Si el menú de "AutoPlay" se abre, haga clic sobre el botón "Import songs, using iTunes". Ahora iTunes se debe abrir, y cuando vea el mensaje "Would you like to import...?" haga clic sobre "Yes" para empezar a importar estas canciones.

- Si después de poner el CD en su unidad de CD o DVD nada pasa (es decir, una ventanita no se abre pidiendo que haga clic en una selección dentro de un menú), entonces abra el programa de iTunes de acuerdo a la versión del sistema operativo Windows que tenga.

En Windows 10:

- Hágale clic al botón de comienzo o "Start", y busque su teja o "Tile" y hágale clic, o escriba iTunes en la casilla de búsqueda (la que dice "Type here to search") que ve al lado del botón de

Windows. Cuando vea el nombre de este programa, entre los nombre que vera encima de esta casilla de búsqueda, hágale clic para abrirlo.

En Windows 8:

- Busque su teja o "Tile" en la pantalla de comienzo o "Start", y cuando lo encuentre hágale clic, para abrirlo, o use la combinación de teclas ▦ + S, para abrir la ventana de búsqueda, y en la ventana de diálogo que abre, escriba "iTunes". Cuando vea el nombre de este programa, entre los nombre que aparecerán debajo de esta casilla de búsqueda, hágale clic para abrirlo.

En Windows 7/Vista:

- Haga clic sobre el botón de comienzo o "Start" y después escriba "iTunes", y cuando vea su nombre, en la lista de programas que abre, hágale clic para abrirlo.

Ahora iTunes le debe presentar todas las canciones de su CD seleccionadas. Si desea copiar todas las canciones a su computadora haga clic sobre aceptar o "Yes", en la ventana de "Would you like to…", y después clic sobre Ok en la siguiente ventana que abre, para empezar este proceso de hacer copias de las canciones contenidas en este CD en su computadora.

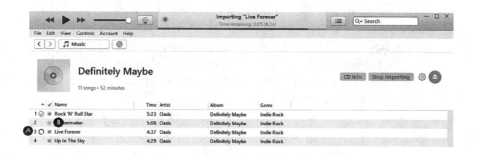

En esta gráfica de una captura de pantalla de iTunes puede ver lo siguiente:

Ⓐ Como puede ver en esta gráfica, al lado del circulito de actividad, puede leer el nombre de la canción que está siendo importada a la carpeta de "Music" en iTunes.

B Ahora note, debajo de la columna de "Names", a) la lista de todas las canciones que vienen en el CD, y b) que todas estas canciones son automáticamente seleccionadas (tienen una marquita al lado de sus nombres) para ser importadas a la biblioteca de iTunes. Si no desea copiar una de las canciones en esta lista, hágale clic antes de que ésta sea importada o copiada sobre el cuadrito al lado de su nombre para quitarle la marquita y removerla de esta selección.

Si la computadora que está usando para importar música de CDs no tiene una conexión a Internet, las canciones que usted desea importar a su computadora aparecerán en la ventana principal de iTunes como "Track01", "Track02", etcétera. Más adelante, cuando tenga una conexión a Internet, haga clic sobre la carpeta de "Music", después sobre cualquiera de las canciones en el panel de la derecha y enseguida sobre "Advance". Finalmente, haga clic sobre "Get CD Track Names" para que este programa busque sus nombres.

Cómo escuchar, organizar y hacer CDs con iTunes

Ahora la música que importó a su computadora y que fue organizada por iTunes estará disponible para ser escuchada en su computadora, quemada a CDs o bajada a un iPod, iPad o iPhone.

Para comenzar el proceso de escuchar la música guardada en la biblioteca de iTunes debe abrir este programa siguiendo los pasos que corresponden al sistema operativo con el cual cuente su computadora.

En Windows 10:

Comience haciendo clic sobre la barra de búsqueda al lado del botón de Windows. Ahora escriba iTunes, y cuando vea este programa, en la lista de programas que abre, hágale clic para abrirlo.

En Windows 8:

Use la combinación de teclas ⊞ + S, y en la casilla de búsqueda escriba "iTunes," y cuando lo vea hágale clic para abrirlo.

En Windows 7/Vista:

Haga clic sobre "Start" y escriba "iTunes". Después busque su nombre en la lista que ve debajo de "Programs" y haga clic.

Una vez que iTunes se abra, podrá comenzar a escuchar la música que guardó en su biblioteca de esta manera: haga clic sobre la categoría de "Music" y después sobre librería o "Library". Su música está organizada por artistas, álbumes, canciones o "Songs". Por ejemplo, para buscar una canción que usted sabe es de un álbum de un artista en particular, haga clic sobre "Artist" para comenzar a buscarla. Cuando la encuentre hágale clic dos veces. Por favor note que los botones que usará para trabajar con su música, en la parte superior izquierda de esta ventana, son parecidos a los controles que encontrará en un reproductor de CDs regular.

Ahora le será posible escuchar su música, crear listas de sus canciones e inclusive quemar CDs con las canciones que creó en estas listas, de la siguiente manera:

1. Para crear una lista de canciones, comience haciendo clic —si la categoría de música no está seleccionada— sobre la categoría de "Music", y después con el botón derecho del ratón, sobre la parte inferior izquierda de la pantalla de iTunes. Inmediatamente, escriba un nombre para éste en la casilla que aparece resaltada. Cuando termine de escribir el nombre para esta selección o 'Playlist', oprima la tecla de confirmar o "Enter".

2. Ahora puede seleccionar la música que desea añadir a esta compilación o "Playlist", haciendo clic primero sobre canciones o "Songs" o álbumes. Para este ejemplo hice clic sobre canciones o "Songs", y después hice una selección de canciones, lo que se puede hacer de esta manera: haga clic sobre cada una de las canciones que desee añadir a esta selección, mientras sostiene la tecla de CTRL. Si desea seleccionar un grupo de canciones que están una junta a la otra, sostenga la tecla de SHIFT, ahora haga clic sobre la primera y después sobre la última canción que desea añadir a esta selección. Adicionalmente si desea remover una canción de esta selección, sostenga la tecla de CTRL y después hágale clic sobre la canción que quiere quitar de la selección.

3. Después haga clic sobre cualquiera de las canciones seleccionadas con el botón derecho del ratón, y a continuación sobre "Add to Playlist". De la misma manera pudiera haber seleccionado un álbum completo en vez de una sola canción.

4. Finalmente busque la compilación de música o "Playlist" a la cual quiera añadir esta selección, y hágale clic. En este ejemplo use el nombre Mi música.

5. Cuando quiera escuchar esta compilación o "Playlist", haga doble clic sobre su nombre.

Ahora si desea puede quemar esta selección de música a un CD o DVD de la siguiente manera, regrese a iTunes, de la manera como corresponde a la versión del sistema operativo que tiene. Cuando este abra, haga clic sobre el icono de "Music", después sobre selecciones de música o "Playlists", y haga clic —con el botón derecho del ratón— sobre la selección de música que desea quemar a un CD o DVD (introdúzcalo primero a la unidad de quemar discos de su computadora). Para comenzar este proceso seleccione quemar selección a disco o "Burn Playlist to Disc", escoja entre las dos opciones que aparecen en esta ventana de diálogo, "Audio CD" (elija esta opción si está quemando esta selección a un CD en vez de un DVD), o MP3 CD, y después haga clic sobre quemar o "Burn". Ahora puede escuchar esta selección de música en su reproductor de CD o de DVD (como por ejemplo en una computadora personal).

Cómo usar iTunes con un iPod, iPad o iPhone

Los dispositivos inteligentes iPod, iPad, y iPhone, fabricados por la compañía Apple, son sin lugar a duda los reproductores de multimedios de más popularidad en todo el mundo, y sirven tanto para escuchar música, como para ver películas comerciales compradas en el Internet. En las páginas que siguen aprenderá a sincronizar la música y las películas que bajó a su biblioteca de iTunes con los dispositivos inteligentes de Apple que tenga para que pueda disfrutar de ellas directamente en él. Y, por supuesto, iTunes es definitivamente el programa de preferencia para copiar música y películas a su iPod.

Antes de comenzar a trabajar con su iPod, iPad, iPhone y iTunes, tenga en cuenta que estos dispositivos inteligentes sólo puede ser sincronizado con una sola biblioteca de iTunes a la vez (ésta a su vez puede ser compartida, dentro de la misma casa, con varias computadoras). Es decir, que si por cualquier motivo conecta su iPod a la computadora de un amigo o pariente, aunque sea por equivocación, y la computadora a la cual lo conectó tiene iTunes, entonces es muy importante que lea los mensajes que le da este programa para no sobrescribir las canciones que tenga guardadas en éste. Si no tiene cuidado y hace clic sobre uno de estos mensajes, es posible que reemplace cualquier cantidad de canciones (que pueden llegar a los miles) con, por ejemplo, 100 canciones que su amigo tiene en su computadora.

Mire el próximo mensaje en la gráfica de debajo que apareció en mi computadora cuando conecté el iPod de mi hija a ésta para añadirle unas canciones.

El mensaje es simple: iTunes me está avisando que mi iPod ésta sincronizado con otra biblioteca de iTunes y que éste sólo puede ser sincronizado con una biblioteca al mismo tiempo. Por esto ahora me pregunta si deseo sincronizar la música con esta biblioteca de iTunes.

Si esto es lo que quiere, haga clic sobre "Remove and Sync" o "Erase and Sync". De lo contrario haga clic sobre "Cancel", para cancelar esta operación. Ahora, si tiene un iPod que no ha sido sincronizado con esta biblioteca antes, y en éste tiene canciones que ha comprado, el mensaje será diferente. Le preguntará si desea mover las canciones que compró, o "Transfer Purchases", a esta biblioteca. Si esto es lo que desea, hágale clic a esta opción. Una vez que haga esto, si quiere sincronizar este iPod, iPhone o iPad con la biblioteca, haga clic sobre "Erase and Sync" para borrar todo el contenido de éste y reemplazarlo con el contenido de esta biblioteca.

Cómo sincronizar la música que tiene en iTunes con un iPod, iPad o iPhone

Hay dos maneras de sincronizar la música y los vídeos guardados en su computadora y cuyos nombres aparecen en la lista de "Music" o "Videos" en iTunes, después de conectar un iPod, iPad o iPhone: automáticamente o manualmente.

Adicionalmente a lo que leyó en la página anterior, estos son algunos de los mensajes que puede ver cuando conecta un iPhone, iPod, o iPad a su computadora: a) confía usted en esta computadora "Trust this…" o "Don't trust this…"; si desea copiar la música de la computador a su dispositivo haga clic sobre "Trust this…" (este mensaje también aparece en su iPhone, iPod o iPad, para seguir escoja "Trust"); b) iTunes también le puede preguntar si desea actualizar el software del dispositivo, haciendo clic sobre "Download and…", si no desea actualizarlo haga clic sobre "Cancel"; y c) en versiones más recientes de iTunes le puede preguntar si desea codificar su respaldo, "Encrypt", si esto no le preocupa haga clic sobre "Don't encrypt".

Ahora una vez que conteste estas preguntas, el iPhone, iPod o iPad empezara a sincronizar la música, películas, etc., que copió usando iTunes a su computadora, usando el criterio guardado en la configuración de iTunes. Estas son las tres opciones más comunes:

- Que el dispositivo se sincronice automáticamente con la nube o iCloud de Apple
- Automáticamente con su computadora
- Manualmente

Ahora estas son las diferencias importantes entre las tres diferentes opciones: cada usuario de una cuenta de iCloud recibe como 5 Gb de memoria gratis, y después de ahí tiene que pagar. Aunque el cargo por espacio adicional no es mucho, tiene que pagar. Si tiene un iPhone con 256 GB de memoria, y toma muchas fotos, claramente 5 GB no serán suficientes para sincronizarlo. Entonces configure iTunes para que haga respaldos locales, automáticamente en su computadora, cada vez que lo conecta. Y la última opción, es sincronizar su iPhone, iPod o iPad manualmente, así cuando lo conecta no será sincronizado automáticamente con su computadora.

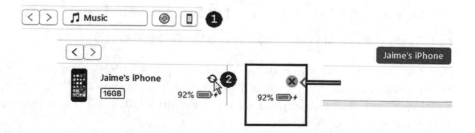

Si después de conectar su iPhone, iPod o iPad este empieza a sincronizarse, y no está seguro cuál es la opción que le conviene, entonces detenga este proceso de sincronización de esta manera: 1) haga clic sobre el icono del iPhone, iPod o iPad, después 2) haga clic sobre el círculo que da vueltas al lado de su nombre para detener este proceso.

Esta es la manera de cambiar las opciones de iTunes, para sincronizar la música/vídeos/Apps, etc., guardados en su computadora, después de conectar a su computadora uno de estos dispositivos inteligentes que son producidos por la compañía Apple, como lo son el iPhone, el iPad y el iPod:

1. Cuando vea el icono de su dispositivo en la ventana de iTunes (indicándole que fue reconocido por iTunes), hágale clic para ver el menú de hacer cambios a su configuración.

Ahora escoja qué desea sincronizar; a) por ejemplo, para sincronizar su música haga clic sobre "Music", y b) en el panel de la derecha sobre "Sync music". Lo mismo puede hacer con sus fotos u otra categoría. Si más adelante decide no sincronizar alguna categoría de contenido, escójala y después haga clic sobre "Sync...", para quitarle la marquita y de esta manera deseleccionarla.

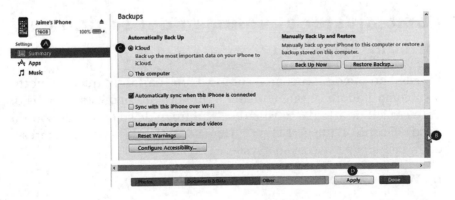

2. A continuación, elija si ya no lo ha hecho cómo desea sincronizar este dispositivo; que el dispositivo se sincronice automáticamente con la nube o iCloud de Apple, automáticamente con su computadora o manualmente.

    a. Para comenzar haga clic sobre "Summary".

    b. Ahora seleccione las barras de desplazamientos laterales (halando esta guía hacia abajo), si no ve las opciones de sincronización de iTunes.

    c. Por ejemplo, si desea que este dispositivo se sincronice con el "iCloud", selecciónelo. Si desea que los respaldos sean manuales, haga clic sobre "This computer", y de vez en cuando haga clic sobre "Back Up Now". Si desea que este se sincronice automáticamente después de que lo conecta a la computadora, haga clic sobre "Automatically sync…". Para sincronizar manualmente su dispositivo inteligente, haga clic sobre "Manually sync…", y cada vez que lo conecte a su computadora haga clic sobre "Sync".

    d. Para terminar haga clic sobre "Apply".

Si más tarde cambia de parecer acerca de una de estas elecciones, por ejemplo si no desea que su dispositivo inteligente se sincronice automáticamente cada vez que lo conecte a su computador, regrese aquí y hágale clic para deseleccionar esta opción y dejar este proceso de modo manual. Una vez que termine de hacer esto, este contenido que eligió será copiado a su dispositivo inteligente, y usted lo podrá reproducir haciendo clic sobre los iconos de "Music" y "TV", o en iTunes en su iPhone, iPad o iPod.

Cómo ajustar el volumen del sonido en su computadora

Si usted no puede escuchar el sonido de los parlantes que le conectó a su computadora se puede deber a que el volumen está muy bajo. Esto es fácil de arreglar ajustando el volumen de su tarjeta de sonido desde el control que verá en la extrema derecha de la barra de tareas, en la bandeja de sistema o "System Tray".

En Windows 10/8/7:

Esta es la manera de ajustar el volumen del sonido que sale de los parlantes conectadora a su computadora personal con el sistema operativo Microsoft Windows:

1. Haga clic sobre el área de "Hidden icons", o iconos escondidos, a menos que el icono de cambiar el volumen ya sea visible; en ese caso hágale clic. En Windows 8, para hacer este cambio debe estar en la pantalla del escritorio virtual o "Desktop", para cambiar a este de la pantalla de tejas o "Tiles", oprima la combinación de teclas ⊞ + D.

2. Ahora haga clic sobre el icono del parlante.

3. En esta ventanita puede ver una guía que le ayudará a cambiar el volumen. Para cambiar el volumen, oprima y sostenga el botón izquierdo del ratón mientras la jala hacia arriba para aumentar el volumen, y hacia abajo para disminuirlo.

Finalmente, cuando esté satisfecho con los cambios que hizo, haga clic sobre cualquier parte de su "Desktop". Si después de ajustar el volumen todavía no puede escuchar música, revise la conexión de sus parlantes.

En Windows Vista:

Como puede ver en esta captura de pantalla, esta es la manera de ajustar el volumen de su tarjeta de sonido:

1. Comience haciendo clic sobre el icono del parlante para abrir el ajuste de volumen.

2. Ahora una pequeña ventanita se abre. Para cambiar el volumen, lleve el indicador del ratón sobre la guía y oprima y sostenga el botón izquierdo del ratón mientras lo jala hacia arriba para aumentar el volumen o para abajo para disminuirlo.

Para terminar, haga clic afuera de esta ventanita. Si esto no funciona, es decir, todavía no puede escuchar su música, entonces trate de ver si tiene algún problema con los parlantes que conectó a la salida de audio de la tarjeta de sonido de la computadora.

Para recordar

■ En una computadora usted podrá ver imágenes, escuchar sonido y ver vídeos de casi cualquier formato de los archivos guardados en su computadora, de sus CDs o de sus DVDs, así como también de sitios web que usted visita en Internet.

■ El Media Player de Windows es el programa para usar archivos de multimedios incluido con Windows 7/Vista.

■ Si tiene dudas acerca de qué versión de Windows está instalada en su computadora, fíjese en el botón de "Start": si es redondo, su computadora tiene Windows 7/Vista, si tiene este símbolo ⊞ , su computadora tiene Windows 10 u 8.

■ Para importar la música que tiene en sus CDs, use el proceso "rip". Una de las ventajas de usar este programa es la facilidad con la cual le será posible crear diferentes compilaciones de música de diferentes géneros, para cada situación, por ejemplo, para una cena íntima o un cumpleaños.

■ iTunes es el programa de preferencia para importar música y películas a su iPod, iPhone o iPad.

■ Si usted no puede escuchar el sonido en los parlantes que le conectó a su computadora, esto se puede deber a que el volumen está muy bajo.

Introducción al Internet

Introducción

"Internet" es tal vez una de las palabras de más uso en casi todas las conversaciones que tienen que ver con computadoras hoy en día. Esta palabra se refiere al sistema de interconexión de computadoras que se ha venido efectuando durante los últimos años alrededor del mundo a través de líneas de teléfono o cables de fibra óptica. Esta red de computadoras, que ha causado una verdadera revolución en las comunicaciones mundiales, funciona casi de la misma manera que una red local de computadoras (LAN), con la diferencia de que el Internet opera a nivel mundial.

Si alguna vez usted ha tenido una pregunta acerca del Internet y no ha podido encontrar la respuesta a ella, recuerde lo siguiente:

- El Internet no le pertenece a ningún gobierno ni a ninguna persona en particular.

- Las líneas de teléfono usadas para llevar la información pertenecen a su compañía local, o a una internacional, como por ejemplo AT&T. Pero no por esta razón se considera que estas compañías sean dueñas del Internet.

- La mayoría de la información en el Internet es gratuita; si alguien le quiere cobrar por la información, trate de buscar un sitio web que no le cobre.

- El Internet está regulado por una asociación que también decide la asignación de territorios virtuales o "Domain Names", como por ejemplo *www.IBM.com*.

Hoy en día la gran mayoría de las compañías que pretenden hacer negocios alrededor del mundo tienen una presencia en el Internet. Desde bancos hasta floristerías, las personas de negocios se afanan por colocar el nombre de sus compañías en una página de entrada o "Home Page".

Historia abreviada del Internet

El Internet tuvo su comienzo en un proyecto del Ministerio de Defensa de los Estados Unidos en 1969 para crear una red de computadoras que no tuviera un sólo punto de falla en caso de un ataque nuclear. A esta red de computadoras se le llamó "ARPA-Net". Fue la precursora del Internet, y a través de los años entidades y personas en diferentes países fueron conectándose a esta red que hoy conocemos como el Internet.

Al principio esta tecnología nueva llamada Internet sólo fue usada por un número limitado de investigadores en sus sitios de trabajo como medio ideal para intercambiar ideas con sus colegas.

El Internet comenzó su auge en 1987, gracias a un protocolo de comunicaciones llamado TCP/IP o "Transfer Control Protocol/ Internet Protocol", ya que la Fundación Nacional de Ciencias de los Estados Unidos permitió que muchas universidades y compañías se conectaran a sus super-computadoras.

Al principio usar el Internet era una hazaña de las comunicaciones debido a la baja velocidad de los módem (los dispositivos electrónicos que convierten la información de las computadoras en información que pueda ser enviada por la línea de teléfono y viceversa). En ese entonces sólo se podía enviar y recibir menos de una página de texto por segundo. Hoy en día un módem (de Internet por cable) puede enviar cerca de 10.000 páginas por segundo.

El número de usuarios que tiene actualmente el Internet ha permitido que compañías de mucho prestigio, como AT&T, se comprometan a mejorar las vías por las cuales circula la mayoría de la información en Internet.

El éxito del Internet ha sido tan extraordinario que existen hoy en día billones de usuarios de Internet.

El protocolo TCP/IP

Todos anhelamos una sociedad ideal en la que los individuos pueden disfrutar de una mayor libertad para pensar y comunicarse unos con otros, a pesar de sus diferencias de idioma y de cultura. En el mundo de las computadoras sucede algo parecido, ya que un sistema ideal debe ser capaz de comunicarse con otro, aunque sea mediante diferentes plataformas (UNIX™, Macintosh y PC).

A comienzos de los años ochenta, un proyecto del Centro Europeo de Alta Energía (CERN) se dedicó a resolver este problema, conectando diferentes computadoras con distintos sistemas operativos por medio de un protocolo llamado TCP/IP.

Un protocolo como TCP/IP funciona de la siguiente manera: imagine usted una ciudad donde existe gente de muchos países y se ha adoptado una regla de oro; no importa de qué país vengan o qué idioma hablen, cuando se acerquen a la casa del Señor Sánchez deben tocar la puerta de la misma manera e identificarse ante él con un número único.

Sin el TCP/IP, la comunicación entre tantas computadoras diferentes sería tan difícil como el problema de las lenguas que existió en la Torre de Babel. Este protocolo hace posible el intercambio ordenado de información en esta red mundial llamada el Internet.

> **!** TCP/IP facilita que las computadoras conectadas al Internet en diferentes partes del mundo puedan intercambiar información con la misma facilidad que las computadoras conectadas a redes locales en un mismo edificio de oficinas.

La gráfica en la siguiente página ilustra la manera en que TCP/IP, sin intervención directa de los usuarios, permite a dos personas en distintas partes del mundo, con sistemas distintos, enviar y recibir diferentes tipos de archivos con un margen de error muy pequeño.

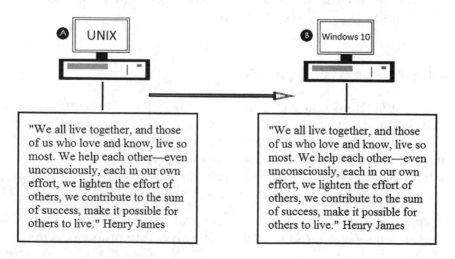

Se puede observar lo siguiente:

Ⓐ **Esta computadora con base en Francia (usando el sistema operativo UNIX™) y conectada al Internet por medio de un servicio en línea francés, envía un mensaje a una computadora conectada al Internet en los Estados Unidos.**

Ⓑ **Esta computadora en los Estados Unidos (usando Windows 10), conectada al servidor de Internet America Online, recibe sin ningún problema la carta enviada por la computadora en Francia.**

Lo significativo de este hecho es que si estas computadoras, corriendo dos sistemas operativos tan diferentes, estuvieran en la misma mesa, sería difícil intercambiar archivos entre ellas sin usar el protocolo TCP/IP.

El concepto de los "Domain Names"

El Internet es un mundo virtual. Es decir, no existe físicamente en un lugar determinado, sino que está compuesto por millones de computadoras indirectamente conectadas a él.

Como en todas las demás situaciones que rodean nuestras vidas, desde el principio ha sido necesario un nivel de organización para evitar el caos.

Con este objetivo se crearon los "Domain Names"; así se garantiza que haya solamente un territorio virtual por compañía o individuo, como en el caso de la revista *Latina,* cuyo territorio virtual está señalado con la dirección: *www.latina.com.* De esta manera la organización que regula actualmente el Internet nos permite buscar recursos e intercambiar información de forma organizada.

Por ejemplo, si una persona solicita el "Domain Name" www.mipoesia.com y nadie lo ha pedido anteriormente, se le asignará a esa persona.

Esta dirección virtual es única, por esto cuando la escriba en la casilla de direcciones de un navegador en cualquier país del mundo, a menos que el dominio virtual sea vendido y dejado de mantener, siempre visitará el mismo sitio web.

Las direcciones web o URLs

Una dirección web o URL es la dirección virtual asignada a una página web por la persona que la diseñó. Cada URL es única; por esta razón es importante escribirla exactamente de la manera como le fue dictada.

Una vez que escriba la URL y oprima la tecla ENTER, si esta es la dirección correcta, su navegador recibirá la orden de cargar esta página en el área de trabajo.

http://www.ecodryingsystems.com
Ⓐ   Ⓑ   Ⓒ   Ⓓ

Siguiendo esta gráfica aprenderá a reconocer las diferentes partes de una URL:

Ⓐ La primera parte es el protocolo, como por ejemplo "http", "https" o "ftp".

Ⓑ Esta abreviatura denota que está buscando información en la red mundial, pero a veces esta parte de una dirección puede que no sea necesaria. Es decir, si escribe *http://ecodryingsystems.com,* sin el "**www**", el navegador abrirá la misma página.

Ⓒ Este es el nombre registrado del dominio.

Ⓓ Este es el nombre del sufijo que identifica el tipo de entidad a la que le pertenece este sitio web. En el caso de *Dell.com,* es "com", que hoy en día casi siempre es utilizado por negocios.

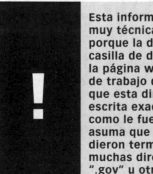

Esta información le puede parecer muy técnica, pero es importante porque la dirección que aparece en la casilla de direcciones corresponde a la página web que aparece en el área de trabajo de su navegador. Recuerde que esta dirección tiene que ser escrita exactamente de la manera como le fue dada. Por ejemplo, nunca asuma que la dirección virtual que le dieron termina con ".com", ya que muchas direcciones terminan con ".gov" u otros sufijos.

¿Por qué llaman al Internet "la autopista de la información"?

Este término se debe a una frase que usó el ex vicepresidente de los Estados Unidos Albert Gore, al referirse al Internet como una vía de comunicaciones virtual por medio de la cual sería más rápido diseminar información.

Hoy en día el Internet es la fuente de información y de intercambio de ideas más importante creada por la humanidad.

Esta red fue usada al principio sólo por las universidades y centros de investigación. En algunos países latinoamericanos se han firmado acuerdos entre distintas organizaciones gubernamentales con el fin de que aun las escuelas de los sectores marginados tengan acceso a Internet.

Hoy en día esta "autopista de la información" está cada vez más congestionada. Mientras que pasaron 38 años hasta que la radio llegara a 50 millones de usuarios y 13 años para la televisión, el Internet sólo tomó 5 años para llegar a ese mismo número de usuarios.

Recuerde que, aquí en los Estados Unidos, si no tiene servicio de Internet en su casa usando un proveedor de servicio de Internet o "Internet Service Provider (ISP)" casi todas las ciudades tienen en sus bibliotecas computadoras que le permitirán usar Internet con la misma facilidad que si tuviera una computadora en la casa.

NOTA

A pesar de que el Internet no tiene dueño, varias asociaciones sin fines de lucro están luchando para influenciar en forma positiva las decisiones que afectan la implementación de protocolos para Internet. En esta forma esperan que el Internet siga siendo la fuente de conocimientos que es hoy sin que se salga totalmente de control.

El modelo cliente-servidor y el Internet

El modelo en el cual se basa el Internet se llama el modelo cliente-servidor. Esto quiere decir que en el sistema algunas computadoras actúan como servidores (computadoras que permiten acceso a la información que está en sus discos duros) y otras computadoras actúan como clientes (las computadoras que buscan información en los diferentes servidores).

El Internet funciona de esta misma manera, sólo que con una cobertura más amplia. Hoy en día casi todas las compañías y los países del mundo tienen una presencia en Internet.

La siguiente gráfica ilustra el proceso de obtener información con America Online sobre temas de interés a los hispanos.

El proceso de obtener información funciona de la siguiente manera:

(A) Una computadora (que llamaremos cliente) establece una conexión al proveedor de servicio a Internet (que llamaremos el servidor); a continuación el cliente abre un navegador y pide información.

(B) En este momento el servidor comienza a recibir pedidos de información del cliente.

El proceso de pedir y obtener información del Internet

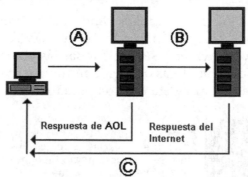

(C) El servidor localiza la información que se le pide y la envía al cliente. Si la información no está al nivel del servidor de AOL éste seguirá buscándola hasta encontrarla en otro servidor. Por último, si la información no puede ser localizada por el servidor de AOL, éste enviará un mensaje de error indicando que no pudo encontrar la información y pedirá al cliente que localice algún posible error en la información de la solicitud inicial.

Las diferentes maneras de conectarse al Internet

Para usar Internet debe conseguir acceso directo usando su propia cuenta o indirecto compartiendo una cuenta con los otros usuarios en su oficina. Después de un tiempo de usar Internet, también se dará cuenta de que la consideración más importante es la velocidad con la que recibe la información que solicite de páginas web que esté visitando.

La manera más común de conseguir este servicio es usando un ISP. La mayoría de los ISP no le ofrecen mucho contenido, simplemente conectan su computadora al Internet. La excepción es America Online, que le ofrece mucho contenido personalizado, para lo cual es necesario usar el *software* de America Online.

Estas son las maneras más comunes de conectarse al Internet:

- *Dial-Up:* usa una línea de teléfono regular y un módem. Este tipo de conexión, además de ser la más lenta, también ocupa su línea de teléfono.

- *DSL:* usa un módem y una línea de teléfono digital. Este tipo de conexión, además de ser muy rápida, no ocupa su línea de teléfono.

- *Cable:* necesita un módem y el mismo cable que trae la señal de la televisión.

- *Wi-Fi:* un tipo de conexión inalámbrico; es decir, puede conectarse al Internet sin tener que conectar su computadora directamente al módem con un cable. El Wi-Fi es muy popular hoy en día, ya que le permite usar el Internet donde quiera, sin tener que manterse en un lugar fijo, e incluso usarlo con su computadora portátil en otros sitios que le ofrecen Wi-Fi, como bibliotecas.

Una de las maneras más rápidas de conectarse a Internet es subscribiéndose al servicio de Internet por cable o DSL. Para conseguir este servicio es necesario usar un módem de cable o DSL, como el de esta gráfica.

Los beneficios del Internet

Algunas personas pueden preguntarse: ¿cómo me puedo beneficiar con el Internet?

Las respuestas a esta pregunta son infinitas. Una de las más simples es la oportunidad de hacer por Internet muchas tareas que antes implicaban hacer una fila y esperar su turno por horas.

A continuación encontrará algunos ejemplos de los múltiples usos del Internet:

- Buscar trabajo, no sólo en el sitio en donde vive sino en otros lugares.

- Balancear su chequera (reconciliar su cuenta bancaria).

- Comprar pasajes de avión, libros, juguetes, ropa, etc.

- Leer el periódico o la revista favorita de su país de origen.

- Buscar el mejor restaurante de la ciudad en la que vive o la ciudad que piensa visitar.

- Comunicarse con parientes y amigos en diferentes puntos del planeta.

- Averiguar el estado del tiempo y la tasa de cambio en el país que piensa visitar.

- Tomar cursos en varias universidades de su país o del exterior.

- Usar mapas y obtener indicaciones de cómo llegar de un lugar a otro.

- Bajar canciones a su reproductor de música (como su iPod o MP3).

NOTA

Al principio el Internet parecía más una novelería de jóvenes y de científicos excéntricos. Hoy en día es muy posible usar el Internet para trabajar desde su casa y usar la computadora de su trabajo sin salir de su habitación.

Consideraciones de seguridad mientras usa el Internet

El Internet es uno de los medios de comunicación e intercambio de ideas con más uso en el mundo, y desde un par de años para acá muchas compañías han decidido hacer negocios a través de él.

En un principio, el comercio en Internet se limitaba a un monto de 500 millones de dólares; hoy en día esa figura es mucho más alta. Debido a la rapidez con la que se ha desarrollado el Internet, es entendible que se hubieran dejado de lado algunas consideraciones muy importantes de seguridad y que no fuera hasta que empezaron a aparecer problemas que las distintas compañías comenzaran a tomar medidas para asegurarse de que sus computadoras no fueran objeto de intrusiones por usuarios malintencionados. Por eso hoy en día tenemos que ser conscientes de las precauciones que necesitamos tomar cuando usamos un navegador, por ejemplo:

1. No haga clic sobre una ventana del tipo *pop-up* —el tipo de ventana secundaria que se abre cuando está visitando un sitio web— a menos que entienda qué es lo que le están ofreciendo.

2. Si tiene que hacer una compra a través de Internet, asegúrese de que la dirección de la página que está visitando empiece con "https". De lo contrario, puede ser que la página no sea completamente segura.

PARE

Nunca divulgue información personal acerca de usted o de su familia inmediata a nadie en Internet a menos que usted ya haya tenido experiencia con una compañía o tratos comerciales con ella en el pasado.

Para recordar

- El Internet no le pertenece a nadie: a ningún gobierno ni a ninguna entidad en particular.

- El Internet tuvo sus comienzos en un proyecto del Ministerio de Defensa de los Estados Unidos en 1969.

- El protocolo TCP/IP ha sido uno de los factores más decisivos en que el Internet adquiriera el auge que tiene hoy.

- Para usar el Internet es necesario ser miembro de un servicio en línea, de un proveedor de servicio al Internet o usar una conexión a través de la red de su compañía o universidad.

- Nunca divulgue información personal a compañías, entidades o individuos que no le sean conocidos por experiencia personal o recomendados por alguien de confianza.

Cómo usar el Internet

Cómo conectarse al Internet

Como pudo ver en el capítulo anterior, hoy en día existen varias maneras para conectarse al Internet. Si su computadora todavía no cuenta con acceso al Internet, se puede conectar usando un ISP, o sea un proveedor de servicio al Internet.

Estas son las dos maneras más comunes de conectarse al Internet:

- Usando un servicio de Internet por cable o DSL.
- Usando la línea de su teléfono fijo y pidiendo un topo de conexión de marcar o "Dial-up", pero este tipo de conexión es muy lenta, y por lo general solo la debe considerar si en el área donde vive no hay servicio de Internet por Cable o DSL.

Si necesita que su computadora esté conectada al Internet en todo momento, inscríbase a un servicio de Internet por cable o uno de DSL de esta manera:

1. Llame a su compañía de cable, y pregúnteles qué clase de ofertas tienen para Internet por cable. Después haga lo mismo con su compañía de teléfono, y pregúnteles el costo del servicio DSL. Decida cuál de estos servicios le es más favorable, y por último solicite que la compañía que eligió le envíe el equipo para conectar su computadora al Internet.

2. Una vez que reciba el módem, siga las instrucciones que vienen con el equipo para conectarlo al Internet. Una vez que haya terminado de conectar el módem y de configurar su computadora, ésta permanecerá conectada al Internet mientras esté prendida, sin necesidad de ningún paso adicional.

La diferencia consiste en que si elige una conexión de Internet por cable, su conexión va a ser mucho más rápida que si elige una conexión "Dial-Up".

El lenguaje HTML

El texto resaltado de marcadores, o "HTML", es un lenguaje usado para crear páginas en la web. Estas páginas se pueden observar con un navegador como por ejemplo Internet Explorer o Chrome.

La mayoría de los documentos publicados en la web están escritos en este lenguaje. Esta clase de documentos se puede reconocer por la extensión HTM o HTML. Este lenguaje les permite a los diseñadores de páginas web crear enlaces de información, las cuales son archivadas en una computadora diferente situada en el mismo sitio de trabajo o inclusive en un país remoto.

```
⛶ Source of: http://www.hisp.com/ - Netscape

<html>
<head>
<!-- Copyright 1996 -->
<!-- Copyright 1997 -->
<!-- Copyright 1998 -->
<BASE HREF="http://www.hisp.com/">
<font face="TIMES NEW ROMAN, TIMES, ARIAL, HELVETICA">
<title>HISPANIC Online</title>
<body background="images/back7.gif" BGCOLOR="#FFCD62" LI
</head>
<center>
<table border="0" cellpadding="0" cellspacing="0" width='
<tr>
<td align="center" valign="top" width="60">
<font size="1"><A HREF="table.html"><img src="images/tal
Issue!" BORDER=0 width="48" height="48"></A><p>This Mont
<p><A HREF="chat.html"><img src="images/chat.gif" ALT="(
height="48"></A></p>
```

La gráfica de arriba muestra el código necesario para crear la página web de entrada a *Internet para todos*. Para el usuario normal, todo esto sucede *automáticamente* y usted no tiene que preocuparse en pensar cómo fue creada esta página.

¿Qué es "http"?

"Http" es la sigla del protocolo de control de hipertexto, o "Hyper Text Control Protocol". Este es un protocolo de bajo rendimiento que se basa en el hecho de que toda la información necesaria para localizar documentos está contenida directamente en los mismos documentos. La idea no es nueva, por supuesto; para un usuario de una computadora equivale a la operación de consultar un libro con diferentes capítulos y encontrar en él referencias a otros capítulos del libro que está leyendo o de otros libros.

La web se basa en la operación de "http" como medio de comunicarse con los usuarios de los navegadores. Técnicamente se puede decir que "http" es lo mismo que texto, con una diferencia importante: éste contiene la información acerca de cómo conectarse con otros archivos.

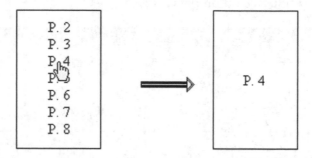

En un navegador, esta operación funciona en forma tan sencilla como voltear una página en el libro que está leyendo. Y así como al leer el libro verá algunas veces referencias a otra páginas, "Hypertext" hace lo mismo, pues le ordena al navegador ir a otra dirección virtual cuando usted elija el enlace que está escondido debajo del texto.

Esta página y la anterior acerca del HTML sólo se incluyen de manera informativa, ya que la manera como funciona este protocolo es casi transparente para el usuario de un navegador.

Cómo reconocer el hipertexto

La manera de distinguir el texto común del hipertexto en una página web es pasando el indicador del ratón por encima del texto. Usted puede observar por ejemplo que si pasa el indicador del ratón por encima del texto, el símbolo que representa el ratón no cambia. Si pasa éste encima de hipertexto, en cambio, el indicador del ratón cambiará a una mano. En esta forma claramente se dará cuenta de que detrás de este texto existe un enlace o "link" a una dirección virtual que podrá visitar si elige este nombre o símbolo.

Por ejemplo, si ordena a su navegador visitar la dirección http://knopfdoubleday.com/imprint/vintage-espanol/, visitara la página web de mi editorial, Vintage Español. Si pasa el indicador del ratón encima del título "Reading Group Center", la flechita (que indica la

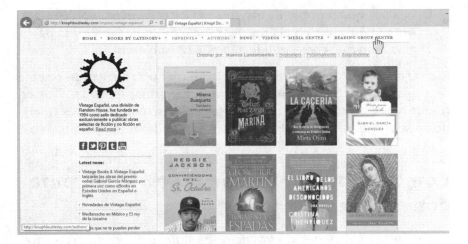

posición del ratón en la pantalla) cambia a una pequeña mano. Esta es una señal de que si escoge este enlace haciendo clic sobre él, visitará un sitio web diferente.

Cómo visitar páginas web

Estos son los pasos para visitar páginas web, escribiendo la dirección virtual de éstas directamente en la casilla de direcciones del navegador:

1. En un navegador, haga clic en la casilla de direcciones.
   Después escriba la dirección web que desea visitar. Por ejemplo: *http://www.hcpl.net*.

2. Una vez que termine de escribir la "URL", oprima ENTER. Ahora podrá ver en el área de trabajo de su navegador la página web que corresponde a la "URL" que escribió.

Piense en el proceso de conectarse al Internet como crear un puente que sale de su computadora a un mundo virtual en el cual usted puede recibir noticias, aprender o comunicarse con sus seres queridos o solo una página web diferente, dentro del mismo sitio Web.

Cómo encontrar y usar redes Wi-Fi para conectarse al Internet

Usted tal vez habrá notado anuncios en hoteles y aeropuertos ofreciéndole "Wi-Fi" o cafés que tienen "hot spots", que le permiten conectarse al Internet si tiene una computadora portátil con una tarjeta inalámbrica compatible o "Wireless". Esto puede ser especialmente útil si viaja muy a menudo. Para conectarse a este tipo de red inalámbrica, si es abierta, sólo tiene que hacer un par de clics en su computadora. (Tenga en cuenta que no todas las redes "Wi-Fi" públicas son gratis. A veces tendrá que pagar antes de poder conectarse).

Las instrucciones que siguen a continuación sólo le ayudarán si su computadora está configurada para que Windows administre sus conexiones inalámbricas. Pero si su tarjeta inalámbrica tiene su propio *software* entonces siga las instrucciones de ésta para conectarse a una red de "Wi-Fi".

Para comenzar siga los pasos de acuerdo a la versión de Windows que tenga.

En Windows 10:

Si ha esperado más de un minuto, después de abrir su navegador de Internet y todavía no tiene conexión, entonces siga estos pasos:

1. Lleve el indicador sobre el icono de su conexión inalámbrica y haga clic una vez sobre él. (Este es el que tiene barritas en la parte derecha de la barra de tareas. Si la computadora no está conectada al Internet podrá ver una X sobre él).

2. Ahora busque, si está en un sitio público, una red abierta (si lleva el ratón sobre su nombre debe decir "Security Type: Open").

3. Cuando encuentre una, haga doble clic sobre su nombre para conectarse (si desea que su computadora se conecte automáticamente a esta red, haga clic sobre su nombre y después sobre "Connect automatically" y finalmente sobre "Connect").

Si la red que necesita usar no es abierta y tiene la clave para entrar, hágale clic a su nombre, después escriba la clave cuando se la pidan, y finalmente haga clic sobre "Connect". Una vez que se conecte, abra su navegador de Internet y trate de visitar una página web. Si después de tratar estos pasos todavía no tiene acceso al Internet, entonces trate de conectarse a una red diferente.

En Windows 8/7:

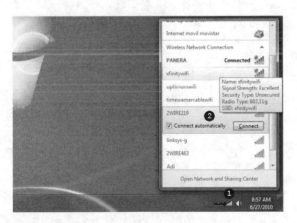

Si ha esperado más de un minuto después de abrir su navegador de Internet y todavía no tiene conexión, entonces siga estos pasos:

1. Lleve el indicador sobre el icono de su conexión inalámbrica y haga clic una vez sobre él. (Este es el que tiene barritas en la parte derecha de la barra de tareas. Si la computadora no

está conectada al Internet podrá ver un asterisco sobre él). En Windows 8, si no ve la barra el escritorio virtual o "Desktop" (donde se encuentra la barra de tareas o "Taskbar", use la combinación de teclas ▉▉ + D, para verla.

2. Ahora busque, si está en un sitio público, una red abierta (si lleva el ratón sobre su nombre debe decir "Security Type: Unsecure"). Cuando encuentre una, haga doble clic sobre su nombre para conectarse (si desea que su computadora se conecte automáticamente a esta red, haga clic sobre su nombre y después sobre "Connect automatically" y finalmente sobre "Connect").

Si la red que necesita usar no es abierta y tiene la clave para entrar, hágale clic a su nombre, después entre la clave cuando se la pidan, y finalmente haga clic sobre "Connect". Una vez que se conecte, abra su navegador de Internet y trate de visitar una página web. Si después de tratar estos pasos todavía no tiene acceso al Internet, entonces trate de conectarse a una red diferente.

En Windows Vista:

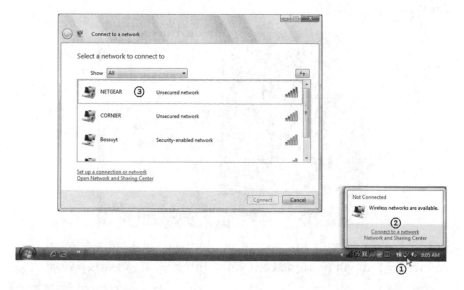

Si después de prender la computadora y esperar unos minutos todavía no puede conectarse al Internet (es decir, abre su navegador y sólo ve una página en blanco), entonces siga los siguientes pasos:

1. Lleve el indicador sobre el icono de su conexión inalámbrica (éste se encuentra en la parte derecha de la barra de tareas o "Taskbar", y si todavía no está conectado al Internet, verá una *X* sobre él) y haga doble clic sobre él.

2. Ahora haga clic sobre "Connect to a network".

3. En la lista que se abre de redes "Wi-Fi" que están disponibles, haga doble clic sobre el nombre de la red a la cual desea conectarse (por ejemplo, en Starbucks el servicio inalámbrico es provisto por la compañía AT&T). Si esta lista es larga y usted no sabe el nombre exacto de la red a la cual debe conectarse, pregúntele a alguien que trabaja en el lugar que está visitando, que le averigüe su nombre. Por favor note en la gráfica anterior que las redes que no están abiertas y para las cuales necesita saber la contraseña, tienen una gráfica de un candadito al lado de su nombre. Ahora haga clic cuando vea el próximo mensaje que le avisa que esta no es una conexión segura sobre "Connect anyway" y por último sobre "Close".

Ahora, cuando abra su navegador de Internet y trate de conectarse al Internet, debe tener una conexión. Pero si todavía no la tiene, siga los mismos pasos que vio en estas páginas, y trate de conectarse a una red "Wi-Fi" diferente para ver si le funciona.

NOTA Conectar una computadora con un cable de red (CAT5) le dará, en la mayoría de los casos, una mayor velocidad de conexión al Internet, que casi cualquier tipo de red WI-Fi, por eso le recomiendo que si este tipo de conectaron le es disponible, tal vez porque su router está al lado de su escritorio, úsela.

Para recordar

- Las maneras más populares de conectarse al Internet hoy en día son por cable o usando un servicio llamado DSL.
- Una URL es el localizador uniforme de recursos en Internet en la cual puede encontrar una página web.

- Si tiene una computadora portatil con una tarjeta de red inalámbrica y está en un sitio público o está de viaje, busque una
red "Wi-Fi" que le dé acceso al Internet.

- Si puede conectar su computadora a una red de Internet, directamente con cable, úsela, ya que en la mayoría de los casos
esta le dará una mayor velocidad de conexión al Internet, que
casi cualquier tipo de red WI-Fi.

Los navegadores

La red mundial

La red mundial, o "World Wide Web", que también se conoce como la "web", tuvo su origen en marzo de 1989, cuando Tim Berners-Lee del CERN propuso una forma de intercambiar información más eficientemente entre los distintos miembros de la organización, los cuales vivían y trabajaban en diferentes países.

Para usar la web es necesario tener un programa llamado un navegador, como por ejemplo Chrome, Firefox o Internet Explorer; éstos descifran todo el texto, el sonido y el vídeo enviados a través del Internet y los presentan al usuario en un formato parecido al de los demás programas para Windows.

La gráfica de abajo muestra los iconos que representan dos excelentes navegadores:

Internet
Explorer

Google
Chrome

Para abrir uno de estos navegadores es suficiente hacer doble clic sobre el icono que lo representa, si está en el escritorio virtual, o sólo un clic si está en el menú de "Start".

La diferencia entre un sitio web y una página web

A través de este libro usaré muchos términos que pueden ser nuevos para usted. Dos de estos términos que pueden confundirle fácilmente son "sitio web" y "página web".

¿Qué es un sitio web? Por lo general un sitio web se entiende como una o varias computadoras conectadas al Internet cuya función es administrar un dominio virtual asignado (como por ejemplo el dominio de *vitaminwater.com*) y atender pedidos de información de computadoras de todas partes del mundo.

Una página web es una de las páginas guardadas en una de las computadoras en un sitio web. Un sitio web, como por ejemplo *www .Microsoft.com,* puede tener miles de páginas web.

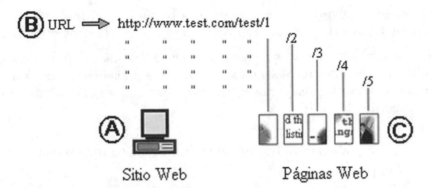

Sitio Web   Páginas Web

En la gráfica de arriba (no la trate de encontrar en el Internet, ya que este es sólo un ejemplo), puede ver la diferencia entre un sitio web y una página web:

Ⓐ Este es el sitio web con la URL *http://www.test .com*. Este sitio web consiste de cinco páginas web.

Ⓑ Ahora note que la dirección web de cada una de estas cinco páginas es parecida y la única parte que cambia en cada una es el último número.

Ⓒ Estas son las cinco páginas web con direcciones virtuales desde *http://www.test.com/test/1* hasta *http://www.test.com/test/5.*

¿Qué es un navegador?

Un navegador, o "Browser", es un programa que le permite hallar, bajar y mostrar archivos con texto, vídeo, sonido y todas las imágenes que componen una página virtual.

El navegador descifra internamente todas las instrucciones que recibe su computadora a través de Internet y las presenta en su pantalla como texto e imágenes.

El primer navegador que salió al mercado se llamaba Mosaic, y fue el producto de un centro de investigación de la Universidad de Illinois. El éxito de este programa consistió en que tenía una plataforma gráfica que le permitía usar el indicador para buscar documentos en Internet.

Hoy en día también existen compañías que usan navegadores para distribuir información internamente; las redes de este tipo se llaman "intranets". Cuando usa un navegador usted puede visitar un servidor en Rusia y después otro en África, todo en unos pocos minutos.

En los últimos años, dos navegadores se han destacado por la cantidad de adelantos técnicos que utilizan en la presentación de la información. Por la misma razón, ellos cuentan con un mayor número de usuarios:

- Internet Explorer de Microsoft, esta compañía también está empezando a impulsar un nuevo navegador que se llama Edge.
- Chrome de Google.

En realidad ambos son tan buenos que hoy en día la mayoría de los usuarios de Internet prefieren usar uno de ellos. La compañía Apple también ofrece un navegador que se llama Safari.

Algunas de las cosas que puede hacer con un navegador

Hoy en día millones de personas entran a Internet para buscar noticias, comprar acciones, obtener información acerca de las vacaciones que piensan tomar y comunicarse con parientes, amigos o asociados alrededor del mundo. Todo esto, sorprendentemente, sin abandonar su casa u oficina.

Un navegador le permitirá efectuar un número indefinido de diligencias que en el pasado casi siempre le hubieran significado hacer un viaje y tal vez esperar en una fila, o hacer cola, como decimos algunos latinos.

Un navegador tiene la ventaja adicional de ofrecer al usuario la posibilidad de buscar información en otras partes del mismo servidor, o de otros alrededor del mundo, los cuales son accesibles con sólo oprimir el botón izquierdo del indicador sobre un enlace.

El navegador Internet Explorer de Microsoft

La versión más reciente de este navegador es la versión 11. La versión 7.0 de Internet Explorer fue la actualización más importante en cinco años que este programa ha recibido, y la diferencia principal que usted notará con versiones anteriores de este programa es el uso de pestañas de página o "Page Tabs".

Las "Page Tabs", como usted puede ver en esta gráfica, se abren al lado de la primera página que abrió en este navegador (en este ejemplo puede ver cuatro "Page Tabs"), para ayudarle a mantener las páginas que usted ha abierto disponibles. Por favor note que la "Page Tab" seleccionada en esta a pantalla (vea la flecha) es la que dice "Miami Dade...", cuyo contenido llena el área principal de este navegador. Por ejemplo, si usted está en la página de entrada de un periódico en línea y ve un enlace que le interesa y le gustaría fácilmente regresar a su página de entrada, oprima y sujete la tecla CTRL.

Ahora, con muy pocas excepciones (por ejemplo, cuando está trabajando con su correo de Gmail en Internet, que se abrirá en una ventana nueva), una nueva "Page Tab" será creada al lado de la que contiene este periódico en línea. Para ver la información en esta nueva "Page Tab" sólo es necesario hacer clic sobre ella. Recuerde que si hace clic sobre un enlace, pero no presiona y sujeta la tecla CTRL, esta página nueva puede abrirse normalmente debajo de la misma en la que ha estado trabajando.

Si más tarde abre una sesión completamente nueva del navegador Internet Explorer haciendo clic a su icono, una nueva copia del programa se abrirá en una ventana separada.

Los botones de Internet Explorer

La mayoría de los botones en este navegador de Internet no han cambiado mucho con respecto a las versiones anteriores, aunque algunos de sus botones ahora están en diferentes partes de su barra de herramientas.

Esta es la descripción de algunos de los botones pertinentes en este navegador:

A Las flechas de navegación (adelantar y regresar) le ayudarán a navegar entre las páginas que usted ya ha visitado (en la "Page Tab" en que está trabajando). Estas flechas están disponibles para realizar estas funciones sólo cuando están azuladas. Haga clic sobre la flecha de la izquierda para regresar una página y en la de la derecha para adelantar una página.

B Esta es la barra de menús. Para habilitarla (si no la ve), haga clic con el botón derecho del ratón sobre el espacio debajo de la casilla de direcciones y después haga clic sobre "File Menu" para verla debajo de ésta.

C Haga clic sobre la X para parar de cargar una página web que está tardando mucho en aparecer en su navegador, y después en el símbolo junto a ella (cargar de nuevo, o "Refresh") u oprima la tecla F5 para volver a cargar la misma página.

D Estas son las nuevas "Page Tabs". Los contenidos de la "Page Tab" actual (cuyo contenido usted ve en la página de entrada del navegador) serán de un color más azulado que las otras que usted ha abierto.

E Haga clic sobre el botón de la página de entrada en la "Page Tab" en la cual usted está trabajando para regresar a la página que usted ha designado como la página predeterminada o "Home" (es decir, la página que usted ve cada vez que abre su navegador) en su navegador.

F Si hace clic en el botón de favoritos o "Favorites" (este tiene un símbolo de estrella) verá un panel que le muestra todos los sitios web que usted ha guardado para regresar a ellos de una manera más fácil. Para regresar a un sitio web cuyo nombre usted ve en esta lista, haga clic sobre él. Para

añadir un sitio web a esta lista, haga clic sobre el signo de estrella y después en el menú que se abre haga clic sobre "Add a Favorite" y después haga clic sobre "Add".

Si usted es un usuario de Internet por cable o DSL y su cliente de correo electrónico es Outlook, haga clic en el botón de página o "Page" y verá algunas opciones disponibles. Si no ve el botón de "Page", se debe a que la barra de comandos no está habilitada. Para habilitarla: a) haga clic, en la barra de menús, sobre "View", b) después haga clic sobre "Toolbars", y c) finalmente lleve el indicador del ratón hacia la derecha, hasta que encuentre en la lista de barras de herramientas, la de "Command bar", y d) por último hágale clic para habilitarla. Haciendo clic sobre ellas, usted conducirá algunas opciones que le son disponibles, como por ejemplo hacer clic sobre "enviar página por correo electrónico" ("Send Page by E-mail") o "enviar enlace por correo electrónico" ("Send Link by E-mail"). Haga clic sobre el icono de "Print" para imprimir todas las páginas de la página web con la cual está trabajando.

Cómo trabajar con la función de "Page Tabs" en Internet Explorer

Para trabajar con una nueva "Page Tab" o una que usted ha abierto antes, simplemente haga clic sobre su título. Si usted no está seguro de cuál de las pestañas corresponde a la página a la cual desea regresar, entonces lentamente lleve el indicador del ratón sobre las "Page Tabs", y esta información será exhibida.

Para cerrar una sola "Page Tab", haga clic sobre la *X* junto a su nombre.

Adicionalmente, cuando usted intenta cerrar este navegador de Internet haciendo clic sobre la X en la esquina superior derecha de la ventana del navegador, verá una ventana de diálogo que le pregunta: "Do you want to close all tabs or the current tab?" ("¿Quiere

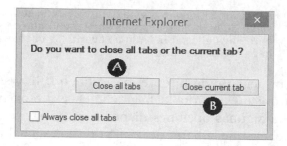

cerrar todas las pestañas de página o solo la PAGE que esta seleccionada ahora?"). Esta es la manera de trabajar con estas opciones: a) haga clic sobre "Close all tabs" para cerrar todas las pestañas, o b) haga clic sobre "Close current tab", para cerrar solo la pestaña que esta seleccionada ahora.

La página de entrada de Internet Explorer

En la siguiente gráfica puede ver la ventana del navegador Internet Explorer, el cual está recibiendo información del servidor web de la biblioteca pública de Nueva York.

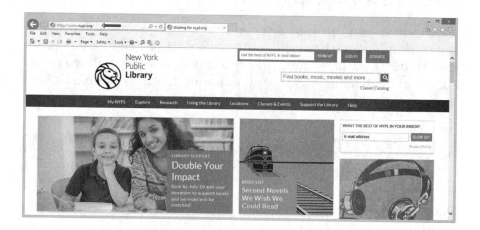

La versión 11 de este navegador, que viene incluida con el sistema operativo Windows 10/8, es mucho más segura que versiones anteriores.

A continuación aprenderá sobre las partes principales de Internet Explorer. Recuerde que visitar sitios web con la nueva versión de este navegador se realiza de casi la misma manera a como se trabajaba en versiones anteriores.

Siga esta gráfica para reconocer las partes más importantes de Internet Explorer:

Ⓐ Esta es la barra de menús.

Ⓑ Esta es la barra de herramientas.

Ⓒ Esta es la barra de direcciones, o "Address Bar", donde debe escribir la URL de las páginas web que desea visitar. Y una vez que empiece a navegar estas páginas, la URL que ve aquí, cambiará a la dirección de la página cargada en el navegador.

Ⓓ Este es el área de trabajo.

Ⓔ Haga clic sobre estas guías (al lado de las flechas), mientras mantiene el botón izquierdo del ratón oprimido. Por ejemplo, mueva la guía horizontal de un lado a otro para revelar partes de una página web que parecen estar escondidas en su navegador. Mueva la guía verticalmente, de arriba abajo, si desea adelantarse una página o regresar a la página anterior.

También le será posible adelantarse o regresar a una página web usando las teclas HOME, PAGE DOWN o PAGE UP.

Los menús de funciones en Internet Explorer

Usando la barra de menús es posible realizar la mayoría de funciones necesarias para usar este navegador. La barra de menús se puede usar con el ratón o con el teclado. Con el ratón es suficiente hacer clic sobre el nombre del menú con el cual desea trabajar, y con el teclado presione la tecla ALT, y después oprima la letra que está subrayada en el menú con el cual desea trabajar.

Para familiarizarse con la barra de menús en este navegador, haga clic una vez sobre el nombre del menú con el cual desea trabajar. Un menú desplegable se abrirá revelándole más opciones, en las cuales también puede hacer selecciones con sólo hacer clic sobre el nombre de la selección que desea usar:

A Haga clic sobre "File" para encontrar el menú de imprimir una página web, y después clic sobre "Print". Si desea usar el teclado para abrir este menú, sostenga la tecla ALT y después la tecla F y si desea imprimir, haga clic sobre "Print".

B Si hace clic sobre "Edit", verá la opción para seleccionar todas las páginas o para buscar información en una sola página haciendo clic sobre "Find".

C Cuando hace clic sobre "View", aparecen más opciones útiles para cambiar la manera como el navegador le presenta información. Por ejemplo, si hace clic sobre "View", y después sobre "Text Size", puede cambiar el tamaño de las letras que aparecen en su navegador.

D Cuando hace clic sobre "Favorites", el navegador le presenta varias opciones para trabajar con la lista de los sitios web que usted visita más a menudo.

E Cuando hace clic sobre "Tools", tendrá acceso a varias opciones, como la opción para limitar las "pop-ups".

Recuerde que una de las ventajas de usar Windows es que muchos programas funcionan de manera similar; por este motivo si aprende a usar los comandos básicos en un programa, como imprimir y buscar texto, es muy posible que le sirva cuando use otro programa, como este navegador.

La casilla de direcciones o "Address Bar" en Internet Explorer

La casilla de direcciones es el espacio en el navegador donde va la URL de las páginas web que desee visitar. Note que cuando está navegando el Internet y cambia de página web, la URL también cambia.

Si quiere, piense en esta acción, la de escribir la dirección de una página web en esta casilla y de oprimir la tecla ENTER, como tocar a la puerta en una casa. A veces alguien abrirá la puerta, y a veces puede que no encuentre a nadie. Si por equivocación entra a un lugar diferente y algo desagradable aparece en su pantalla, cierre el navegador haciendo clic en la *X* en la esquina superior derecha.

En la gráfica de arriba puede ver la casilla de direcciones, señalada por la flecha, en Internet Explorer. El contenido en el área de trabajo (la página del Fondo para la Conservación de los Guepardos), corresponde a la dirección en la casilla de direcciones (*http://www.cheetah .org*).

El área de trabajo o "Workspace" en Internet Explorer

El área de trabajo en un navegador se puede considerar como la ventana al resto del mundo cibernético, pues no importa dónde esté usando este navegador, usted podrá tener acceso (si el Internet no está filtrado) a casi todos los recursos que el Internet ofrece.

Por ejemplo, en la gráfica de abajo puede ver la página de entrada al sitio web de la biblioteca pública de la ciudad de Los Ángeles, California.

Es desde esta ventana que usted envía y recibe la información que le permite ser un ciudadano virtual de esta gran comunidad de usuarios del Internet.

Note que cuando mueve el indicador del ratón por esta ventana, el símbolo de la flecha va a cambiar algunas veces a una pequeña mano; esto le indica que este es un enlace y si hace clic sobre él, el navegador le mostrará una página web en el mismo sitio web que está visitando u otra página web en otro sitio web en otra parte del mundo.

Cómo regresar a las páginas web que visitó recientemente con Internet Explorer

En este navegador es muy fácil regresar a sitios web sin necesidad de recordar y escribir las URLs que visitó recientemente, ya que puede exhibir su URL en la casilla de direcciones, siempre y cuando su navegador esté configurado para guardarlos.

Siga estos pasos para regresar a un sitio web que haya visitado recientemente, sin necesidad de tener que escribir la URL de éste:

Ⓐ Primero haga clic sobre este símbolo indicado por la flecha, para ver la lista de los sitios web que ha visitado en los últimos días.

Ⓑ Esta es la lista de las URLs de los sitios que ha visitado en los últimos días. Si desea regresar a un sitio determinado, lleve el ratón sobre el enlace y oprima el botón izquierdo una vez.

Esta lista cambia de acuerdo a la cantidad de sitios web que visita. Si casi nunca ve los sitios que ha visitado el día anterior, puede ser que su navegador esté configurado para borrar en vez de guardar estas direcciones después de un número determinado de días.

Si desea borrar las direcciones de los sitios web guardados en esta lista, use la combinación de teclas CTRL + SHIFT + DEL, y después seleccione la información que desea borrar (haciéndole clic al lado). Por ejemplo, para borrar la información de los sitios web que ha visitado, haga clic al lado de "History". Para terminar haga clic sobre "Delete". Pero tenga en cuenta que si decide borrar los "Cookies", o galletas virtuales, que la información de sus cuentas, como la de su banco, será borrada de su computadora, y la próxima vez que trate de entrar al sitio web de su banco, tendrá que proveer su información de nuevo.

Cómo trabajar con los sitios favoritos en Internet Explorer

Use los sitios favoritos, o "Favorites" (estos también se conocen como marcadores), si desea guardar la URL de un sitio o una página web que visita a menudo en una lista permanente. Una vez que la URL esté guardada en esta lista, le será posible regresar a ella sin necesidad de tener que escribirla.

Siga el siguiente ejemplo para aprender a usar los marcadores en Internet Explorer:

1. Haga doble clic sobre el icono de Internet Explorer para abrirlo desde su "Desktop", o sólo un clic sobre el icono de éste en el menú de "Start". En Windows 8, también puede usar la combinación de teclas ▦ + S, y en la casilla de búsqueda escriba Internet Explorer. Cuando vea el nombre de este navegador de Internet hágale clic para abrirlo.

2. Ahora haga clic en frente de "Address" y después escriba la dirección virtual del sitio web que desea visitar. Para eliminar la dirección web, haga clic sobre ella y después use la tecla BACKSPACE para borrarla. En este ejemplo visitaremos el sitio de la NASA con dirección virtual *http://www.Nasa.gov.*

Cuando termine de escribir esta dirección, oprima la tecla de ENTER para ordenarle al navegador que cargue el contenido de esta página web en el área de trabajo de este navegador.

No se preocupe si la dirección que escribió en la casilla de direcciones cambió después de que oprimió ENTER. Los servidores web a veces hacen eso para dirigir el tráfico a una página que han diseñado mejor. Mientras la nueva dirección empiece con *http://www.nasa.gov/* no hay problema.

3. Ahora si desea guardar esta URL para regresar a visitar este servidor web en otra oportunidad, haga clic sobre "Favorites", y después sobre "Add to Favorites". Si prefiere usar el teclado, puede usar la combinación CTRL + D, para comenzar este proceso.

Ahora se abre otra ventana pidiéndole que confirme que desea guardar esta dirección virtual en su lista de favoritos.

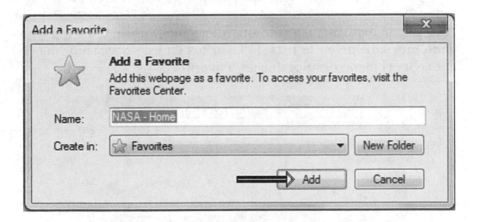

4. Finalmente haga clic sobre "Add" para guardar esta dirección web. Ahora esta dirección web permanecerá disponible hasta el momento en que la borre.

Recuerde que cuando guarde la URL de un sitio web al cual desea regresar en otra oportunidad, y usa Windows 10/8/Vista o 7, la lista de favoritos no estará disponible para otros usuarios que entren a la computadora con nombres de usuarios diferentes.

Si en un futuro desea regresar a este sitio web lo puede hacer muy fácilmente, de esta manera:

1. Abra Internet Explorer, si este navegador no está abierto ya y haga clic sobre "Favorites".

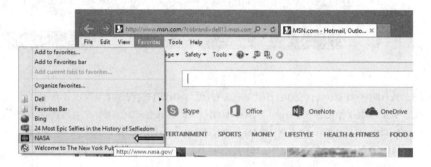

2. Ahora busque, en la lista que aparece en el menú desplegable, el nombre del sitio web al cual desea regresar, y haga clic sobre él para abrirlo. En este ejemplo, es NASA-Home.

Para borrar permanentemente una dirección web que haya guardado previamente en la lista de favoritos en este navegador, haga clic sobre el menú desplegable de "Favorites".

Después haga clic con el botón derecho del ratón sobre la dirección web que desea borrar de esta lista, en este caso NASA-Home, y después en el próximo menú que aparece haga clic sobre "Delete" para borrarla. Por último oprima la tecla ENTER.

Para recordar

- La web es la plataforma de trabajo de más uso en el Internet.
- Los navegadores son las herramientas de trabajo más importantes para usar la web.
- Usando un navegador puede realizar un número indefinido de operaciones o diligencias que antes le exigían hacer un viaje fuera de su casa y muchas veces esperar en una fila.
- Los dos navegadores de más uso hoy en día son Internet Explorer y Google Chrome.
- El área de trabajo de un navegador conectado al Internet es como una ventana al resto del mundo virtual.
- Si desea visitar un sitio web o una página web de nuevo, fácilmente sin tener que escribir su dirección virtual o "URL", añádalo a su lista de favoritos.
- Cuando pase el indicador en un navegador por encima de "Hypertext", el símbolo del indicador cambiará a una mano para indicar la presencia de un enlace o *link*.

Cómo navegar la web 21

Cómo navegar la web

No se sabe con seguridad quién fue el primero que utilizó el término "Surf the Web" ("Navegar la web"). Pero lo importante es que se usa actualmente en diferentes idiomas, y en casi todos los países del mundo, para describir las distintas operaciones que efectuamos a través del Internet o para localizar diferentes clases de información utilizando este medio.

Recordemos que cuando Cristóbal Colón descubrió el nuevo mundo, su viaje le tomó más de dos meses. Pues bien, hoy en día es posible visitar todavía más países desde la comodidad de su casa sin tener que seguir la ruta de Colón y subirse en una caravela.

Las reglas básicas para la navegación en la web son las siguientes:

- Disponer de una computadora o un sistema que le permita acceso al Internet.
- Usar un navegador.
- Contar con una conexión directa o indirecta al Internet.

En las próximas páginas aprenderá a navegar la web, lo que podrá hacer con su navegador de preferencia, ya sea Internet Explorer o Google Chrome.

En la gráfica de arriba puede ver los iconos de Internet Explorer y Google Chrome. La manita que aparece cuando mueve el indicador del ratón sobre una página web le avisa que éste es un enlace, y que cuando haga clic sobre él, el navegador cambiará de página web en el mismo sitio web, o en otro externo (que puede inclusive estar en otro país); a esto se debe el dicho de que está "navegando la web". Todo esto, por supuesto, sin necesidad de salir de su casa o usar el pequeño velero.

Cómo usar las direcciones virtuales

La manera más común de visitar una página web es escribiendo la dirección virtual o URL directamente en la casilla de direcciones del propio navegador. Las instrucciones que siguen funcionan de la misma manera en todos los programas diseñados para navegar la web, como por ejemplo Internet Explore o Google Chrome, y para seguirlas abra uno de estos dos navegadores web, haciendo clic sobre su icono. Si este está en su escritorio virtual, hágale clic dos veces para abrirlo.

En la gráfica de abajo puede ver la casilla de direcciones virtuales del navegador Internet Explorer.

En la casilla, indicada por la flecha, escriba la URL de la página web que desea visitar. Cuando esta barra de direcciones (o "Address Bar") muestre una dirección, y quiera visitar otra página, haga clic sobre el nombre que ve en la barra de direcciones y use la tecla BACKSPACE para borrarla (oprimiéndola poco a poco, hasta borrar la parte de la dirección que necesita borrar). Ahora escriba la nueva URL de la página web que desea visitar, y después oprima ENTER. En este ejemplo, puede ver la página de entrada al sitio web de la biblioteca pública de San Diego, California, cuya URL es *http://www .sandiego.gov/public-library/*.

El ejemplo que sigue le ayudará a aprender a escribir la dirección del sitio web que desea visitar en la casilla de direcciones de un navegador.

Primero abra una conexión al Internet (si tiene Internet por cable esta conexión está abierta todo el tiempo). Una vez que tenga una conexión al Internet, abra su navegador.

Siga esta gráfica para aprender a escribir direcciones virtuales de las páginas web que desee visitar en su navegador:

1. En su navegador, haga clic dos veces sobre la casilla de direcciones virtuales, hasta que no esté seleccionada, o sea, que tenga una sombra azul. Ahora oprima la tecla BACKSPACE poco a poco para acortar esta dirección virtual hasta que sólo quede la primera parte, o sea, http://.

2. Ahora escriba la dirección virtual de página web que desea visitar. Para este ejemplo escriba *http://www.nasa.gov*. Si siguió el primer paso (reducir la dirección que estaba en su navegador cuando lo abrió) sólo es necesario escribir el resto de la dirección, o sea, www.nasa.gov. También funciona escribir solamente www.nasa.gov, ya que su navegador añade automáticamente el http:// que va al principio de la dirección virtual.

Por último, oprima la tecla ENTER para confirmarle al navegador que cargue la página web.

Qué hacer si la dirección virtual le indica un error

Una de las situaciones más frustrantes cuando usa el Internet es la de no poder abrir una página virtual porque cuando trata de visitarla el navegador le muestra un error.

Este ejemplo le enseñará qué hacer si alguien le da la dirección virtual de un servidor web para buscar noticias y cuando trata de usarla recibe un mensaje de error, como el de la siguiente gráfica.

La URL para este ejemplo es: *http://www.latimes.com/features/2.html.*

En el recuadro anterior puede ver lo siguiente:

Ⓐ Esta es la dirección virtual que está tratando de visitar.

Ⓑ Este es el mensaje que el servidor web del periódico *Los Angeles Times* le devuelve cuando trata de visitar esta página virtual: "Page not Found", o sea, "La página no se encuentra disponible".

Si tiene problemas hallando una página web dentro de un sitio web, trate de reducir segmento por segmento la dirección virtual; de esta manera tal vez pueda encontrar que el recurso fue cambiado de lugar en el mismo sitio web.

En la siguiente gráfica puede ver claramente los diferentes segmentos de la dirección virtual de la página anterior. Por el error que devolvió el servidor web del periódico *Los Angeles Times,* es fácil deducir que el último segmento de esta dirección virtual no corresponde a un archivo en ese sitio web. Si desea insistir en esta dirección virtual, redúzcala segmento por segmento.

Los segmentos de una dirección virtual ("URL")

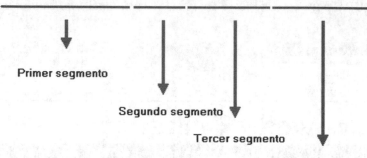

http://www.latimes.com/HOME/ARCHIVES/power3.htm

Primer segmento

Segundo segmento

Tercer segmento

Cuarto segmento

La gráfica anterior representa los diferentes segmentos de una dirección virtual.

Cuando siga este ejemplo es importante recordar que si el sitio web ha cambiado de lugar o por algún motivo lo han clausurado temporal o permanentemente, el navegador le mostrará un error en la pantalla diciendo que no se pudo comunicar con el sitio web.

Si desea seguir este ejemplo, visite el sitio web del periódico *Los Angeles Times* en la dirección virtual: *http://www.latimes.com/HOME/ARCHIVES/power3.htm.*

Este ejemplo es excelente por el hecho de que este sitio web le da más información acerca del por qué usted no puede encontrar la página virtual que está buscando.

Cuando siga este ejemplo recuerde que cada página virtual tiene una dirección única; es decir, que si escribe mal la dirección virtual o esta página ya no existe, el sitio web que está tratando de visitar le mostrará un error como en la página anterior.

Cómo reducir una dirección virtual segmento por segmento

La manera de reducir una dirección virtual es eliminado el último segmento, o sea, la parte antes del divisor, que es el símbolo "/". Si después de quitar el último segmento todavía no aparece una dirección real, siga quitando segmentos hasta que encuentre una página que funcione.

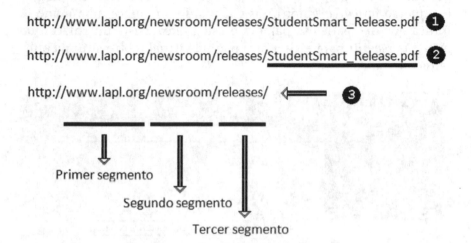

Siga estos pasos para quitar uno o varios segmentos de una dirección virtual:

1. Primero haga clic sobre el final de la dirección virtual. Si la dirección queda seleccionada, o sombreada, haga clic de nuevo, hasta que ya no esté sombreada y pueda ver el indicador (I) destellando.

2. Después oprima, poco a poco, la tecla BACKSPACE para eliminar el último segmento de la dirección que aparece en la casilla de direcciones (los segmentos están separados por el símbolo "/").

3. Ahora puede ver la nueva dirección virtual.

Ahora trate de cargar esta dirección virtual oprimiendo la tecla ENTER. Si esta dirección es válida, cargará la información que ofrece en el área de trabajo del navegador, y desde aquí puede continuar la búsqueda de la información que necesite. Si no es válida, siga quitando segmentos hasta que llegue a una dirección virtual que funcione o llegue a la página de entrada del sitio web.

Cómo usar los enlaces

En la siguiente gráfica aparece el área de trabajo de un navegador. Cada vez que pasa el indicador (que se desplaza en la pantalla cuando mueve el ratón) por encima de un enlace, una mano le indica que detrás de esa palabra o esa gráfica existe un enlace que puede perseguir para visitar otra página virtual u otro sitio web totalmente nuevo.

Como puede ver en la gráfica de arriba, cuando lleva el indicador del ratón sobre un enlace (en el ejemplo de arriba la frase "Sucursales de la Biblioteca Pública de Los Ángeles"), el indicador cambia a una manita. Esto le indica que éste es un enlace. Para cargar la información que este enlace le ofrece en el área de trabajo de su navegador, sólo es necesario hacer clic sobre él. Después, el navegador cargará en el área de trabajo la página web correspondiente a este enlace.

De manera invisible a los usuarios de navegadores, cada enlace tiene detrás del nombre que usted puede ver su propia dirección virtual, en este caso *http://www.lapl.org/branches/index.html,* la cual su navegador cargará en el área de trabajo.

El ejemplo que sigue le ayudará a entender cómo utilizar enlaces para navegar en un sitio web y también cómo buscar información en él:

1. Primero abra su navegador, y después escriba la dirección virtual *http://www.lapl.org/espanol/* en la casilla de direcciones para visitar el sitio web de la biblioteca pública de la ciudad de Los Ángeles, California. Después oprima la tecla ENTER para cargar esta página web en el área de trabajo del navegador.

2. Por ejemplo, digamos que desea buscar un libro. Para comenzar, lleve el ratón en frente de "Search For" y haga clic una vez en el espacio en blanco. Cuando vea el símbolo del indicador (I) destellando, escriba "Vivir para contarla" (el libro autobiográfico de Gabriel García Márquez).

3. Ahora haga clic sobre la flechita, indicada por la manita, para ordenarle a este sitio web que busque en su catálogo si tiene este libro en su colección.

También es importante recordar que puede que de vez en cuando un enlace no funcione (o sea, cuando hace clic sobre el enlace, una página errónea se abre debido a que a veces las personas que administran sitios web se olvidan de cambiar la referencia a enlaces).

Finalmente, este sitio web le muestra los cuatro resultados que encontró con la descripción anterior, *Vivir para contarla,* en varias de las bibliotecas del sistema de bibliotecas públicas de la ciudad de Los Ángeles, California.

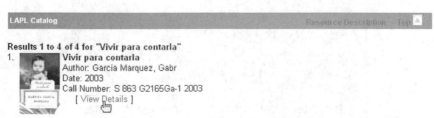

4. Por ejemplo, en el resultado número uno en la gráfica de arriba, haga clic sobre "View Details" (note como la flecha del indicador del ratón cambia a una mano cuando la lleva encima de "View Details") para ver los detalles de éste.

Ahora el navegador cargará otra página con información adicional acerca de la sucursal en donde puede encontrar este libro, y su disponibilidad.

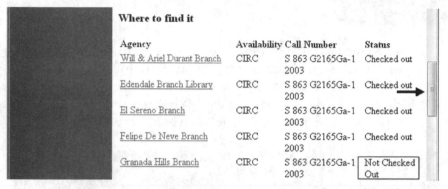

Where to find it

Agency	Availability	Call Number	Status
Will & Ariel Durant Branch	CIRC	S 863 G2165Ga-1 2003	Checked out
Edendale Branch Library	CIRC	S 863 G2165Ga-1 2003	Checked out
El Sereno Branch	CIRC	S 863 G2165Ga-1 2003	Checked out
Felipe De Neve Branch	CIRC	S 863 G2165Ga-1 2003	Checked out
Granada Hills Branch	CIRC	S 863 G2165Ga-1 2003	Not Checked Out

En esta ventana busque debajo de "Where to find it" hasta que encuentre una sucursal donde tengan el libro ("Not Checked Out"). Si es necesario, lleve el indicador del ratón sobre la guía (indicada por la fecha) y sostenga el botón izquierdo del ratón mientras lo jala hacia abajo para ver más resultados, u oprima la tecla PAGE DOWN.

Cómo usar el ratón para navegar la web

En un navegador es posible usar ambos botones del ratón: el izquierdo se utiliza más que todo para efectuar selecciones, y el de la derecha es útil para efectuar funciones como, por ejemplo, ver menús sobre los cuales puede hacer selecciones para navegar en páginas web.

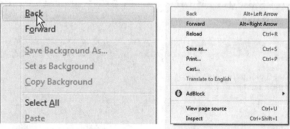

Internet Explorer   Google Chrome

Siga estos ejemplos para aprender a adelantar una página y regresar a otra página que haya abierto anteriormente al navegar la web:

A Si tiene Internet Explorer, haga clic con el botón derecho sobre una parte libre de texto o gráficas hasta ver el menú de arriba; después oprima el botón izquierdo del ratón sobre la primera opción "Back", para regresar a la página anterior, o "Forward", para adelantarse una página.

B Si tiene Google Chrome haga clic con el botón derecho sobre una parte libre de texto o gráficas hasta ver el menú de arriba; después oprima el botón izquierdo del ratón sobre "Back" para regresar a la página anterior o "Forward" para adelantarse una página.

NOTA Si los menús de "Back" o "Forward" no están disponibles, se debe a que acaba de entrar a este sitio web y todavía no ha abierto suficientes páginas como para usar esta función. Recuerde que también puede adelantarse o regresar a la última página que abrió usando la barra de herramientas, haciendo clic sobre la flecha de regresar (←) o sobre la de adelantar (→).

Para recordar

- La web es la plataforma de trabajo de mayor uso en el Internet.

- Para navegar la web use un navegador como Internet Explorer o Google Chrome.

- El área de trabajo de un navegador conectado al Internet es como una ventana virtual al mundo.

- Usando un navegador se puede realizar un número ilimitado de operaciones o diligencias que antes le exigían salir de su casa y, muchas veces, esperar en línea.

- Para visitar un sitio web escriba su URL en la casilla de direcciones, y después oprima la tecla ENTER.

- Un enlace es fácil de reconocer en el área de trabajo de un navegador porque cuando pasa el indicador sobre su texto o gráfica, el símbolo del indicador cambia de una flecha a una mano.

- Navegar la web es el proceso de seguir enlaces hasta encontrar la información que se busca.

- Si la información en la página web que está tratando de visitar no se carga, puede ser que no tiene una conexión al Internet o que la dirección virtual no es la correcta.

El correo electrónico 22

Introducción

El correo electrónico convierte a su computadora en un mensajero de servicio postal virtual. Es decir, que su computadora puede recibir y enviar mensajes electrónicos a pesar de la lluvia, la nieve y la distancia, donde quiera que tenga disponible una conexión al Internet.

Cómo usar el correo electrónico

Estas son las dos principales maneras de usar el correo electrónico que aprenderá en este capítulo:

- Usando el programa Outlook que es parte del grupo de programas de Microsoft Office (la última versión de este programa es la 2016) o Windows Mail, si su proveedor de servicio al Internet le suministró una cuenta de correo del tipo POP3 o IMAP, que es el tipo de correo electrónico que se puede usar con este tipo de programa.
- Usando un navegador web como Internet Explorer o Google Chrome para llegar a la página web de un servicio de correo electrónico basado en la web o "Web-based" como lo es Gmail.

Ambos tipos de correo electrónico ofrecen sus ventajas. Por ejemplo, si usted tiene que compartir muy a menudo archivos con sus compañeros de trabajo y tiene una cuenta del tipo POP3 o IMAP, es casi obligatorio que use Windows Live Mail u Outlook. Por otro lado, una cuenta de correo electrónico basada en la web se puede usar desde cualquier computadora que tenga una conexión al Internet y un navegador web.

También es importante añadir que hoy en día mucha gente y compañías inescrupulosas están enviando mensajes de correo electrónico no deseado, que también se conocen como "Spam". Desgraciadamente, esto le puede traer muchos problemas si recibe uno de estos mensajes y su computadora no está bien protegida con un programa de *antivirus,* y usted elige abrirlo. Por esto le recomiendo que si no reconoce la dirección de correo electrónico de la persona que se lo envió, mire las casillas "From" y "Subject" del mensaje y no lo abra; bórrelo de inmediato.

Cómo enviar mensajes de correo electrónico

En esta sección aprenderá a enviar y recibir mensajes de correo electrónico usando el cliente de correo electrónico Microsoft Outlook, ya que este es el tipo de programa que se pueden usar con cuentas de correo electrónico para buzones del tipo POP3 o IMAP (como el provisto por compañías que ofrecen servicio de Internet por cable, como por ejemplo Optimum Online). Más adelante también aprenderá a usar, si no usa Outlook, su cuenta de correo electrónico (de Gmail, Yahoo!, o Hotmail.com/Outlook.com) usando un navegador de Internet, como lo es Google Chrome.

Para comenzar abra el cliente de correo electrónico Microsoft Outlook, de la manera que corresponde a la versión del sistema operativo Windows, instalado en su computadora personal:

En Windows 10:

Comience haciendo clic sobre la barra de búsqueda, al lado del botón de Windows, ahora escriba "Outlook", y cuando vea este programa, en la lista de programas que abre, hágale clic para abrirlo. Tenga en cuenta que el nombre cambiará de acuerdo a la versión de Outlook instalado en su computadora, como por ejemplo si tiene la versión de Office 2016, este dirá: Outlook 2016.

En Windows 8:

Use la combinación de teclas ⊞ + S, y en la casilla de búsqueda escriba "Outlook", y cuando vea el nombre de este programa hágale clic para abrirlo. Tenga en cuenta que el nombre cambiará de acuerdo a la versión de Outlook instalado en su computadora, como por ejemplo si tiene la versión de Office 2016, dira: Outlook 2016.

En Windows 7/Vista:

Haga clic sobre el botón de "Start", e inmediatamente escriba "Outlook", y cuando lo vea en la lista de los programas que verá ahí, hágale clic para abrirlo.

Cómo crear un nuevo mensaje

El proceso de redactar un nuevo mensaje de correo electrónico o "e-mail" en Microsoft Outlook es muy fácil de realizar. Abra Outlook, de la manera que corresponde a la versión de Windows instalado en su computadora, y despues abra la ventana para crear un mensaje.

Estas son las dos maneras de abrir la ventana para empezar el proceso de crear un nuevo mensaje de correo electrónico en Outlook después de hacer clic sobre la pestaña de comienzo o "Home":

- Comience haciendo clic sobre nuevo mensaje de correo electrónico o "New Email" en la barra de herramientas.
- Oprima la combinación de teclas CTRL + N. Si está usando el calendario, puede comenzar a crear un mensaje de correo electrónico usando la combinación dc tcclas: CTRL + SHIFT + M.

Ahora es necesario añadir la dirección de correo electrónico de la persona o personas que recibirán este mensaje. Esto se puede hacer al escribir directamente la dirección de correo electrónico usando la libreta de direcciones o "Address Book".

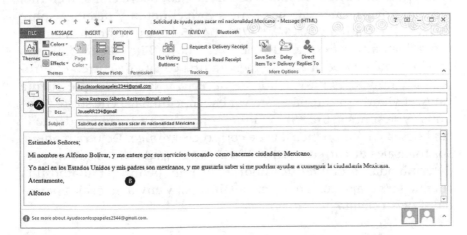

En las casillas indicadas, como puede ver en la gráfica anterior de un nuevo mensaje que creé en Microsoft Outlook, escriba (comience haciendo clic sobre la dirección que corresponde) las direcciones de correo electrónico de la persona o personas que recibirán el mensaje de la siguiente manera:

A. Dirija su mensaje de la siguiente manera:

- Al lado de "To" escriba la dirección de correo electrónico de la persona o personas a las cuales desea enviarle este mensaje.
- Al lado de "Cc" escriba la dirección de correo electrónico de otra persona o personas a quienes desea enviar una copia del mensaje.
- Al lado de "Bcc" escriba la dirección de correo electrónico de otra persona o personas a quienes desea enviarl una copia del mensaje, sin que las otras personas a las cuales les ha enviado este mensaje lo sepan. Es necesario hacer clic sobre "Options" en la ventana del mensaje que está componiendo y después sobre "Show Bcc", para ver esta casilla.
- Al lado de "Subject" escriba el tema del mensaje.

B. Este es el espacio, similar al que ve cuando abre un procesador de palabras, donde puede escribir el texto del mensaje que desea enviar. Finalmente haga clic sobre "Send", para enviar este mensaje.

Por favor note en Office 2007 el botón de Office, que le ofrece un sinnúmero de opciones cuando usted hace clic sobre él. Por ejemplo, para guardar un mensaje haga clic sobre el botón y después sobre "Save". En Outlook 2016/2013/2010/365, estas mismas opciones están disponibles después de hacer clic sobre "File". Le recomiendo adicionalmente que si añadió más de una cuenta de correo electrónico a Outlook, es muy prudente hacer clic sobre "de que cuenta estoy enviando" o "From" (para ver esta opción haga clic sobre "Options" y después sobre "Show From") para elegir la cuenta desde la cual desea enviar un mensaje de correo electrónico. De otra manera, sus mensajes de correo electrónicos serán enviados de la cuenta predeterminada, lo que tal vez podría ser muy penoso si añadió una cuenta de trabajo y una personal a Outlook, y envia mensajes personales de su cuenta de trabajo.

Cómo recibir mensajes en Microsoft Outlook

Esta es una de las funciones principales de un cliente de correo electrónico y es muy fácil de hacer en Outlook. Por lo general, los mensajes de correo electrónico siempre llegan a la carpeta/bandeja de entrada llamada "Inbox", la cual se encuentra en la lista principal de carpetas en Outlook.

Guíese por la siguiente gráfica para aprender las diferentes áreas de trabajo del cliente de correo electrónico Microsoft Outlook.

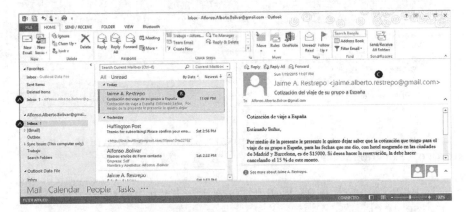

Esta es la manera de recibir un mensaje de correo electrónico en el cliente de correo electronico o "E-mail" Microsoft Outlook:

- **A** Haga clic sobre "Inbox" en uno de los dos sitios en donde puede ver esta bandeja de entrada de sus mensajes de correo electrónico. En versiones anteriores de Outlook, el panel de carpetas favoritas o "Favorite Folders" no está disponible.

- **B** Estos son los mensajes que recibió. Si el panel de lectura está habilitado, dependiendo de su preferencia, le será posible leer el mensaje en el panel de la derecha o en el de abajo con sólo hacer clic una vez sobre él.

- **C** En la cabecera del mensaje podrá leer la dirección de correo electrónico de la persona que le envió el mensaje.

Si prefiere, también puede leer sus mensajes en una ventana completa, haciendo clic dos veces sobre el mensaje. Cuando termine de leer el mensaje y desea regresar a trabajar con otros mensajes que haya recibido, cierre la ventana de éste, haciendo clic sobre la "X" en la esquina superior derecha de su ventana.

Siguiendo la siguiente gráfica aprenderá la manera de leer mensajes de correo electrónico en ventanas independientes.

Esta es la manera de abrir sus mensajes de correo electrónico en Microsoft Outlook:

1. Seleccione el mensaje que desea leer, haciendo doble clic sobre él.

2. Este es el mensaje que recibió.

3. Esta es la dirección de la persona que le envió el mensaje.

La manera de recibir mensajes de correo electrónica se efectúa de manera similar en casi todos los diferentes clientes de correo electrónico, como por ejemplo en uno que se llama Windows Live Mail, que viene incluido con Windows 10/8, seleccione el mensaje, haciéndole clic dos veces y este abrirá en una ventana separada.

Cómo responder a mensajes

Una vez que haya leído un mensaje de correo electrónico, puede borrarlo o redactar una respuesta. Para borrar un mensaje, antes de leerlo, haga clic una vez sobre él, y después haga clic sobre la "X" en la barra de herramientas.

Así se contesta un mensaje de correo electrónico, que recibió en Microsoft Outlook:

1. Haga clic sobre responder o "Reply".
2. Redacte la respuesta al mensaje que recibió.
3. Haga clic sobre "Send" para enviar su respuesta.

En este momento también puede añadir las direcciones de correo electrónico de la gente a las cuales desea que ven su respuesta, e inclusive borrar partes o todo el mensaje original, que aparece debajo de la dirección de correo electrónico de la persona que le envió el mensaje. En este libro encontrará un capítulo completo, en cómo usar este cliente de correo electrónico.

Introducción al sistema de correo electrónico de Gmail

Gmail es un sistema de correo electrónico gratis, ofrecido por la compañía Google, y se puede usar tanto con un navegador de Internet o con un cliente de correo electrónico. Uno de los sistemas de más uso en el mundo, éste le ofrece mayor espacio (más de 15 gigas) para guardar su trabajo y la posibilidad de enviar archivos de mayor tamaño (hasta de 25 megabytes).

Para comenzar a usar Gmail, es necesario conseguir una cuenta única que servirá como su dirección de correo electrónico, visitando al sitio web, *www.gmail.com* y haciendo clic sobre "Create an account" (crear una cuenta). Por favor recuerde que una cuenta de correo electrónico tiene que ser única *para el sistema en el cual desea usarla*. Es decir, si su nombre es Germán Rendón y ya existe la dirección de correo electrónico *German.Rendon@gmail.com,* no le será posible abrir otra cuenta de correo electrónico con este mismo nombre en el sistema de Gmail. En ese caso, añádale números o letras. Por ejemplo si desea usar el nombre *German.Rendon@gmail.com* y este nombre ya está reservado, entonces trate de usar *German.Rendon01@gmail.com,* o sea añadiéndole el 01 al final, y así sucesivamente, hasta que encuentre una combinación disponible. Ahora si nadie ha tomado esta cuenta en el sistema de Gmail, le será posible crear una cuenta de correo electrónico que efectivamente será *German.Rendon@gmail .com.* Y una vez que ésta le sea asignada, cada vez que alguien trate de abrir una cuenta de correo electrónico usando este mismo nombre, no le será posible.

Las diferentes partes del área de trabajo de Gmail

Una vez que tenga una cuenta de Gmail, le será posible usarlo en una computadora con acceso al Internet con: a) un cliente de correo electrónico como Outlook (en este libro encontrará un capítulo acerca de cómo usar este programa); o b) un navegador de Internet como Internet Explorer.

Después de abrir su navegador, escriba la dirección virtual *www .gmail.com* en la barra de direcciones y oprima la tecla ENTER. Ahora escriba su nombre de usuario (en frente de "Username") y su contraseña. Si esta es su computadora, y no desea que este navegador le pregunte esta información cada vez que desea regresar a Gmail, entonces haga clic sobre "Stay signed in". Por último, haga clic sobre "Sign In" para entrar a su cuenta.

En la siguiente gráfica verá las diferentes partes que componen este programa de correo electrónico una vez que entre:

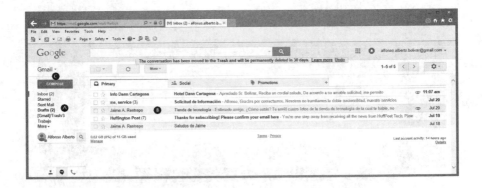

A En la parte de la izquierda encontrará sus carpetas de correo electrónico ("Folders"). La bandeja de recibir mensajes se llama el "Inbox". Cuando esta ventana abre, esta es la carpeta seleccionada. Para cambiar a otra carpeta, hágale clic.

B Estos son los mensajes que corresponden a la carpeta seleccionada a la izquierda. Para abrir un mensaje que haya recibido, hágale clic. Para seleccionar uno o más mensajes, hágale clic a la casilla que está a la izquierda del mensaje y después hágale clic a la acción que le quiere aplicar a todos los mensajes seleccionados. Por ejemplo, haga clic sobre "Delete" para borrarlos.

C Para comenzar a crear un nuevo mensaje de correo electrónico, haga clic sobre "Compose Mail".

Y por favor tenga en cuenta que no es necesario abrir un mensaje para borrarlo o aplicarle cualquier otra acción. Por ejemplo, si recibe un mensaje con un encabezamiento ofensivo: 1) haga clic sobre el cuadrito a la izquierda del mensaje; y 2) haga clic sobre el botón de "Report Spam" para reportarlo a Gmail.com, o sobre "Delete" para borrarlo, *sin necesidad de abrirlo*.

Cómo enviar un mensaje usando Gmail

El proceso de crear un mensaje de correo electrónico en Gmail es muy simple. Para comenzar, haga clic sobre "Compose Mail" (componer mensaje) y después guíese por los pasos en la gráfica siguiente:

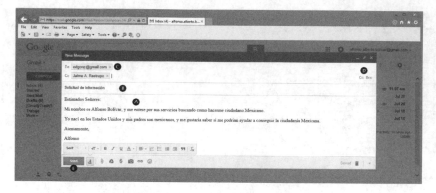

A Haga clic en la parte principal del mensaje y escríbalo.

B En esta casilla escriba el tema del mensaje o "Subject". Tenga en cuenta que a veces, dependiendo de qué escriba aquí, su mensaje puede ser detenido por filtros de correo electrónico, como "Spam" (o sea, correo no deseado).

C Ahora es necesario proveerle al mensaje la dirección de correo electrónico de la persona o personas que lo deben recibir. Por lo general, escriba la dirección de correo electrónico del recipiente principal en frente de "To".

D Para enviar una copia del mismo mensaje a otra persona, haga clic sobre "Add Cc" y después escriba en esta casilla la dirección de correo electrónico correspondiente. Y finalmente, si desea enviar una copia confidencial a otra persona, haga clic sobre "Add Bcc", y escriba su dirección de correo electrónico en la casilla que abre.

E Por último, haga clic sobre "Send" para enviar el mensaje.

Note cómo a medida que usted escribe en cualquiera de las casillas de añadir las direcciones (To, Cc o Bcc), si ya tiene varias personas a las cuales les ha escrito anteriormente, el programa le sugerirá direcciones de correo electrónico. Si desea usar una de estas direcciones de correo electrónico, hágale clic. Si desea usar una dirección guardada en su libreta de correo electrónico, hágalo de esta manera: 1) haga clic directamente donde corresponda (To, Cc, o Bcc) para abrir la libreta de direcciones; y 2) seleccione la dirección o direcciones a las cuales desea enviar este mensaje y haga clic sobre "Select" cuando termine.

Recuerde que si escribió mal una dirección de correo, recibirá una notificación, cuyo encabezamiento será "Delivery notification failure", o algo similar. En este caso, comience de nuevo el proceso de crear un mensaje, pero esta vez cerciórese de usar la dirección correcta.

Cómo recibir mensajes usando Gmail

Para recibir sus mensajes de correo electrónico, por favor tenga en cuenta lo siguiente:

- Cuando reciba un mensaje lo puede seleccionar haciendo clic *una vez* al cuadrito del lado e inmediatamente borrarlo sin abrirlo si desea. Hoy en día hay compañías e individuos que se dedican a enviar "Spam" e inclusive algunos de estos mensajes pueden tener *software* que puede afectar el uso de la computadora (un virus, u otro *software* llamado "malware"). Por este motivo es importante aprender a borrar mensajes no deseados sin abrirlos.

- Haga clic en el mensaje para abrirlo, leerlo y después haga clic sobre "Reply" para contestar. (Note que los mensajes que no han sido leídos aparecen en letras negritas). Ahora, si desea reenviar este mismo mensaje a otra persona, haga clic sobre "Forward". Para ver esta opción haga clic sobre la guía, al lado del botón de contestar o "Reply", y después sobre reenviar o "Forward". En este caso, tendrá que proveer la dirección de correo electrónico del recipiente.

- Después que haya leído y cerrado un mensaje, éste permanecerá en su "Inbox" hasta que lo borre, seleccionando la casilla al lado del mensaje y haciendo clic sobre "Delete".

Una vez que abra su mensaje, esta es la manera de trabajar con él:

A Comience haciendo clic en el área de trabajo, ahora escriba su respuesta al mensaje en esta área. Si no desea que la conversación original sea adjuntada a su respuesta, la puede borrar de esta manera: 1) antes de comenzar su respuesta, haga clic dentro del mensaje; 2) oprima la combinación de teclas CTRL + A; y 3) oprima la tecla DELETE.

B Si desea añadir gente que desea vea su respuesta haga clic sobre la línea de recipientes, y añádalos. En esta misma línea también están las etiquetas de Cc (copiar) y Bcc (copia sin que los otros recipientes se den cuenta). Para ver estas opciones, si necesita usarlas, hágales clic.

C Si desea ver más opciones, como por ejemplo editar el tema de la respuesta haga clic sobre esta flecha.

D Si ves estos puntos continuos ". . . ." hágales clic, para ver el texto que esconden, del mensaje original.

E Cuando esté listo para enviar el mensaje, haga clic sobre "Send".

En este momento, cuando está en el proceso de responder a un mensaje que recibió, también puede añadirle archivos a este mensaje, por ejemplo si esta es una respuesta a una compañía de seguros que le están solicitando información acerca de una póliza.

Cómo adjuntar un archivo usando Gmail

Este proceso es bastante fácil de completar. Debe tener en cuenta si la persona a la cual le está enviando el archivo tiene el programa

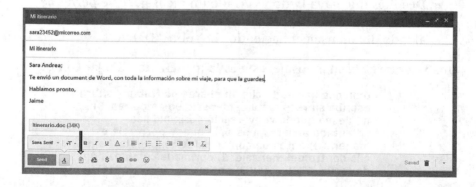

que usted usó para crearlo. Esto no es un problema con archivos de procesadores de palabras como Word. Pero si envía un archivo de Excel, por ejemplo, a una persona que no tiene este programa, no lo podrá abrir.

Para comenzar a adjuntar un archivo, haga clic sobre "Compose Mail" y después sobre "Attach a File" (adjuntar archivo). (Este tiene un símbolo de un sujetapapeles, y está al mismo nivel del botón de enviar o "Send").

Ahora siga estos pasos para adjuntar un archivo en el sistema de correo electrónico de Gmail, después de que la ventana de adjuntar archivos abrió:

1. En Windows 8 y Windows 10: haga clic —en el panel de la izquierda— sobre esta computadora o "This PC" (o sobre el nombre del usuario que está usando la computadora), para comenzar a buscar el archivo que desea adjuntar a este mensaje de correo electrónico o "e-mail". En Windows 7, haga clic sobre "Libraries" y después haga doble clic sobre su nombre de usuario.

2. Ahora haga clic sobre la carpeta de documentos o "Documents".

Cómo recibir y guardar un archivo que recibió en Gmail

Cuando reciba un mensaje de correo electrónico con un archivo adjunto, lo puede abrir, borrar o guardar (o también guardar y abrir después). Recuerde que idealmente es necesario tener el mismo programa que fue usado para crear el archivo que le enviaron para poder abrirlo, o al menos uno compatible.

Un correo con archivos incluidos, cuando esté mirando en su bandeja de entrada o "Inbox", se distingue por tener un sujetapapeles al lado derecho, y por lo general después de que abra el mensaje encontrará los archivos en la parte debajo de este (si no los ve a primera vista, use la barra de desplazamiento que puede ver al lado del mensaje para buscarlo/s).

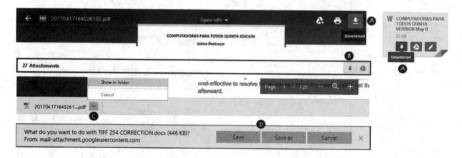

Esta es la manera de trabajar con los archivos que recibió adjuntos a un mensaje de correo electrónico de Gmail:

A. Si decide abrirlo, lo podrá ver inmediatamente. Para bajarlo a su computadora haga clic en esta guía en la esquina superior derecha del mensaje. Si lo quiere guardar, sin abrirlo, lleve el indicador del ratón sobre el archivo que recibió y después haga clic sobre esta guía para bajarlo o "Download".

B. Si recibió varios archivos adjuntos a su mensaje, puede comenzar a bajarlos todos a su computadora haciendo clic sobre esta guía, al lado derecho del mensaje, como una flecha hacia abajo para bajarlo o "Download". Estos archivos serán comprimidos en un solo archivo que tiene la extensión ZIP. Más adelante, para ver los archivos contenidos en este tipo de archivo, haga doble clic sobre él y podrá ver los archivos que este contiene.

C. En Google Chrome, cuando elije bajar un archivo este aparece a lo largo de la parte de abajo de la ventana del navegador. Desde ahí puede abrirlo, haciéndole clic, o buscarlo en la carpeta donde lo guardó, haciendo clic sobre la flechita y después sobre "Shown in folder".

D. En Internet Explorer, cuando elije guardar un archivo, verá un menú preguntándole si lo quiere guardar. Si hace clic sobre guardar o "Save", este será bajado a la carpeta de archivos descargados o "Downloads". Si hace clic sobre cancelar o "Cancel", el archivo no será guardado a su computadora. Cuando hace clic sobre "Save as", podrá escoger a qué carpeta guardarlo. Cuando lo guarde verá la opción de abrirlo u "Open", o de visitar la carpeta donde este archivo fue guardado, haciendo clic sobre "Open Folder".

La carpeta de archivos que ha bajado a su computadora o "Downloads" es muy fácil de hallar (está carpeta está al mismo nivel que la carpeta de documentos o "Documents"), y se hace de manera diferente de acuerdo a la versión del sistema operativo Windows que está instalado en su computadora. En el capítulo sobre el Explorador de Windows, aprenderá a buscarla.

Introducción al sistema de correo electrónico de Yahoo! Mail

Yahoo! Mail es un sistema de correo electrónico o e-mail desarrollado por la compañía Yahoo!. Para comenzar a usar este servicio de Yahoo! Mail, es necesario conseguir una cuenta única, como pudo ver en la sección anterior de Gmail, que servirá como su dirección de correo electrónico. Si en este momento no tiene una cuenta de Yahoo! Mail, puede conseguirla visitando el sitio web de Yahoo!, usando su navegador de Internet (como por ejemplo Google Chrome o Internet Explorer) en esta dirección virtual o URL, *https://edit.yahoo.com/ registration,* y respondiendo a las preguntas que ahí le hacen.

Este sistema tiene dos niveles: a) el gratis que le permite usar su dirección de correo electrónico de Yahoo! con un navegador de Internet; y b) el Ad Free Mail (que cuesta cerca de 20 dólares anuales), que permite usar su cuenta con clientes de correo electrónico con programas como Microsoft Outlook y Windows Mail. Y esta es la ventaja más grande, cuando use Yahoo! Ad Free Mail, desde un navegador de Internet, no verá anuncios comerciales.

Las diferentes partes del área de trabajo de Yahoo! Mail

Para comenzar a usar su cuenta de Yahoo! Mail, abra su navegador de Internet y visite el sitio web que queda en este URL: *https://login .yahoo.com*. Ahora escriba su nombre de usuario (donde dice "Yahoo! user name") y su contraseña (donde dice "Password"). Si esta es su propia computadora y no desea que el navegador le pida esta información cada vez que desea usar su cuenta de correo electrónico, entonces haga clic sobre "Keep me signed in". Por último, haga clic sobre "Sign In" para entrar a su cuenta. Ahora haga clic sobre el icono de correo electrónico o "Mail", en la parte superior derecha de su pantalla, para comenzar a trabajar con su cuenta de correo electrónico de Yahoo!.

Guíese por esta gráfica para familiarizarse con las diferentes partes importantes, que componen este servicio de correo electrónico:

A En la parte de la izquierda encontrará sus carpetas ("Folders"). Al igual que sucede con otros sistemas de correo electrónico, la bandeja de entrada de sus mensajes se llama "Inbox". Ésta es la carpeta seleccionada cuando abre su correo. Para cambiar a otra, como por ejemplo la de basura o "Trash", simplemente hágale clic.

Ⓑ Estos son los mensajes que corresponden a la carpeta seleccionada a la izquierda. Para recibir un mensaje, hágale clic. Para seleccionar uno o más mensajes, hágale clic a la casilla que está a la izquierda del mensaje y después hágale clic a la acción que le desea aplicar a todos los mensajes seleccionados. Por ejemplo seleccione varios mensajes que haya recibido y haga clic sobre "Delete" para borrarlos.

Ⓒ Para crear un nuevo mensaje haga clic sobre "Compose".

Si desea que los mensajes de correo electrónico con los cuales desea trabajar, abran directamente en el panel de la derecha, hágale clic a la ruedita azul de configuración o "Settings" (búsquela a la extrema derecha de la pantalla de su correo electrónico), ahora haga clic sobre configuración o "Settings", y después sobre ver correo o "Viewing email". Ahora haga clic en frente de panel de vista previa o "Preview pane", y después haga clic donde dice "None" y cámbielo si desea ver el panel de vista previa en la derecha haciendo clic sobre "Preview pane on the right", y si desea verlo abajo seleccionando "Preview pane on the bottom". Para guardar este cambio, haga clic sobre guardar o "Save". Más adelante puede cambiar esta elección a otra que le agrade más.

Cómo crear y enviar un mensaje usando Yahoo! Mail

Después de abrir Yahoo! Mail, elija crear un nuevo mensaje, haciendo clic sobre "Compose", y después guíese por los pasos que puede ver en la siguiente gráfica. Ahora si no ve inmediatamente la entrada a su correo electrónico basado en el Web, para comenzar a trabajar en él, haga clic sobre el icono de correo electrónico o "Mail", en la parte superior derecha de su pantalla para comenzar a trabajar con su cuenta.

Esta es la manera de redactar y enviar un mensaje en Yahoo! Mail, después de hacer clic sobre componer o "Compose":

Ⓐ Haga clic en la parte principal del mensaje y redáctelo.

Ⓑ En esta casilla escriba el tema del mensaje o "Subject". Como por ejemplo, "Viaje a España".

C Donde corresponda (To, Cc, o Bcc), provea la dirección de correo electrónico de la persona o personas que lo deben recibir. Para ver la casilla de Cc, o Bcc, hágale clic al final de la línea de "To", a la etiqueta "Cc/Bcc".

D Por último, haga clic sobre "Send" para enviar el mensaje.

La utilidad de las casillas de Cc o Bcc es la siguiente; por ejemplo usted redacta un mensaje a una persona que trabaja con usted, pero también quiere que su jefe vea que usted le escribió a la persona con la cual usted trabaja, entonces escriba la dirección de su jefe en la casilla de Cc. Ahora si usted no desea que la persona con la cual usted trabaja vea que usted también le está enviando una copia al jefe de los dos, escriba la dirección de su jefe enfrente de la casilla de Bcc. De esta manera su compañero de trabajo, no se dará cuenta que su jefe también recibirá una copia de este mensaje.

NOTA

A medida que usa su cuenta de correo electrónico, los nombres de las personas con las cuales ha tenido correspondencia son automáticamente guardados, lo que le ahorra tiempo. De esta manera, si ha tenido correspondencia con Gonzalo Restrepo, y empieza a escribir "Gonza" su correo aparecerá debajo de lo que está escribiendo. Para usarlo solo hágale clic.

Cómo trabajar con los mensajes que recibió usando Yahoo! Mail

Para comenzar, abra su navegador, escriba la dirección virtual o URL del correo de Yahoo! Mail, que es *https://login.yahoo.com* en la barra de direcciones de su navegador de Internet, autentíquese, escribiendo su nombre de usuario y su contraseña, y después haga clic sobre entrar o "Sign in".

Ahora, cuando esté trabajando con sus mensajes de correo electrónico de correo electrónico en Yahoo!, por favor tenga en cuenta lo siguiente:

- Cuando reciba un mensaje, puede borrarlo inmediatamente sin abrirlo.

- Por favor note, que los mensajes que no han sido leídos todavía aparecen en letras resaltadas. Haga clic sobre el mensaje con el que desea trabajar para abrirlo y después sobre "Reply" (también puede usar la combinación de teclas SHIFT + R), para contestarlo, o "Forward" (también puede usar la combinación de teclas SHIFT + F) para reenviar el mensaje a otra persona (en este caso tendrá que proveer la dirección de correo electrónico del recipiente nuevo).

- Después que haya terminado de leer y cerrar un mensaje, éste permanecerá en su "Inbox", hasta que lo borre, seleccionando la casilla al lado del mensaje y haciendo clic sobre "Delete".

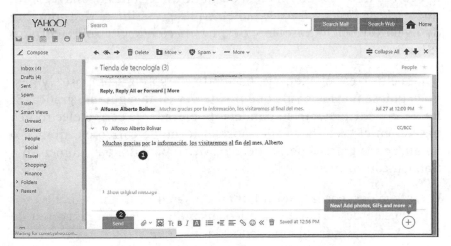

Una vez que abra el mensaje con el que desea trabajar, esta es la manera de responderle a la persona que le envió el mensaje:

1. Escriba su respuesta al mensaje que recibió, en esta área.
2. Cuando esté listo para enviar su respuesta al mensaje que recibió, haga clic sobre enviar o "Send".

En este momento, cuando está respondiendo a un mensaje que recibió, inclusive puede añadir las direcciones de correo electrónico de otra gente a la cual le gustaría enviarle una copia de su respuesta, haciendo clic sobre "Cc/Bcc", para ver estas casillas, y cuando las vea añada la dirección de correo electrónico de la persona o personas a las cuales desea enviar copias de la respuesta a este mensaje que recibió. Si desea también puede adjuntarle archivos a esta respuesta, lo que aprenderá a hacer en las instrucciones que siguen a continuación.

Cómo adjuntar archivos a sus mensajes de correo electrónico de Yahoo! Mail

El proceso de adjuntar archivos a sus mensajes de correo electrónico, en el sistema de Yahoo! Mail es muy parecido al de adjuntar archivos usando el correo electrónico de Gmail. Para comenzar, abra su navegador de Internet, escriba la dirección virtual o URL del correo de Yahoo! Mail en la barra de direcciones del navegador, que es *https://login.yahoo.com*, autentíquese, escribiendo su nombre de usuario y su contraseña, y después haciendo clic sobre entrar o "Sign in".

Ahora elija crear un mensaje, haciendo clic sobre "Compose", y después guíese por los pasos que puede ver en la siguiente gráfica. Si no ve inmediatamente su bandeja de entrada de correo electrónico basado en el Web, haga clic sobre el icono de correo electrónico o "Mail", en la parte superior derecha de su pantalla para comenzar a trabajar con su cuenta.

Estos son los pasos para adjuntar un archivo o unos archivos a un mensaje de correo electrónico, usando el sistema de correo de Yahoo! Mail, desde un navegador de Internet:

1. Para comenzar haga clic sobre crear un nuevo mensaje haciendo clic sobre "Compose".

2. Ahora hágale clic al ganchito (como un sujetapapeles), para comenzar a buscar el archivo o los archivos que desea enviar. Este símbolo está al mismo nivel del botón de enviar o "Send". En la ventana de búsqueda de archivos que abre, haga clic —en el panel de la izquierda— sobre esta computadora o "This PC" o sobre el nombre del usuario que está usando la computadora, para comenzar a buscar el archivo o archivos que desea adjuntar a este mensaje de correo electrónico o "e-mail", finalmente seleccione el archivo o los archivos que desea adjuntar a este mensaje de correo electrónico, y para añadirlos a este mensaje haga clic sobre abrir u "Open". Finalmente, cuando termine de redactar este mensaje de correo electrónico, haga clic sobre enviar o "Send".

Recuerde que hay un límite de 25 megabytes por mensaje, o sea si está enviando muchas fotos (que tomó con una cámara digital de muy alta resolución), es probable que no le sea posible enviar todas a la misma vez, en ese caso envíelas en diferentes mensajes. Al final de este capítulo encontrará tips adicionales para ayudarle con el proceso de escoger archivos que desea adjuntar a sus mensajes de correo electrónico.

Cómo recibir y guardar un archivo que recibió adjunto a un mensaje en su cuenta de correo electrónico de Yahoo! Mail

Al igual como sucede con otros sistemas de correo electrónico, en Yahoo! Mail una vez que reciba un mensaje con un archivo adjunto lo puede abrir, borrar o guardar. Para comenzar a trabajar con algún archivo que haya recibido en su correo de Yahoo! Mail, regrese a su sistema de correo electrónico de Yahoo! de la manera como aprendió anteriormente.

Ahora busque el mensaje de correo electrónico, con los archivos adjuntos, con el cual desea trabajar, y hágale clic para abrirlo. Este tipo de mensaje por lo general se puede reconocer porque tiene como un ganchito sujetapapeles al lado.

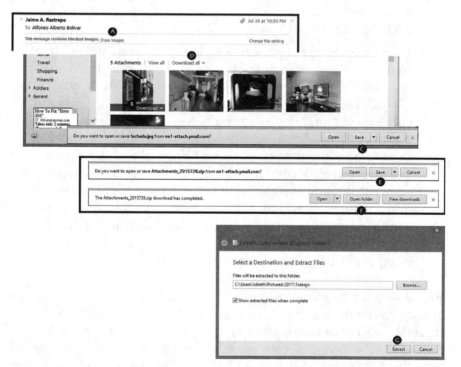

Estos son los pasos que debe seguir para trabajar con un archivo o archivos que haya recibido adjuntos a un mensaje en Yahoo! Mail:

A Para comenzar, si lo que le enviaron son archivos de fotos, y no puede ver las vistas previas de estas, haga clic sobre mostrar imágenes o "Show images". Ahora, si lo que le enviaron son archivos de documentos, como por ejemplo de Microsoft Word, haga clic sobre ver o "View", para verlos inmediatamente en el área de trabajo del navegador, o bájelos haciendo clic sobre "Download".

B Ahora puede ver el archivo o los archivos adjuntos (conocido como un "Attachment" en inglés). Si solo desea bajar uno, lleve el indicador sobre su imagen, y haga clic sobre bajar o "Download".

C A continuación, otra ventana abrirá con tres opciones adicionales: 1) "Open" para abrir el documento; 2) "Save" para guardarlo; y 3) "Cancel", para cancelar este proceso. Si elige abrirlo, haciendo clic sobre "Open", este aparecerá inmediatamente en el área de trabajo de su navegador de Internet. Si elige "Save", este será guardado en la carpeta de descargas o "Downloads". Una vez que esté en su disco duro podrá abrirlo, leerlo y borrarlo después.

D Si recibió muchos archivos gráficos de fotos y hace clic sobre bajarlos todos o "Download all", estos serán descargados a su disco duro en un solo archivo comprimido.

E Para continuar haga clic sobre guardar o "Save", para guardar este archivo comprimido, a la carpeta de descargas o "Downloads". Esta es la mejor opción, si desea guardar estos archivos, porque tendrá más control de dónde guardarlos. Si elige abrir este archivo comprimido, haciendo clic sobre "Open", los archivos que contiene aparecerá en una carpeta temporal en su computadora.

F Ahora puede hacer clic sobre abrir carpeta o "Open folder", y buscar el archivo comprimido que bajo a su computadora. Cuando lo encuentre, haga clic sobre él usando el botón derecho del ratón y después eligiendo extraer los archivos que contiene, haciendo clic sobre "Extract All". Ahora haga clic sobre buscar o "Browse", para escoger el folder o carpeta donde los quiere guardar y después haga clic sobre confirmar o "OK".

G Para guardar estos archivos en el lugar que escogió, haga clic sobre extraer o "Extract".

En algunos navegadores de Internet, como por ejemplo en Mozilla Firefox, o Google Chrome, los menús que verá —cuando hace este proceso— puede ser algo diferentes. Por ejemplo si está usando Google Chrome, y elige bajar un archivo, este es descargado inmediatamente a la carpeta de descargas o "Downloads", pero mientras el navegador está abierto podrá ver su "huella" (con su nombre), en la parte inferior de su navegador. Para verlo solo hágale clic. En Firefox, los archivos que eligió descargar haciendo clic sobre "Download", aparecen en una lista en la parte superior de este navegador de Internet, debajo de una flecha que apunta hacia abajo.

Introducción al sistema de correo electrónico de Microsoft Hotmail u Outlook basado en el Web

Hotmail es un sistema de correo electrónico desarrollado por la compañía Microsoft. Hoy día Microsoft también está ofreciendo una cuenta de correo electrónico, que se llama Outlook basado en el Web. De ahora en adelante me referiré a cualquiera de estas dos cuentas, ya sea la de *Hotmail.com* u *Outlook.com,* como cuentas de correo electrónico de Microsoft. Para comenzar a usar este servicio de correo electrónico de Microsoft, es necesario tener una cuenta de *Hotmail.com* u *Outlook.com,* o sea haber conseguido una cuenta de correo electrónico única, como pudo ver en la sección anterior de Gmail, que servirá como su dirección de correo electrónico.

Si en este momento no tiene una cuenta de Hotmail u Outlook, puede conseguirla visitando al sitio web de cuentas de correo electrónico de Microsoft, después de abrir su navegador de Internet (como por ejemplo Google Chrome u Internet Explorer), y escribiendo esta dirección virtual o URL, *https://signup.live.com,* en la barra de direcciones de su navegador de Internet, y una vez que esta página abra lleve toda la información que le piden ahí para abrir su cuenta. Aquí también tiene la opción de abrir lo que se llama una cuenta de Microsoft, o un "Microsoft Account", usando una cuenta de correo electrónico que ya tenga (como por ejemplo una cuenta de Gmail), o si desea abra una cuenta de Hotmail, haciendo clic sobre consiga una nueva cuenta de correo electrónico o "Get a new email address", escribiendo el nombre de usuario que desea usar, y al final de esta línea, haciendo clic sobre la guía, eligiendo que esta sea una cuenta de *Hotmail.com,* o de *Outlook.com* (en realidad hoy en día no ha mayor diferencia entonces escoja la que más le agrade). Termine de llenar esta forma teniendo en cuenta al final de la forma de trabajar con las preguntas de verificación, es decir escribiendo exactamente

los caracteres que ve de lado en la casilla que dice "Enter the cha-
racteres . . .". Para crear la cuenta haga clic sobre "Create account".

NOTA

La idea de proveer su dirección de
correo electrónico, por ejemplo de
Gmail, para abrir una cuenta de
Microsoft, no me parece que tiene
sentido, ya que de todos modos le
hacen proveer toda su información,
como si estuviera abriendo una
cuenta nueva. Lo más recomendable,
es crear una cuenta nueva, de Hotmail
u Outlook, si desea crear una cuenta
de Microsoft.

Las diferentes partes del área de trabajo de su cuenta de correo electrónico de Microsoft

Para comenzar a usar su cuenta de correo electrónico de Microsoft,
abra su navegador de Internet y escriba esta dirección virtual o URL
en la barra de direcciones de su navegador Outlook.com y después
oprima la tecla de confirmar o "Enter", para abrir este sitio web,
cuando este abra es necesario autenticarse con este sitio web, escribiendo su nombre de usuario y su contraseña. Si en este momento
está usando su propia computadora haga clic sobre "Keep me signed
in". Para comenzar a usar su cuenta, haga clic sobre "Sign In".

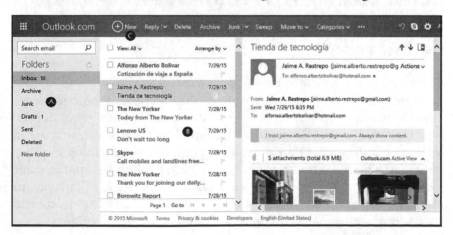

Guíese por la gráfica anterior para aprender a trabajar con las diferentes partes importantes que componen este cliente de correo electrónico de Microsoft basado en el Web:

A En la parte de la izquierda encontrará sus carpetas ("Folders"). Al igual que sucede con otros sistemas de correo electrónico, la bandeja de entrada de mensajes se llama "Inbox". Ésta es la carpeta seleccionada cuando abre su correo. Para cambiar a otra, por ejemplo a la de correos que haya enviado o "Sent", simplemente hágale clic.

B Estos son los mensajes que corresponden a la carpeta seleccionada a la izquierda. Para recibir un mensaje, hágale clic. Para seleccionar uno o más mensajes, hágale clic a la casilla cuadrada que está a la izquierda del mensaje y después hágale clic a la acción que le desea aplicar a todos los mensajes seleccionados. Por ejemplo seleccione varios mensajes que haya recibido y haga clic sobre "Delete" para borrarlos.

C Para crear un nuevo mensaje, haga clic sobre "New".

Si desea que los mensajes de correo electrónico con los cuales desea trabajar, abran directamente en el panel de la derecha, hágale clic a la ruedita de configuración o "Settings" (hállela a la derecha superior del área de trabajo) y donde dice panel de lectura o "Read panel", escoja "Right". Ahora si desea verlo abajo, haga clic sobre abajo o "Bottom". Si no desea verlo, haga clic sobre cerrar u "Off". Más adelante puede cambiar esta elección a otra que le agrade más.

Cómo crear y enviar un nuevo mensaje usando su cuenta de correo electrónico de Microsoft

El proceso de crear un mensaje de correo electrónico en su cuenta de correo electrónico de Microsoft es muy simple. Para comenzar, abra su navegador de Internet, y escriba la dirección virtual del correo electrónico de Microsoft o URL, que es: *Outlook.com,* oprima la tecla de confirmar o "Enter", autentíquese, escribiendo su nombre de usuario y su contraseña, , haga clic sobre "Sign In", para entrar a su cuenta, y después cuando ve la pantalla de abajo elija crear un mensaje, haciendo clic sobre Nuevo o "New", y termine de crearlo guiándose por los pasos que puede ver en la siguiente gráfica.

Esta es la manera de redactar y enviar un mensaje en su cuenta de correo electrónico de Microsoft, después de hacer clic sobre Nuevo o "New":

A Haga clic en la parte principal del mensaje y redáctelo.

B En esta casilla escriba el tema del mensaje o "Subject". Como por ejemplo: "Cotización de viaje a España".

C Donde corresponda (To, Cc, o Bcc), provea la dirección de correo electrónico de la persona o personas que lo deben recibir. Para ver la casilla de Cc, o Bcc, hágale clic al final de la línea de "To", a la etiqueta "Cc (copiar) o "Bcc" (copia oculta).

D Por último, haga clic sobre "Send" para enviar el mensaje.

Créame que usar la casilla correcta, como por ejemplo usando Bcc para que cada una de las personas en su grupo no vea 100 direcciones de toda la otra gente que lo conforma, se ve más profesional. Para lograr esto use las casillas de Cc o Bcc de la manera como aprendió previamente.

Cómo trabajar con los mensajes que recibió usando su cuenta de correo electrónico de Microsoft

Para comenzar, abra su navegador de Internet, escriba la dirección virtual o URL del correo de Microsoft Mail, que es *Outlook.com* en la barra de direcciones de este, autentíquese, como vio anteriormente, y después haga clic sobre la carpeta de entrada o "Inbox" para ver los mensajes que recibió.

Ahora, cuando esté trabajando con sus mensajes de correo electrónico de Microsoft por favor tenga en cuenta lo siguiente:

- Cuando reciba un mensaje, puede borrarlo inmediatamente sin abrirlo haciendo clic sobre la casilla al lado del nombre y después haciendo clic sobre "Delete".
- Por favor note que los mensajes que no han sido leídos aparecen en letras negritas. Haga clic sobre el mensaje con el que desea trabajar para abrirlo y después sobre "Reply" para contestarlo, o "Forward" para reenviar el mensaje a otra persona (en este caso tendrá que proveer la dirección de correo electrónico del recipiente nuevo).
- Después que haya terminado de leer y cerrar un mensaje, éste permanecerá en su "Inbox", hasta que lo borre, seleccionando la casilla al lado del mensaje y haciendo clic sobre "Delete".

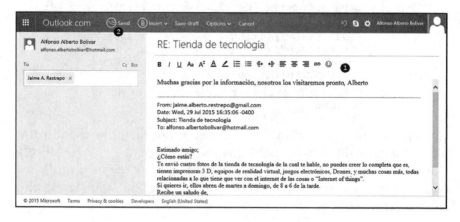

Una vez que abra el mensaje con el que desea trabajar, esta es la manera de trabajar con él:

1. Escriba su respuesta al mensaje que recibió, en esta área.
2. Cuando esté listo para enviar el mensaje, haga clic sobre enviar o "Send".

En este momento, cuando está respondiendo a un mensaje que recibió, inclusive puede añadir las direcciones de correo electrónico de otra gente a la cual le gustaría enviarle una copia de su respuesta, haciendo clic sobre "Cc" o "Bcc", para ver estas casillas, y cuando las vea añada la dirección de correo electrónico de la persona o personas a las cuales desea enviar copias de la respuesta a este mensaje que recibió. Como también adjuntarle archivos a esta respuesta, lo que aprenderá a hacer en las instrucciones que siguen a continuación.

Cómo adjuntar un archivo usando su cuenta de correo electrónico de Microsoft

El proceso de adjuntar archivos a sus mensajes de correo electrónico usando su cuenta de correo electrónico de Microsoft Mail es muy parecido al de adjuntar archivos usando el correo electrónico de Gmail. Para comenzar, abra su cuenta de Outlook.com, como aprendió previamente, y después haga clic sobre Nuevo o "New".

Estos son los pasos para adjuntar un archivo o unos archivos a un mensaje de correo electrónico, usando el sistema de correo electrónico de Microsoft Outlook, desde un navegador de Internet:

1. Ahora hágale clic al icono de "Insert" (como un sujetapapeles) y después sobre enviar archivos como un adjunto o "Files as a attachments", para comenzar a buscar el archivo o los archivos que desea enviar. Este símbolo está al mismo nivel del botón de enviar o "Send". En la ventana de búsqueda de archivos

que abre, haga clic —en el panel de la izquierda— sobre esta computadora o "Computer" o sobre el nombre del usuario que está usando la computadora, para comenzar a buscar el archivo o archivos que desea adjuntar a este mensaje de correo electrónico o "e-mail", finalmente seleccione el archivo o los archivos que desea adjuntar a este mensaje de correo electrónico, y para añadirlos a este mensaje haga clic sobre abrir o "Open", para añadirlo a su correo, escoja "Attach as a Copy". Si desea añadir más archivos, siga estos mismos pasos para hacerlo.

2. Cuando termine de redactar su mensaje de correo electrónico, haga clic sobre enviar o "Send".

Recuerde que hay un límite de 50 megabytes por mensaje, o sea si está enviando muchas fotos (que tomó con una cámara digital de muy alta resolución), es posible que no le sea posible enviar todas a la misma vez, en ese caso envíelas en diferentes mensajes. Ahora, si tiene muchos archivos que enviar, selecciónelos como aprendió en secciones anteriores de este libro, y haga clic sobre "Upload and Attach . . ." para usar el espacio de los servidores de Microsoft.

Cómo recibir y guardar un archivo que recibió adjunto a un mensaje en su cuenta de correo electrónico de Microsoft

Al igual que como sucede con otros sistemas de correo electrónico, en su cuenta de correo electrónico de Microsoft una vez que reciba un mensaje con un archivo adjunto, lo puede abrir, borrar o guardar. Para comenzar regrese a su cuenta de correo electrónico de Microsoft, de la manera como aprendió anteriormente.

Ahora busque el mensaje de correo electrónico (con los archivos adjuntos) con el cual desea trabajar, y hágale clic para abrirlo. Este tipo de mensaje por lo general se puede reconocer porque tiene como un sujetapapeles al lado.

Estos son los pasos que debe seguir para trabajar con un archivo o archivos que haya recibido adjuntos a su cuenta de correo electrónico de Microsoft:

Ⓐ Ahora puede ver el archivo o los archivos adjuntos (conocido como un "Attachment" en inglés). Si le enviaron varios archivos y solo desea bajar uno de estos archivos, lleve el indicador sobre su imagen, y después haga clic sobre bajar o "Download".

Ⓑ A continuación, otra ventana abrirá con tres opciones adicionales: 1) "Open" para abrir el documento; 2) "Save" para guardarlo; y 3) "Cancel", para cancelar este proceso. Si elige abrirlo, haciendo clic sobre "Open", este aparecerá inmediatamente en el área de trabajo de su navegador de Internet. Si elige "Save", este será guardado en la carpeta de descargas o "Downloads". Una vez que esté en su disco duro podrá abrirlo, leerlo y borrarlo después.

C Si recibió varios archivos gráficos de fotos, y hace clic sobre bajarlos todos, o "Download all", estos serán descargados a su disco duro, en un solo archivo comprimido.

D Para continuar haga clic sobre guardar o "Save", para guardar este archivo comprimido a la carpeta de descargas o "Downloads". Esta es la mejor opción si desea guardar estos archivos, porque tendrá más control de dónde guardarlos. Si elige abrir este archivo comprimido haciendo clic sobre "Open", los archivos que contiene aparecerán en una carpeta temporal en su computadora.

E Ahora puede hacer clic sobre abrir carpeta o "Open folder", y buscar el archivo comprimido que bajó a su computadora. Cuando lo encuentre, haga clic sobre él con el botón derecho del ratón, y escoja extraer los archivos que contiene, haciendo clic sobre "Extract All". Ahora, haga clic sobre buscar o "Browse", y busque la carpeta o folder donde los quiere guardar y después haga clic sobre confirmar o "Ok".

F Para guardar estos archivos, en el lugar que escogió, haga clic sobre extraer o "Extract".

En algunos navegadores de Internet, como por ejemplo en Mozilla Firefox, o Google Chrome, los menús que verá —cuando sigue este proceso— pueden ser algo diferentes. Por ejemplo, si está usando Google Chrome y elije bajar un archivo, este es descargado inmediatamente a la carpeta de descargas o "Downloads", pero mientras el navegador está abierto podrá ver su "huella" (con su nombre) en la parte inferior de su navegador. Para verlo solo hágale clic. En Firefox los archivos que eligió descargar haciendo clic sobre "Download" aparecen en una lista en la parte superior de este navegador de Internet, debajo de una flecha que apunta hacia abajo.

Ayuda adicional para completar el proceso de adjuntar archivos a un mensaje de correo electrónico basado en el Web

El proceso de buscar archivo u archivos que desea adjuntar a sus mensajes de correo electrónico, es bastante simple, navegue hasta la carpeta donde este o estos se encuentran, selecciónelos, y después

elija abrirlos haciendo clic sobre "Open", para adjuntarlos a su mensaje de correo electrónico.

Una vez que este al nivel de las carpetas que pertenecen al nombre del usuario que está usando la computadora en el momento, esta es la manera de adjuntar archivos a su mensaje de correo electrónico o "Email message":

1. Haga clic sobre la carpeta de mis documentos o "My Documents".

2. Busque, dentro de esta carpeta, la carpeta donde está el archivo o los archivos que desea enviar. En este ejemplo hice clic sobre la carpeta 2017.

3. Finalmente seleccione el archivo o los archivos que desea adjuntar a este mensaje de correo electrónico, haciendo clic sobre él, y añadiéndolo a su mensaje de correo electrónico haciendo clic sobre abrir u "Open". Ahora, si necesita enviar más de un archivo, selecciónelos de la siguiente manera; si están juntos, haga clic sobre el primero mientras sostiene la tecla de SHIFT, y después haga clic sobre el último. Si los archivos

que desea añadir a este correo no están uno al lado del otro, sostenga la tecla de CTRL mientras le hace clic a cada uno de los archivos que desea adjuntar a este mensaje de correo electrónico. Cuando termine de seleccionarlos, haga clic sobre "Open" para adjuntarlos a su mensaje de correo electrónico.

Recuerde que puede haber un limite de 50 megabytes por mensaje, o sea si está enviando muchas fotos (que tomó con una cámara digital de muy alta resolución), es posible que no le sea posible enviar todas a la misma vez en el mismo mensaje, en ese caso envíelas en diferentes mensajes. Cuando termine de redactar el mensaje y adjuntar archivos, haga clic sobre enviar o "Send" para enviarlo.

Para recordar

- El correo electrónico convierte a su computadora en un mensajero de servicio postal virtual.
- Para usar el correo electrónico es necesario tener una dirección de correo, acceso a una computadora conectada al Internet y el *software* apropiado para el tipo de cuenta de correo electrónico que tiene.
- Si no tiene una cuenta de correo electrónico puede conseguir una, sin costo alguno (al menos por el servicio básico), de una de estas tres compañías: Gmail (de Google), Outlook (de Microsoft) y Yahoo! Mail (de Yahoo!). Y el tipo de cuenta que le proveerán estas compañías se puede usar en cualquier computadora conectada al Internet, con tal de que tenga un navegador web, como lo es la computadora que le prestan en la biblioteca pública de la ciudad de Miami.
- Alternativamente, si su cuenta de correo electrónico le fue provista por su compañía de cable o DSL, puede usar un cliente de correo electrónico como por ejemplo Windows Live Mail (Windows 7).
- No abra nunca un mensaje si viene de personas o entidades desconocidas.

Introducción

El Internet cambia mucho todos los días. Por esto es difícil predecir exactamente lo que estará de moda mañana o cuando salga este libro al mercado. Con esto en mente, en este capítulo veremos cómo visitar y usar algunos servicios o sitios web que tal vez usted pueda encontrar agradables o útiles, para sacarle más provecho a su computadora conectada al Internet.

Estos son:

Redes sociales o *Social networking sites:*

- *Facebook:* el sitio web para relacionarse con usuarios de gustos similares más frecuentado en el mundo.
- *Twitter:* una red social en la cual la gente trata de dejar una impresión usando 140 caracteres a la vez.

Sitios web para ver y compartir vídeos:

- *YouTube:* el sitio web más popular del mundo en esta categoría.

Programas de hacer llamadas de teléfono de computadora a computadora:

- *Skype:* uno de los programas más populares para hablar con sus familiares o amigos.

Sitios web para buscar empleo:

- *www.monster.com:* uno de los sitios con más ofertas de trabajo en el mundo.

Programas de mensajes instantáneos:

- WhatsApp, que funciona en los sistemas operativos iOS, Android, Blackberry y Nokia

Tiendas virtuales:

- *www.amazon.com:* la tienda virtual con más volumen de ventas en el mundo.

Sitios web para buscar direcciones de manejo:

- *Google Maps y Yahoo Maps:* le ofrecen direcciones puerta a puerta, con mapas, en todos los Estados Unidos.

Si todavía no tiene una cuenta de correo electrónico, por favor lea el capítulo anterior ya que muchos de estos sitios le requerirán que se registre con ellos usando una dirección de correo electrónico.

La red social virtual Facebook

Facebook es hoy en día uno de los sitios web más populares en el Internet, y su propósito principal es el de permitirle conectarse con gente y formar/mantener amistades con el objeto de intercambiar información con ellos.

Para usar Facebook, el cual es gratis, necesita abrir una cuenta de usuario y buscar a gente que conoce que ya tiene una cuenta de Facebook para pedirles que lo añadan a su lista de amigos. También puede esperar a que alguien lo encuentre a usted y le pida que lo añada a su lista de amigos.

Para comenzar a usar este sitio web, escriba su dirección virtual en la casilla de direcciones de su navegador, *www.facebook.com*, y después oprima la tecla ENTER.

Cuando la página web de Facebook se abra, rellene la información que se le pide haciendo clic sobre cada línea y después haga clic sobre "Sign Up" para inscribirse sin costo alguno.

Si desea cambiar el idioma de inglés al español, haga clic sobre "English (US)" y después sobre la flechita al lado de "Español". Haga clic sobre el tipo de español que desea usar, y el programa lo usará de ahora en adelante. Puede cambiar el idioma otra vez en cualquier momento; pero dado que el inglés se usa principalmente en Estados Unidos, usaré Facebook en inglés en este libro. De esta forma, usted puede aprender los términos en inglés por si alguien le pregunta algo en el trabajo u otro lugar.

Tras hacer clic sobre "Sign Up", Facebook le enseñará unas frases que usted tendrá que copiar **exactamente** (incluso el espacio entre palabras) en la casilla "text in the box". Esta es una medida de seguridad que Facebook usa para asegurarse de que usted es una persona y no un programa diseñado para crear varias cuentas a la vez. Si no entiende las frases que Facebook le pide, haga clic sobre "try different words" para cambiar las palabras hasta que las pueda leer. Cuando esté seguro de que escribió las palabras exactamente como las ve, haga clic sobre "Sign Up".

Ahora Facebook le preguntará si desea:

- Buscar amigos usando su cuenta de correo electrónico. Si usted hace clic sobre "Find Friends", puede ver si algunas de las direcciones que tiene guardadas en su cuenta de correo electrónico corresponden personas que ya pertenecen a Facebook. De esta forma podrá añadirlas a su lista de amigos. Pero si desea familiarizarse con Facebook antes de añadir amigos, haga clic sobre "skip this step" para continuar al próximo paso.

- Añadirle información básica a su perfil de Facebook. Si la desea añadir, escriba su información en las casillas y haga clic sobre "Save and Continue". Si desea hacerlo más tarde, haga clic sobre "Skip".

- Añadirle fotos a su perfil. Haga clic sobre "Skip" si las desea añadir más adelante.

Para completar el proceso de crear una cuenta, tendrá que abrir su correo electrónico y responder al mensaje que Facebook le mandará para certificar que esta dirección de correo electrónico es suya, con sólo hacer clic sobre el enlace en el mensaje (recuerde que en algunos programas de correo electrónico tendrá que sostener la tecla CTRL mientras hace clic sobre un enlace dentro de un mensaje). Si su navegador es la versión de Internet Explorer 11, es necesario hacerle clic a la siguiente pestaña (en este ejemplo, "Facebook Getting Started"); de otra manera (si por ejemplo tiene Internet Explorer 6.0), cuando le haga clic a este enlace una nueva página web se abrirá en una ventana diferente anunciándole que su cuenta fue aceptada.

Cómo entrar a su cuenta de Facebook

Para usar Facebook desde una computadora que tenga una conexión al Internet, escriba *www.facebook.com* en la casilla de direcciones de su navegador y después oprima la tecla ENTER.

Después:

1. Haga clic, si el cursor no está destellando ya en la casilla, debajo de "Email" y escriba la dirección de correo electrónico que usó para abrir su cuenta de Facebook. Si hace clic en la casilla de "Keep me logged in", es posible que la próxima vez que trate de entrar a Facebook desde esa misma computadora ésta entre inmediatamente, sin pedirle que escriba su contraseña. Recuerde que la próxima persona que use la computadora también podrá entrar a su cuenta de Facebook de esta forma, o sea, si está usando Facebook en una computadora pública, no haga clic en esta casilla.

2. Ahora oprima la tecla TAB para ver el cursor destellante debajo de "Password". Escriba su contraseña y haga clic sobre "Login" para entrar a su cuenta.

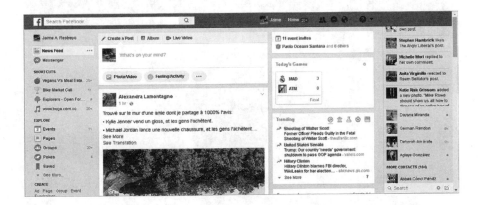

Ahora la página de inicio ("Home") se abrirá, mostrándole los comentarios más recientes de sus amigos ("News Feed") y todas las opciones que puede utilizar para hacerle cambios a su perfil. Usando las opciones que puede ver debajo de "News Feed" podrá: escribir un comentario ("Status"), compartir una foto ("Photo"), un enlace ("Link") o un vídeo, así como hacerles una pregunta a sus amigos ("Question"). Recuerde que cualquier cosa que elija hacer será compartida con *todos sus amigos en Facebook*, o sea, siempre debe asegurare antes de escribir algo o subir un archivo a Facebook de que realmente desea que la gente lo vea.

Para subir un saludo o una noticia para que lo vean todos sus amigos, haga clic sobre "What's on your mind?" y escriba su mensaje. Cuando termine haga clic sobre "Post" para compartirlo con sus amigos.

Para hacerle cambios a su perfil, haga clic sobre "Edit My Profile" (debajo de su nombre en el lado izquierdo de la ventana de "Home") o "Edit Profile" (en el lado derecho de la ventana de "Profile"). Desde allí podrá escoger su foto principal y añadir información acerca de su vida, su trabajo y sus intereses. Cuando termine, haga clic sobre "Save Changes". Ahora puede ver cómo su perfil ha cambiado.

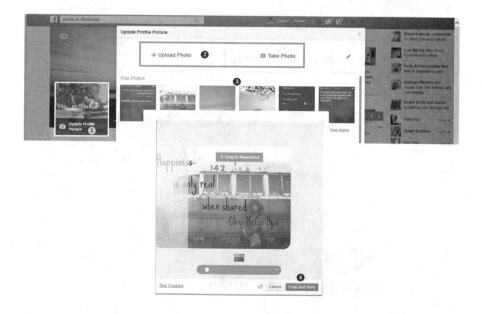

Por ejemplo, para cambiar su foto de perfil (o para agregar una), comience haciendo clic sobre su nombre o sobre editar perfil o "Edit Profile", ahora 1) haga clic sobre *la parte de abajo* de la foto de su perfil, donde dice "Update Profile Picture" 2) enseguida se abre una ventana dándole la opción de usar las fotos que tiene guardadas en su computadora, haciendo clic sobre subir foto o sobre "Upload Photo" (cuando hace clic sobre esta opción busque en sus carpetas la foto que desea usar y hágale clic), o de tomar una foto con la cámara de su computadora (si esta tiene una) haciendo clic sobre tomar foto o "Take Photo", 3) Si desea también puede usar una de las fotos que ha subido a Facebook anteriormente, haciéndole clic, y por último 4) cuando la foto que eligió o tomo con su cámara aparezca aquí, haga clic sobre cortar y guardar o "Crop and Save", para usarla como su foto de perfil.

Finalmente, haga clic sobre la guía (señalada con la flecha) y después sobre configuración o "Settings" podrá modificar su cuenta de Facebook, ya sea si desea cambiar su contraseña (haciendo clic sobre "General" y después en la línea de "Password", sobre editar o "Edit") o configurar sus opciones de privacidad (haciendo clic sobre "Privacy"). Es importante familiarizarse con esta sección de privacidad en Facebook, ya que como leyó anteriormente, cualquier cosa que suba a su perfil será compartido con sus amigos o posiblemente con cualquier persona en Facebook. Desde "Privacy" puede escoger quién podrá ver su información, sus comentarios, y/o sus fotos y vídeos.

Cómo crear un nuevo estado en Facebook

Una de las razones principales para usar una red social es para compartir con las personas en su red cualquier noticia, buena o mala, de una manera inmediata. Facebook le permite tener hasta 5.000 contactos, por lo cual si ellos toman la noticia que usted subió a Facebook, multiplicará su impacto.

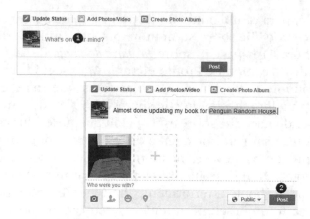

Crear un estado nuevo en Facebook es muy fácil, y se hace de esta manera:

1. En su pantalla de entrada, haga clic sobre qué está pensando o "Whats on your mind", y escriba lo que quiere compartir con su red. Si tiene una foto, haga clic sobre el icono de fotos, búsquela y después haga clic sobre abrir o "Open".

2. Para publicar este estado, haga clic sobre "Post".

El proceso de crear un estado en Facebook desde un teléfono inteligente es bastante similar. Para comenzar abra Facebook, después: 1) seleccione "News Feed" (este icono está en la parte inferior de la pantalla del App de Facebook), 2) en la parte de arriba de esta ventana seleccione "Status", 3) escriba lo que desea publicar, como por ejemplo "Mi hija se gradúa hoy", 4) si tiene fotos añádalas haciendo clic primero sobre el icono de la cámara, y cuando las seleccione haga clic sobre "Done", y por último 5) haciendo clic sobre publicar o "Post".

Cómo crear un álbum de fotos en Facebook

Para añadir fotos que desee compartir con sus amistades o con todos los usuarios de Facebook, es necesario crear un álbum de fotos primero, y después añadirle las fotos individuales. Llegar a la pantalla de crear un álbum se puede hacer de varias manera, como por ejemplo en el espacio para añadir noticias o "Post" tiene al lado dos botones, para crear un álbum nuevo haga clic sobre "Photos" y enseguida sobre crear álbum o "Create Album". Ahora otra pantalla abrirá, que puede usar para buscar en sus disco duro/memoria Flash, las fotos que desea agregar a su álbum. Selecciónelas, navegando hasta la carpeta a donde están guardadas, y elíjalas de esta manera: para seleccionar una foto solo hágale clic, para seleccionar un grupo de fotos que estén juntas (por ejemplo 10 fotos), hágale clic a la primera foto y mientras sostiene la tecla de SHIFT, hágale clic a la última en la serie. Si hay alguna foto que quiera sacar de la selección sostenga la tecla de CTRL, y hágale clic.

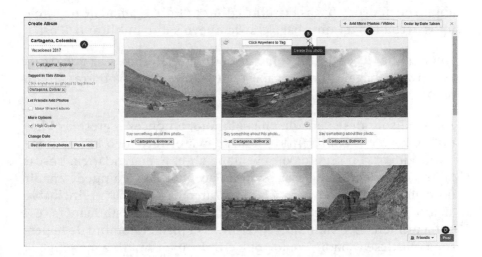

Ahora estas fotos aparecen en otra ventana, listas para para crear su nuevo álbum, pero primero por favor revise estos detalles, antes de publicarlo:

Ⓐ En estas dos casillas escriba, el título del álbum (haciendo clic sobre "Untitled Album"), y el motivo de este (haciendo clic sobre "Say something about this album. . ."). Debajo de estas dos líneas también puede elegir el sitio, ciudad, que se relaciona con él, como por ejemplo Puerto Rico.

Ⓑ En este momento si ve alguna foto que no desea publicar, lleve el indicador del ratón sobre la parte superior de esta, hasta ver una "X", hágale clic y después confirme que esto es lo que sesea hacer haciendo clic sobre "Ok", para borrarla.

Ⓒ Si desea añadir más fotos a esta selección, haga clic sobre añadir fotos o "Add More Photos", y búsquelas de la misma manera que aprendió.

Cuando las encuentre haga clic sobre "Open", para añadirlas a esta selección.

Ⓓ Una vez que esté listo para publicar sus fotos, haga clic sobre "Post".

Antes de hacer clic sobre publicar o "Post", puede cambiar de opinión y no publicar el álbum, haciendo clic sobre la "X" que está a la extrema derecho de la ventana que le está mostrando la selección de fotos que hizo, ahora otra ventana abre preguntándole si en verdad desde borrar estas fotos de su selección. Para confirmar que eso sí es lo que desea hacer, hágale clic a sí borre las fotos o "Yes delete photos". Si más adelante desea añadir a o quitar fotos a este álbum, ábralo de nuevo, y haga clic sobre editar o "Edit", y añádale o quítele fotos, y cuando termine haga clic de nuevo sobre publicar o "Post".

Ahora si no desea seguir compartiendo este álbum, y lo que desea es borrarlo, hágale clic a la canasta de basura y escoja borrar álbum o "Delete Album" para borrarlo.

Ahora si solo desea añadir una sola foto, entonces regrese a "Photos", y haga clic sobre "Add Photos", o si es un vídeo lo que tiene "Add Video". En seguida otra ventana abre, para ayudarle a buscar la foto o el vídeo que desea subir a Facebook. Ahora puede añadir un comentario, como por ejemplo "Vamos a celebrar", e inclusive añadir gente a este comentario, lo que se hace de esta manera, escriba primero este símbolo @ y después el primer nombre de la persona que desea añadir, como por ejemplo: para añadir a mi amiga la pintora y licenciada mexicana Gabriela Badilla Kanagui comencé a escribir @Gabrie.

Y a continuación su nombre apareció, como uno de los nombres que podía usar para crear este estado de Facebook. Para escogerlo solo es necesario hacerle clic. Para publicar esta estado con la foto, haga clic sobre publicar o "Post".

Cómo añadir amigos a su red en Facebook

La utilidad que tienen las redes sociales, para una gran mayoría de la gente que las usa, es para hablar de sus logros y a veces también de sus fracasos. Por ejemplo si tiene un producto del cual le gustaría hablar y hacer promoción lo puede hacer desde su propio espacio de Facebook. Solo por está razón le puede interesar agrandar su red, añadiendo más amigos, de los que tiene ahora en su red. Para comenzar a encontrar amigos, abra Facebook y después haga clic sobre su nombre (este está en la esquina izquierda de la ventana de Facebook), ahora haga clic sobre amigos o "Friends", y en la próxima ventana, donde puede ver sus amigos, haga clic sobre encontrar amigo o "Find Friends".

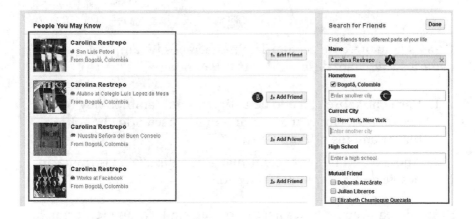

Esta es la manera de añadir amigos a su red de Facebook una vez que haya abierto esta ventana de añadir amigos:

A. Localice la casilla de búsqueda y escriba el nombre del amigo que desea añadir.

B. Ahora Facebook le presentará una lista de nombres que Facebook encontró entre sus usuarios, que tienen el mismo nombre, o uno parecido a la persona que busca. Si entre estos está el amigo que desea añadir, haga clic sobre "Add Friend", para hacerle una solicitud de amistad.

C. En el panel de la derecha puede ver una serie de criterios que usted puede usar para buscar más contactos en Facebook, como por ejemplo borrando el nombre que escribió y escribiendo una ciudad en un país como México, para ver qué resultado le da Facebook. De nuevo, si entre estos está el amigo que desea añadir, haga clic sobre "Add Friend", para hacerle una solicitud de amistad.

Esto se hace de manera similar en un teléfono inteligente o "smartphone", abra el App de Facebook, y después: 1) haga clic sobre pedidos de amistad o "Requests", 2) después sobre el icono de "+" para añadir, 3) ahora sobre buscar o "Search", y finalmente 4) escriba el nombre de la persona que busca. De nuevo, si entre estos está el amigo que desea añadir, seleccione "Add Friend", para hacerle una solicitud de amistad.

Esta es la manera de aceptar las invitaciones de amistad que otros usuarios le envían, después de abrir Facebook:

1. Haga clic sobre el icono de amigos. Aquí también hay otra opción para empezar a buscar amigos, haciendo clic sobre buscar amigos o "Find Friends".

2. Ahora haga clic sobre confirmar o "Confirm" en las invitaciones de amistad que desea aceptar.

Si no desea aceptar la invitación de amistad, la puede borrar haciendo clic sobre "Delete Request", pero tenga en cuenta no hacer clic sobre marcar como solicitud no deseada, a menos que conozca al usuario y este lo está fastidiando, ya que a los usuarios de Facebook, los penalizan por enviar solicitudes de amistad a gente que no conocen. En un teléfono inteligente o "smartphone" esto se hace de manera similar. Abra Facebook: 1) seleccione pedidos de amistad o "Requests", 2) después presione sobre confirmar o "Confirm", en las invitaciones de amistad que desea aceptar.

Si no desea aceptar la invitación de amistad, la puede borrar haciendo clic sobre "Delete Request". Más adelante puede terminar la amistad con alguien en Facebook, regresando a amigos o "Friends", en el perfil de la persona con la cual no desee más amistad en Facebook, y después sobre la etiqueta de amistad o "Friends", ahora busque la opción de "Unfriend" y hágale clic, o para bloquear a una persona, haga clic sobre los tres puntos de más ". . . " (al lado de "Message"), y después sobre "Block". Y después confirme que esto es lo que quiere hacer. En un en un teléfono o una tableta inteligente, busque el usuario, presione el icono de "Friends", y después el de "Unfriend". Para bloquear a la persona, seleccione los tres puntos de más o "More", y después sobre "Block".

Introducción al servicio de buscar/subir vídeos YouTube

YouTube es un sitio web donde usted puede ver y subir vídeos (para después compartirlos con sus amistades e inclusive con todo el mundo). Cabe notar que este sitio —que es el más popular en esta categoría y cuenta con millones de vídeos— pertenece a la compañía Google. Hoy en día se puede decir que este servicio ha revolucionado la manera en que se comunica la gente. Por ejemplo, en algunas de las últimas elecciones en Estados Unidos, los candidatos políticos han subido vídeos a YouTube para compartir noticias con sus seguidores.

Entrar a YouTube es muy fácil. Simplemente abra un navegador de Internet, escriba *www.youtube.com* en la casilla de direcciones de éste y después oprima la tecla ENTER. Este sitio web también está disponible en teléfonos del tipo "smartphone", como lo son los teléfonos tipo Android y el iPhone, como también en otros dispositivos que tienen algún tipo de acceso al Internet como el iPad. (Recuerde que también puede cambiar el idioma en cualquier momento. Simplemente haga clic sobre "Language: English" en la última línea de esta página y escoja español, haciéndole clic. Dado que el inglés es el idioma principal de Estados Unidos, lo usaré en estos ejemplos por si necesita usar YouTube en inglés en el trabajo u otro sitio).

La página web de entrada a YouTube es muy intuitiva, ya que todo está muy bien organizado.

Guíese por la gráfica de la página anterior para aprender a trabajar con las diferentes partes importantes de YouTube:

A Este es el nombre del usuario de Google, que está autenticado.

B Haga clic sobre mi canal o "My Channel" para ver opciones relacionadas con su cuenta de YouTube, como por ejemplo los vídeos que ha añadido.

C Estos son algunos de los vídeos que YouTube le sugiere que vea.

D Esta es la línea más importante de toda la página. Desde aquí puede comenzar a buscar vídeos.

Cómo buscar vídeos en YouTube

Siga la próxima gráfica para aprender a buscar vídeos en YouTube:

1. Escriba el tipo de vídeo que busca. En este ejemplo estaba buscando un vídeo sobre Kruger National Park, que es una de las reservas de animales salvajes más grandes del mundo, escribiendo "Kruger National Park". Para ver uno de los vídeos sugeridos hágale clic. También puede oprimir la tecla ENTER o hacer clic sobre "Search" cuando termine de escribir en la casilla.

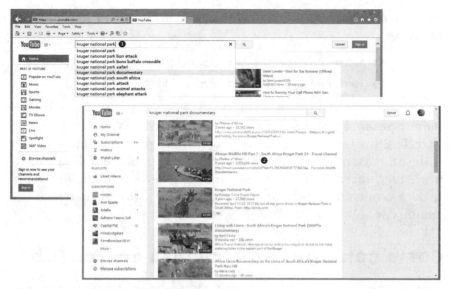

2. Ahora aparecerá otra lista, mostrándole varios vídeos. Para ver uno de ellos, simplemente hágale clic a la foto o el nombre del vídeo. Si la lista de vídeos es muy grande, puede ser necesario hacer clic sobre la segunda página (en la parte de inferior de esta página) de resultados o la tercera, y así sucesivamente para encontrar el vídeo que busca.

Ahora, como podrá ver en la próxima gráfica, el vídeo que desea abrirá y empezará inmediatamente. Si su conexión al Internet es muy lenta, su vídeo puede detenerse de vez en cuando mientras su navegador lo carga.

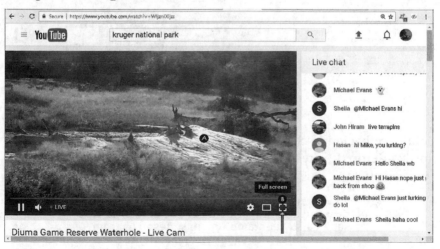

Si desea que este vídeo tome toda la pantalla, lo puede hacer de dos maneras:

Ⓐ Haciendo clic dos veces sobre el área del vídeo

Ⓑ Haciendo clic sobre el control del vídeo (el botón con cuatro flechitas)

Para regresar al tamaño normal, haga doble clic sobre él o presione la tecla ESC. Una vez que el vídeo termine, puede verlo de nuevo si desea, haciendo clic sobre "Replay". Si YouTube empieza a mostrarle un comercial, antes de mostrarle el vídeo que escogió, a veces le dará la opción de esperar unos segundos y saltar el comercial haciendo clic sobre "Skip Ad".

Cómo conseguir una cuenta en YouTube

Para abrir su propio canal o "Channel" en YouTube, regrese a este sitio web, haga clic sobre entrar a su cuenta o "Sign in" (mire a la derecha superior de esta página) y acepte los términos de usar este sitio web, haciendo clic sobre estoy de acuerdo o "I agree". Tenga en cuenta que para crear un canal o "Channel" en YouTube es necesario tener una cuenta de Gmail. Lo que puede hacer siguiendo las instrucciones que vio en el capítulo sobre el correo electrónico.

Comience haciendo clic sobre las cuatro líneas en el extremo superior izquierdo de este programa, y después sobre mi canal o "Channel", después:

Ⓐ Una ventana abre preguntándole cuál nombre desea usar, el sugerido es el que este sitio web sacó de su cuenta de Gmail, si desea usar un nombre diferente cámbielo. Finalmente para crear su canal de YouTube, haga clic sobre crear canal o "Create channel".

B Ahora puede ver su canal o "Channel" de YouTube.

De ahora en adelante, cuando regrese a YouTube, y revise su cuenta de Gmail en el mismo navegador, no le será necesario autenticarse haciendo clic sobre "Sign in", y podrá entrar a trabajar en su canal haciendo clic sobre "My Channel".

Cómo subir un vídeo a YouTube

Una vez tenga un vídeo en su computadora, lo puede subir a You-Tube para compartirlo con amigos o familiares, e inclusive con el mundo entero; pero tenga en cuenta lo siguiente antes de comenzar:

- Es **contra la ley** subir vídeos que no son suyos o que no tenga permiso para subir, como por ejemplo un programa de televisión que haya grabado.

- Es posible que mucha gente pueda ver su vídeo. Si esto le preocupa, puede hacerlos privados para que sólo ciertas personas los puedan ver. Siempre piense antes de subir un vídeo y recuerde *que estos también pueden ser copiados;* aun después de que usted los borre es posible que aparezcan copias de ellos en YouTube o por todo el Internet.

Para comenzar, vaya al sitio web de YouTube; *www.youtube.com.*

Estos son los pasos que debe seguir para subir uno de sus vídeos a YouTube:

1. Para comenzar haga clic sobre subir o "Upload".

2. Después haga clic sobre seleccione archivos que desee subir o "Select files to upload", y después búsquelas y selecciónelas haciendo doble clic sobre ellas, pero antes, puede seleccionar qué tipo de acceso desea darle a este vídeo que va a subir, si desea que todo el mundo lo pueda ver, déjelo así, de otra manera cámbielo a otro tipo de acceso, como por ejemplo "Private", para que nadie más lo pueda ver, o que no pueda ser buscado seleccionando "Unlisted" (de esta manera usted le puede enviar el enlace a la gente con la cual desea compartir el vídeo).

3. Antes de publicar su vídeo puede cambiarle el nombre sugerido y darle una descripción.

4. Para publicarlo haga clic sobre publicar o "Done".

Un vez que haga clic sobre publicar o "Publish", YouTube le mostrará un enlace o "Link" al vídeo que subió, que ahora usted puede compartir, y recuerde que dependiendo de la selección de privacidad que haya elegido, puede que esta sea la única manera de que otras personas lo puedan ver.

NOTA   YouTube tiene un límite de 128 Gigas por vídeo, lo que es suficiente para subir varias horas de grabación, lo que a su vez puede —dependiendo de qué tan rápida sea su conexión al Internet— tomar varias horas en subir.

El servicio de llamadas por Internet Skype

Skype es un servicio muy popular que le permitirá hacer llamadas usando una computadora con conexión al Internet a otros usuarios de Skype de manera gratis e inclusive a teléfonos regulares (por un cargo adicional). Este servicio también le permite tener conversaciones instantáneas o *chats,* transferir archivos y vídeo-conferenciar con otros usuarios de Skype.

El requisito más importante para usar este servicio, fuera de tener una computadora con una conexión al Internet, es la de tener un buen juego de auriculares, como lo son el modelo labtec® stereo 242 que ve en esta foto. Conecte el cable del micrófono a la entrada del micrófono en la tarjeta de sonido de su computadora y el de las bocinas del auricular a la salida de sonido de la computadora.

 NOTA Estos auriculares también le servirán para usar otros servicios para hablar de computadora a computadora, como por ejemplo el servicio de Windows Live Messenger.

Si le interesa averiguar cuánto le costará hacer llamadas usando Skype, sólo tiene que abrir su navegador y visitar la página web *http://www.skype.com* y después haga clic en la casilla "Where is the person…". Ahora introduzca el nombre del país a donde desea llamar y por último haga clic en la lupita para conseguir esta información.

El primer paso para usar Skype es bajar su *software*, desde su sitio web. Para bajarla abra su navegador y escriba en la casilla de direcciones: *http://www.skype.com* y después haga clic sobre "Download Skype", ahora otra ventana abre, preguntándole qué dispositivo tiene, si está en su computadora haga clic "Get Skype for Windows Desktop". Una vez que el archivo baje, como vio anteriormente en la sección de cómo instalar programas, haga clic sobre "Run", y siga las instrucciones que ve ahí, seleccione su lenguaje y después haga clic sobre "I agree", después sobre continuar o "Next" (quítele las marquitas que seleccionan las opciones para hacer Bing su página personal), para instalarlo.

Cómo abrir Skype

Una vez que Skype esté instalado, ábralo para comenzar a repasar los pasos para establecer llamadas de una computadora a otra usando una computadora con una conexión al Internet. Estos son los pasos que debe seguir para abrir Skype, de acuerdo al sistema operativo con el cual cuente su computadora.

En Windows 10:

- Comience haciendo clic sobre la barra de búsqueda, al lado del botón de Windows, ahora escriba "Skype", y cuando vea este programa, en la lista de programas que abre, hágale clic para abrirlo.

En Windows 8:

- Use la combinación de teclas ⊞ + S, y en la casilla de búsqueda escriba "Skype", y cuando vea el nombre de este programa hágale clic para abrirlo.

En Windows 7/Vista:

- Haga clic sobre "Start" y escriba "Skype". Después oprima la tecla ENTER para abrir este programa. Si éste no se abre, haga clic sobre "All Programs" y busque la carpeta de Skype. Cuando la vea, hágale clic. Ahora, busque el icono de Skype y haga clic para abrirlo.

Cómo registrarse con Skype

Si todavía no tiene una membresía de Skype, es necesario que consiga una cuenta gratis para poder usar este servicio de llamadas por Internet. Estos son los pasos, después de haber abierto Skype, para crear una cuenta en este servicio:

1. Para comenzar haga clic sobre crear una cuenta o "Create an account".

2. Ahora haga clic sobre usar su correo o "Use your email...".

A En la primera casilla escriba su dirección de correo electrónico, y en la segunda la contraseña que desea usar.

B Ahora haga clic sobre continuar o "Next".

3. En la próxima ventana que abre escriba su nombre y apellido, y después haga clic sobre continuar o "Next".

4. En esta página que abre debe completar la información sobre su fecha de nacimiento, y después haga clic sobre continuar o "Next".

5. A continuación, este programa le enviara un código a su correo electrónico, para continuar debe escribir ese número, como por ejemplo 8324, y después haga clic sobre continuar o "Next".

Finalmente siga las preguntas que este programa le hace, haciendo siempre clic sobre continuar o "Next", como por ejemplo si desea tomarse una foto, haciendo clic sobre continuar o "Next". Cuando termine de contestar a todas estas preguntas, verá la pantalla de entrada al programa.

Cómo añadir otros usuarios de Skype a su lista de contactos

Para empezar a usar este servicio es necesario añadir personas con las cuales quiere comunicarse, lo que se hace de dos maneras: 1) añadiendo el nombre de usuario manualmente (como por ejemplo JRestrepo4) o buscando el nombre de usuario de la persona con la cual desea conversar, o 2) esperar a que alguien lo llame a usted y aceptar su llamada. Siga el ejemplo a continuación para empezar a añadir contactos a los cuales desea llamar. Si ya sabe su nombre de usuario, haga clic sobre "Añadir" en la página de entrada de Skype. Pero primero debe abrir Skype de la manera que vio en las páginas anteriores.

A continuación podrá ver la pantalla principal de Skype, y enseguida puede comenzar el proceso de añadir usuarios para hacer llamadas a éstos de computadora a computadora.

Esta es la manera, como puede ver en esta gráfica, de añadir un contacto a su lista de teléfonos de Skype:

1. En la casilla de buscar o "Search" escriba el nombre de la persona que está buscando.

2. Ahora puede ver, en la lista de resultados, las personas que este programa encontró, usando ese criterio, entre los usuarios de Skype. Una vez que encuentre el usuario que está buscando, hágale clic.

3. Ahora verá su nombre, en el panel de la mitad. Para enviarle una invitación a esta persona, hágale clic a añadir a contactos o "Add to Contacts". Ahora otra ventana abre mostrándole un mensaje genérico, que esta personal a la cual le está solicitando que lo acepte, recibirá. Si desea cambie el mensaje, hágale clic y cámbielo, cuando termine de escribirlo haga clic sobre enviar o "Send".

A veces la búsqueda de usuarios con los cuales desea hablar puede mostrarle muchos nombres a la vez, y por este motivo no todos cabrán en esta ventana; por esto tal vez sea necesario usar las barras de desplazamiento para ver el resto de los nombres que este programa halló. Cuando vea el que busca, hágale clic.

Cómo hacer llamadas en Skype

Una vez que haya añadido el nombre de usuario de otro miembro de Skype, le será posible entablar una conexión con éste, sin cargo alguno, siempre y cuando sea de computadora a computadora. Es decir, usted hablará por el micrófono del juego de auriculares, y la otra persona lo escuchará a través del auricular o de sus parlantes. Cuando la otra persona hable, usted la debe escuchar en los parlantes de la computadora o en el auricular.

Estas son las dos maneras, como puede ver en esta gráfica, de hacer llamadas de computadora a computadora en Skype:

A Haga clic sobre el nombre de usuario con el cual desea conversar. Asegúrese que diga en línea o "Online", y no "Away" u "Offline", antes de tratar de entablar una conversación con este usuario, de otra manera no le contestarán.

B Ahora mire, en el panel de la derecha, estos dos controles: una vídeo grabadora para empezar una vídeo-llamada, y un teléfono para empezar una llamada. Hágale clic al que desea usar.

C Si un usuario de Skype lo llama a usted, responda de la siguiente manera; si desea tener una vídeo-llamada con este usuario, haga clic sobre el icono de la grabadora, si solo desea conversar, haga clic sobre el icono del teléfono. Si no desea aceptar esta llamada, haga clic sobre el icono del teléfono rojo, para rechazarla.

D Si acepta esta llamada, o si un contacto acepto su pedido de tener una llamada o vídeo-llamada, verá estos controles, el de la vídeograbadora, si tiene una cámara y le hace clic la otra persona lo podrá ver a usted, si tiene audio y el icono del micrófono está habilitado, la otra persona lo podrá escuchar a usted. Si hace clic sobre el icono de más '+", podrá añadir a más gente a esta llamada o vídeo-llamada. Para terminar esta llamada o vídeo-llamada, haga clic sobre el teléfono rojo para terminarla.

Después de probar este servicio, le puedo decir que la calidad es bastante buena, pero teniendo en cuenta que tanto la persona a quien llamé —mi hermano— como yo, tenemos Internet por cable. Si usted tiene Internet por cable pero la persona a la cual está llamando tiene servicio de conexión telefónica o "Dial-Up", tal vez pueda escuchar un eco. La mejor manera es tratarlo para ver cómo le funciona, lo que no le cuesta nada.

Cómo buscar empleo usando el sitio web Monster.com

En el Internet existen muchos sitios web dedicados a ayudarle a buscar un empleo. El más importante es el sitio web *www.monster .com*. Este le será útil para buscar empleo en los Estados Unidos en casi todas las profesiones.

La siguiente gráfica muestra la página de entrada al sitio web de *Monster.com*.

Así se busca trabajo en el sitio *www.monster.com:*

1. Escriba *http://jobsearch.monster.com* en la casilla al lado de "Address" en su navegador. Luego oprima la tecla ENTER.

2. Ahora es necesario indicarle a este sitio web qué clase de trabajo está buscando y la localidad en donde está dispuesto a trabajar. De esta manera, el sitio de *Monster.com* buscará sólo los trabajos disponibles en la industria en la que desea trabajar en una localidad específica.

La siguiente gráfica muestra el menú para seleccionar la ciudad y la profesión en la que desea trabajar.

Siga estos pasos para comenzar a buscar trabajo:

1. En esta casilla escriba el tipo de trabajo que busca.

2. En esta casilla escriba la ciudad y el estado donde desea trabajar (en la mayoría de los casos el nombre de la ciudad que desea usar en esta búsqueda aparece, como cuando escribe Los Ángeles, CA, aparece debajo de esta casilla, de esta manera no tiene que escribir todo el nombre, solo hacerle clic, para seleccionarlo).

3. Finalmente, haga clic sobre "Search" para comenzar a buscar empleo.

Si *www.monster.com* no encuentra ningún trabajo en la ciudad que eligió, modifique su búsqueda. Por ejemplo, busque trabajo en una ciudad que sea vecina a la primera que eligió.

En la gráfica de abajo puede ver los resultados de esta búsqueda.

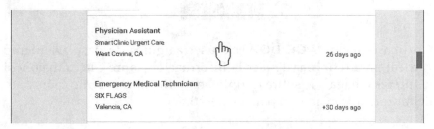

Monster.com encontró varios trabajos en el campo seleccionado usando el criterio que escogió. Si este sitio web encontró muchos resultados a su búsqueda entonces use las guías de desplazamiento laterales para poder ver los que no se ven a simple vista, debajo de la página. Si desea ver más información acerca de un trabajo en la lista, haga clic sobre él. Este se abrirá para ocupar toda la pantalla.

NOTA Este servicio es subsidiado por las compañías que buscan personal calificado. Por lo tanto, no cuesta nada buscar empleo en *Monster.com*. Este servidor web cuenta con uno de los bancos de empleos más grandes de los Estados Unidos, el cual sirve a más de 11 millones de personas que se han registrado en *Monster.com*.

En la siguiente gráfica puede ver una descripción completa del empleo que busqué como ejemplo en la página anterior.

En esta gráfica puede ver que esta compañía está buscando una persona en el área de West Covina, CA 91792, que sirva de asistente a un doctor.

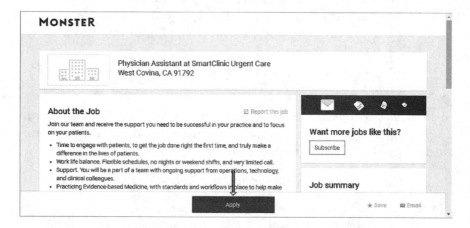

Oprima la tecla PAGE DOWN o use las guías de desplazamiento vertical para terminar de leer la información sobre este trabajo y si le interesa, haga clic sobre "Apply" para llenar una aplicación y solicitar que lo consideren para este trabajo.

Introducción a la red social virtual Twitter

Twitter es una red social que permite a sus usuarios crear y leer mensajes de texto de un máximo de 140 carácteres. Este tipo de mensaje, dentro de Twitter, es denominado como un "Tweet". La creación de un "Tweet" se puede realizar tanto desde el mismo sitio web de Twitter o desde un teléfono móvil, usando su App.

Esta es la pantalla de entrada a Twitter, que se alcanza visitando la dirección virtual *www.twitter.com*. Los "Tweets" suyos y los de las personas que sigue aparecen a la derecha de la pantalla, inmediatamente después del nombre de usuario de la persona o entidad que los creó. A la derecha, debajo de su nombre de Twitter, podrá ver alguna información acerca de los usuarios de Twitter que usted sigue y también acerca de los usuarios que siguen lo que usted escribe en Twitter. Además, debajo de "Who to follow" (o "quién seguir") verá algunas sugerencias acerca de usuarios que tal vez le gustaría seguir. Para seguir a alguien es muy fácil: haga clic sobre su nombre, y después sobre seguir o "Follow".

NOTA Para regresar a esta página de entrada en cualquier momento, haga clic sobre la palabra "Home" en la esquina superior izquierda de su pantalla.

Cómo abrir una cuenta en Twitter

Usar Twitter es gratis y lo único que necesita es tener una membresía, la cual se puede conseguir en un par de minutos. Para comenzar visite la página de conseguir una cuenta en Twitter, en esta dirección virtual o URL, *https://twitter.com/signup*. Una vez que entre en esta página, haga clic sobre "Sign Up For Twitter" para inscribirse. (Si en ese momento hay otro usuario de Twitter conectado en esa misma computadora haga clic sobre "Sign Out" antes de comenzar).

Estos son los pasos para abrir una cuenta de usuario con Twitter, el cual es completamente gratis:

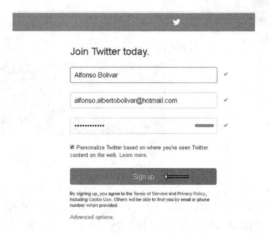

1. Una vez que haga clic sobre la página de crear cuentas en Twitter, provea:
   - Su nombre.
   - Su dirección de correo electrónico.
   - El nombre de usuario que desea usar. Twitter también le sugiere que use un nombre de usuario, de acuerdo a su nombre, para usar uno de estos nombres de usuarios sugeridos, hágale clic.
   - Para continuar haga clic sobre afiliarse o "Sign up".
2. Ahora otra pantalla abre, pidiéndole su número de teléfono, para verificar esta cuenta de Twitter, para proseguir provéale su número de teléfono.
   - Una vez que reciba el código, escríbalo en la casilla que dice "Verification Code", y haga clic sobre "Verify".

- A continuación escriba el nombre de usuario que desea usar, como por ejemplo DiegoValdez, y después haga clic sobre siguiente o "Next".
3. Finalmente se abre otra pantalla felicitándolo por haber abierto una cuenta de Twitter, conteste las preguntas que aparecen a continuación, sobre las sugerencias a quién seguir, o qué deportes le gusta ver, para abrir su cuenta en Twitter.

Los pasos para abrir una cuenta en Twitter, o en cualquier otro servicio de red social, o inclusive sitios de comprar, pueden cambiar repentinamente, pero la idea es la misma; ayudarle en el proceso de conseguir una membresía con ellos, lo que se le hará más fácil conforme aumenta su proficiencia en usar su computadora personal.

Ahora verá sugerencias de Twitter acerca de quién seguir y cómo buscar gente usando la lista de personas que están guardadas en la libreta de direcciones de su correo electrónico. Más adelante recibirá un mensaje de correo electrónico con un enlace en el cual debe hacer clic para confirmar que realmente es usted el que está abriendo la cuenta. Mientras no haga esto, su acceso a Twitter será limitado. Una vez que abra una cuenta puede hacer clic sobre su "Profile" para añadirle una foto suya a su perfil y/o usar uno de los fondos sugeridos en su perfil.

Cómo crear un mensaje o "Tweet" nuevo

Crear un mensaje o "Tweet" nuevo es muy fácil de hacer. Esta es la manera; siga la siguiente gráfica para completar esta tarea.

A Haga clic sobre la casilla que aparece debajo de "What's happening?" (o "¿Qué está pasando?") y después escriba su mensaje. Finalmente, oprima la tecla ENTER.

B Ahora su mensaje será publicado y todos sus seguidores lo podrán ver.

Cuando usted escribe uno de estos "Tweets", éste aparece en la pantalla de entrada de su cuenta de Twitter inmediatamente. Su "Tweet" también será visible en la pantalla de entrada de los usuarios que siguen sus mensajes.

Esta es la manera de trabajar con los tweets que otra gente deja en Twitter:

A Si desea Re-Twittear o hacer "Retweet" o sea hacer que lo que otra persona escribió aparezca en su mismo espacio de Twitter, haga clic sobre este símbolo.

B Para escoger algo como favorito o "Favorite", hágale clic a esta estrellita.

C Si desea dejar un comentario, haga clic sobre esta flechita (hacia la izquierda), escríbalo en frente de donde dice responder a y el nombre del usuario, y cuando termine haga clic sobre responder.

D Para buscar usuarios en Twitter, escriba el nombre del usuario que desea buscar y cuando lo encuentre entre los usuarios que esta búsqueda le presente, hágale clic, para cargar su perfil de Twitter en la pantalla principal. Si este usuario no está entre la lista de los usuarios que usted sigue, y lo desea segur, haga clic sobre seguir o "Follow".

La manera como se usa Twitter en un teléfono o una tableta inteligente es muy similar; baje el app, autentique su cuenta y cuando empieza a usarlo encontrará que los iconos están en casi el mismo sitio. Solo es diferente, por cuestión de espacio, que para ver sus tweets, escoja yo o "Me", para ver lo que está sucediendo en su red, escoja "Home", o si no ve "Home", escoja "Timeline".

NOTA Para ver los últimos "Tweets" de los usuarios que sigue, recargue la pantalla haciendo clic sobre la palabra "Twitter" en la esquina superior izquierda de su pantalla u haga clic sobre ver los últimos Tweets o "View...".

Los "Hashtags" y cómo usarlos

Hashtags son palabras precedidas por un símbolo (#) que ayudan a Twitter a clasificar sus tweets. Por ejemplo si le interesan los autos y escribe algo sobre esto, puede añadirle a su mensaje un "hashtag" de esta manera:

Nissan para la venta en Hialeah #autos

En este caso, "#autos" es un hashtag que permitirá que cualquier usuario de Twitter que también le interesan los autos pueda encontrar su mensaje, ya que éste aparecerá cuando alguien busca el hashtag "#autos" en Twitter. Para una lista de los hashtags más populares visite la dirección virtual *www.hashtags.org*.

Cómo seguir los "Tweets" de alguien en Twitter

Hay varias maneras de seguir a alguien en Twitter, como por ejemplo enviándoles una invitación por correo electrónico, añadiéndolos manualmente después de encontrarlos o respondiendo a una invitación que le hayan enviado por correo electrónico. Para comenzar, haga clic sobre "Who to follow" y después sobre ver todos o "View all". Después, siga la siguiente gráfica para aprender más sobre cómo buscar y seguir usuarios en Twitter.

Ⓐ En este lado puede ver lo que está de moda o "Trends" en Twitter.

Ⓑ Aquí puede ver los perfiles de la gente o compañías que Twitter piensa que tal vez le gustaría seguir.

Ⓒ Finalmente, si hace clic sobre "Find friends" o "Find people you know" podrá buscar amigos usando la libreta de direcciones en su correo electrónico.

Cómo bloquear un seguidor o "Follower"

Siga la siguiente gráfica para aprender cómo bloquear un usuario que sigue sus mensajes para que no pueda seguir/ver sus tweets.

Esta es la manera para bloquear a un usuario de Twitter, después de hacer clic sobre el comienzo o "Home", y seguidores o "Followers":

Ⓐ Si desea bloquear a alguien, haga clic sobre estos tres puntos, lleve el indicador hacia abajo en este

      menú que abre, y escoja "Block", y después
      confirme que eso es lo que desea hacer.

B Para dejar de seguir a una persona, búsquela en
      esta lista de personas que sigue, y haga clic sobre
      siguiendo o "Following", hasta que cambie a
      "Unfollow".

La manera como se hace esto en un teléfono o una tableta inteligente es muy similar: para bloquear o dejar de seguir a alguien escoja yo o "Me", ahora en esta lista verá que cada una tiene un icono como de un persona, si no desea seguir siguiendo a esta persona, oprima ese icono, y seleccione "Unfollow". Para bloquear a alguien seleccione el nombre de la persona que usted desea bloquear, seleccione la ruedita, y escoja "Block".

NOTA   De ahora en adelante el usuario que bloqueó no podrá ver sus "Tweets". Ahora si más adelante cambia de opinión, puede desbloquear a este usuario, regresando a la ruedita al lado del nombre del usuario y escogiendo "Unblock".

Cómo buscar libros en el sitio web Amazon.com

Amazon.com es la compañía que más libros vende en el Internet. Si tiene problemas consiguiendo un libro, lo más posible es que Amazon .com lo tenga.

En la siguiente gráfica puede ver la pantalla de entrada de *Amazon.com*.

1. Escriba la URL *http://www.amazon.com* en la casilla de direcciones de su navegador. Después oprima la tecla ENTER.

2. Haga clic sobre este menú y después escriba el nombre del libro que busca. Por ejemplo, "Computadoras para todos".

3. Ahora haga clic sobre la lupa, para comenzar esta búsqueda.

4. Después haga clic sobre el título del libro para ver más información acerca de éste.

Este sitio web le presentará más información acerca del libro que escogió. Si desea, puede comprarlo o bien seguir buscando otros libros.

Estos son los pasos necesarios para comprar mi libro, *Computadoras para todos,* en el sitio web de *Amazon.com*:

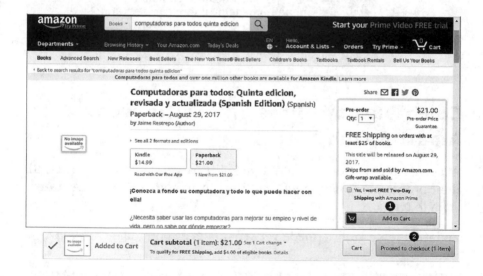

1. Haga clic sobre "Add to Cart".

2. Si no desea comprar más libros, haga clic sobre "Proceed to Checkout".

En la siguiente gráfica se puede ver cómo el navegador le presentará otra pantalla. En este momento esta compañía le puede ofrecer un servicio extra, como por ejemplo si se suscribe a un servicio llamado Amazon Prime, si no desea esto rechace la oferta.

Ahora puede entrar a este sitio web si ya tiene una cuenta, o si no tiene una cuenta, abrir una con ellos:

1. En estas dos casillas, si ya tiene una cuenta de Amazon.com, escriba su dirección de correo electrónico y su contraseña (en la casilla de "Password").

2. Para terminar su compra haga clic sobre "Sign in".

3. Haga clic sobre crear una cuenta con Amazon.com o "Create your Amazon...", si desea crear una cuenta con Amazon.com.

La siguiente gráfica representa el próximo recuadro que verá, el cual le indica que está entrando a un sitio seguro.

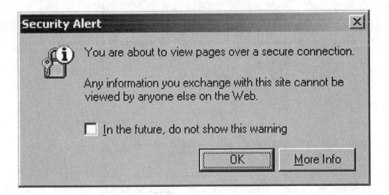

Si escogió crear cuenta con Amazon.com, será necesario que les provea cierta información, como por ejemplo decirles a ellos a donde quiere que le envíen los productos que compra.

amazon

Create account

Your name

Alfonso Alberto Bolivar

Ⓐ **Email**

Alfonso.Alberto.Bolivar@gmail.com

Password

••••••••••••

Re-enter password

••••••••••••

Ⓑ Create your Amazon account

Esta es la manera de comenzar a crear una cuenta de usuario, en el sitio web de Amazon.com:

Ⓐ **En estas cuatro casillas, escriba a) su nombre, b) dirección de correo electrónico y c) su contraseña (en la casilla de "Password"), en la tercera casilla, y confírmela en la cuarta casilla.**

Ⓑ **Finalmente, para crear una cuenta con Amazon.com, haga clic sobre "Create your Amazon account".**

Enter a new shipping address.

When finished, click the "Continue" button.
Full name:

Alfonso Bolibar

Address line 1:

1 Lost Way

Address line 2:

Apartment, suite, unit, building, floor, etc.

City:

New York

State/Province/Region:

New York

ZIP:

10017

Is this address also your billing address (the address that appears on your credit card or bank statement)?

⦿ Yes

○ No (If not, we'll ask you for it in a moment.)

⟶ Continue

Provea toda la información que aquí le preguntan, como por ejemplo su código postal. Para proseguir, haga clic sobre "Continue".

En la siguiente gráfica escoja la forma de envío que desea para recibir el libro.

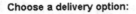

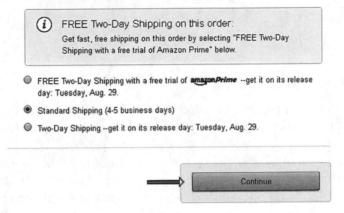

Finalmente, haga clic sobre "Continue". En la siguiente página escriba toda la información acerca de la manera de pago para así finalizar la compra. En esta tienda virtual encontrará muchos artículos diferentes, en realidad son millones, y lo importante es comparar precios, para ver si lo que está buscando es más barato aquí que si lo compra localmente.

Cómo buscar direcciones usando el sitio web Google Maps

Una de las cosas más útiles que puede hacer en el Internet es buscar direcciones de manejo usando sitios web sin costo alguno, que le ofrecen direcciones con mapas detallados para que se pueda guiar con ellos desde que salga de su casa hasta casi la puerta de la casa adonde desea ir. En este ejemplo visitaremos Google Maps, que pertenece a Google, uno de los motores de búsqueda más conocidos a través del mundo.

Para comenzar a buscar direcciones de manejo abra su navegador y escriba en la casilla de direcciones la URL *http://maps.google.com*, y después oprima la tecla ENTER. Para comenzar, en el mapa que abre, haga clic sobre "Search Google Maps".

Esta es la manera de buscar direcciones de manejo, como puede ver en esta captura de pantalla, usando el sitio web de mapas de Google:

1. Para comenzar, haga clic en "Search Google Maps" y escriba la dirección de donde desea empezar su viaje (Google Maps también le da opción de distintos modos de transporte: carro, transporte público, a pie, bicicleta o arreo) y oprima la tecla ENTER. Después haga clic en "Directions" y escriba la dirección a donde quiere llegar.

2. Seleccione el modo de transporte correspondiente al icono sobre la dirección (carro, transporte público, a pie, bicicleta o arreo).

3. Direcciones detalladas le aparecerán automáticamente debajo.

En algunos casos, este sitio web, o cualquier otro que esté usando para buscar direcciones, le indicará que no pudo encontrar una dirección exacta a la dirección que usted escribió. Si esto sucede, haga clic sobre la flecha de "Back" en la barra de herramientas y escriba la dirección de manera más detallada. En este sitio web, puede hacer clic sobre "Clear" para comenzar esta búsqueda de nuevo y modificarla un poco, tal vez escribiendo una calle alterna.

En la siguiente gráfica puede ver el resultado de la búsqueda del ejemplo que le pedí a este sitio web que encontrara desde mi propia computadora.

Como puede ver en el siguiente ejemplo, este sitio web ahora ofrece la siguiente información:

A En la casilla de la izquierda encontrará la ruta pormenorizada que debe seguir para viajar desde el sitio de partida al sitio adonde desea llegar.

B A la derecha, en el mapa verá una línea del punto de salida al punto de destino. Encuentre el punto de partida.

C Use los controles, de esta manera: haga clic sobre el "−", para disminuir los detalles que ve en el mapa (hasta sólo ver los continentes), y sobre el "+", para acercarse a nivel de la calles.

Para recordar

- El Internet ha cambiado para siempre la manera como nos comunicamos, compramos, estudiamos, para nombrar solo ciertos aspectos de la transformación que ha creado este nuevo medio de comunicación global.

- La red social o "Social Network" de más impacto hoy en día es Facebook, el cual tiene más de un billón de usuarios en todo el mundo conectados a ella.

- A raíz de este cambio, creado por el Internet, se puede decir que servicios como Skype, para hacer vídeo-llamadas usando el Internet, de computadora a computadora, o inclusive de un teléfono inteligente a otro, y el de WhatsApp, que le permite hacer también llamadas de voz y ahora inclusive de vídeo a sus seres queridos, sin importar en qué parte del planeta estén, que el teléfono, como lo conocíamos hace apenas 15 años, ya no existe como medio de comunicación eficiente.

- De la misma manera, cuando sale a visitar una ciudad que no conoce, se ha vuelto imprescindible usar un programa para buscar direcciones, como lo es el de Google Maps.

Introducción al Apple iPhone y a la tableta iPad

Esta es una familia de dispositivos inteligentes producida por la compañía Apple, basada en California, que salió a la venta por primera vez, en la forma de un teléfono inteligente o "smartphone" llamado el iPhone, el 29 de junio de 2007 (este solo se conoce como el iPhone de primera generación). Ahora, el primer iPad que la compañía creó salió a la venta el 3 de abril de 2010. Hoy en día los modelos más recientes de esta tableta inteligente son el iPad, iPad Pro y el iPad Mini. En estos dispositivos electrónicos el interfaz de usuario también se construye alrededor de la pantalla multi-táctil del dispositivo, la cual le permite escribir usando un teclado virtual. Estos dispositivos, en la mayoría de los casos, carecen de un teclado físico y el teclado por lo general está escondido y solo aparece cuando usted necesita escribir información, lo que se hace empujando levemente la tecla o letra que desea grabar.

Hoy en día se estima que la compañía Apple ha vendido más de 600 millones de unidades de teléfono inteligentes o "smartphones", alrededor del mundo, llamados iPhones, y cerca de 300 millones de unidades de las diferentes tabletas inteligentes, que son la iPad y la iPad Mini (esta es una versión con una pantalla más pequeña que la del iPad regular).

En esta gráfica por ejemplo puede ver, a la izquierda, el iPhone 7 Plus (el que tiene la pantalla más grande que ha salido hasta ahora entre los iPhones), y al lado un iPhone 7. En la parte derecha puede ver el iPad Air, que es una versión de iPad súper delgada, y a su lado un iPad Mini, con una pantalla de 7,9 pulgadas, que es una pantalla algo más reducida que el 9,7 de un iPad regular.

Ahora, estos dispositivos electrónicos, el iPad y el iPhone, a través de los años desde que salieron también han recibido muchas mejoras, en velocidad de procesador, en capacidad de memoria, y han recibido diferentes denominaciones. Pero aun así aunque tenga uno de los primeros de estos dos dispositivos que salieron al mercado, un iPhone o un iPad de primera generación, corriendo una de las primeras versiones de este sistema operativo, también es posible que la información que sigue a continuación le sea muy útil.

NOTA   Cuando compre uno de estos dispositivos inteligentes o "smart devices" considere que, a diferencia de muchos otros dispositivos inteligentes, no se les puede añadir más memoria (por ejemplo para guardar fotos), o sea si compra un iPhone de 16 gigas, este siempre tendrá 16 gigas de memoria.

El sistema operativo iOS para dispositivos inteligentes o "smart devices"

Este es el sistema operativo que salió al mercado alrededor del año 2007, y que solo es usado en los dispositivos móviles inteligentes creados por la compañía Apple, como lo son el iPhone, el iPad y el iPad Mini. La última versión de este sistema operativo, es la versión 10.3.1. Este sistema operativo es cerrado, o sea las compañías que quieren vender sus programas o Apps, tienen que ceñirse a las pautas que la compañía Apple les dicta. Una vez que un programa o App sea aprobado para ser usado en uno de estos dispositivos, este aparecerá a la venta en la tienda de Apple o Apple Store, donde los usuarios de estos dispositivos inteligentes los pueden buscar, comprarlos y bajarlos a su dispositivo inteligente.

Ahora, de vez en cuando la compañía Apple encuentra necesario actualizar el sistema operativo de estos "smart devices", enviando una actualización a ellos, que usted puede bajar, e instalar de forma gratuita. Pero primero le recomiendo hacer un respaldo del todo el contenido que tienen guardado en sus iPhone o iPad.

Si sale una nueva actualización del iOS, la puede bajar de la siguiente manera, después de asegurarse que este está conectado a una red Wi-Fi:

1. Para comenzar busque el icono de configuración o "Settings" y escójalo.
2. Después busque general o "General", y escójalo.
3. Ahora escoja actualización de software o "Software Update".
4. Si hay una actualización de software disponible para su iPhone, y ya le han recomendado que la efectué, haga clic sobre bajar e instalar o "Download and Install".

Ahora esta actualización empezara a ser bajada/descargada a su iPhone o iPad, y una vez que este proceso termine, será instalada automáticamente. La razón por la cual su iPhone u iPad debe estar conectado a una red Wi-Fi para efectuar esto, es que por lo general estas actualizaciones tienen más de un Gigabyte, y esto tomaría mucho tiempo bajarla sobre su conección de datos de teléfono. Y por lo general no funciona a menos que el teléfono esté conectado a una red Wi-Fi.

Descripción básica de las diferentes partes de un iPhone o un iPad

En estos tres dispositivos, los iPhones, iPads, iPads Mini, los botones más importante se encuentran en el mismo sitio, como lo son por ejemplo el botón de comienzo o "Home", y el de descanso o "Sleep". Estos dispositivos electrónicos también a través de años desde que salieron al mercado han recibido diferentes configuraciones de memoria y de resolución de pantallas, comenzando con los primeros modelos que salieron alrededor del 2010, pero a pesar de esto las instrucciones que siguen a continuación le deben ayudar casi sin importar qué modelo de iPhone o iPad tenga.

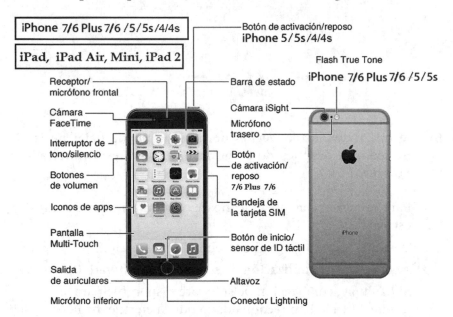

En esta grafica puede ver que la mayoría de las partes y botones importantes de los iPhones o iPads que tenga, desde el iPhone 4 al último (que al final del 2016 era el iPhone 7 Plus), están casi siempre localizados —con pocas excepciones— en el mismo sitio. Lo mismo sucede con los iPads, que también tienen el botón de activación/reposo en la parte superior derecha de estos.

Por ejemplo esta es la manera de usar el boto de activación/reposo, para prender (guíese por la gráfica), apagar o enviar a que repose un Apple iPhone o iPad:

- Si el iPad o iPhone está apagado, sostenga este botón hasta que vea el logo de Apple. En el iPhone 7/7 Plus este botón está al lado derecho.

- Si su iPad o iPhone esta en modo descanso y desea usarlo, oprima este botón o el botón de Home.

- Si su iPad o iPhone está funcionando y desea que entre en modo descanso, oprima este botón.

- Por último, si desea apagar el iPad o iPhone, oprima este botón hasta que vea una barra en la parte superior de la pantalla, que le preguntará si desea apagar su iPhone o iPad "slide to power off". Para apagar su dispositivo lleve su índice sobre esta barra, y desplácelo de izquierda a derecha, para apagarlo.

Ahora, si cambia de opinión y no desea apagarlo, lleve su índice sobre la "X", para cancelar el apagado de su iPhone o iPad. Apagar su dispositivo, ya sea un iPhone o un iPad tal vez es aconsejable si está de viaje y se está quedando sin batería ya que de esta manera cuando llegue a su destino tendrá unos minutos de batería para hacer una llamada en su iPhone, o inclusive si solo tiene un iPad sin plan de datos, podrá enviar un mensaje (usando una red de Wi-fi) avisando que ya llego a su destino.

Cómo usar el botón de comienzo o "Home" en un Apple iPhone o iPad

Este es el botón principal para navegar los diferentes menús que verá cuando está usando un iPhone o iPad. Cuando lo oprima, regresará a la primera pantalla en su iPhone o iPad.

Como leyó anteriormente, este botón está localizado en el mismo sitio, abajo de la pantalla, en todos los iPhones, iPads, y iPad Minis, producidos por la compañía Apple.

Por ejemplo esta es la manera de regresar a la pantalla de comienzo luego de buscar una aplicación o App, en la tienda App Store de Apple:

- En este ejemplo de arriba puede ver cómo, después de oprimir el botón de comienzo o "Home", cuando estaba viendo la pantalla donde comienza (con la hora), apareció la primera pantalla de iconos, pero en esta no estaba el icono del programa que buscaba, que es el del App Store (si el dispositivo tiene una contraseña, provéala, o si tiene una contraseña táctil o "Touch ID", ponga su dedo índice en el botón de entrada o "Home").

- Después desplace su dedo índice, apoyándolo contra la pantalla, usando el moviente de barrer la pantalla —de derecha a izquierda— como barriendo o "Swiping", para adelantar una página de iconos. Una vez que encuentre el icono del programa que busca, selecciónelo para abrirlo. En este ejemplo seleccioné el icono de App Store. Si el App que desea usar estaba agrupado con otros programas, como por ejemplo el grupo de programas o Apps de Extras entonces primero seleccione este grupo, para buscarlo ahí. Si el App que estaba buscando está dentro de un folder, y desea regresar a la pantalla de comienzo, oprima el botón de comienzo o "Home" dos veces.

- Finalmente, cuando desee regresar a la página de comienzo, oprima la tecla de comienzo o "Home".

Ahora si solo desea regresar una página, a ver la página anterior, coloque su dedo índice, apoyándolo contra la pantalla, usando el moviente de barrer la pantalla— izquierda a derecha—, o "Swiping", para regresar una página de iconos (hasta encontrar la página de Apps que desea ver).

Cómo conectarse a una red Wi-Fi

Como pudo leer en el primer capítulo, una de las ventajas de usar estos dispositivos inteligentes, es su capacidad de tener conectividad al Internet, para de esta manera ser completamente interactivos con lo que está sucediendo afuera de su entorno. Como por ejemplo revisar el tiempo local o ayudarle buscar una receta para preparar una cena.

Ahora hay dos maneras de conectar estos dispositivos al Internet: usando una red celular (del tipo 3G o 4G), o una red Wi-Fi. En muchos casos la segunda opción, si está cerca de una red Wi-Fi es más fiable y también —por lo general— será más rápida, ya que la torre de celular (dándole servicio a su "smartphone") puede estar bastante lejos, y por este motivo no será tan rápida como la conexión a un modem de Wi-Fi que está en la sala de su casa. Para comenzar a conectarse a une red Wi-Fi, busque y seleccione el icono de configuración o "Settings". Recuerde que el icono de configuración o "Settings" puede estar guardado dentro de otra carpeta, como por ejemplo la de Extras. Si este es el caso, seleccione primero la carpeta de Extras, y después seleccione el icono de configuración o "Settings".

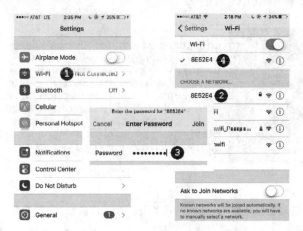

Estos son los pasos que debe seguir para conectarse a una red Wi-Fi, abierta o con clave, en un iPhone o en un iPad:

1. Comience seleccionando redes Wi-Fi.
2. Ahora escoja, entre las que aparecen en el panel de la derecha, la red Wi-Fi, a la cual se desea conectar. Si esta es una red

abierta, elíjala, y esta le debe dar acceso inmediatamente. Ahora si esta es una red segura, aparecerá con un candado al lado, y tendrá que proveer una contraseña para usarla. En este ejemplo elegí la red Wi-Fi "8E3D9C".

3. Como esta es una red segura, otra ventana abrió preguntando la contraseña de esta. Para continuar escriba la contraseña de esta zona Wi-Fi (note que cuando usted hace clic en un sitio donde puede escribir el teclado virtual abre), y después seleccione añadirse o "Join".

4. Finalmente puede ver que el dispositivo inteligente, este es un iPad, muestra conexión de Internet, al sitio Wi-Fi "8E3D9C".

Para ver el panel de configuración de Wi-Fi, tiene que decir "Settings" en la parte superior de la pantalla con la que está trabajando, de lo contrario, haga clic sobre "Settings", para buscar el panel de configurar el acceso del iPhone o el iPad, a la red de Wi-Fi. Una vez que tenga conexión al Internet, puede usar todos los programas de conectividad, como lo son el navegador de Internet Safari, como también su dirección de correo electrónico, seleccionando correo electrónico o "Mail".

NOTA En algunos casos, después de añadir una red Wi-Fi abierta, el navegador de Internet se abrirá, pidiéndole que se autentique de otra manera, como por ejemplo dando su dirección de correo electrónico, o como sucede en algunos negocios, que le piden que acepte sus condiciones de servicio, antes de entrar a usar su red Wi-Fi.

Cómo buscar y bajar aplicaciones o Apps de la tienda de Apple o App Store

Una de las ventajas de usar uno de estos dispositivos fabricados por la compañía Apple es la gran cantidad de programas que puede usar en estos, ya que la mayoría de las compañías que producen software para dispositivos inteligentes móviles, los producen para el iPhone o el iPad.

Para bajar Apps de esta tienda virtual de Apple es necesario que tenga una cuenta de Apple, si no tiene una puede abrir una cuenta abriendo su navegador y escribiendo esta dirección virtual o URL, *https://appleid.apple.com/account,* en la barra de direcciones de su navegador y oprimiendo la tecla de confirmar o "Enter". Una vez que esta página abra, provea la información que ahí le piden, para crear su cuenta de Apple.

Y estas son las dos categorías de Apps que puede conseguir en la tienda de Apps de Apple:

- Apps que no tienen costo alguno o sea "Free".
- Apps que tienen un costo fijo.

Para comenzar el proceso de comprar o conseguir (si este es gratis) un App, abra la tienda de aplicaciones o App Store, buscando el icono de este programa (este es azul y tiene una "A"), y seleccionándolo. Una vez que la tienda de Apps abra, busque el App que desea usar, para instalarlo en su iPhone u iPad.

Estos son los pasos que debe seguir para buscar, comprar (si no es gratis), y descargar una aplicación o App, a su iPhone, o iPad:

1. Haga clic sobre la lupita de buscar, localizada en la parte inferior de la pantalla de su iPhone o iPad.

2. Ahora seleccione buscar, para abrir el teclado virtual, e inmediatamente escriba el nombre de la aplicación o App que está buscando. En este ejemplo busqué Workflow. Cuando vea su nombre, selecciónelo, para comenzar este proceso de bajarla a su computadora.

3. Cuando vea el icono del App que desea bajar, seleccione conseguir o "Get". En este momento, si todavía no se ha autenticado con su cuenta de Apple, es posible que le pregunten cuál es su cuenta de Apple, o la contraseña de esta. Si este es el caso provéala para poder continuar con este proceso.

4. Finalmente para instalar este App haga clic después instalar o "Install". Una vez que haya instalado este App y desea usarlo, búsquelo entre los iconos de los programas o Apps instalados en su iPhone o iPad y selecciónelo para abrirlo.

Por favor tenga en cuenta que por lo general las compañías que escriben y venden aplicaciones para iOS, tienen dos versiones de muchos de sus programas, en la tienda del Apple Store, una gratis, y otra más completa, por la que por lo general le cobran unos cuantos dólares. Mi recomendación es que trate primero, a menos que ya sepa de antemano, la versión gratis y si esta cubre sus requerimientos, entonces sí compre el App más completo.

Por favor tenga en cuenta que a pesar de que la aplicación o App que esté buscando es gratis, es muy posible que cuando trate de bajarla le sea necesario suministrar la información de una tarjeta de crédito, antes de poder bajarla/descargarla a su iPhone o iPad, si solo desea bajar Apps que son gratis, como por ejemplo WhatsApp o Facebook, y no le gusta la idea de proveer su tarjeta de crédito a esta compañía, lo puede hacer de la siguiente manera desde su iPhone o su iPad; 1) comience el proceso de bajar un App que no tiene costo, como por ejemplo WhatsApp, 2) cuando le pidan que provea su Apple ID, elija crear una nueva Apple ID, y siga todos los pasos de verificación, dando una dirección de correo electrónico que no haya usado antes con Apple y 3) por último cuando le pidan forma de pago, elija ninguna o "None". Ahora le será posible, usar la tienda de Apple, para conseguir y bajar Apps que no tienen costo alguno o "Free", sin necesidad de proveer un número de tarjeta de crédito.

Cómo trabajar con los Apps que tiene instalados en su iPhone o iPad

Una de las ventajas más grandes de usar uno de estos dispositivos electrónicas con esta plataforma del sistema operativo para dispositivos móviles iOS, es que hoy en día debido a la gran cantidad de compañías y a veces hasta individuos creando Apps para esta plataforma, es casi imposible que se le ocurra usar un App (como por ejemplo una para medir la distancia de su ciudad a la Luna), y que no esté disponible ahí porque hasta ahora hay cerca de medio millón de Apps disponibles para su iPhone o iPad.

Una vez que instale el App a su iPhone o iPad, lo puede usar buscando el icono que lo representa y seleccionándolo. Ahora este App abre y dependiendo del App también es posible que le pida que se inscriba a un sitio web para conseguir una cuenta de la compañía que escribió el App.

Para abrir un App después de instalarlo, para trabajar con él, como por ejemplo el servicio de mensajes instantáneos del tipo "Chat" y hasta de llamadas gratis WhatsApp, búsquelo entre los Apps que tiene instalados en su iPhone u iPad y selecciónelo para abrirlo.

Si nunca ha usado WhatsApp, siga estos pasos para configurarlo por primera vez:

1. Busque su icono y cuando lo vea, selecciónelo para abrirlo.

2. Una vez que este App abra, seleccione el país en la lista de países que puede ver arriba de los números para marcar.

3. Ahora escriba el número de teléfono exacto desde el cual desea usar WhatsApp y después confírmelo seleccionando confirmar o "Yes".

4 Ahora esta compañía le enviará un texto con un código que debe usar para registrarse con WhatsApp (búsquelo entre los mensajes de texto que acaba de recibir). Cuando lo tenga regrese a WhatsApp para darle a este App el código de verificación en la ventana de este, de otra manera este App de mensajería no funcionará.

Por favor tómese su tiempo para completar este proceso. La primera vez que intente usar WhatsApp este le pedirá permiso para usar su libreta de teléfono con la información de sus contactos. Si usted le da acceso a esta WhatsApp le buscará entre sus contactos quién tiene WhatsApp, y los añadirá a su panel de favoritos o "Favorites". Recuerde que para usar un App de mensajería tiene que tener plan de datos (3G o 4G), o una conexión a una red Wi-Fi. Si tiene una conexión a una red Wi-Fi le será posible hasta hacer llamadas de teléfono gratis, e inclusive vídeo-llamadas sin costo alguno.

Ahora puede usar este App de mensajería instantánea para enviar mensajes de chat, o inclusive para hacer llamadas de teléfono, de manera gratuita. Para comenzar a usar WhatsApp para comunicarse con sus familiares o amigos, que también lo usen, busque y ábralo, y familiarizase con su área de trabajo, especialmente las diferentes pestanas o "Tabs", de este App.

En la parte de abajo vera las siguientes pestanas o "Tabs":

- Favoritos o "Favorites"
- Recientes o "Recent"
- Contactos o "Contacts"

- Conversaciones o "Chats"
- Configuración o "Settings"

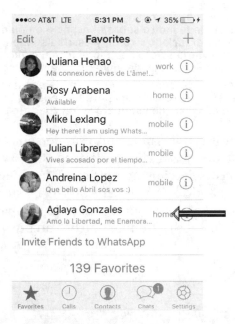

Por ejemplo para comenzar una comunicación de mensajería instantánea o una llamada de voz, seleccione "Favorites", y busque entre sus contactos los que aparecen disponibles. Ahora si no ha dado acceso a este App a su libreta de teléfono, simplemente seleccione conversaciones o "Chats".

Una vez que seleccione el contacto con el cual desea tener una conversación, es muy fácil de conversar o chatear, lo que se hace de la siguiente manera:

A Lleve su dedo índice sobre el espacio en blanco, para que ver el teclado virtual, y escriba su mensaje, y elija enviarlo seleccionando el icono, como una flechita recostada, de enviar su mensaje.

B Ahora si la persona a la cual usted le escribió le contesta, su respuesta aparecerá a la izquierda de los mensajes que usted envía, en cuadritos blancos.

Usted puede seguir conversando con esta persona, enviando mensajes/fotos/grabando voz/haciendo llamadas de voz y hasta de vídeo-conferencias (seleccionando el icono de vídeo), sin costo alguno, siempre y cuando esté en una red Wi-Fi o esté usando su plan de datos (3G o 4G). La última opción, usando su plan de datos no le debe preocupar, a menos que envié muchos archivos adjuntos a sus conversaciones.

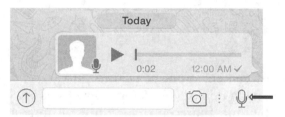

Este servicio de mensajería instantánea también le permite enviar mensajes de voz, de la siguiente manera: 1) presione y mantenga apretado el botón del micrófono ahora grabe su mensaje, 2) cuanto termine de grabar su mensaje, retire su dedo del botón del micrófono.

Si desea tomar una foto o vídeo para enviarla a uno de sus contactos, lo puede hacer de esta manera: 1) oprima el botón de la cámara, 2) si desea enviar un vídeo oprima y sostenga este botón, cuando ya termine de grabarlo retire su dedo del botón y para tomar una foto solo oprima y retire su dedo de este botón (cuando termine de tomar vídeo o tomar la foto seleccione "Done", 3) finalmente para enviar el vídeo o la foto oprima el botón de enviar o "Send".

Si no le ha dado permiso a este App de que use su cámara, cuando trate de usarla, recibirá un aviso de que el App no tiene permiso para usar su cámara, y le dará la opción de ir a la página de configuración de opciones de WhatsApp, y cambiar la configuración de este programa, a permitirle a usar su cámara, moviendo la guía de selección de izquierda a derecha, para darle permiso a WhatsApp de que use su cámara. Para regresar a la pantalla principal, oprima el botón de inicio o "Home".

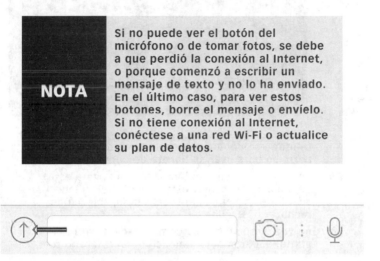

NOTA Si no puede ver el botón del micrófono o de tomar fotos, se debe a que perdió la conexión al Internet, o porque comenzó a escribir un mensaje de texto y no lo ha enviado. En el último caso, para ver estos botones, borre el mensaje o envíelo. Si no tiene conexión al Internet, conéctese a una red Wi-Fi o actualice su plan de datos.

Si desea adjuntar una foto, de las que tiene guardadas en su iPhone o iPad a una de sus conversaciones lo puede hacer de la siguiente manera: 1) oprima este botón, con una flechita hacia arriba, 2) escoja una foto de su librería seleccionando "Photo/Video library", 3) busque dónde está, que por lo general es el rollo de cámara o "Camera Roll", 4) selecciónela (si desea seleccionar más fotos oprima el botón de más o "+"), y por último 5) seleccione el botón de enviar o "Send".

Una de las funciones de más utilidad, en la última versión de WhatsApp, es la posibilidad de efectuar llamadas de voz e inclusive vídeo-llamadas a otro de sus contactos, casi con la misma claridad que cuando hace una llamada regular. Se efectúa de esta manera:

Ⓐ Escoja el contacto con el cual desea entablar una llamada, y seleccione —al lado de su nombre— el teléfono, para llamarlo. Si no ve este icono del

teléfono se debe a que no le ha dado a WhatsApp permiso para usar su libreta de contactos.

B Ahora si uno de sus contactos le llama, verá esta pantalla. Para aceptar esta llamada seleccione aceptar o "Accept". Para rechazarla, seleccione rechazar o "Decline".

C Una vez que establezca comunicación verá esta pantalla. Para colgar seleccione el teléfono rojo.

Este tipo de llamadas se puede efectuar si está usando una conexión de Internet o inclusive su servicio de celular (3G o 4G), y la calidad es bastante buena, y si solo tiene un plan de datos y le preocupa pasarse de lo que su plan le permite debe saber que usar estas funciones de WhatsApp no toman muchos megabytes de su plan de datos, ya que en realidad lo que más le descuenta megabytes de su plan de datos es enviar vídeo o fotos.

Ahora si todavía no le ha dado acceso a este programa a su libreta de teléfono y desea hacer una llamada, lo puede hacer de la siguiente manera 1) seleccione la pestaña de conversaciones o "chats". Después seleccione añadir o "Add" (este icono tiene como un lapicito sobre un papel), 2) escoja el país donde está la persona con la cual quiere comunicarse, 3) escriba su número de teléfono, 4) cuando termine de escribirlo seleccione confirmar o "Done", y 5) por último confirme que desea entablar una conversación con la persona que tiene este número de teléfono seleccionando confirmar o "Ok".

NOTA Cuando termine de tener una conversación con alguien, y desea ir a conversar con otra persona, seleccione el botón de conversaciones o "Chats", y después escoja la pestaña que desea usar. Por ejemplo la de los favoritos o "Favorites" para ver todos sus contactos.

Los dispositivos inteligentes o "smart devices" con el sistema operativo Android

Este es el tipo de dispositivo inteligente o "smart device" que usa alguna versión del sistema operativo Android, este tendrá en el empaque el logo (un robot verde). Hoy en día puede encontrar teléfonos inteligentes o "smartphones", y tabletas (como la Nexus, que es un proyecto de Google), fabricadas por muchas compañías diferentes, como por ejemplo: Samsung, HTC, y Motorola.

En estas páginas aprenderá acerca de cómo usar las funciones básicas de un teléfono inteligente o "smartphone" con Android, fabricado por la compañía coreana Samsung, que se llama el Galaxy S6 Edge, como también usar algunas de las funciones de la tableta que también corree el sistema operativo para dispositivos móviles Android, fabricado por la misma compañía, cuyo modelo es el Galaxy Note PRO.

Introducción al sistema operativo Android para dispositivos inteligentes o "smart devices"

Este es un sistema operativo para dispositivos inteligentes basado en otro sistema operativo para computadoras personales, que se llama Linux, y que en la actualidad está siendo dirigido por la compañía Google. Con una interfaz de usuario basada en la manipulación directa, este sistema operativo está diseñado principalmente para ser usado en dispositivos móviles con pantalla táctil como lo son los teléfonos inteligentes y las tabletas o "tablets".

Hoy en día Android es el sistema operativo para dispositivos inteligentes móviles (aunque también se puede usar con algunas PCs) con más usuarios alrededor del mundo, más que todo debido a que Android es de la categoría de software que es de fuente abierta o "Open Source", o sea que puede ser modificada por cualquier persona; en este caso compañías que sacan al mercado sus dispositivos móviles.

Por este motivo también es posible que cuando cambie de teléfono —de uno que use Android, a otro que también use Android, pero manufacturado por otra compañía— es muy posible que encuentre más iconos o más funciones en el teléfono nuevo.

Este es el logo, diseñado para Google en 2007 por la diseñadora gráfica Irina Blok, por el cual se dará cuanta, si lo ve en un dispositivo inteligente o "smart device", que el producto usa el sistema operativo Android. Este sistema operativo también es usado en televisores (Android TV), automóviles (Android Auto) y relojes de pulsera (Use Android).

NOTA

Si está buscando un teléfono Android, y más tarde desea llevarlo a su país, asegúrese que este sea del tipo GSM (sistema global para móviles) y no del tipo CDMA, ya que afuera de los Estados Unidos, un teléfono del formato CDMA no funcionará con ninguna compañía de servicio celular.

Descripción básica del teléfono inteligente o "smartphone" Samsung Galaxy S6 Edge y la tableta Samsung Galaxy Note Pro

Este teléfono, de la familia de los teléfonos Galaxy, está ganando bastante aceptación por su pantalla que es curva, lo que le permite inclusive tener información en ambos lados de la pantalla. Este teléfono, al igual que la mayoría de los teléfonos de la familia de teléfonos Galaxy, usa una versión del sistema operativo Android, que la compañía Samsung modifica, para poder usar mejor las diferentes características de este teléfono inteligente o "smartphone".

Este teléfono forma parte de la línea de teléfonos Galaxy, que han tenido mucha popularidad a través del mundo. Esta es una serie que comenzó en el 2009 con la salida al mercado del teléfono inteligente o "smartphone" Samsung Galaxy GT-I7500, y de los cuales hasta ahora se han vendido cerca de 200 millones de unidades.

En esta grafica puede ver la descripción de las partes/botones más importantes de un teléfono Galaxy S6 Edge, fabricado por la compañía Samsung. Si ha tenido un teléfono Samsung Galaxy notará que muchas de las partes/botones, están localizados en sitios que ya le

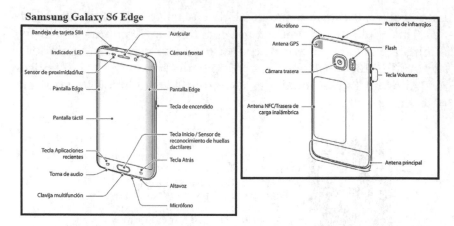

Samsung Galaxy S6 Edge

son familiares, inclusive si ha usado un teléfono inteligente que no sea de la marca Samsung, como por ejemplo la tecla de inicio, esta se encuentra en el mismo sitio, como es el caso en otros teléfonos con el sistema operativo Android.

NOTA

Si busca un teléfono inteligente y no sabe cuál comprar, entonces debe saber que hoy en día los iPhones y los que corren el sistema operativo Android son bastante poderosos y el sistema operativo es algo similar, siendo la mayor diferencia que a los iPhones no se les puede añadir más memoria, y no es fácil cambiarles la batería.

Y ahora puede ver, en la siguiente gráfica, la tableta Samsung Galaxy Note Pro, que puede hasta reemplazar una computadora personal, sobre todo en el caso de usuarios que tienen necesidades de computación básicas, como por ejemplo para aquellos que solo

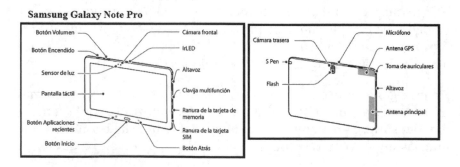

Samsung Galaxy Note Pro

necesitan revisar su correo y usar un servicio de comunicación por vídeo, como lo es por ejemplo Skype.

En esta gráfica puede ver la descripción de las partes/botones más importantes de una tableta Samsung Galaxy Note Pro, fabricado por la compañía Samsung. Muchas de las partes/botones, están localizados en sitios que ya le son familiares, si ha usado un teléfono inteligente, como por ejemplo la tecla de inicio que se encuentra en el mismo sitio que en otros teléfonos que usan el sistema operativo Android.

▯	Power	* Oprima y sostenga para prender el dispositivo o apagarlo * Oprima para prender o asegurar la pantalla
▭	Recents	* Oprima levemente para ver la lista de los Apps que ha usado recientemente * Oprima levemente y sostenga para ver la pantalla de doble vista
▢	Home	* Oprima para prender la pantalla, si esta está asegurada * Oprima pare regresar a la pantalla de inicio o "Home" * Oprima y sostenga para abrir Google
↰	Back	* Oprima levemente para regresar a la pantalla anterior
▯	Volume	* Oprima para ajustar el volumen

Entre los diferentes botones que encontrará en esta línea de dispositivos inteligentes con el sistema operativo Android hay varios que son más importantes, y en la gráfica de arriba los puede ver junto con su función.

Por ejemplo, esta es la manera de usar el botón de encender o "Power", en el teléfono Samsung Galaxy S6, para prender (guíese por la gráfica), o apagar un teléfono con el sistema operativo para dispositivos inteligentes Android:

- Si el teléfono inteligente está apagado, presione y sostenga el de encender para prender el teléfono inteligente o "smartphone".

- Si el teléfono está prendido, mantenga oprimido el botón de encender o "Power" de su teléfono o tableta inteligente para obtener opciones de energía, incluyendo la de reinicio del teléfono y apagar el teléfono.

- Si la pantalla está encendida, presione el botón de encender para apagar y bloquear la pantalla (esto se puede cambiar a que haga otra función).

- Si la pantalla está apagada, oprima el botón de encender para encender la pantalla. En este caso, la función es igual que oprimir el botón de inicio.

Recuerde que este sistema operativo Android para dispositivos inteligentes recibe muchos cambios de las diferentes compañías que lo usan en sus teléfonos y tabletas inteligentes, pero la mayoría de las funciones más importantes, como prender y apagar el teléfono o tableta se realizan de la misma manera.

Cómo usar el botón de inicio o "Home" en un teléfono inteligente o "smartphone" Samsung Galaxy S6 Edge o en la tableta Samsung Galaxy Note Pro

Este es uno de los botones más importantes para navegar su teléfono con el sistema operativo para dispositivos móviles Android, ya que al oprimirlo, por ejemplo después de usar un programa, puede regresar a la pantalla de inicio para usar los otros programas que tiene instalados en su teléfono o tableta inteligente.

Como leyó anteriormente, este botón está localizado en el mismo sitio, abajo de la pantalla, en todos los teléfonos del tipo Android (en este ejemplo puede ver el botón de inicio en un Samsung Galaxy S5).

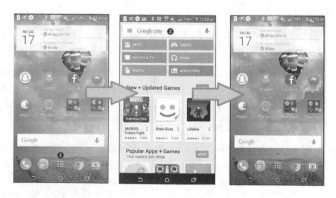

Este es un ejemplo de cómo usar el botón de inicio o "Home", para navegar en su teléfono Android:

Para regresar a la pantalla de comienzo, luego de buscar una aplicación o App, en la tienda Google Play:

1. En este ejemplo puede ver cómo, después de oprimir el botón de inicio o "Home", cuando estaba viendo la pantalla de comienzo (con la hora), apareció la primera pantalla de iconos, pero en esta no estaba el icono del programa que buscaba, que es el del Google Play. Entonces seleccioné el icono de Apps, para visitar esta página de Apps.

2. Ahora si en la primera página que abre no ve el icono de Google Play desplace su dedo índice, apoyándolo contra la pantalla, usando el moviente de barrer la pantalla —de derecha a izquierda— como barriendo o "Swiping", para adelantar una página de iconos. Una vez que encuentre el icono del programa que busca (en este ejemplo Google Play), selecciónelo, para abrirlo. Si el App que busca está agrupado con otros programas, como por ejemplo un grupo de programas que usted haya creado, entonces primero seleccione este grupo, para buscarlo ahí. Si desea regresar a la pantalla anterior oprima el botón de regreso o "Back".

3. Finalmente si desea regresar a la página de inicio, por ejemplo para trabajar con otro App, oprima la tecla de comienzo o "Home".

Ahora si solo desea regresar una página, a ver la página anterior, coloque su dedo índice y apóyelo contra la pantalla, usando el moviente de barrer la pantalla —izquierda a derecha—, o "Swiping", para regresar una página de iconos (hasta encontrar la página que desea ver). El botón de regreso o "Back button", también es muy útil y le permite regresar una pantalla, dentro de la aplicación con la que esté trabajando.

Cómo conectarse a una red Wi-Fi

Como pudo leer en el primer capítulo, una de las ventajas de usar estos dispositivos inteligentes es su capacidad de tener conectividad al Internet, para de esta manera ser completamente interactivos con lo que está sucediendo afuera de su entorno. Como por ejemplo revisar el tiempo local o ayudarle buscar una receta para preparar una cena.

Ahora estos dispositivos inteligentes del tipo Android, al igual que en el caso con los iPhones y iPads, tienen dos maneras de conectarse: usando un plan de datos (3G o 4G), o usando una conexión inalámbrica del tipo Wi-Fi. Ahora la conexión del plan de datos es automática; si usted tiene un plan de servicio, el teléfono se va a conectar a una red 3G o 4G automáticamente, cuando su teléfono o dispositivo inteligente esté en la vecindad de una torre de celular de la empresa que le da servicio. Pero este uso va a ser descontado de su cuenta, por eso es mejor que cuando pueda se conecte a una red Wi-Fi, para que el uso del Internet no sea descontado de su cuenta.

Estos son los pasos que debe seguir para conectarse a una red Wi-Fi, abierta o con clave, en un teléfono o una tableta inteligente del tipo Android:

A Comience buscando la configuración de las redes Wi-Fi. Esto se hace llevando su dedo índice sobre la parte de arriba de la pantalla del teléfono, y desplazándolo de arriba hacia abajo.

B Ahora puede ver el nombre "Wireless Networks". En algunos dispositivos Android este panel está dentro del grupo de configuración o "Settings", y después tiene que seleccionar Wi-Fi, dejando su dedo levemente sobre este icono, hasta que vea la próxima pantalla.

C Ahora escoja, entre las redes WI-Fi que puede ver, la red Wi-Fi, a la cual se desea conectar. Si esta es una red abierta, elijala, y esta le debe dar acceso inmediatamente. Ahora si esta es una red segura, aparecerá con un candado al lado y tendrá que proveer una contraseña para usarla. En este ejemplo elegí la red Wi-Fi "Industrial C.H.IM.P".

D Como esta es una red segura, otra ventana abrió preguntando la contraseña de esta. Para continuar, provea la contraseña y después selección añadirse o "Connect".

E Finalmente puede ver que el dispositivo inteligente, este Galaxy, muestra conexión de Internet, al sitio Wi-Fi "Industrial C.H.IM.P".

Si en el paso C no puede ver puede ver ninguna red Wi-Fi disponible, fíjese que la opción para usar la red Wi-Fi no esté apagada, en la position "Off". Si lo está, desplácela a la posición prendida u "On". Una vez que tenga conexión al Internet, puede usar todos los programas de conectividad, como lo son el navegador Google Chrome, su dirección de correo electrónico, seleccionando correo electrónico o "Mail", y en general todos los otros programas que requieren de conectividad. Como pudo leer anteriormente este tipo de conexión es preferible, cuando está disponible, porque no le descuenta megabytes de su plan de datos.

Cómo buscar y bajar aplicaciones o Apps de la tienda de Google Play

Una de las ventajas de usar un dispositivo inteligente con el sistema operativo Android, es la gran cantidad de Apps que están disponibles en la tienda de Google Play, para ser usadas en su dispositivo inteligente. Inclusive algunas compañías, como Samsung, tienen su propia tienda de Apps, pero en esta sección aprenderá sobre como buscar y bajar Apps de la tienda de Google Play, que es mucho más extensa.

Para bajar Apps de esta tienda virtual es necesario que tenga una cuenta de Google (si ya tiene una cuenta de Gmail, esta es su cuenta de Google), o si desea puede crear una nueva cuenta con Google, lo que se hace abriendo su navegador y escribiendo esta dirección virtual o URL, *https://accounts.google.com/signUp,* en la barra de direcciones de su navegador y oprimiendo la tecla de confirmar o "Enter". Una vez que esta página abra, provea la información que ahí le piden, para crear su cuenta de Google.

Para comenzar este proceso busque el icono de Google Play, este parece como una pirámide de lado, y selecciónelo. Por lo general

Google Play está dentro del grupo de Apps, en ese caso primero abra este grupo, para seleccionarlo.

Esta es la manera para bajar y instalar Apps de la tienda de Google Play en un dispositivo inteligente o "smart device", del tipo Android:

1. Para comenzar seleccione el botón de Apps. Este parece un cuadrado, con nueve puntitos. Cuando la página de Apps abra, busque el icono de Google Play y selecciónelo para abrirlo.

2. Si no ha usado esta tienda antes, verá los pasos para afiliarse a ella. Si ya tiene una cuenta de Google seleccione autenticarse con "Sign in". De otra manera seleccione crear una cuenta eligiendo "Create", y siguiendo los pasos que ve ahí. Para comenzar a buscar el App que desea usar seleccione primero esta franja, para ver el teclado virtual.

3. Una vez que vea el teclado virtual escriba el nombre del App, por ejemplo WhatsApp. Si la aplicación o App que está tratando de conseguir y bajar a su dispositivo inteligente tiene un costo, seleccione el botón con el precio, y siga los menús, lo que incluye proveer su número de tarjeta de crédito, para conseguirla y bajarla a su computadora.

4. Cuando vea su nombre, seleccione instalar o "Install", y ahora el App comenzará a ser instalado en su teléfono inteligente con el sistema operativo Android. Para aprender a usar este App, inmediatamente salte a la próxima sección de este capítulo, que le muestra cómo usar los Apps instalados en su dispositivo inteligente con el sistema operativo Android.

En el segundo paso verá la opción de autenticarse con una cuenta de Google que ya tenga, o crear una nueva cuenta, cuando vea la pregunta crear o "Create" o autentíquese o "Sign in". Si ya tiene una cuenta de Google, como por ejemplo una cuenta de correo electrónico de Gmail, escoja autenticarse, escribiendo su cuenta de correo electrónico, y la contraseña, y siga las instrucciones que ve aquí, que consisten en seleccionar siguiente o "Next" y en aceptar los términos de uso seleccionando "Accept", de esta tienda de Apps. Inclusive puede elegir que este dispositivo inteligente sea sincronizado con su cuenta de Google, lo que creará respaldos de este. Si no tiene una cuenta de Google, cree una seleccionando crear una cuenta o "Create", y siguiendo los pasos que ve ahí para crear una cuenta de Google.

Cómo trabajar con los Apps que tiene instalados en su dispositivo inteligente o "smart device" con el sistema operativo Android

Para usar los Apps instalados en su teléfono, visite la pantalla de Apps (esta tiene nueve puntitos) que está, por lo general, en la pantalla de inicio o "Home" de su dispositivo inteligente con Android. Ahora si el App que busca no está en la primera pantalla desplace su dedo índice apoyándolo contra la pantalla, usando el moviente de barrer la pantalla —de derecha a izquierda— como barriendo o "Swiping", para adelantar una página de iconos. Una vez que encuentre el icono del programa que busca, selecciónelo, para abrirlo.

Para este ejemplo usé los mapas de Google o Google Maps. En esta gráfica puede ver su icono, que le puede ayudar a buscar direcciones que puede usar para manejar o llegar a un sitio caminando. Ahora ábralo para aprender a usar este excelente programa de buscar direcciones o sitios comerciales. Si nunca ha usado este programa será necesario que seleccione acepte y continuar o "Accept and continue", para usar este buscador de direcciones.

Para usar este programa tiene que tener un plan de datos (3G o 4G), si esta fuera del alcance de una red, de otra manera este programa no podrá cargar los mapas que necesita usar para darle las direcciones que busca.

Esta es la manera de buscar direcciones de manejo, una vez que Google Maps abra:

A Para comenzar a buscar direcciones usando los mapas de Google o Google Maps, seleccione el botón de direcciones.

B Ahora es preciso darle a este App la información de dónde está, y a dónde desea ir. En la casilla de arriba está la dirección donde desea comenzar esta búsqueda, si quiere direcciones de donde está ahora, si no está ahí, escoja "Your location". En la casilla de abajo, donde dice "Choose destination", selecciónela, para empezar a escribir la dirección de dónde desea ir. Por favor note en la parte de arriba de esta pantalla otros iconos, por ejemplo si no va en un carro, sino a pie, seleccione el icono para ver direcciones caminando.

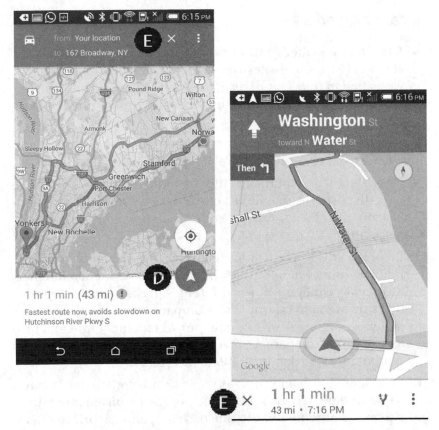

C Con el teclado virtual que se abre, escriba la dirección de su destino, incluyendo el nombre de la ciudad y el estado.

D Cuando este programa calcule la ruta que debe seguir se la presentará en un mapa grande. Para ver las direcciones más minuciosamente, seleccione la flechita que señala hacia arriba.

E Ahora puede ver a cada detalle de la ruta que debe seguir, los cuales cambiarán, por ejemplo si va en un carro, a medida que va avanzando. Si desea cancelar esta ruta, seleccione la "X", en la última y la penúltima pantalla que ve en este ejemplo.

Lo más recomendable cuando usa una aplicación de este tipo es de prepararla antes de ir para su destino, pidiéndole la dirección de a dónde desea ir, antes de prender su carro. Y aun cuando está recibiendo direcciones de manejo de la aplicación, y está manejando, ponga mucha atención a la carretera, especialmente con los peatones, ya que si se distrae puede causar un accidente.

Para recordar

- Los teléfonos inteligentes o "smartphones" y las tabletas, como el iPad, son dispositivos electrónicos que en muchos casos llenan todas las necesidades tecnológicas de muchos usuarios, por la cantidad de aplicaciones que se pueden usar de estos.

- Los dos sistemas operativos de más uso en estos dispositivos móviles son el Apple iOS y el Android de Google.

- Una diferencia importante entre estos dos sistemas operativos para dispositivos móviles es que el iOS de Apple es más controlado que el Android, por ende, es algo más seguro que el Android.

- En el lado de Apple iOS los teléfonos más recientes son el iPhone 7 Plus y el 6 Plus, los que a su vez se pueden obtener de muchas configuraciones diferentes, hasta con 256 Gigabytes de memora interna. Esta compañía también vende tabletas, como el iPad Air, que, por su tamaño y funcionabilidad, algunas compañías en vez de darle a sus empleados una computadora, le dan una tableta de estas.

- En el lado del sistema operativo Android, creado por la compañía Google, hay más opciones, porque técnicamente este sistema es abierto, por eso muchas compañías fabrican teléfonos inteligentes, y hasta algunas tabletas, como por ejemplo Samsung, LG y HTC, y estos a su vez venden teléfonos inteligentes como el Samsung Galaxy S8 o el HTC U Ultra phablet.

- La funcionalidad de estos dispositivos inteligentes se logra bajando Apps o Aplicaciones móviles de dos tipos: gratis o con un costo, que por lo general en la mayoría de los casos no es muy alto.

El sistema operativo Apple OS X

Introducción al sistema operativo Apple OS X

El Sistema operativo Apple OS X, fabricados por la compañía Apple en California, es de la familia de los sistemas operativos gráficos o GUI, o sea este es el tipo de sistema operativo moderno en el que usted puede realizar casi todas las funciones de usar el computador haciendo clic con el ratón sobre ventanas y menús. Este sistema operativo, llamado Apple OS, es basado en otro sistema operativo de alto rendimiento, llamado Unix. Ahora, esta sistema operativo solo funciona en computadoras Macintosh, que a su vez también son fabricadas por la compañía Apple.

La primera versión para la casa de este sistema operativo, fue OS X Server 10.0, que salió al mercado el 24 de marzo de 2001, y que recibió la designación Mac OS X v10.0 "Cheetah". Últimamente este sistema operativo, además de la designación OS X, también ha recibido un nombre. Por ejemplo, en versiones anteriores, Apple ha usado estos nombres: Puma, Jaguar y Panther. El sistema operativo en uso en agosto de 2016, recibió la designación Sierra. Hoy en día este sistema operativo, dentro del mercado de las computadoras personales, es el segundo sistema operativo de más uso después del de Microsoft Windows.

Esta es la pantalla de entrada de una computadora Apple Mac Mini, con el sistema operativo OX 10, y en esta puede ver los siguientes components:

(A) Arriba, a la izquierda, puede ver unos menús con etiquetas (File, Edit, etc), estos corresponden —entre los programa que tiene abiertos— al programa que esté usando. Si en ese momento no tiene ningún programa abierto, estos menús muestran las opciones del buscador o "Finder" del OS X.

(B) Arriba, a la derecha, puede ver algunos botones para configurar su computadora, como por ejemplo el del trabajar con las opciones de sonido, y la de conectarse a una red Wi-Fi.

(C) Este es el escritorio virtual o "Desktop", a este puede copiar archivos o programas, que quiera usar fácilmente. En este también podrá ver las unidades de memoria removible, como las del tipo USB, que se conectan a su computadora.

(D) Esta es la bandeja de programas y utilidades llamado el "Dock". Esta se puede ensanchar, disminuir de tamaño, o hacer que se esconda automáticamente.

Este tipo de computadora es muy fácil de usar, pero si ha usado otro tipo de computadora anteriormente, como por cjcmplo una Dell IBM compatible, encontrará que algunas cosas se hacen de manera diferente. Para empezar el botón derecho del ratón en una Mac no funciona de la misma manera que lo hacía en su Dell, a menos que csta sea una opción que se habilite en las preferencias del sistema u oprimiendo la tecla de CTRL y haciendo clic, abre un menú en muchos sitios, como las páginas web.

Cómo entrar a una computadora con el sistema operativo OS X

Cuando prende una computadora personal, oprimiendo el botón de poder, con el sistema operativo Apple OS X, esta le presentará una pantalla con los nombres de los usuarios que tienen cuentas de usuarios en la computadora. Para entrar a usar la computadora haga clic sobre el nombre del usuario que le corresponde. Si la cuenta de usuario que escogió no está protegida con una contraseña, la computadora entrará directamente al menú del comienzo, de lo contrario le será necesario escribir la contraseña del nombre del usuario que escogió para usarla.

Si la cuenta de usuario está protegida con una contraseña o "Password", escríbala después de hacer clic sobre su nombre de usuario, y después oprima la tecla de confirmar o ENTER, para acceder al sistema operativo. Por favor recuerde que las contraseñas tienen que ser proveídas al sistema operativo exactamente como fueron creadas. Es decir si la contraseña es: MiTierra@1234, y escribe ahí Mitierra@1234, con la segunda "t" en minúscula, en vez de mayúscula, no le será posible entrar a usar la computadora, hasta que escriba la contraseña que es: MiTierra@1234.

Cómo trabajar con las opciones de la bandeja de programas y documentos o "Dock"

Como puede ver en la siguiente gráfica, esta bandeja tiene una gran cantidad de iconos, la mayoría de los cuales fueron añadidos por el sistema operativo, y otros por programas que usted instaló después e inclusive por otros que usted mismo —manualmente— añadió ahí. Inclusive si así lo desea puede mover a esta bandeja documentos, y hasta carpetas que usa frecuentemente.

En esta bandeja, de la computadora que usé para escribir estas instrucciones, puede ver que hay puntos debajo de cuatro de estos iconos:

- El buscador de OS X, que se llama el "Finder"
- El navegador de Internet Safari

- El panel de controles
- Microsoft Word

Lo que quiere decir que estos programas están abiertos en este momento y por eso puede ver el puntito. Cuando el programa cierre, el punto desaparecerá. Si esta bandeja de archivos y programas no parece visible a primera vista, lleve el indicador del ratón sobre la parte inferior de la pantalla, como jalándolo hacia abajo, para ver si aparece. Si este ahora es visible, es que ha sido configurado para esconderse, cuando no lo esté usando. Para comenzar a cambiar las opciones del "Dock", haga clic sobre el símbolo de Apple y después sobre "System Preferences", y finalmente sobre "Dock".

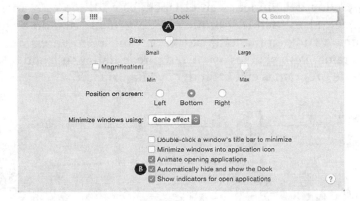

Esta es la manera de trabajar con las dos opciones más importantes de la bandeja de programas y documentos o "Dock", del Apple OS X:

Ⓐ Para disminuir o aumentar el tamaño de esta bandeja de programas, lleve el indicador sobre esta guía y jálelo hacia la izquierda (para disminuirla) o hacia la derecha (para aumentarle el tamaño).

Ⓑ Si desea que la bandeja de programas o "Dock", desaparezca cuando no la está usando, entonces seleccione que se esconda automáticamente seleccionando "Automatically hide . . .".

Para añadir un programa a la bandeja de programas, hágalo de la siguiente manera: 1) abra el "Finder" (este es el icono que tiene como una cara, en dos colores), 2) seleccione Aplicaciones o "Applications", y ahora busque el programa que desea añadir a esta bandeja de programas, 3) cuando lo encuentre lleve el indicador del ratón sobre su icono, oprima y sostenga el botón izquierdo del ratón, y

4) por último jálelo sobre esta bandeja de programas. Ahora, si al contrario, desea quitar el icono de un programa, lleve el indicador del ratón sobre él, ahora oprima y sostenga el botón izquierdo del ratón y retírelo de esta bandeja para que este sea eliminado del "Dock".

Cómo abrir, cerrar o mover programas en el sistema operativo Apple OS X

Para abrir un programa en este sistema operativo solo basta con hacerle clic sobre su icono, ya sea en el escritorio virtual o "Desktop", en la ventana del Finder, o en el Dock, este último es el más fácil de acceder, si es visible, porque por lo general cuando añade un programa a su computadora, este creará un icono en esta bandeja de programa. Pero si no es así, usted puede hallar su icono desde la carpeta de programas en el "Finder" y añadirla ahí.

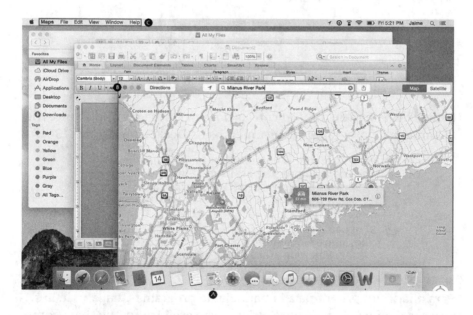

Esta es la manera de abrir y cerrar programas en el sistema operativo Apple OS X, desde el "Dock":

Ⓐ   Busque su icono en el "Dock", y hágale clic. En este
        ejemplo abrí el programa de Mapas, de Google.

B Cuando desee cerrarlo haga clic sobre el círculo rojo, en la esquina superior izquierda del área de trabajo del programa.

C Ahora los menús de la parte superior de la pantalla, pertenecen a esta ventana del programa que acaba de abrir.

En un sistema operativo como este, el número de programas que puede tener abiertos a la vez solo es limitado por la cantidad de memoria que está instalada en su computadora. Por ejemplo, una computadora personal con 8 gigas de RAM no debe tener ningún problema en tener un navegador de Internet, un procesador de palabras, y un programa de mapas abiertos al mismo tiempo.

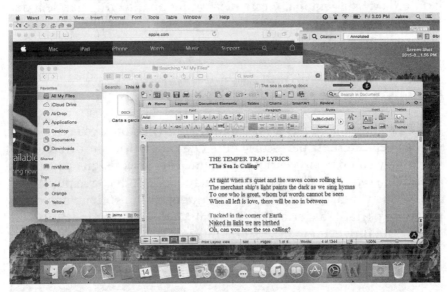

Para aprender a sacarle el mayor provecho a usar este sistema operativo es necesario que aprenda a disminuir o aumentar de tamaño las ventanas de sus programas, como también desplazarlos de lugar en la pantalla, lo que se hace de la siguiente manera:

A Coloque, en la esquina inferior derecha el indicador del ratón y jálelo hacia afuera para aumentar el tamaño de una ventana, y hacia adentro, para disminuirla de tamaño.

B Para desplazar la ventana de un programa de un lugar a otro en la pantalla de su computadora, lleve el indicador del ratón sobre la barra del título, sostenga el botón izquierdo del ratón y jálela al lugar en la pantalla donde desea dejarla.

Ahora para cambiar a usar otro programa que haya abierto previamente, y cuya ventana aparece detrás del programa que está usando, hágale clic. Este programa aparecerá prominentemente, al frente de la pantalla de su computadora. En este ejemplo puede ver que el programa que aparece al frente en la pantalla de esta computadora, es un documento de Microsoft Word.

Si escoge minimizar un programa, que está usando para redactar un documento, haga clic sobre el botón amarillo en la esquina superior izquierda de su ventana, y este dejará una huella en la bandeja del "Dock", para regresar a usarlo. En este ejemplo usted puede ver la W del programa de Microsoft Word, hágale clic.

Cómo conectarse a una red Wi-Fi

Una de las ventajas de usar una computadora personal es la de poder navegar el Internet, para conseguir cualquier tipo de dirección o asesoría, y como pudo ver anteriormente esto se consigue conectándose a una red por cable o Wi-Fi. La manera de conectarse por Wi-Fi le ofrece la ventaja de poder trabajar, por ejemplo, si tiene una computadora portátil, a cierta distancia del Modem/router inalámbrico, que le está proveyendo la señal de Internet.

En una computadora Apple, es muy fácil conectarse a una señal de Wi-Fi, y se hace de la siguiente manera:

1. Haga clic sobre el símbolo de Wi-Fi para ver qué redes Wi-Fi están disponibles.

2. En esta lista puede ver que algunas redes son libres o abiertas. Para conectarse a una red de este tipo solo es necesario hacerle clic al nombre de la red Wi-Fi, y esta le dará conexión al Internet.

3. Ahora si la red es del tipo de red inalámbrica segura, esta le requerirá que provea una contraseña.

4. Finalmente haga clic sobre añadirse o "Join".

Si la conexión tuvo éxito, verá que este símbolo cambia y ahora le será posible navegar el Internet, si la conexión no tuvo éxito, porque por ejemplo no escribió la contraseña bien, trate de nuevo. A veces inclusive, por ejemplo si la red Wi-Fi aparece abierta, es necesario abrir el navegador de Internet, o este abrirá automáticamente, para ver un segundo de tipo de verificación, en el cual a veces le piden que escribe su dirección de correo electrónico, esto lo hacen con el propósito de mantener un control de quien usa su red Wi-Fi.

Cómo usar el localizador de archivos o "Finder"

Este es un programa que le permite trabajar con todos los archivos que tiene guardados en su computadora personal con el sistema operativo OS X, y una vez que estos estén organizados también le es posible buscarlos y encontrarlos muy fácilmente, con unos pocos clics del ratón. Desde aquí también puede buscar un programa, por ejemplo uno que usted no usa muy a menudo y no desea tener su icono en la bandeja del "Dock", y hacer clic sobre su icono para abrirlo.

Esta es la manera de comenzar a usar el localizar de archivos o "Finder" de Apple OS X, para trabajar con los archivos guardados en su computadora:

Ⓐ Comience haciendo clic sobre el icono del "Finder", en la bandeja de programas o "Dock".

Ⓑ Ahora este abrirá en una de las diferentes categorías (panel de la izquierda), en las cuales el trabajo que hace en su computadora ha sido dividida (sus archivos, y programas se pueden ver en el panel de la derecha).

Si no puede ver la bandeja de programas o "Dock", entonces abra el Finder desde los menús en la parte de arriba de su monitor, haciendo clic sobre él, y después seleccionando abrir una nueva ventana del Finder, o "Open a new finder window".

Cómo cambiar a los diferentes tipos de vistas o "Views" en el "Finder"

En este programa es muy fácil trabajar con los documentos o programas que tiene guardados en su computadora. Ahora a veces usted puede preferir cambiar la vista de cómo estos objetos, debajo de la categoría que ha seleccionado en el panel de la izquierda de la ventana del Finder, aparecen en el panel de la derecha, por ejemplo si selecciona la categoría de documentos o "Documents", y quiere ver las fotos que ha guardado en una carpeta a este nivel, es más útil verlas como vista previa, que ver solo su nombre.

Estas son las vistas disponibles para ver sus archivos y programas en el Finder, de OS X:

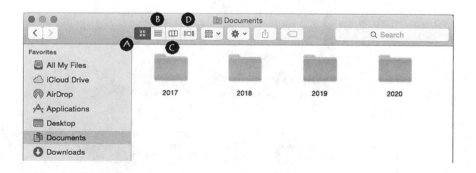

A Visualización como iconos: esta es la vista que está seleccionada en esta computadora.

B Visualización como lista: si selecciona esta vista, podrá ver más información sobre sus archivos, como por ejemplo el día y la hora en que fueron modificados.

C Visualización en columnas: esta vista previa es recomendable, cuando tiene muchas carpetas dentro de carpetas. Por ejemplo si tiene una carpeta, a nivel de la de sus documentos o "Documents", llamada 2017, y dentro de esta tiene dos carpetas, una llamada trabajo y la otra llamada personal, y adicionalmente dentro de la carpeta de trabajo tiene carpetas con todos los meses del año, entonces navegue, primero a la carpeta 2017, y después a la de trabajo, esto añadirá una columna, y si escoge la carpeta del mes de enero, esto le mostrará otra columna, y así sucesivamente vera más columnas, si tiene otras carpetas dentro de esta carpeta.

D Visualización como "Cover Flow", le presenta una vista previa, en una ventana, encima de sus archivos o programas.

Cómo guardar un archivo

Una computadora personal tiene muchos usos, como por ejemplo buscar información sobre cómo hacerse ciudadano o buscar direcciones de manejo. Ahora en muchas circunstanciadas también le va a ser necesario crear nuevos documentos, usando un procesador de palabras, como Microsoft Word, y en ese caso tendrá —si es un documento que desea ver después— que grabarlo o guardarlo al disco duro de su computadora, para regresar a este en otra oportunidad. En este caso es muy importante que recuerde dónde lo guardó, para que de esta manera, cuando lo necesite, pueda regresar a usarlo fácilmente.

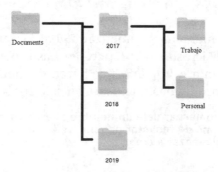

Documents | 2017 | Trabajo | 2018 | Personal | 2019

Por ejemplo mire esta organización; debajo de la carpeta de documentos o "Documents" hay tres carpetas: 2017, 2018, y 2019. Ahora la carpeta del año 2017 está a su vez dividida en dos carpetas diferentes: Trabajo y Personal. Esto quiere decir que si elige guardar su trabajo en la carpeta Personal que está debajo de la carpeta 2017, que a su vez esta guardada dentro de la carpeta de documentos o "Documents", la próxima vez que regrese a buscar los archivos que guardó ahí, tiene que regresar a documentos o "Documents", después abrir la carpeta de 2017 y finalmente la de Personal.

Ahora puede practicar guardar un archivo al disco duro de su computadora usando la función de guardar o "Save", que se abre haciendo clic sobre archivo o "File", en el programa que esté usando, como por ejemplo un procesador de palabras, y después sobre guardar o "Save".

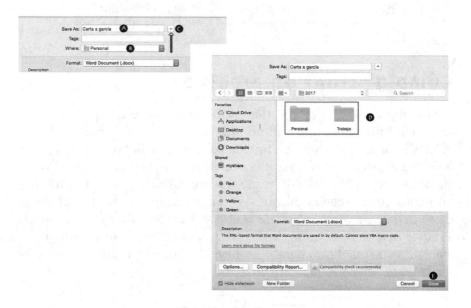

Ahora use esta ventana para comenzar a guardar su documento. En este ejemplo usé Microsoft Word, pero los pasos para guardar el trabajo que hace en una Apple OS X se hacen de manera muy similar en casi todos los programas que usará en este sistema operativo:

Ⓐ **Para comenzar dele un nombre al archivo que terminó de redactar o inclusive a uno que acaba de comenzar a crear.**

B Ahora escoja en qué carpeta lo desea guardar. En este ejemplo puede ver que si guarda este archivo, este quedará guardado a nivel de sus documentos o "Personal".

C Si desea escoger otra carpeta dentro de las carpetas que ve ahí, como la de 2017, haga clic sobre esta guía para ver más información acerca de dónde guardar su trabajo. Para escoger una carpeta haga doble clic sobre ella.

D Por ejemplo aquí puede ver dos carpetas: Personal y Trabajo, a nivel de la carpeta de 2017. Lo que quiere decir que para regresar a buscar un archivo que guardó en una de estas dos carpetas tiene que abrir primero la carpeta 2017, y esta a su vez está guardada dentro de la carpeta de mis documentos o "Documents".

E Finalmente haga clic sobre guardar o "Save", para guardar este documento ahí.

Cuando esté en el proceso de guardar un archivo usando guardar o "Save", verá que también existe un guardar como o "Save As", y esta es la diferencia; digamos por ejemplo que crea un archivo, como por ejemplo una carta a su Tío Arcadio, que es un documento que nunca desea usar otra vez, porque es demasiado inverosímil, entonces puede usar el nombre Carta al Tío Arcadio, usando solamente "Save".

Ahora si está indeciso de que trabajo quiere tomar, y empieza a redactar su hoja de vida, o CV, y pone toda su información personal, como su dirección y su educación, pero le gustaría usar eso como una base, para enviar este CV a diferentes compañías, puede hacerlo de la siguiente manera: 1) Escriba lo básico acerca de usted, en un formato de hoja de vida o CV, como su dirección, su correo electrónico, y su educación, b) guarde este archivo usando "Save" y dele el nombre Hoja de vida, para que este sea una base para crear más archivos, 3) ahora agréguele información que solo es pertinente para uno de los trabajos que está buscando, y guarde este documento usando guardar como o "Save As" (haciendo clic sobre "File" y "Save As"), y dele un nombre diferente, para preservar el archivo original, 4) más adelante si quiere aplicar a otro sitio abra el archivo original, cámbielo, guárdelo usando "Save As", y dele otro nombre. Para crear otro CV, para otro trabajo, abra el archivo original, cámbielo, y use "Save As", para darle otro nombre, como por ejemplo Hoja de vida Retail.

Cómo abrir un archivo

Después de que haya escogido guardar un archivo en una carpeta en su unidad de disco duro u otro dispositivo de almacenamiento, el archivo permanecerá ahí, listo para ser abierto en cualquier momento (hasta que lo elimine o lo mueva). Estas son algunas de las formas de abrir un archivo guardado en su computadora con OS X:

- Abra el programa que usó para crearlo, después haga clic sobre "File" y luego sobre "Open". A continuación encuentre la carpeta donde lo guardó y después haga doble clic en su nombre para abrirlo o un solo clic en su nombre y después en el botón de "Open" para abrirlo.
- Abra el Finder navegue a la carpeta donde guardó el archivo y luego haga doble clic en su nombre para abrirlo.
- Si el archivo fue guardado en el "Desktop" o usted le hizo un atajo o "shortcut" ahí, regrese a éste, y cuando lo encuentre haga doble clic en su nombre para abrirlo.

Por ejemplo si creó un documento usando Microsoft Word, abra este programa para comenzar el proceso de regresar a trabajar con él, como por ejemplo para imprimirlo o cambiar alguna información que ya no está actualizada, una vez que el programa abra haga clic sobre "File", y después sobre "Open".

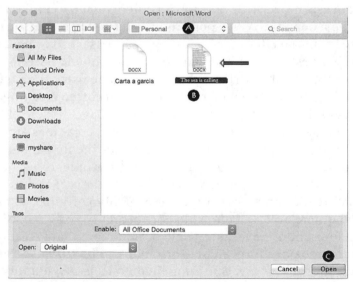

Esta es la manera de abrir un archivo que haya creado y guardado en su computadora usando Microsoft Word, después de abrir este mismo programa:

A Navegue hasta donde está el archivo que está buscando. En este ejemplo busqué un archivo que guardé en la carpeta Personal, que a su vez estaba guardada dentro de la carpeta 2017.

B Una vez que encuentre el archivo con el cual desea trabajar, hágale clic dos veces para abrirlo.

C Si solo le hizo un clic al archivo, para seleccionarlo, haga clic sobre abrir o "Open".

Por favor tenga en cuenta —cuando está en el proceso de abrir archivos— que si por ejemplo alguien le envió un archivo creado con un programa que usted no tiene, tal vez no le sea posible abrirlo para trabajar con él. Aunque esto es bastante raro, puede suceder, especialmente si alguien le envía archivos creados con una IBM compatible, como por ejemplo una Dell con el sistema operativo Windows 10.

Cómo usar el "Finder" de OS X para buscar archivos

Si no se acuerda dónde guardó un archivo que ahora necesita abrir, y tampoco se acuerda del nombre completo que usó para él, y solo una parte del nombre que le dió, puede usar el Finder del OS X, para buscarlo. Pero tenga en cuenta que si el nombre es muy genérico, como por ejemplo; help, o ayuda, el Finder puede encontrar muchos archivos similares, entre los que tiene que encontrar el que está buscando.

Esta es la manera de usar el Finder del OS X, después de abrirlo de la manera como aprendió anteriormente, para buscar los archivos que guardó en el disco duro de su computadora:

Ⓐ En esta casilla escriba el nombre del archivo o si no recuerda el nombre completo, al menos una palabra que usó en nombrar el archivo que ahora necesita usar, pero no recuerda dónde lo guardó.

Ⓑ A la izquierda puede ver diferentes criterios que usted puede usar para que esta búsqueda sea más rápida, por ejemplo si recuerda al menos que este archivo lo guardó en la carpeta de documentos o "Documents", hágale clic, para que el Finder solo busque aquí.

Ⓒ Ahora este programa le mostrará los resultados de la búsqueda en el panel de la derecha.

Si el Finder encuentra el archivo que está buscando, y desea abrirlo para trabajar con él, hága clic dos veces sobre su nombre. Ahora esto funciona perfectamente, como pudo leer anteriormente, si este archivo fue creado con un programa que está instalado en su computadora. Si este es un archivo que alguien le envió adjunto a un mensaje de correo electrónico, pero creado con un programa que usted no tiene instalado en su computadora, tal vez no lo pueda abrir, a menos que este archivo sea compatible con los programas que usted tiene instalados en su computadora.

Cómo imprimir su trabajo

La función de presentar una copia fiel de un documento que haya creado en la computadora es tal vez una de las funciones más útiles que se puede realizar con una computadora personal, pero primero le recomiendo que se cerciore de que la impresora que piensa usar tiene papel en la bandeja, y que tiene suficiente tinta para el trabajo que desea imprimir, de lo contrario póngale papel, o si necesita tinta, la tinta que necesita. Para comenzar, haga clic sobre "File", y después jale el indicador del ratón sobre "Print", y hágale clic.

Esta es la manera de imprimir con la versión de Word que tenga instalada en su computadora, lo que se hace de manera similar en casi todos los otros programa que tenga para usar en su computadora personal con Apple OS X:

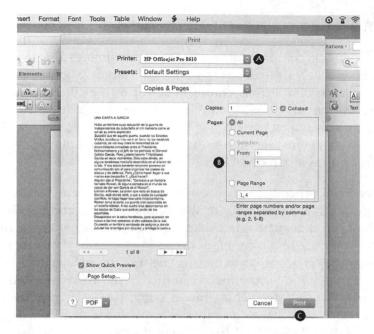

A Para comenzar escoja, si hay más de una impresora
conectada a la computadora, la impresora a la cual
desea imprimir, antes de comenzar a imprimir su
trabajo.

B Después seleccione el rango de las páginas que desea
imprimir, ya que si la opción de todas o "All" está
seleccionada, imprimirá el documento completo.
Esto es importante porque si por ejemplo este es un
documento de 20 páginas, y solo quiere imprimir la
página que tiene en la pantalla, debe seleccionar
"Current Page", de otra manera todo el documento
será impreso. Ahora si quiere imprimir de la página
1 a la página 4, escriba, en la casilla de "Page
range", 1–4.

C Finalmente haga clic sobre "Print", para imprimir su
trabajo.

La impresora que escogió debe comenzar a imprimir ahora, pero si
no comienza a imprimir y le da un error, no debe tratar de enviar
este documento a imprimir de nuevo porque lo que hace es crear
más trabajos repetidos, que complicarán el proceso de imprimir. Si
la impresora tiene un problema temporal, por ejemplo le falta papel,
y usted envía este documento a imprimir de nuevo, cuando ponga
más papel en la bandeja de la impresora, esta imprimirá el documento dos veces. Lo mejor que puede hacer es averiguar por qué no
pudo imprimir, revisando el nivel de tinta o si le falta papel.

Cómo crear una cuenta de usuario

Trabajar en una computadora tiene muchas ventajas sobre usar lápiz y papel, y a veces puede crear trabajo bastante valioso, como por ejemplo la nómina de sus empleados. Por esto es bien importante proteger sus archivos de intrusos locales o ajenos (a través del Internet). Esto se logra en parte con el uso de cuentas de usuarios que le permiten a cada una de las personas que usa la computadora proteger sus propios archivos.

Para hacer el proceso de añadir o borrar cuentas de usuarios como cambiar contraseñas de otros usuarios, es necesario entrar a la computadora con una cuenta de usuario que pertenezca al grupo de los administradores de la computadora. De lo contrario, el único cambio que podrá hacer un usuario con una cuenta limitada, usando el programa de cuentas de usuarios, es cambiar su propia contraseña. Para comenzar a crear esta cuenta abra el panel de hacer cambios a los usuarios o "Users" haga clic sobre el símbolo de Apple, y después sobre "System Preferences", y finalmente sobre "Users & Groups".

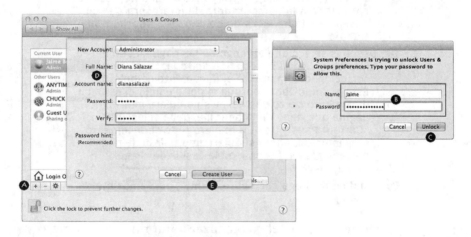

Esta es la manera de crear una nueva cuenta de usuario para acceder a una computadora personal con el sistema operativo OS X:

Ⓐ **Para comenzar haga clic sobre el símbolo de "+".**

Ⓑ **Ahora si ve esta ventana de autenticación, por ejemplo porque no es administrador de la computadora, provea la información de un administrador de la computadora, incluyendo el nombre de usuario y la contraseña.**

C Para desbloquear este panel de hacer cambios a las cuentas de usuarios, haga clic sobre "Unlock".

D En esta ventana elija:

Qué tipo de cuenta desea crear, por ejemplo si muestra regular o "Standard", y desea que esta cuanta sea de administrador, haga clic ahí y cámbiela a "Administrator", si esa no es la opción seleccionada ahora.

- En frente del nombre completo o "Full Name" escriba el nombre de la persona para la cual está abriendo esta cuenta.

- En frente de cuenta de usuario o "Account Name" escriba el nombre que desea usar para esta cuenta de usuario.

- En frente de contraseña o "Password" escriba la contraseña que desea usar para este nombre de usuario dos veces, en la primera casilla, y en la segunda, para verificarla, en frente de "Verify".

E Finalmente haga clic sobsre crear usuario o "Create User".

Si siguió estos pasos bien, ahora tendrá otra cuenta de usuario que usted o la persona para la cual la abrió, podrá utilizar para tener acceso a esta computadora, y usar todos los programas y recursos que están conectados a ella. Si más adelante desea borrar una cuenta de usuario, regrese aquí, seleccione el nombre de usuario que desea borrar, y haga clic al símbolo de "-", y elija si desea guardar la información de este usuario o borrarla.

Cómo cerrar un programa que no responde

Una de las ventajas de usar un sistema operativo avanzado como lo es OS X, es que los recursos que cada programa usa están muy bien

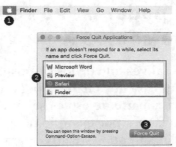

aislados de los otros. De esta manera, si un programa falla es posible cerrarlo sin que éste afecte a otro que esté usando. En este sistema operativo es muy raro que un solo programa haga que la computadora se congele, o deje de responder a sus comandos.

Para comenzar el proceso de cerrar un programa que no le está funcionando abra la ventana del forzar cerrar aplicaciones o "Force Quit":

1. Para comenzar haga clic sobre el símbolo de Apple, y después sobre "Force Quit Finder", para ver los programa que están abiertos en la computadora.

2. En esta ventana seleccione el programa que no le está respondiendo.

3. Para cerrarlo haga clic sobre "Force Quit".

En el caso extremo de que la computadora deje de responderle a sus comandos, es decir que el teclado no funciona y cuando mueve el ratón en su mesa, el indicador de este no se desplaza en el monitor de la computadora, tal vez sea necesario forzar la computadora a que se apague sosteniendo el botón de encendido por varios segundos hasta que se apague. Pero recuerde que cuando apaga la computadora de esta manera, perderá todo el trabajo que no ha guardado, hasta este momento. Por esto es bien importante que guarde su trabajo a menudo y no solo al disco duro de la computadora, sino también a unidades de memoria externas, de esta manera si el disco duro de esta llegara a fallar, le sería fácil recobrar su trabajo de las memorias externas donde lo guardó previamente.

Cómo trabajar con las diferentes opciones de poder o "Power" de una computadora con OS X

Una computadora es tal vez uno de los dispositivos más sofisticados que han entrado a una casa hoy en día, y por eso debe tener bastante cuidado como la usa, y parte de eso es saber cómo trabajar con las opciones de encender. Para por ejemplo no apagar la computadora con el botón de poder, aunque este sirve para iniciar la función de apagar, le recomiendo que mejor use los menús que salen después de que hace clic sobre el símbolo de Apple, ya que de esta manera no hay riesgo que apague la computadora repentinamente, lo que con el tiempo puede estropearla. Antes de usar una de estas opciones debe guardar el trabajo que ha estado haciendo, de otra manera, si por ejemplo reinicia la computadora sin guardarlo, puede perderlo.

Esta es la manera de trabajar con las opciones de poder o "Power", en una computadora con el sistema operativo OS X, después de hacer clic sobre el símbolo de Apple:

- Para enviar la computadora a modo suspendido, haga clic sobre "Sleep". Cuando desee regresar a usarla, oprima el botón de encendido.
- Para reiniciar la computadora, haga clic sobre "Restart".
- Para apagar la computadora, haga clic sobre "Shut Down".
- Para salir de su perfil, y por ejemplo dejar que otro usuario de la computadora la use, haga clic sobre "Log Out".

Ahora cuando selecciona casi todas estas opciones la computadora le va a dar un mensaje, preguntándole si en realidad eso es lo que desea hacer, especialmente cuando elige apagarla. Una ventana saldrá preguntándole si en realidad desea apagarla, para apagarla haga clic sobre "Shut Down".

Para recordar

- El sistema operativo Apple OS X es un sistema operativo fabricado por la compañía Apple y solo funciona en computadoras Macintosh, que también son fabricadas por la compañía Apple.

■ La bandeja de programa o "Dock" tiene una gran cantidad de iconos, la mayoría de los cuales fueron añadidos por el sistema operativo, y otros por programas que usted u otra persona instaló después.

■ El "Finder" de Apple OS X es un programa que le ayudará e explorar los diferentes documentos y programas guardados en su computadora.

■ Para aprender a sacarle el mayor provecho a este sistema operativo es necesario que aprenda a disminuir o aumentar de tamaño las ventanas de sus programas.

■ Aprenda a trabajar con la visualización de los documentos o "Views", para agilizar el uso de su computadora.

■ Si desea guardar un archivo de manera permanente, guárdelo con el comando de "Save".

■ Cuando regrese a abrir un archivo que guardó previamente búsquelo exactamente en la misma carpeta donde lo guardó.

■ Cree cuentas de usuarios para aislar y proteger el trabajo de un usuario de los otros usuarios que usen la computadora.

■ Cuando necesite apagar la computadora, no la apague del botón de encendido sino de las opciones que ve después de hacer clic sobre el símbolo de Apple.

Glosario de términos en inglés

Accessories: *Accesorios*
Account Settings: *Configuración de la cuenta (Facebook)*
Address Bar: *Casilla de direcciones*
Address Book: *Libreta de direcciones*
Administrator: *Administrador*
All Programs: *Todos los programas*
Artist: *Artista*
Autocontent Wizard: *Asistente de autocontenido*
Backspace: *Tecla de retroceso*
Bold: *Negritas*
Browse: *Buscar*
Browser: *Navegador (Internet)*
Buy: *Comprar*
Cancel: *Cancelar*
Check Boxes: *Cajitas de seleccionar*
Clipboard: *Pizarrón virtual*
Close: *Cerrar*
Continue: *Continuar*
Control Keys: *Teclas de control*
Control Panel: *Panel de control*
Copy: *Copiar*
Copy File: *Copiar archivo*
Create New Account: *Crear una nueva cuenta*
Create New Folder: *Crear una nueva carpeta*
Create Password: *Crear una contraseña*
Cut: *Cortar*
Data Files: *Archivos de datos*
Default: *Predeterminado*
Default Printer: *Impresora predeterminada*
Delete: *Tecla de borrar*
Design Templates: *Plantillas de estilos*
Desktop: *Escritorio virtual*
Details: *Detalles*
Dialog Box Window: *Ventana de diálogo*
Don't Copy: *No copiar*

Dot Pitch: *Punto de separación*
Drafts: *Carpeta de borradores*
eBook reader: *Dispositivo para leer libros electrónicos*
Edit my profile: *Editar mi perfil (Facebook)*
Email: *Correo electrónico*
End: *Tecla de final*
Enter: *Tecla de aprobar*
ESC: *Tecla de "escapar"*
Exit: *Salir*
Favorite Folders: *Carpetas favoritas*
File: *Archivo*
File Name: *Nombre de archivo*
Filmstrip: *Tira de película*
Find and Replace: *Encontrar y reemplazar*
Folder: *Carpeta*
Follower: *Seguidor (Twitter)*
Font: *Tipo de letra*
Function Keys: *Teclas de funciones*
Genre: *Género*
High Resolution: *Alta resolución*
Home: *Tecla de comienzo*
Home: *Incio*
Home Page: *Página de entrada*
Inkjet printer: *Impresora de tinta*
Insert: *Tecla de insertar*
Italics: *Letra cursiva*
Keyboard: *Teclado*
Landscape: *Orientación horizontal*
Laptop: *Computadora portátil*
LCD: *Monitor de cristal líquido*
Libraries: *Bibliotecas*
Look In: *Buscar en*
Minimize: *Minimizar*
Mini-Toolbar: *Herramienta de trabajo diminuta*
Motherboard: *Tarjeta madre*
Mouse: *Ratón*
My Computer: *Mi computadora*

My Documents: *Mis documentos*
My Network: *Mi red*
My Recent Places: *Mis sitios recientes*
Name: *Nombre*
New: *Nuevo*
New Folder: *Nueva carpeta*
Next: *Próximo*
Open: *Abrir*
Open With: *Abrir con*
Options: *Opciones*
Organize: *Organizar*
Page Down: *Tecla de bajar una página*
Page Setup: *Opciones de página*
Page Tabs: *Pestañas de página*
Page Up: *Tecla de subir una página*
Password: *Contraseña*
Paste: *Pegar*
Playlists: *Compilaciones de música o vídeos*
Pop-up windows: *Ventanas de aparición automática*
Previous: *Regresar*
Print: *Imprimir*
Privacy Settings: *Configuración de la privacidad (Facebook)*
Profile: *Perfil*
Profile Picture: *Foto del perfil (Facebook)*
Program Files: *Archivos de programa*
Program Window: *Ventana de programa*
Properties: *Propiedades*
Pull-down menus: *Menú de despliegue*
Quick Access Toolbar: *Herramienta de acceso rápido*
RAM: *Memoria temporal*
Recycle Bin: *Canasta de reciclaje*
Refresh: *Cargar de nuevo*
Remove Password: *Borrar una contraseña*
Restore: *Restaurar*
Ribbon: *Cinta*
Run: *Ejecutar un programa*
Save: *Guardar*
Save as: *Guardar como*

Save in: *Guardar en*
Scroll Bars: *Barras de desplazamiento*
Search: *Buscar*
Shared Documents: *Documentos compartidos*
Shortcut: *Atajo*
Shut Down: *Apagar*
Slide: *Diapositiva*
Slide Sorter: *Clasificador de diapositivas*
Slider: *Guía movible*
Social Networks: *Redes sociales virtuales*
Space Bar: *Tecla espaciadora*
Spam: *Correo electrónico no deseado*
Spinner: *Rueda de opciones*
Spreadsheet: *Hoja de cálculo electrónica*
Standard: *Estándar*
Start: *Comienzo*
Start Menu: *Menú de comienzo*
Submit: *Enviar*
Switch Users: *Cambiar de usuario*
System Properties: *Propiedades del sistema*
Tab: *Pestaña*
Taskbar: *Barra de tareas*
Template: *Plantilla*
Thumbnails: *Vistas en miniatura*
Tools: *Herramientas*
Turn Off: *Apagar*
Tweet: *Mensaje (Twitter)*
Underline: *Subrayar*
Undo: *Deshacer cambios*
Upload Photos: *Cargar fotos*
Upload Videos: *Subir vídeos*
User Account Control: *Panel de controlar cuentas de usuarios*
User Accounts: *Cuentas de usuarios*
View: *Ver*
What's happening?: *¿Qué está pasando? (Twitter)*
Who to follow: *Quién seguir (Twitter)*
Wi-Fi: *Tipo de conexión inalámbrico (Internet)*
Workspace: *Área de trabajo*
World Wide Web: *La red mundial*

Índice

L

P

Y